阿部昌樹＋田中孝男＋嶋田暁文［編］

自治制度の抜本的改革

分権改革の成果を踏まえて

法律文化社

はじめに

　日本では1990年代半ば以降、「分権改革」と称される自治制度改革が継続的に行われてきた。その成果と見なしうるものは、機関委任事務制度の廃止、国地方係争処理委員会の創設、地域自治区制度の創設、自治体の事務の実施に対する法令による義務付け・枠付けの緩和等、枚挙に暇がない。制度という語を広く捉えるならば、いわゆる三位一体の改革によってもたらされた自治体の財政構造の変化や、いわゆる平成の大合併による市町村規模の拡大も、自治制度改革の成果として数え上げることができるかもしれない。

　こうした一連の自治制度改革によって、自治の現場は実際に変わったのであろうか。もし変わったとすれば、何がどのように変わったのであろうか。そして、それは果たして本当に望ましい変化であったといえるのであろうか。

　これらの問いは、いずれも真摯な学術的探究を要請するものであるが、翻って考えるに、自治制度を研究する者の多くが、相次ぐ改革を個別に検討することに追われ、諸改革の成果の詳細な検証を怠ってきたということはないであろうか。また、自治制度とはそもそもいかなるものであるべきなのかを探究する根源的な学問的営みが、等閑視されてきたということはないであろうか。

　本書は、こうした自省に基づいて編まれたものである。専攻は異にしつつも、それぞれに自治制度の研究に注力してきた研究者が、自らの研究者としての使命を果たすべく、一連の改革を経た後の日本の自治制度の現状を実証的に、あるいは規範的に分析し、さらなる改革の方途を探究した。

　〈第1部・自治制度の現在〉には現状分析に重点を置いた論考を、〈第2部・自治制度の抜本的再検討〉には問題点の析出に重点を置いた論考を、〈第3部・自治制度の抜本的改革〉には改革案の提示に重点を置いた論考を配した。

　本書の公刊が、ともすれば時評的論考が目立ちがちな学界に一石を投じ、骨太の実証的研究や規範的研究の活性化につながることを切に願っている。

　　　　　　　　　　　　　　　　　　編者　阿部昌樹・田中孝男・嶋田暁文

目　次

はじめに

第1部　自治制度の現在

第1章　「平成の大合併」からみる分権改革　　　　　　　　島田恵司　2

Ⅰ　はじめに　2

Ⅱ　平成の大合併の再分析　3

Ⅲ　合併自治体をみる　6

Ⅳ　合併と分権改革との関係　14

Ⅴ　おわりに　21

第2章　平成の市町村合併後の都道府県の機能・事務

澤　俊晴　23

Ⅰ　はじめに　23

Ⅱ　市町村合併と都道府県の機能（事務）についての言説　24

Ⅲ　平成の市町村合併の府県への影響　25

Ⅳ　広域機能（事務）　28

Ⅴ　補完機能（事務）　34

Ⅵ　連絡調整機能（事務）　37

Ⅶ　おわりに　41

第3章　変革期における大都市制度改革の課題と今後の展望
──第30次地方制度調査会とその周辺動向を踏まえて─岩﨑　忠　45

Ⅰ　はじめに　45

Ⅱ　大都市とそれを分析する枠組み　46

Ⅲ　大都市を取り巻く課題と制度改正の必要性　47

Ⅳ　特別な自治制度としての大都市制度の歴史と現在　48

Ⅴ　地方制度調査会と大都市制度改革　50

Ⅵ　大都市制度改革①——大阪都構想への対応　51

Ⅶ　大都市制度改革②——特別自治市構想への対応　57

Ⅷ　大都市制度改革③——地方中枢拠点都市を中心とした都市間連携　62

Ⅸ　英国における大都市制度改革　67

Ⅹ　おわりに　70

第4章　事務処理特例制度と権限移譲
——「香川県事務処理の特例に関する条例」を題材に
三野　靖　73

Ⅰ　はじめに　73

Ⅱ　香川県に対する調査　74

Ⅲ　香川県に対する補足調査　86

Ⅳ　市町に対する調査　92

Ⅴ　おわりに——権限移譲からみた都道府県と市町村の関係　98

第5章　狭域の自治
阿部昌樹　107

Ⅰ　地域自治区制度の非普及　107

Ⅱ　狭域の自治を担う住民組織の性格　113

Ⅲ　地域自治区制度の創設意図　120

Ⅳ　狭域の自治とは何か——「自治体パラダイム」と「自治会パラダイム」　126

Ⅴ　自治会パラダイムの優位　131

第2部　自治制度の抜本的再検討

第1章　自治体に対する国からの訴訟についての再検討
——辺野古争訟における国からの不作為の違法確認訴訟を素材に
白藤博行　140

 Ⅰ　本稿の課題　140

 Ⅱ　「国・地方間の係争処理のあり方に関する研究会」報告の基本認識と
  制度設計　142

 Ⅲ　ドイツにおける国からの訴訟制度　145

 Ⅳ　地方自治法における「国からの不作為の違法確認訴訟」制度　148

 Ⅴ　辺野古争訟における国からの不作為の違法確認訴訟　150

 Ⅵ　国からの訴訟についての総括　157

第2章　地方自治の保障について
——事務区分論から手続論へ
原島良成　161

 Ⅰ　事務区分論に対する問題意識　161

 Ⅱ　事務区分論の系譜　163

 Ⅲ　事務区分論の動揺　172

 Ⅳ　自律と関与を繋ぐ新たなパラダイムの模索——手続法論への転回　179

第3章　地方自治法各論の構想
——自治体公企業法を例に
田中孝男　182

 Ⅰ　課題の設定　182

 Ⅱ　行政法各論の意義・衰退と再注目　183

 Ⅲ　地方自治法各論としての（自治体）公企業法　186

 Ⅳ　自治体公企業法の体系と法原理　197

 Ⅴ　おわりに　202

第3部　自治制度の抜本的改革

第1章　地方公共団体を巡る法治国家の貫徹 ──── 阿部泰隆　204

- I　はじめに──放置国家から法治国家へのパラダイムの転換　204
- II　国と地方の法的関係を上下関係から対等な法治国家へ転換すること　205
- III　予算配分＝国の自由裁量・国の方針に応ずるパラダイムから自治体が効率的に活用できるパラダイムへ　217
- IV　不透明な国家関与の禁止、自治体の自己責任　226
- V　住民の立場からみた法務、住民との関係で法治国家になるような法システムへの転換　229
- VI　住民訴訟における財務会計行為の違法の是正、住民訴訟制度の合理的な改正　232
- VII　おわりに　234

第2章　地方議会の構成の抜本的改革試論 ──── 碓井光明　235

- I　はじめに　235
- II　地方議会の存在意義・機能　236
- III　抜本的改革の視点と提案　239
- IV　改革案の具体化に当たっての留意点　253
- V　おわりに　259

第3章　自治体の財源保障と抜本的な地方財政制度の改正 ──── 井川　博　260

- I　はじめに──自治体の財源保障　260
- II　地方財政計画と自治体の財源保障　262
- III　交付税法6条の3第2項の解釈と運用　271
- IV　抜本的な地方財政制度改正の可能性　278
- V　おわりに──地方財政制度改正のあり方　286

第4章　自治体職員の働き方改革と自治体行政システムのあり方
——分権改革論議で見落とされてきたもの

————————————————————————— 嶋田暁文　288

Ⅰ　3つの仮説——分権改革を経ても自治体現場はなぜ変わらないのか？　288

Ⅱ　「自治体職員の認識・意識・力量不足」仮説の検討　290

Ⅲ　「自治体行政システムによる変革抑制・阻害」仮説の検討　296

Ⅳ　対応方策　301

Ⅴ　若干のコメント——制度論の視点から　309

おわりに

索　　引

第 **1** 部

自治制度の現在

第1章 「平成の大合併」からみる分権改革

島田　恵司

Ⅰ　はじめに

　一体、誰のための改革だったのだろうか。

　日本における分権改革は、1993年の国会における地方分権に関する決議から始まった。その後、機関委任事務制度の廃止や国から地方への税源移譲、都道府県から市町村への権限移譲、義務付け・枠づけ改革など様々な改革が実施された。

　にもかかわらず近年になって自治体消滅が叫ばれ、2014年度末からは再び地方創生という地方活性化策が国を挙げて始まった。その意味では、20年来の分権改革は成功しなかった。少なくとも自治体全体を活性化させることには役立っていない。

　分権改革に関する一連の改革によって、住民たちは、地域の課題について自分で決定できるようになったといえるのだろうか。本来、分権改革は、国や県が決めるのではなく、地域で決定できるようにすることにあった。そのことが住民参加を促し、ひいては日本における民主主義を確立することにつながるはずだった。

　しかし、事態は逆の方向に進んでいる、と筆者は考えている。分権改革が行われたこの間、住民生活に大きな影響を及ぼしたのは、市町村合併であった。全国の市町村3,232のうち約半分、1,514もの地域で役場が消えた。確かに、最終的に合併を決めたのは各市町村の判断であった。その意味では住民も決定に関わってはいる。しかし、合併から10年以上が経過した今となって、地域に役場が無くなることの本当の意味を多くの住民が実感しているはずである。平成の大合併も「分権改革のため」と国や自治体は説明した。そのことから短絡的

第1章　「平成の大合併」からみる分権改革

に述べれば「分権改革が地域から役場を消した」のである。

　平成の大合併でどのような事態が起こったのか。さらに、分権改革との関係を探るのが本稿の目的である。

Ⅱ　平成の大合併の再分析

1　合併を経験した市町村

　自治体の合併は、市町村にとって一大事である。地域政府の存廃であるだけでなく、市町村で行われているあらゆる仕事を、合併自治体との統合によって変えなければならないからである。したがって、単純な合併件数や市町村数の減少ではなく、合併を経験した市町村がどのくらいあったのかをみることが重要である。[3]

　平成の大合併前（1999年3月末）、3,232（市670、町村2,562）あった市町村は、合併後（2017年4月末現在）、1,718（市791、町村927）になった。市町村の数は、減少数1,514（△46.8％）とほぼ半減した。しかし、合併を経験した自治体という視点からみると、その市町村数は2,104（65.1％）に上り、大都市圏と市町村合併が少なかった北海道・山形県・奈良県（後述する）を除くと73.9％と約4分の3の市町村が合併を経験した。

　前述したように平成の大合併を進める根拠を、国は「地方分権の推進」のためと説明した。[4]地方分権を進めるためには市町村が一定の規模であることが必要であり、市町村という基礎的自治体が各分野の専門職員を有し総合的な行政

1）　市町村の数が3,232から1,718となり、合併による減少分だけ役場が支所、もしくは廃止になり、支所となった場合もほぼ窓口機能だけとなっている。合併に際し何らかの行政機能を置く分庁方式を採用した自治体もあるが、首長がいる庁舎は1つであり、首長のいない庁舎は役場機能を喪失したといえるだろう。以下、平成の大合併の記述は、島田恵司「消された町村」自治総研2014年12月号、参照。

2）　市町村が合併するには、市町村による都道府県への申請が必要（地方自治法（以下「自治法」とする）7条1項）であり、この申請には市町村議会の議決が必要（同7条6項）とされている。いずれも住民が選挙で選んだ首長と議員が行う。

3）　合併による市町村数の減少と合併経験市町村数の違いは、例えば、市と町と村の3自治体が合併し市になった場合、減少数は町と村の2であるが、合併を経験した市町村は3である。なお本稿では、同じ自治体が複数回合併（多段階合併）した場合も1つの合併として計算している。そのように計算すると合併総数は649（総務省）ではなく590となる。

3

第1部　自治制度の現在

図表1-1　合併を経験した市町村とその割合

		市	町村	計
合併前後の市町村数	平成の大合併前（1999年3月末段階）	670	2,562	3,232
	合併後（2017年4月段階）	791	927	1,718
合併を経験した市町村（全国）	合併を経験した市町村数	319	1,785	2,104
	割合	47.6%	69.7%	65.1%
合併を経験した市町村（大都市圏と合併少数県・除く*）	平成の大合併前（1999年3月末段階）	429	2,119	2,548
	合併を経験した市町村数	270	1,614	1,884
	割合	62.9%	76.2%	73.9%

＊市の数が県内市町村の35％を超えていた東京、埼玉、千葉、神奈川、愛知、大阪と合併が少なかった北海道、山形、奈良を除いた
出所：総務省ホームページ「市町村合併の状況」「県順一覧」をもとに筆者作成

を行う必要がある、としたのである。このため、平成の大合併では、小規模町村の解消が具体的な目標とされた。

　結果として、670あった市のうち、310市が853の周辺町村と合併し、巨大な市が誕生した[5]。同じように、町村同士の合併でも大きな市が生まれている。その内容は、515の町村が合併して132の市を創設した、というものである。ここでも本庁舎が置かれた町だけが中心部となって他は周辺部となっている。合併しても市になれず、合併で町村を作ったところは163（418関係町村）あり、ここでも面積は巨大化している。

2　町村の合併比率

　平成の大合併は町村の行方が焦点であった。そこで町村の視点から再検証しておきたい。

　合併前2,562あった町村は、1,785が合併した。合併しなかった町村は、777（30.3％）であり、市と合併したところ853（33.3％）、町村同士で合併したとこ

---

4)　総務省は、都道府県に合併パターンを作らせた後、改めて都道府県に通知（「『市町村の合併の推進についての要綱』を踏まえた今後の取組（指針）について」2001年3月19日事務次官通知）を出し、「第一　市町村合併の推進に当たっての基本的考え方」を示して、合併推進の理由の最初に「地方分権の推進」を掲げた。

5)　市が周辺町村と合併した際、ほかの市が合併に合流した事例は18市あった。なお、市同士合併は10件あり、これで市の数は6減り計24市が合併で消えた。

第1章　「平成の大合併」からみる分権改革

図表1‐2　合併を推進した県としなかった県の合併経験比率

〔合併推進県〕							〔合併を推進しなかった県〕					
順位	県	前・市町村数	後・市町村数	市町村・減少率	合併経験町村（比率）	合併経験市（比率）	順位	県	前・市町村数	後・市町村数	市町村・減少率	合併経験町村（比率）	合併経験市（比率）
1	長崎	79	21	−73.4%	90.1%	87.5%	42	山形	44	35	−20.5%	32.3%	15.4%
2	広島	86	23	−73.3%	94.5%	84.6%	43	奈良	47	39	−17.0%	27.0%	20.0%
3	新潟	112	30	−73.2%	90.2%	85.0%	44	北海道	212	179	−15.6%	26.4%	23.5%
4	愛媛	70	20	−71.4%	96.6%	100.0%	45	神奈川	37	33	−10.8%	22.2%	5.3%
5	大分	58	18	−69.0%	91.5%	81.8%	46	東京	40	39	−2.5%	0.0%	7.4%
6	島根	59	19	−67.8%	92.2%	100.0%	47	大阪	44	43	−2.3%	9.1%	3.0%
								全国	3,232	1,718	−46.8%	69.7%	47.5%

出所：図表1‐1と同じ

ろ933（36.4％）がそれぞれ約1/3ずつであった[6]。大都市圏と合併をあまりしな
かった北海道・山形・奈良を除く（総数2,120）と、市と合併した町村は765
（36.1％）、町村同士で市や町村を創設した町村は850（40.1％）であり、合併し
なかった町村は、505（23.8％）と約1/4に過ぎない。平成の大合併前は、県内
に村がない（村ゼロ）府県は2、1村のみの府県は5だったが、大合併後はそ
れぞれ、ゼロ13、1村のみ12、にもなった。村が10以上ある道県はかつて21
あったが、今は5（北海道、福島、長野、奈良、沖縄）しかない。

　このように合併経験という視点からみると、平成の大合併は合併を推進した
県とそうでない県の様相はかなり異なっている。市町村数の減少率が高い県で
は、徹底した合併が進められ、町村はもちろん市も合併した。ただ、合併を推
進しなかった都道府県でも、市町村減少率下位3都府県の大阪、東京、神奈川
以外では、町村の合併経験比率は3割近くあった。平成の大合併は、一部を除
いて全国の町村を巻き込んだ大規模な合併だった。

───────────

6）　山梨県上九一色村は、分村して甲府市と富士河口湖町にそれぞれ合併したため、全国の合併経
　　験町村数1,785に対して合併件数は1,786と1多い。

第 1 部　自治制度の現在

Ⅲ　合併自治体をみる

1　合併10年後の大規模合併市の状況

　このように町村をターゲットとした市町村合併を行った結果、周辺部となった町村にどのような状況が起こっているのだろうか。

　大規模な合併を行った市町村に顕著な影響がみられると考えられる。このため合併に加わった市町村が10以上ある合併新市・10市のすべてを観察しよう。2005年を境に前と後のそれぞれ10年間、旧市町村の中で、本庁舎が置かれた地域と、最も厳しい周辺部の人口増減をみる[7]。大半の合併はほぼ2005年度に集中しており、1995年から2005年までと、2005年から2015年までの増減率を比較することで、合併の影響をみることができるはずである。

　図表 1 - 3 からわかるのは、周辺部となった旧町村の激しい人口減である。しかもすべての地域で、2005年（すなわち合併後）から10年間の減少率の方が大きい。本庁舎のある地域は、平均△3.9％であるのに対し、周辺部は平均△29.5％という凄さである。少なくとも、新市はこれら周辺地域の人口減少に対して、有効な策を打てずにいる。

2　合併周辺地域の様子

(1)　全国視察でみた合併市町村　筆者は、2013年度の 1 年間、北海道から九州の 6 道県の60余の市町村を尋ね、主に合併後の様子についてヒアリングを行った[8]。結果は、懸念されたとおり、ほとんどの自治体で周辺地域となった町村部で激しい衰退が起こり中心部への集中が起こっていた。

---

7)　各市の合併時期と合併規模は、栗原市2005年 4 月・10町村合併、新潟市2005年 3 月・13市町村合併（他に2001年、2005年にも 1 町ずつ合併）、長岡市2005年 4 月・ 6 市町村合併（他に2006年 4 市町村、2010年 1 町合併）、上越市2005年 1 月・14市町村合併、佐渡市2004年 3 月・10市町村合併、高山市2005年 2 月・10市町村合併、浜松市2005年 7 月・12市町村合併、津市2006年 1 月・10市町村合併、今治市2005年 1 月・12市町村合併、天草市2006年 3 月・10市町村合併。

8)　ヒアリングは、旧町村部や関係団体を含めると102ヶ所になる。調査の詳細は、島田恵司『だれが地域を救えるのか—作られた「地方消滅」』（公人の友社・2015年）。

図表1-3 大規模合併市（10市町村以上合併）の本庁地域と周辺部の人口増減

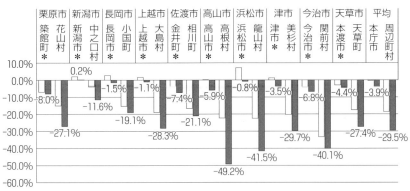

出所：国勢調査を基に、1995年から2005年までと2005年から2015年までの人口増減率を比較。数値は、2005-2015年の増減率。＊印の地域に本庁舎が置かれている。筆者作成

図表1-4 訪問市町の支所職員数削減率

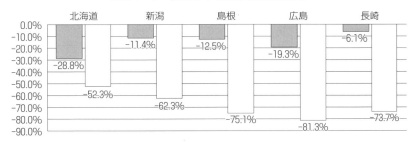

出所：合併直前の決算カードとヒアリング資料より筆者作成

　図表1-4は、筆者が訪問した合併市町の支所職員数の削減率を示したものである[9]。北海道は、支所職員の削減比率がやや低いが他の県では6～8割もの人員削減が行われていた。それが契機となり、地域の衰退が顕著に進んでい

---

9) 支所職員数の削減比率を示した自治体は、北海道4（函館市、せたな町、伊達市、むかわ町）、新潟2（上越市、長岡市）、島根5（出雲市、飯南町、邑南町、浜田市、益田市）、広島3（安芸高田市、三次市、神石高原町）、長崎3（長崎市、松浦市、佐世保市）の全17市町。数値は、合併直前の決算カードの定員数と新市町の定員数、さらに調査で得られた支所配置人員数を用いた。島田・前掲注1）60頁。

第1部　自治制度の現在

図表1-5　地域自治組織の設置自治体数と設置数の推移

	地域審議会		合併特例区		地域自治区(合併特例)		地域自治区(一般制度)	
	自治体数	設置数	自治体数	設置数	自治体数	設置数	自治体数	設置数
2006/7/1	216	780	6	14	38	101	15	91
2017/4/1	37	100	0	0	12	26	14	141
根拠と特徴	根拠・合併関係の特例法						根拠・自治法	
	期限あり						期限なし	
	法人格なし		法人格あり／特別職の区長		法人格なし／特別職の区長		法人格なし	

出所：総務省ホームページ「市町村合併資料集」「地域自治組織・全国の設置状況」より筆者作成

る。

　合併前の協議段階では、旧町村地区における一定の裁量権（自治権）が保障されることが多い。それに伴い、合併時には支所長に一定の決済権限が与えられることになっていたが、現在は事実上、権限はない。支所そのものが、窓口だけの機能しか有さず、議会も教育委員会など行政委員会も開かれず、地区住民の拠点としての機能はほぼ喪失していた。実際に、旧町村役場を訪ねると、職員はまばらで建物の2階以上は無人状態となっており、支所前の駐車場もガラ空きであった。支所周辺では、商店や飲食店、会社や事務所なども撤退している。これが一般的な旧役場跡の風景である。

　合併後の住民組織として期待された地域自治組織は、多くが廃止もしくは機能が縮小されている（**図表1-5**）。合併に伴って設置された地域自治組織（地域審議会、合併特例区、合併自治区（合併特例）と地域自治区（一般制度））は、設置された地域自体が合併市町村数の半数以下に過ぎず（合併市町村数2,104に対し986）、合併後10年を経て激減している（総数267）。残っている地域審議会からは市に意見が出されてはいるが、市の対応は大半について「聞き置く」というものでしかない。

　地方自治法（以下、自治法とする）に基づく「地域自治区（一般制度）」（自治法202条の4）は、増えているようにみえるが実際には合併自治区（合併特例）から移行したものに過ぎない。[10]筆者が訪問した自治体のなかでは、北海道むかわ町、北海道せたな町、浜松市、上越市、出雲市が設置しており、浜田市では独

8

第1章 「平成の大合併」からみる分権改革

自条例（浜田那賀方式）に基づく地域自治区を設置していた[11]。しかし、浜松市と出雲市ではすでに廃止され、むかわ町以外の市町でも制度・運用の見直しが行われており、自治機能が保障されているとはいえなかった。徹底した分権型の合併を行い、旧町村と旧市域にまで、自治法上の地域自治区を設置した上越市でも、自治区を支える支所（総合事務所＝旧町村役場）の人員削減と機能の統合が進められている。筆者が観察する限り、合併町村の周辺部となった区域の旧来の自治機能は、ほぼ喪失している。

(2) 12市町村合併で政令市となった浜松市

筆者が訪問した合併自治体の中から、合併に関して特徴的な2つの地域を報告したい。

1つは、2005年7月に周辺2市8町1村を編入合併した浜松市である[12]。当時、国は政令指定市（以下、政令市とする）の要件を引き下げており、合併によって人口70万人を超えた浜松市は、2007年に政令市となった（合併後：人口約81万人、面積約1,558平方キロ）。浜松市と合併した市町村のうち北部に位置する春野町、龍山村、佐久間町、水窪町は、日本有数の過疎地域であり合併後も過疎地域に指定されている[13]。

浜松市の合併の特徴は、「環境と共生するクラスター型」（浜松市・新市建設計画2004年10月）という徹底した都市内分権にあった。2005年の合併時には、合併市町村のすべてに自治法に基づく地域自治区を置き、住民代表で組織する地域協議会と総合事務所（名称、地域自治センター）を旧役場に配置した。その後、政令市移行段階の2007年4月に、今度は7つの行政区ごとに区役所と区協議会を設置している。予算配分についても、当初は地域協議会と区協議会で協議した上で予算化するという「浜松型予算の仕組み」が採用されており、旧町

---

10) 自治法に基づく地域自治区（一般制度）が増えたのは、南相馬市3、飯田市20、伊那市9、上越市（当初13、後プラス15）が地域自治区（合併特例）から移行したためである。また、地域自治区（一般制度）には設置期限はないが、合併時に置いていた由利本荘市、横手市、香取市、甲州市、浜松市、玉名市、出雲市が制度をすでに廃止している。

11) 訪問期日は、北海道せたな町・2013年7月3日、むかわ町・同4日、浜松市・同年5月20日、上越市・同年11月11日。

12) 浜松市の合併についての詳細は、島田恵司「人口減少時代における集中・集住政策」大東文化大学紀要53号（2015年）11〜14頁、参照。

13) 正確には2010年に制定された過疎地域自立促進特別措置法によって、「過疎地域とみなされる区域」に指定されている。

9

第1部　自治制度の現在

図表1-6　浜松市・合併後の人口増減率（合併前10年と後10年の比較）

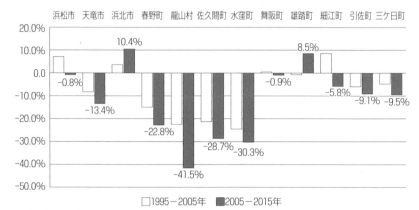

出所：各年の国勢調査から筆者作成

村の意向を反映する仕組みとしていた[14]。このとき浜松市には、政令市化に伴って設置される行政区と、合併前の旧市町村域にそれぞれ協議会が設置され、住民参加を多段階的に保障しようとしたのである。

ところが政令市移行直後（2007年）の市長選で市長が交代する。産業界の支援を受けて当選した新市長は、徹底した行政のスリム化を標榜し、地域自治区を廃止して（2012年）、7つの行政区も統合・再編に向けての議論を進めるなど、正反対の集中型市政運営を始める。

地域自治区の廃止とともに市の出先機関は大きく統合され、地域自治区を支えた総合事務所（地域自治センター）は基本的に廃止され、特に北部の旧町村地域は、「協働センター」という名称の住民窓口・出張所とされてしまう。

併行して、北部の旧4市町村で行われている自治体事業も激減した。浜松市では、合併後、過疎地域があるにもかかわらず過疎対策事業が行われていないのである。合併前の2000年度、過疎地域の4町村は合わせて10.3億円の過疎対策事業を行っていたがまったく行われなくなっていた[15]。

浜松市では、周辺部で激しい人口減少が起こっている。特にマイナス20〜40％という人口減少地域が北部の旧4町村で起こっていて、合併後（2005年

---

14) 財団法人・地域活性化センター「市町村合併後の新しいまちづくり・調査研究報告書」（2008年）46〜56頁。

→2015年）の方がそれ以前より減少率が大きい。

(3) 合併した島・しなかった島

もう1つは、合併が地域の明暗を分けた2つの離島の町である。

長崎県の小値賀島と宇久島は、五島列島の北部に隣り合って位置している[16]。佐世保市から約70キロ、高速船で2時間という外海にある。平成の大合併前は、それぞれが独立した町であり、県が2000年に策定した合併パターンでは両町とも佐世保市の一部となることが示され合併協議が始まった。しかし、小値賀町では、2003年の町長選で合併反対派が勝ち、さらに2004年の住民投票でも僅差で合併反対派が勝ったため、合併協議から離脱し、一方の宇久町は2005年に佐世保市と合併した。

合併後10年を経た状況をみると、両町に大きな違いが生じている。1つは総人口であり、2000年の国勢調査では旧宇久町の方が多かったが（旧宇久町4,010人、小値賀町3,765人）、2010年に逆転し（旧宇久町2,591人、小値賀町2,849人、差258人）、2015年にさらに差が広がった（旧宇久町2,187人、小値賀町2,560人、差373人）。いずれも厳しい人口減少状況にあることにかわりはない。しかし、5歳層ごとの減少率（**図表1-7**）をみると大きな違いがある。20歳代後半から30歳代前半について、小値賀町では維持もしくは増加傾向（△5.6％、+5.5％）であるのに対し、旧宇久町では大幅な減少（△37.0％、△60.4％）が起こっている。同様に幼少年齢（0～4歳）も小値賀はわずかながら増加（+3.7％）しているのに、旧宇久町は約6割（△58.4％）も減少している。現地におけるヒアリングを加味してみると、役場関係者の島人口におけるウェイトの高さが原因と考えられる。職員だけでなく議員や役職者、さらにその子どもたちを含む家族が、合併すると地域から去っていくが、代わりにやってくる人は独り者か、も

---

15) 過疎債は、自治体にとって有利な借金であり、利用範囲が広く事業費全体の全額（100％）に充てることができ、返済金の70％が後年度の地方交付税に算定される。しかし、浜松市は政令市になってから、地方債については政府資金を極力抑制し、市場から調達する市場公募債に切り替えているとのことであった（2013年5月20日ヒアリング）。なお、市のホームページによれば、現在は過疎債のソフト事業分を過疎地域自立促進事業基金として積み立てることだけは行っているようである（2017年度予算、2017年6月7日閲覧）。

16) 小値賀町と宇久町に関しては、島田・前掲注8）124～153頁参照。筆者が両町を訪問したのは、2014年2月20～22日。

第 1 部　自治制度の現在

図表 1-7　長崎県小値賀町と旧宇久町の合併後の年齢別人口増減率（2005年から2015年の10年間の5歳ごとの人口増減率）

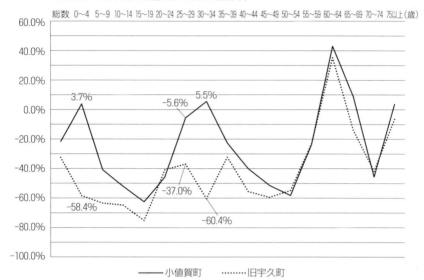

出所：2005年と2015年の国勢調査から筆者作成

しくは単身赴任だというのである。

　それだけでなく地域における課題解決力にも違いが生じている。旧宇久町では合併後に大規模な風力発電問題が起こった。島全体に1万kw級の発電用風車を50基建てるという計画が持ち上がり住民が反対する。その後、風力発電計画は挫折するが、代わってメガソーラーの計画が浮上し、島の将来に大きな打撃を与える可能性が出ている。島の大半が国立公園内にあるため牧草地に太陽光パネルを設置することになり、島の主力産業である畜産ができなくなるからである。旧宇久町にはすでに地域審議会はなく、政治的な代表者もいない[17]。佐世保市の支所にあたる行政センターはあるが、住民窓口に過ぎず一切の裁量権はない。

　一方、単独自立を選択した小値賀町では、京都の町屋再生などで著名な人物を招聘し、古民家の改築・再生に取り組んでいる。島の宿泊は、ほかにも民泊

---

17) 宇久島では、島出身の佐世保市議会議員が1名いたが2016年贈賄容疑で逮捕・起訴され、2017年6月現在、出身者はいない。

や旧校舎を利用した自然学塾村、旅館なども可能でツアーのコーディネイトやPR は民間組織の「おぢかアイランドツーリズム」が担っている。このほか町は、U・Iターンの移住者向けに、農業を教える公社も作って島外からの研修者を受け入れており、結果、小値賀町にはこの10年で100人ほどの移住者が来ている。

　合併か、自立かの選択が両町の命運を分けたといえるだろう。

⑷　合併の意味と集中化　以上のように、平成の大合併が行われてから10年が経ち、合併した地域に多くの課題が浮かび上がっている。合併によって行政組織の統合が行われ、まずは自治体関係者が新市町の本庁舎周辺へと移動し、あわせて事業者など自治体に関係の深い人々が移っていったと考えられる。並行して公立小中学校の統廃合が行われたり公共施設管理の見直しが進められ、多くの場合、周辺部の旧町村区域の学校が廃止の対象となっている。このため小さな子どもがいる家庭は、中心部へと引き寄せられる。新たな集客施設は中心部に作られ、反対に廃棄物焼却場のような迷惑施設が、周辺部に作られる。このように、周辺地域には住民生活に直結する課題が発生しがちであるが、地域住民を代表する公的機関はない。

　自治体の政治的代表者は、人口集中地域＝中心部から選出される可能性が高い。合併後に中心部への巨大投資が強引に行われた市では、中心部出身の市長が交代する事態も起こっているが、長期的には、人口・有権者の多い地域から市長や議員は選ばれるはずである。市議会議員を含め、地域からの政治的代表がいなくなった旧町村も多くなっている。

　このような集中化施策が進められている背景には、人口減少と低成長時代に突入し、高度成長期のような社会全体への利益再分配ができなくなったことがある。そのために、行政による投資先を選択し、行政施策を集中し人口の集中を図るという手法が国全体で進められている。平成の大合併も、国のよる財政効率化の意味が含まれていた、といってよいだろう。[18]そして、その副次的効果として合併地域内における選択と集中が進む。

　問題は、選択と集中が「持続可能な」施策といえるか、ということである。

---

18)　総務省は、平成の大合併による合併そのものによる財政削減効果を1.8兆円と試算している（総務省・市町村合併に関する研究会「市町村合併による効果について」2006年3月、41頁）。

第 1 部　自治制度の現在

東京一極集中が継続し、出生率の低い東京に人が集まり続けるなら、やがてその施策は破綻する。そこで東京一極集中を避け、今度は地方都市に東京流入を塞き止める「ダム機能」を持たせる、という。しかし、小さな似非東京を作ることで、「持続可能な」社会が創れるとは考えにくい。

　食料を生産し自然を確保している豊かな農村部があってこそ、都市は存続が可能である。出生率の低い都市、高い農村。エネルギーをたくさん消費する都市、少ない農村。経済効率性では評価できない利点が農村には多い。その価値を評価しない社会自体に問題がありはしないか。

　さらに問題なのは、だれが、「選択」し「集中」することを決めるのか、である。地方都市にダム機能を持たせるための施策である「連携中枢都市圏」や「定住自立圏」の基準は国が一方的に決め、自治体の共有財源であるはずの地方交付税を国が配分する。[19] 対象は、国の基準で選択され集中する地域が決まるのである。このような行政手法には違和感を覚える。国と地方の関係を上下・主従から対等・協力の関係にするのであれば、国からのトップダウンではなく、市町村から積み上げる施策に変えていくべきだろう。

　財政縮小が免れない現実であるなら、そのことを住民に正面から問うべきである。サービス低下に対して地域をどのようにしていくか、住民たちの議論を待たずに行政による「選択と集中」を進めるのは、地域の自己決定という「分権改革」の精神に反する。

IV　合併と分権改革との関係

1　大規模な合併が起こった原因

　平成の大合併は、市町村が自主的に行ったもの、とされている。しかしながら、実際の合併時期をグラフにしてみると、2004（平成16）年度と2005（平成17）年度に集中的に行われていることがわかる。

　多くの市町村が深刻な課題を抱えていたとしても、地域の事情は、市町村に

---

19)　総務省は、連携中枢都市圏に対し、圏域人口75万の場合、普通交付税・約2億円などの財政措置を行うとしている（総務省自治行政局市町村課・各都道府県市町村担当課宛て・事務連絡「連携中枢都市圏構想推進のための地方財政措置について」平成28年4月1日付）。

14

第1章 「平成の大合併」からみる分権改革

図表1-8 平成の大合併・件数と関係市町村数の推移

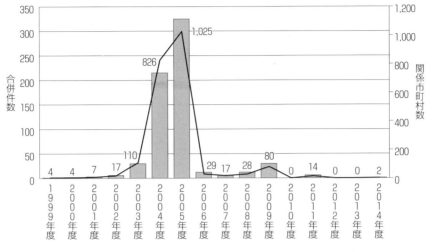

出所：総務省データより筆者作成

よって千差万別のはずである。「自主的」な合併が一気に起こるわけはなく、全国画一的な施策が行われたことがこのグラフからもわかる。

その原因は第1に、国が市町村合併を進めるため多くの合併優遇策を作ったことである。それには、市町村の合併の特例に関する法律（以下、「合併特例法」とする）が使われた。市町村が合併する際に発生する様々な障害を少なくするために作られていた同法を、国は1999年に合併「促進」法に作り変えた。合併する際の財政的特例措置を大幅に増やしたのである[20]。しかし、この法改正が行われても即座には市町村は動かず、グラフの合併時期が示すように直接的な効果は現さなかった。

第2は、国による財政締め付けである。まず小規模自治体への地方交付税が削減され（段階補正の見直し：1998年度人口4000人以下、係数の一律化）、その後、

---

20) 1965年に制定された合併特例法は、議員任期の特例や職員身分の継続など合併障害の緩和を目的としていた（10年の時限法で10年ごとに更新）。1995年改正で「合併推進」の文言が入り、さらに1999年改正で、合併算定替の拡充、合併特例債の新設など財政優遇措置が作られ、その後2002年の改正で、合併協議会設置の住民発議制度が導入される。

第1部　自治制度の現在

合併推進策と並行して行われた三位一体改革（2004年度から2006年度の3年間で国庫補助負担金整理、地方交付税削減、国から地方への税源移譲が行われた）によって、大規模な地方交付税削減が行われ自治体は財政危機に陥った。これら財政締め付けの影響は、特に小規模自治体にとって決定的であった。これによって、多くの市町村が継続的な行財政運営を断念し、合併特例法が用意した合併による財政特例措置の獲得へと流れていった。

　第3は、市の基準の緩和である。今回の合併では、515の町村が132の市を創設している。[21]このとき国は、自治法に基づく「市の基準」（自治法8条）を緩和し、これまでの基準では到底、市に該当しないはずの「市」ができるようにした。[22]すなわち、離島同士、山向う同士の地域も合併で人口要件さえクリアすればよいことになった。しかもこの人口要件すら5万人以上から、4万人以上、3万人以上へ、と順次切り下げられ市への合併が誘導された。[23]職員や住民間にある、素朴な「市」への憧れが利用されたといえよう。

　第4は、合併優遇策に期限が設けられたことである。合併特例法の優遇策の期限は2005年度末までとされた。[24]三位一体改革による地方交付税の大幅削減は2004年度であり、2005年度末までという期間はあまりに短いものだった。そのため、この時期に合併した地域では、期限までに合併申請することが自己目的化され住民に（合併に伴う様々な変更など）合意を求めるような丁寧な説明は回避される傾向にあった。

---

21)　町村の合併で創設された市は132だが、市の数も他市との合併で24減少し、人口増等で13町村が市制施行となったため、結果として市は平成の大合併前より121増加した。

22)　市の要件は人口以外に、中心市街地や都市的業態従事者の割合が6割以上（自治法8条）とされるほか、知事と大臣との協議の際に使用された「市制施行協議基準」（1953年通知）に官公署の設置など詳細な基準が定められていた。合併の際の内協議は2003年通知で廃止されたが本協議の基準となっていたと考えられる。同基準と内協議が正式に廃止されたのは2010年と2011年の通知によってであった（「市の配置分合等についての同意等の基準及び標準処理期間について」平成22年6月25日総行市第161号、「市制施行に係る総務大臣との内協議の手続きについて」平成23年2月15日総行市第13号）。合併時における国による直接の関与であり問題であった。

23)　人口以外の市の基準を一時的に廃止したのは、合併特例法・附則2条の2（2000年12月施行）による。このほか、市町村規模が大きくなると標準税率が上がる「市町村民税（均等割）」が統一化され（2004年度）、市になることへの障害が除かれた。

24)　その後、合併優遇策は2005年度中に合併申請した自治体に対してだけ2006年度末まで延長された。

16

第5は、分権改革の積極的推進者たちが市町村合併の必要を説き、推進したことである。分権改革に抵抗する中央省庁にあって唯一、分権改革を推進する立場にあった旧自治省・総務省が、国の合併施策をまとめ、陣頭指揮をとった。また、分権改革の理論的中心人物であり、地方分権推進委員会（諸井虔委員長）の立役者であった西尾勝が、合併推進のため小規模町村を事実上廃止する私案を発表した（西尾私案、第27次地方制度調査会2002年11月）[25]。分権改革が社会の趨勢であるとするなら、市町村合併も抗しがたい社会全体の流れと受け止められる環境が作られたのである。

さらに第6に、ほとんどの県が、合併推進に重要な役割を果たしたことにも触れなければならない。国が音頭をとっただけでは、7割もの町村が合併するような事態にはならない。多くの県が市町村合併のパターンを提示しただけでなく、合併協議会に職員を派遣し、独自の合併奨励金を用意した。中には、対象の町村に対し、交付税削減が続くことを前提に財政計画の策定と住民公表を義務付けたり（秋田県）、県職員が合併しない町村長を訪ねて詰問する様子をインターネットで流したり（岩手県）、知事が直接、市町村長に連絡して合併を督促したり（島根県ほか）と、尻込みする市町村を後押しする直接的役割を果たした。

問題は、こうした国や県の関与に対し市町村側が従ったことである。分権改革で作られた関与についての係争処理制度は使われなかった。制度上の関与の意味は、限定されていて役に立たなかったのである[26]。合併は自治体消滅という自治体にとっての最重要課題であるだけに、この意味は重い。

2 分権改革と行政組織の利害

筆者は、平成の大合併が進んだ背景に、行政組織における「自己組織利害・優先の原理」があったと考えている。そのような行政組織の傾向は、中央省庁

---

25) 西尾勝はその後、平成の大合併の評価について、自らの関わりを含め「複雑」としつつ、「余りメリットの無い結果に終わったんじゃないか」と、否定的な見解を述べている（第189国会・国の統治機構に関する調査会2015年3月4日、議事録第1号、12頁）。

26) 分権改革における関与と紛争処理については、木佐茂男『国際比較の中の地方自治と法』（日本評論社2015年）141〜154頁参照。なお、関与に関する国地方係争処理委員会をもっと利用すべきだという主張がある（西尾勝『自治・分権再考』（ぎょうせい・2013年）76〜77頁）。

第 1 部　自治制度の現在

の官僚組織に顕著にみられ、国全体よりも省庁利害、省庁よりも局などの部署利害が優先される弊害が指摘されている。官庁セクショナリズムである[27]。ただ、自己組織利害を優先させる傾向は、省庁だけでなく県にもあったはずである。県だけでなく市町村を含め行政組織全体に同様の傾向はあっただろう。

　行政組織の意向とは異なり、多くの住民たちが合併そのものを望んでいたとは考えにくい。合併後に人口移動が起こり、集中化が進んでいるのはその証左である。地域の激しい衰退を住民自身が選んだとは考えられない。合併しなければ地域は存続できない、行政サービスを維持できないと行政がいうので、住民が従ったというのが実態だろう。住民の意に反した施策が、国に主導され、県によって直接的に指導され、市町村がそれに応じた。

　市町村合併について、上意下達という旧来のやり方が成功した原因は、中央省庁、都道府県、大規模自治体＝市のそれぞれの行政機関が自らの権限や財源、さらには組織維持を図ったために起こった、と筆者は考えている。そして、もっとも力の弱い、周辺町村と住民にしわ寄せが行ったのではないか。

　中央省庁は、分権改革に反対している。それは、省庁の権限、財源、人員を削減することになるからである。そのため省庁は分権改革への対抗手段として、自治体の規模、能力を絶えず問題にしてきた。「受け皿論」という合併促進策は、省庁がかねてより主張してきたことである。第一次分権改革を担った地方分権推進委員会（諸井虔委員長）は、当初、受け皿論を拒否していたが、第一次勧告（1996年12月）の直後から方向転換が始まる。その直接的原因は、国の政治家たちからの要請だった[28]。これに当時の自治省が従い、第二次勧告（1997年7月）に市町村合併推進の内容が入る。その後、地方分権推進計画（1998年5月）が閣議決定されるころから徐々にドライブがかかり、自治省内に市町村合併研究会（森田朗座長1999年5月報告）が設置され、1999年7月の地方分権一括法で市町村合併特例法が改正され、自治省事務次官通知（同年8月）が出て、多くの県が合併パターンの作成に入る。このように旧自治省・総務省

---

27)　参考文献として、今村都奈雄『官庁セクショナリズム』（東京大学出版会・2006年）、嶋田暁文「セクショナリズムと紛争マネジメント」法学新報118巻3・4号（2011年）。

28)　自民党政治家の圧力によって合併推進が決まった経緯は、西尾勝『地方分権改革』（東京大学出版会・2007年）38〜42頁。

が、徐々に合併推進へスタンスを移していった時期は、政権の構成が代わった時期と符合する（1998年7月自民党・社会党・さきがけ政権から自民党・自由党政権へ）。

3 市町村合併と県の利害

　県にとって、市町村合併はどのような意味を持っていたのだろうか。平成の大合併が大規模に進んだ原因の1つに、県の役割を挙げた。なぜ、県は国の僕となって合併を進めたのか。分権改革によって県は国と対等な関係となったのではなかったのか。

　考えられる原因の1つは、市町村合併が県にとっても有益だった、ということである。域内の市町村の数が減少すれば、それだけ県の事務は効率化される。県庁の各課は県内市町村を対象として仕事をしているので、市町村数が減れば、それだけ職員もいらなくなる。福祉事務所のように県の機関・施設が町村部だけにある場合、合併で市ができれば市が福祉事務所を設置するので県のものは廃止になる。合併で市が増え、さらに中核市や政令市ができれば（中核市ができれば保健所、政令市ができればさらに国道の管理や都市計画など）県の事務はそれだけで減少する。長期的にみれば、これらは県の権限縮小、影響力の低下を意味するので、本来は県にとって好ましからざる事態である。地方自治の歴史が、県と県内有力都市との確執の歴史であったように、県と市町村の間も「国と地方の関係」と同様に権限をめぐっては緊張関係にある。

　しかし、2000年度を頂点に地方交付税の減少が続き、県のなかには財政危機に陥っていたところがあった。これに加えて2004年度から三位一体改革があり、2005年、国から「集中改革プラン」という大幅な職員削減計画の策定が求められる。結果として2013年には、自治体全体で職員数は9.5％減少（2005年比）となり、都道府県の警察官と教員を除く一般行政職は、じつに16.4％（2005年比）もの減少となった。[29]つまり2000年以降、県の中には仕事の削減に突き進むところが現れていた、と考えられるのである。市町村合併を最も進めた県の1つ、愛媛県は、2002年に策定した行政システム改革大綱で、行革の具体策の1つとして「市町村合併」を掲げており、県の行政改革と市町村合併が一体的に進められた。[30]このほか、岡山県、秋田県、長崎県でも当時の行政改革方

第1部　自治制度の現在

針に「市町村合併の推進」が掲げられている[31]。これらの県にとって市町村合併は、行政改革すなわち県における職員数・削減施策の一環であったことがわかる。

　図表1-9は、都道府県における一般行政職の職員削減率（2003年と2013年）と合併による市町村減少率を示したものである。大都市部（東京、神奈川、千葉、埼玉、愛知、大阪）と合併が少なかった道県（北海道、山形、奈良）は除外した[32]。図表をみると、県職員の減少と市町村合併に一定の関係がみられる。一部に合併の比率が低い割に職員削減が多い県（青森、兵庫）、逆に合併比率の割に職員削減が少ない県（宮城、三重、長崎）があるが、全体として、市町村合併を促進した県は、行財政効率化を必要としていた地域でもあった、といえるだろう。

　一方、合併と並行して都道府県から市町村への権限移譲も進められた。これも多くの市町村から不興を買っている。財源措置が不十分であるだけでなく、画一的事務ばかりで市町村の裁量はなく単に仕事が増えただけ、というのである。市町村の意向ではなく、県庁内部の都合で移譲が行われているという主張もあった。つまり、これもまた県の行財政改革の一環なのである。本来、分権

---

29)　数値の出典は、各年度の総務省「地方公共団体定員管理調査結果」。全国の都道府県職員数全体は2014年が最少であるが、東日本大震災の影響などで一部の県が増加に転じているため、2013年度の数値を採用した。なお、国は2005年3月「地方公共団体における行政改革の推進のための新たな指針」（集中改革プラン）を発し自治体に4.6％の定員削減を要請、さらに2006年8月の通知（18年指針）では5.7％以上の定員削減を要請していた。なお、都道府県の一般行政職の削減率が高くなったのは、教員と警察官の定員は別途法律で規定され削減できなかったためである。

30)　「愛媛県行政システム改革大綱」（2002年）6頁。

31)　例えば、岡山県「第3次行財政改革大綱」は「市町村合併の推進」を掲げる（2003年11月、5頁）。長崎県は、2001年策定「長崎県行政システム改革大綱」の実績として「市町村合併に伴う福祉事務所見直し分：141名」を挙げている（「長崎県行政システム改革大綱」の取り組み実績【概要】2006年6月、2頁）。秋田県は、2002年策定・第2期行政改革推進プログラムの取組結果として「円滑な合併への支援等を行いました（69市町村→25市町村）」とある（同「取組結果」2005年6月、2頁）（2015年9月14日閲覧。なお、行政改革に関する自治体のホームページ上のデータは次々に削除されており保存方法も課題である）。

32)　職員定数の比較年次（2003年と2013年）と市町村数の比較年次（1999年3月末と2017年4月1日）にズレがあるが、市町村合併については2004〜05年度に集中しており、その影響が県の職員数に現れるまで時間差があると考えられるためである。また、市の数が合併前に35％以上あった大都市部を除外したのは、全国都道府県の「市の数の割合の中央値」（17.9％）から格段に市が多く、他県と行政需要が大きく異なり、合併の影響も異なると考えられるためである。

図表1-9 平成の大合併による県内市町村減少率と県職員減少率（除・大都市圏・合併少県）

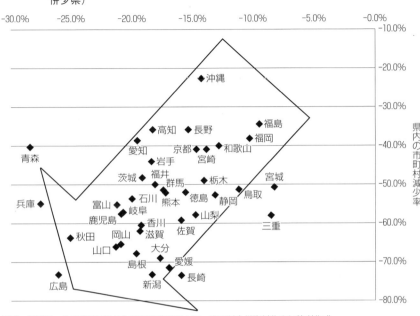

出所：総務省・地方公共団体定員管理調査結果と同・市町村合併資料集より筆者作成

改革の重要な柱であった権限移譲も、ここでは行財政効率化の手段と化している。

県の政策としては、市町村支援を軸に、合併しなくても行政サービスを維持できるようにするという選択もあったはずである。少なくとも、県と市町村が対等の関係にあったならば、このようなかたちで市町村合併が進むことはなかったであろう。

V　おわりに

日本における集権的構造は、変えなければならない。分権改革は必要である。

しかし、改革の主導権が中央省庁にある限り、改革は中央省庁の利害と意向に沿ったものにならざるをえない。中央省庁を制御すべき政治も、今のとこ

第1部　自治制度の現在

ろ、集権による利益を手放そうとしない。さらに、多くの県が組織利害を市町村や住民意向よりも優先している。

　これまでの方法を踏襲するのでは、「国が企画立案し、自治体が実施する」という集権体制の改革は難しい。場合によっては、分権改革の名のもとに再び市町村合併が進められるとも限らない。

　分権改革のパラダイム転換が必要とされている。

第2章　平成の市町村合併後の都道府県の機能・事務

澤　　俊晴

I　はじめに

　平成の市町村合併による市町村数の減少を契機として都道府県（以下「府県」という）は「変わる」あるいは「変わるべきだ」とする言説が流布した[2]。例えば、第27次地方制度調査会では「市町村の規模・能力が拡大しつつある中にあって、広域自治体としての都道府県のあり方が改めて問われるようになってきている[3]」とされ、さらに第28次地方制度調査会では府県のあり方を抜本的に見直す「道州制のあり方に関する答申」（2006年2月28日）が出されている。また、各県が策定したドクトリン（構想）においても、平成の市町村合併後の府県のあり方が積極的に取り上げられている[4]。

　ところで、平成の市町村合併は、2006（平成18）年に概ね終結し、それから現在まで約10年が経過した。この間、府県は、本当に「変わった」のであろうか。最近まで、道州制論など府県制の枠組みを「変える」議論が行われてきたが[5]、その議論の前提は、府県は「変わった」あるいは「変わる」であった。

　本稿では、平成の市町村合併によって、府県は「変わった」のかという点に

1）　1999年4月から2010年4月までに、市は671から786へ増加しているが、市町村数は3,229から1,727へ、町は1,990から757へ、村は568から184へ減少した。

2）　これらの言説の整理については、辻山「分権改革後の市町村再編成と都道府県」（自治労「都道府県のあり方研究会」報告書2005年12月）を参照。

3）　第27次地方制度調査会「今後の地方自治制度のあり方に関する答申」（2003年11月13日）21頁。

4）　神奈川県「分権時代における都道府県のあり方について（最終報告）」（平成15年）、岡山県「21世紀の地方自治を考える懇談会報告書」（平成15年）、愛知県「分権時代における県の在り方検討委員会「最終報告書」」（平成16年）、徳島県「「真の地方分権時代」における「県のあり方」に関わる研究報告書」（平成18年度）、山口県「分権時代における山口県のあり方（最終報告）」（平成18年）など。

23

第1部　自治制度の現在

ついて検証する。具体的には、地方自治法が規定する府県の「広域」、「補完」、「連絡調整」の機能（事務）について、主に府県の職員数に着目して検討する。

　結論を先取りすれば、府県の機能（事務）には、平成の市町村合併に起因する変化はほとんど見られない。

　なお、各種文献では、「機能」と「事務」の用法が混在しているが、本稿では、府県の果たすべき役割を指す場合には「機能」とし、その「機能」に対応した具体的な行政執行を「事務」としている。

II　市町村合併と都道府県の機能（事務）についての言説

　地方制度調査会答申や各県のドクトリン（構想）では、合併による市町村の規模および能力の充実によって府県の補完機能は縮減し、広域機能が府県の中心的な機能になっていくとされる[6]。そして、その認識が第27次地方制度調査会答申の「規模・能力や区域が拡大した基礎自治体との役割分担の下に広域自治体としての役割、機能が十分に発揮されるためには、まず、府県の区域の拡大が必要[7]」とする議論と接続している。

　また、平成の市町村合併後の府県の機能を取り上げた論説には、これらの答申やドクトリン（構想）と同様に「今後の府県は広域機能を強化すべきである。現状の府県は補完機能と支援機能の割合が大きく、このことが広域的課題

5）　例えば、既出の第28次地方制度調査会「道州制のあり方に対する答申」（2006年）や「道州制ビジョン懇談会中間報告」（2008年）、「道州制推進基本法案」（2013年）のほか、論攷も含めると極めて多数に上る。

6）　例えば、岡山県「21世紀の地方自治を考える懇談会報告書」（2003年）では、「市町村の自治能力が向上し、その行財政基盤が強化されることにより、新たな広域的自治体の補完機能は必然的に縮減することとなるが、……市町村では解決が困難な広域的な課題は増大しつつあり、広域機能は今後の広域的自治体が担うべき中心的な機能となると考えられる」（8頁）とされ、愛知県「分権時代における県の在り方検討委員会」報告書（2004年）でも、「市町村合併の進展等による市町村の規模・能力の拡大に伴い、「県の補完機能」は徐々に縮小していくことが想定される（すべての市町村が自立した基盤を有することになれば大きく減ることになる）」、「県は、今後、合併による基礎自治体の広域化に伴ってその機能の一部が基礎自治体に移ると想定されるものの、より広域性が高いものに「重点化」しながら、引き続き主要な役割を果たしていくものと考えられる」（40頁）と述べられている。

7）　第27次地方制度調査会・前掲注3）22頁。

24

への対応を中途半端なものにしている[8]」と広域機能を重視する見解がある[9]。その一方で、「補完機能は都道府県にとって必ずしも本質的ではない、付随的な機能であると考えられてきた嫌いが」あるが、「広域機能も補完機能もともに都道府県の本来的機能である。すべての市町村が中核市程度の規模に一律に再編されるのであればともかく、そうでないかぎり都道府県による補完機能は不可避である[10]」と補完機能の重要性を指摘する見解や、「都道府県の本来的な役割はおそらく「市町村が処理することが適当でない」ものを処理することにある」「都道府県の対市町村関係における本来的な仕事は補完にあるということになる[11]」と補完機能こそが府県の本来的な役割とする見解などがあり、定説をみていない。

　なお、これらの論説では、広域機能と補完機能に重点が置かれており、連絡調整機能については、「広域機能と並ぶ府県の本来的な機能と解するのはやや過大評価[12]」、あるいは、平成の市町村合併によって市町村数が減少しても「都道府県の連絡調整機能は、実質的な変化を被ること[13]」はない、といった消極的な評価にとどまっている[14]。

Ⅲ　平成の市町村合併の府県への影響

1　先行研究

　平成の市町村合併が府県の機能・事務に与えた影響を定量的に分析した研究

---

8)　礒崎初仁「都道府県制度の改革と道州制」礒崎初仁編著『変革の中の地方政府』（中央大学出版部・2010年）62頁。

9)　なお、礒崎は、現実には、「市町村合併が進んだからといって、直ちに府県の役割、とくに補完機能が減少するとか、減少させるべきだということにはならない」（礒崎・前掲注8）56頁）として、長期的な観点から、広域機能を重視している。

10)　市川喜崇「都道府県の性格と機能」新川達郎編著『公的ガバナンスの動態研究』（ミネルヴァ書房・2011年）196頁。

11)　辻山幸宣「問われる都道府県の役割」自治体学研究83号（2001年）17頁。

12)　礒崎・前掲注8）59頁。

13)　市川・前掲注10）190頁。

14)　連絡調整それ自体は直接住民に対して行政サービスを提供するものではなく、広域や補完に付随したものであるという認識が、そのような消極的あるいは静態的な評価の一因であると考えられる。

第 1 部　自治制度の現在

として、礒崎初仁と野田遊のそれがある。

　まず、都道府県の1960～2005年度の財政支出と1974～2006年の職員定数のデータを時系列比較して実態分析をした礒崎の研究によれば、「府県機能のうち広域機能はそれほど大きな割合を占めていないのに対し、補完機能と連絡調整機能の割合は大きい。とくに財源と人材という行政資源は、主として補完機能と連絡調整機能に充てられている」、「府県は補完機能を中心とした「市役所的性格」が強く、その傾向は市町村の規模・能力とは関係なく認められる[15]」とし、「平成の市町村合併によっても、現時点ではまだ府県からの市町村への権限移譲は進んでいないし、市町村側は主として財政負担の軽減を図るために合併を進めたことから、簡単には権限移譲を受けないため、これによって府県の補完的事務が減少している訳ではない[16]」とされる。

　次に、府県の歳出面に着目して1992～2002年度を対象に市町村合併の進んだ府県と、そうでない府県を比較した野田遊の研究によれば、「実際には、市町村合併により府県は歳出を抑制せず、むしろ増加していることが明確[17]」であり、市町村数の「減少府県においては、論理的に縮小してしかるべき府県機能や位置づけが実際には縮小・低下していない[18]」とされる。

2　府県の一般行政職員定員の状況

　このように先行研究によれば、平成の市町村合併によって府県の事務・機能に大きな変化は生じていないとされている。しかし、これらの研究では、平成の市町村合併と、それによる府県への影響との間に生じるタイムラグが充分に考慮されていない。例えば、市町村合併が進展しても、府県は、ただちに人員を整理することはできないし[19]、また、府県に義務付けられている事務が市町村の事務に移行しない限り、財政支出を減少させることもない。

　とはいえ、平成の市町村合併による市制移行などに伴い、府県の事務の一部

---

15)　礒崎・前掲注 8 ）42頁。
16)　礒崎・前掲注 8 ）38頁。
17)　野田遊『都道府県改革論』（晃洋書房・2007年）89頁。
18)　野田・前掲注17）96頁。
19)　公務員には身分保障があり、分限処分は容易ではない。

第2章　平成の市町村合併後の都道府県の機能・事務

図表2-1　昭和63年度当初を100とした都道府県一般行政職員定員の指数

H元	I2	I3	I4	H5	H6	H7	H8	H9	H10	H11	H12	H13	H14	H15	H16	H17	H18	H19	H20	H21	H22	H23	H24
99.7	99.8	100.0	100.4	100.6	100.6	100.2	100.0	99.5	98.8	97.8	93.9	92.1	90.7	89.1	87.6	85.9	84.3	82.1	79.4	77.1	75.0	73.6	72.4

出所：総務省「地方公共団体定員管理調査」をもとに筆者作成

は、市町村の事務に移行する。また、市町村の規模および能力の充実、ならびに区域の拡大に伴い、府県から市町村へ独自の権限移譲が行われ、あるいは、新たな行政課題に府県ではなく市町村が対応することもありうる。しかし、その場合でも、変化は劇的に生じるのではなく、漸進的なものにならざるをえない。そのため、平成の市町村合併終了後から相当程度経過した後に、府県への影響を検証する必要がある。

　ここでは、平成の市町村合併による都道府県への全体的な影響を2012年までの一般行政部門の職員（教職員や警察職員を除く。以下「一般行政職員」という）の定員に着目し分析する[20]。データは、毎年総務省が行っている「地方公共団体定員管理調査」を利用する。

　それによれば、一般行政職員の定員は、1994（平成6）年から継続的に減少しており、平成の市町村合併による影響が見受けられない。

　しかし、平成の市町村合併が積極的に行われた府県と、そうでない府県があることから、それぞれの府県ごとでの検討が必要となる。そのため、これらの指数を、平成の市町村合併による市町村数の減少率（以下「合併進捗率」という）が高かった府県と低かった府県とで比較してみた。しかし、そこでも、有意な相違はみられなかった。具体的には、平成の市町村合併が概ね終結した2006年の一般行政職員の定員を100として、2012年と比較したところ、合併進捗率が最も高かった長崎県は90.7であり、全国平均の85.9よりも一般行政職員定員の減少の程度は緩やかである。それに対し、合併進捗率が最も低かった大阪府は

20）　磯崎・前掲注8）も職員定員を取り上げているが、2006年のデータまでしかない。また、部門（議会、総務、税務など）別の職員定数を広域、補完、連絡調整に分類し、その比率を算出しているが、磯崎自身が述べているように「誤差の大きな作業」（磯崎初仁「都道府県機能の変遷と全体像」月刊自治研585号（2008年）32頁）である。なお、財政支出も重要な指標であるが、国の経済対策等による影響が大きく、市町村合併の影響に焦点を当てた有効な分析が困難である。その点、人（職員）は、カネ（財政）の変化に比べて、変化は緩やかであり、経年変化を長期的に観察するのに適している。

第1部　自治制度の現在

図表2-2　2006年度当初を100とした府県（一部）ごとの一般行政職員定員の指数

年度	全国	長崎 1	広島 2	滋賀 10	三重 13	兵庫 18	静岡 20	宮城 25	群馬 26	茨城 27	栃木 28	京都 30	福岡 35	大阪 47
19	97.4	97.4	96.2	97.8	98.5	97.3	97.9	98.8	97.2	97.8	98.2	96.1	99.1	96.6
20	94.2	95.7	92.0	94.4	96.3	93.4	96.1	97.2	93.7	95.5	96.6	92.4	97.6	94.0
21	91.5	94.2	88.4	91.2	94.2	88.3	94.5	94.5	91.7	92.5	94.5	89.2	95.5	88.6
22	88.9	92.3	85.1	88.8	92.7	84.2	92.9	92.7	90.0	90.9	91.7	89.4	94.8	84.6
23	87.3	91.5	83.2	86.8	94.4	81.2	92.5	91.8	89.3	88.9	90.6	88.6	94.2	82.0
24	85.9	90.7	81.7	85.7	95.2	78.0	92.1	90.7	89.3	85.6	89.4	88.4	93.3	77.8

※府県名の下の数字は、合併進捗率の順位である
※本図表では、府県の財政を比較検討する場合に用いられる都道府県財政指数表（2013年度）グループB2（いわゆる類団）に所属する府県および合併進捗率最上位と最下位の府県のデータを抽出している。グループB2を選定している理由は、このグループにはいわゆる中規模府県が所属しており、一般的な傾向が見て取れるためである
出所：総務省「地方公共団体定員管理調査」をもとに筆者作成

77.8と全国平均を大幅に上回って減少している。また、合併進捗率10位の滋賀県と、同27位の茨城県とを比較しても、滋賀県が85.7で茨城県が85.6であり減少の程度に相違はなかった。

　また、一般行政職員の定員に影響を与える要因として、市町村合併に伴う政令指定都市、中核市等への移行が考えられるが、政令指定都市が2つ（静岡市、浜松市）誕生した静岡県は92.1であり、一般行政職員の定員はさほど減少していない。

　つまり、平成の市町村合併は、一般行政職員の定員の面から見る限り、一定程度の期間を経ても府県に影響を与えていないと考えられる。次に、平成の市町村合併が府県の個々の機能（事務）に与えた影響について検討する。

IV　広域機能（事務）

1　広域機能（事務）の意義

　地方自治の保障は権力分立原理と民主主義に根拠を有し、地方自治の本旨の要素とされる団体自治は、垂直的権力分立と関連付けられる[21]。[22] しかし、そのことから、当然に、広域と狭域の団体による二層制が導出されるわけではない。

28

第2章　平成の市町村合併後の都道府県の機能・事務

垂直的権力分立という点では、同一区域を範囲とする二層制も理論的にはありうる。そのため、広域と狭域の団体による二層構造が導出されるためには、垂直的権力分立だけではなく補完性原理との結合が必要となる。

つまり、二層制の要請と補完性原理とが結合することによって、初めて「広域機能」が府県の本来的機能であると説明されうる（なお、補完性原理は、自治体の自律性を阻害するものだといった否定的な見解がある一方で、憲法の「地方自治の本旨」の内容に市町村優先の事務配分の原理を読み込むことが妥当だとする見解や、憲法の国民主権の原理から市町村最優先の事務配分原則が導かれるとする見解もある。ここでは、市町村に過大な事務の処理を要求し、そのために合併を「強制」する論拠に用いられるような転用・誤用・悪用された「補完性原理」ではなく、国からの介入を抑制するという防御的な意味で「補完性原理」を解する）。

そして、府県は、より区域の小さな団体である市町村が処理することができず、また、処理すべきでもない行政課題、つまり、規制行政の対象、給付行政の需要、行政課題の広がりが市町村の区域を超える事務を処理する。これが府

---

21)　佐藤幸治『憲法〔第3版〕』（青林書院・1995年）264頁、芦部信喜・高橋和之補訂『憲法（第5版）』（岩波書店・2011年）355頁など。

22)　中川剛「権力分立」杉原泰雄編『憲法学の基礎概念1』（勁草書房・1983年）184頁、渋谷秀樹『憲法〔第2版〕』（有斐閣・2013年）725頁。

23)　関谷昇「補完性原理と地方自治についての一考察」公共研究4巻1号（2007年）82頁、塩野宏「地方自治の本旨に関する一考察」自治研究80巻11号（2004年）42頁、全国知事会自治制度研究会「地方自治の保障のグランドデザイン」（2004年）51頁。

24)　廣田全男「事務配分論の再検討」公法研究62巻（2000年）189頁。

25)　杉原泰雄『地方自治の憲法論〔補訂版〕』（勁草書房・2008年）173頁。また、市民に身近な地方優先の事務配分義務として補完性原理から国の立法裁量に一定の限界が課されるとするものとして、大津浩「地方自治の本旨」『憲法の争点』（有斐閣・2008年）309頁がある。

26)　白藤博行「「地域主権」の改革と法理」渡名喜庸安＝行方久生＝晴山一穂編著『「地域主権」と国家・自治体の再編』（日本評論社・2010年）61、62頁。

27)　ただし、市町村域を超える事務だからといってただちに府県の事務とすることには慎重な意見もある。例えば、「市町村優先の原則に立つ限り、単一市町村の区域を超えるものや数市町村にまたがるものを直ちに都道府県の事務とすることには問題があり、市町村間もしくは当該都道府県を交えての自主的共同処理方式を考える必要があろう」（佐藤竺編著『総則―直接請求・逐条研究地方自治法1』（敬文堂・2002年）78、79頁）とされ、白藤博行は「具体の事務配分において、場合によっては、「補完性原理」を尊重することが、「基礎的自治体」間の連携・協力による広域行政の可能性を断ってしまう危険がある」（白藤博行『新しい時代の地方自治像の探究』（自治体研究社・2013年）129頁）と述べる。

第1部　自治制度の現在

県の「広域事務」である。

　ただし、府県の広域事務は固定的なものではない。なぜなら、府県の広域機能は、本質的に市町村との相対的な関係に依存しているため、その関係の変動に応じて流動的なものにならざるをえない。

　そのような観点から、市町村合併による市町村の区域の拡大は、府県の広域機能を縮小させ、広域事務を減少させるとの言説が生まれることになる。そこで、平成の市町村合併が府県の広域事務に与える影響を、知事部局に所属する職員数の推移から検証する。データは、地方行財政調査会が行っている「都道府県の行政組織・所掌事務および職員数調べ」を利用する。

2　本庁と地方機関の職員数の状況

　知事部局の本庁に所属する職員（以下「本庁職員」という）は主に都道府県の全域を対象とする事務に従事し、知事部局の地方機関に所属する職員（以下「地方機関職員」という）は主に府県の一部の区域（数市町村から十数市町村にわたる地域。以下「中域」という）を対象とする事務（以下「中域事務」という）に従事していると仮定して、[28]平成の市町村合併前後の2001年と2015年の本庁職員数と地方機関職員数の変化を検証する。

　本庁職員数は、この間に43道府県（統計データのない東京都、愛知県、岡山県、徳島県を除く）合計で、48,823人から45,173人へと約7％減少している。それに対し、地方機関職員数は、43道府県合計で130,208人から64,130人へ50％以上減少している。このことは、平成の市町村合併による市町村の区域の拡大が、府県の広域事務のうち中域事務に大きな影響を与えたかのように見える。

　理論的には、「中域」が市町村合併によって1の市町村の区域によって包摂されると（「中域」内のすべての市町村が合併して1つになると）、府県の地方機関が処理してきた事務は、市町村の事務へ移行する。しかし、実際には、「補完事務」に転化する事務もあり、「中域事務」すべてが市町村の事務へ移行するわけではない。例えば、複数の市町村に流域がまたがる河川管理について、府県がその管理を「中域事務」として処理してきたところ、それらの複数の市町

---

28)　補完事務や連絡調整事務、内部管理事務に従事している職員もいるが、それらの職員は、本庁、地方機関の別なく所属しており、また、区分もできないため、ここでは捨象している。

30

第 2 章　平成の市町村合併後の都道府県の機能・事務

図表 2 - 3　平成の市町村合併における構成市町村数別の合併件数

構成市町村数	2	3	4	5	6	7	8	9	10	11	12	13	14	合計
合併件数	245	164	80	50	26	16	11	5	5	0	2	1	1	606
率（%）	40.4	27.1	13.2	8.3	4.3	2.6	1.8	0.8	0.8	0.0	0.3	0.2	0.2	

出所：総務省「「平成の合併」の評価・検証・分析」（2008年）5 頁をもとに筆者作成

村が合併し、一の自治体になったとしても、合併後の自治体の規模および能力が十分ではなければ、都道府県がその河川管理を補完事務として処理することになる。そのため、市町村合併による市町村区域の拡大によって、一概に、府県の事務が減少するとはいえない。

　しかも、平成の市町村合併では、地方機関の行政区域を包摂するような大規模合併はほとんど行われなかった。例えば、府県の代表的な地方機関であるいわゆる土木事務所[29]を取り上げると、平成の市町村合併開始前の2001年の市町村数が3,226に対して、47府県の土木事務所総数は452であり、1 土木事務所当たりの市町村数は平均して約7.14であった。ところが、平成の市町村合併件数606のうち、構成市町村数が 7 市町村を超える合併件数は 7 ％弱に過ぎない（さらにいえば、3 市町村以下の合併が 7 割弱を占めている）。

　したがって、平成の市町村合併による「中域事務」の市町村の事務への移行は極めて限定的であった可能性が高い。実際、43道府県それぞれについて、知事部局職員数のうち地方機関職員数が占める比率を2001年 4 月 1 日現在と2015年 7 月 1 日現在とで比較した率（以下「減少指数」という）と合併進捗率とを対比させたところ、そこには有意な相関関係はみられなかった。まず、全体としては知事部局職員数のうち地方機関職員数が占める比率は、この間に、72.7から58.7へ大幅に低下し、地方機関職員数は実数だけでなく本庁職員数に対し相対的にも大きく減少している。次に、個々の府県をみると、市町村合併が進まなかった県の 1 つである奈良県（合併進捗率43位）の減少指数が最も高く、合併進捗率が 1 位の長崎県や 3 位の新潟県、4 位の愛媛県、5 位の大分県の減少指数は中間値を下回っている。つまり、「中域事務」を担うと仮定している地方

---

29)　名称は府県によって異なっており、建設事務所、地域振興局建設部など様々である。

31

第1部　自治制度の現在

図表2-4　地方機関職員数の減少指数と合併進捗率の対比

	減少指数	合併進捗率順		減少指数	合併進捗率順
奈良	66.0	43	秋田	84.7	9
山梨	72.5	14	埼玉	85.0	40
沖縄	75.2	41	長崎	85.0	1
和歌山	75.8	33	大分	85.6	5
大阪	77.2	47	茨城	86.3	27
滋賀	78.3	10	群馬	86.5	26
香川	78.5	11	熊本	88.0	21
広島	79.4	2	長野	88.6	37
京都	80.5	30	福岡	89.0	35
佐賀	80.6	12	鳥取	89.7	24
兵庫	80.8	18	宮城	89.7	25
静岡	81.4	20	北海道	90.2	44
島根	81.6	6	三重	91.4	13
山口	82.6	7	愛媛	91.8	4
青森	82.6	32	岩手	92.2	29
福島	82.8	38	石川	92.4	19
神奈川	83.1	45	新潟	92.5	3
岐阜	83.4	15	富山	94.7	16
宮崎	84.1	31	福井	95.1	23
鹿児島	84.2	17	山形	95.3	42
高知	84.4	36	栃木	96.4	28
千葉	84.5	39			

※ □ は、合併進捗率上位一桁の府県
※減少指数は、平成27年7月1日現在の地方機関の職員数（A）を本庁および地方機関の職員合
　計数（B）で除した率（C）と平成13年4月1日現在の地方機関の職員数（D）を本庁および
　地方機関の職員合計数（E）で除した率（F）とを除した率（C／F）である
出所：地方行財政調査会「都道府県の行政組織・所掌事務および職員数調べ」および総務省「都
　道府県別合併実績」をもとに筆者作成

機関職員数の減少と平成の市町村合併との関連が見受けられない。このため、
地方機関職員数の減少は、それ以外の要因によると想定される。
　このように、平成の市町村合併による市町村区域の拡大が府県の「中域事
務」に与えた影響は非常に小さかったと考えられる。

第2章　平成の市町村合併後の都道府県の機能・事務

3　府県域を超える事務

　府県の広域事務には、「中域事務」のほかに、府県全域にその対象が及ぶ事務があるが、定義上、1つの府県に1つの基礎自治体にならない限り、市町村の処理する事務に移行しない。しかし、行政需要の広域化などによって、府県域を超える、より広域的な対応を必要とする事務に移行することはありえる。この点について、国勢調査における通勤・通学者の昼間人口および夜間人口に占める比率を利用して、府県域を超える広域行政の必要性を検討してみる。

　まず、昼間人口に占める通勤・通学者の比率は東京都が最も高く、2010年国勢調査で18.56％である。しかし、東京都のような数値は例外であり、次いで比率の高い大阪府では7.25％であり、東京都と大阪府以外の道府県では5％を切っている。さらに、全府県の約半数にあたる23道県では1％を切っている（つまり、他府県からそれらの道県に通勤・通学する者は100人に1人もいない）。しかも、東京都へ通勤・通学する者の昼間人口に占める比率は、1995年国勢調査以降、調査のたびに低下している（23.01％（1995年）、21.44％（2000年）、20.37％（2005年）、18.56％（2010年））。この傾向は、大阪府も同様であり（8.87％（1995年）、8.41％（2000年）、8.06％（2005年）、7.25％（2010年））、東京都と大阪府に次いで、比率の高い府県（埼玉県、千葉県、神奈川県、京都府、奈良県）でも概ね同様の低下傾向を示している[30]。

　次に、夜間人口に占める通勤・通学者の比率についてみると、2010年国勢調査では、二桁の数値は、埼玉県、千葉県、神奈川県、奈良県の4県だけであった。また、全府県の半数を超える27道県では1％を切っている（つまり、それらの県から他県に通勤・通学する者は100人に1人もいない）。そして、通勤・通学者の昼間人口に占める比率と夜間人口に占める比率が1％を切っている道県は、その多くが重複している。

　このように、府県域を超えた日常的な人の動きは、2010年国勢調査では東京・大阪周辺以外では見られないし、このことは2005年、2000年、1995年の国勢調査でも変わりはない。しかも、これらの地域では交通網の整備が進んでい

---

30)　1995年国勢調査で比率が4％以上であった埼玉県（4.46％）、千葉県（4.07％）、神奈川県（4.16％）、京都府（7.26％）、奈良県（5.14％）の2010年国勢調査の数値は、それぞれ3.90％、3.29％、3.69％、7.03％、4.45％に低下している。

33

第 1 部　自治制度の現在

るにもかかわらず、府県域を越えた日常の移動は、減少している。つまり、最近20年間で、府県域を超える住民の日常生活圏は希薄化しつつあり、このことは、府県境を超える行政需要も縮小していることを推測させる。したがって、少なくとも通勤・通学者のデータからは、府県が、その区域を超えて、より広域的な対応をする必要性が高まっているとはいえない。

V　補完機能 (事務)

1　補完機能（事務）の意義

　府県の市町村を補完するという機能は、憲法上要請される府県の本来的機能である[31]。しかし、個別の補完事務それぞれは、本来的には市町村が行うべき事務であり[32]、規模および能力の観点から府県が行っているに過ぎない。そのため、平成の市町村合併により市町村の規模および能力が充実すれば、府県の補完事務は市町村の処理する事務へと移行し、都道府県の補完機能が縮小すると一般的には考えられている。本節では、補完事務を一般補完事務と高度補完事務の2つに区分してそれぞれを検討し、平成の市町村合併による影響が限定的であったことを指摘する。

2　一般補完事務

　一般市以上であれば処理できる事務を府県の「一般補完事務」と位置付けることとする。通常、この事務は、市町村合併による町村の市への移行によって減少すると考えられる。代表例としては、都道府県および市（特別区を含む）に設置が義務付けられている福祉事務所に係る事務がある。「地方公共団体定員管理調査」により、府県の福祉事務所の職員定員を2003年と2012年で比較してみたところ、合併進捗度上位10県全てが全国平均を上回って減少している。

　つまり、平成の市町村合併による市町村の規模および能力の充実によって、府県の福祉事務所の職員定員は減少したと考えられる。しかし、もともと府県の一般行政職員のうち福祉事務所に所属する職員の占める割合は極めて小さい

---

31)　辻山幸宣「問われる都道府県の役割」自治体学研究83号（2001年）17頁。
32)　松本英昭『逐条地方自治法〔新版第7次改訂版〕』（学陽書房・2013年）40頁。

第 2 章　平成の市町村合併後の都道府県の機能・事務

図表 2 - 5　2001年度当初の福祉事務所職員数を100としたときの2015年度当初の指数

合併進捗率順	都道府県名	指数	合併進捗率順	都道府県名	指数	合併進捗率順	都道府県名	指数
1	長崎	22.1	17	鹿児島	69.0	33	和歌山	83.5
2	広島	27.5	18	兵庫	40.6	34	愛知	0.0
3	新潟	21.1	19	石川	64.7	35	福岡	83.3
4	愛媛	58.5	20	静岡	93.5	36	高知	55.4
5	大分	21.2	21	熊本	63.7	37	長野	81.7
6	島根	0.0	22	徳島	52.9	38	福島	71.4
7	山口	5.6	23	福井	—	39	千葉	62.8
8	岡山	58.0	24	鳥取	58.3	40	埼玉	92.4
9	秋田	20.7	25	宮城	61.1	41	沖縄	106.0
10	滋賀	40.5	26	群馬	55.7	42	山形	78.6
11	香川	43.0	27	茨城	33.1	43	奈良	64.9
12	佐賀	48.3	28	栃木	58.5	44	北海道	110.1
13	三重	28.7	29	岩手	75.0	45	神奈川	165.8
14	山梨	47.5	30	京都	80.5	46	東京	87.5
15	岐阜	85.7	31	宮崎	85.5	47	大阪	200.0
16	富山	18.8	32	青森	71.9			

※ □ は、福祉事務所職員数の減少率上位半数の県
※福井県は統計データを欠いている
出所：総務省「地方公共団体定員管理調査」および「都道府県別合併実績」をもとに筆者作成

ため（概ね 2 ％以下）、府県の補完事務に及ぼした影響は軽微である。

3　高度補完事務

　政令指定都市・中核市であれば処理できるが、一般市や町村では処理できない事務を「高度補完事務」と位置付ける。高度補完事務は、府県と政令指定都市・中核市の事務が競合する領域であり、府県が処理するか、政令指定都市・中核市が処理するかは、流動的である。

　府県が担う高度補完事務は、一般市が中核市へ、中核市が政令指定都市へ移行することによって減少すると想定される。しかし、高度補完事務を代表する保健所の職員定員を検証したところ、実際には、その影響は限定的であった。例えば、保健所職員定員を2001年度当初と2015年度当初とで比較すると、合併

35

第1部　自治制度の現在

図表2‐6　2001年度当初の保健所職員数を100としたときの2015年度当初の指数

合併進捗率順	都道府県名	指数	合併進捗率順	都道府県名	指数	合併進捗率順	都道府県名	指数
1	長崎	72.0	17	鹿児島	63.1	33	和歌山	78.8
2	広島	68.7	18	兵庫	67.8	34	愛知	66.3
3	新潟	63.4	19	石川	67.4	35	福岡	70.3
4	愛媛	71.8	20	静岡	77.3	36	高知	64.8
5	大分	78.9	21	熊本	70.6	37	長野	83.8
6	島根	89.7	22	徳島	81.2	38	福島	78.5
7	山口	73.4	23	福井	—	39	千葉	86.2
8	岡山	82.5	24	鳥取	84.0	40	埼玉	70.7
9	秋田	80.8	25	宮城	98.5	41	沖縄	63.0
10	滋賀	58.8	26	群馬	52.7	42	山形	89.2
11	香川	66.1	27	茨城	84.9	43	奈良	52.4
12	佐賀	60.6	28	栃木	75.9	44	北海道	85.4
13	三重	83.9	29	岩手	78.7	45	神奈川	60.3
14	山梨	72.4	30	京都	79.4	46	東京	64.7
15	岐阜	83.1	31	宮崎	81.6	47	大阪	61.8
16	富山	78.3	32	青森	55.0			

※□は、保健所職員数の減少率上位半数の府県
※福井県は統計データを欠いている
出所：総務省「地方公共団体定員管理調査」および「都道府県別合併実績」をもとに筆者作成

進捗率1位の長崎県は約28％、同2位の広島県は約31％、同3位の新潟県は約36％減少しているが、合併進捗率47位の大阪府も約38％、同46位の東京都も約35％、同45位の神奈川県も約40％減少しており、合併進捗率との有意な関係は見出せなかった。

　また、2013年4月1日に中核市に移行した那覇市の資料によれば[33]、那覇市における一般市から中核市移行に伴う職員増は88名である[34]。この人数をもとに、沖縄県内市町村が全て中核市移行したと仮定して、単純に人口比率から計算す

---

33)　那覇市「那覇市中核市移行調査報告書」（2014年3月）。那覇市を参照する理由は、一般市から特例市を経ずに、直接、中核市に移行したこと、平成の市町村合併がなかったこと（そのため、合併に伴う過員が生じず、中核市移行に伴う純増がわかる）、定員配置の状況が明らかにされていることから、中核市への移行が及ぼす影響を、ある程度純粋に測ることができるためである。

36

ると、県内全市町村の中核市移行に伴う職員増は、388名となる。

　この人数は、沖縄県の2013年4月1日現在の一般行政職員数3,855名の1割程度に過ぎない。この1割を大きいと判断するか小さいと判断するかは難しいところだが、2005年4月1日から2014年4月1日までの全国での中核市指定（特例市からの移行を含む）が16市にとどまっていることを考慮すると、全国的には、市町村の規模および能力の充実による高度補完事務への影響は限定的だと考えられる[35]。

　なお、政令指定都市が誕生すれば、高度補完事務の多くは政令指定都市が処理する事務に移行すると考えられる。しかし、2005年4月1日から2014年4月1日までの政令指定都市数は7増であり、ほとんどの府県には関係がない。そのため、中核市の場合よりさらにその影響は限定的である。

VI　連絡調整機能（事務）

1　連絡調整機能（事務）の意義

　府県の機能のうち、連絡調整機能は、府県が国と市町村の中間に位置して市町村を包括していることから当然に生じるとされる[36]。その機能に対応した具体的な連絡調整事務は、「国等や都道府県等と市町村との間の連絡調整、市町村相互間の連絡調整等の事務（市町村間の水平的合意形成等のための都道府県の事務を含む）」である[37]。

　なお、府県が連絡調整を担う根拠について、総務省筋は、第1次分権改革前には府県が「中間的団体」であり「指導的地位」にあることによって説明してきたが[38]、第1次分権改革後には「中間に位置する団体」であることに根拠が変

34）　そのうち57名（約64.8％）は保健所業務に充てられており、中核市移行にとって保健所の設置に多くの人員が割かれていることがわかる。

35）　市川・前掲注10）は「すべての市町村が政令市なみ、あるいは中核市なみの規模と能力を有していればともかくとして、そうでない以上、都道府県は市町村の補完機能を果たさざるをえないはずである」（180頁）とするが、すべての市町村が中核市なみの規模と能力を有することとなっても、なお、府県にはかなりの補完事務が残存することが予測される。

36）　松本英昭『要説地方自治法〔第4次改訂版〕』（ぎょうせい・2005年）67、68頁。

37）　松本・前掲注36）171頁。

第1部　自治制度の現在

わり、さらに最近では「都道府県が国と市町村との間に位置し、市町村を包括する団体」であることが根拠となっている。このような二転三転する説明は、国・府県・市町村の関係の捉え方の変遷を物語っている。つまり、第1次分権改革前には、それらの関係を上下関係で捉えることを暗黙の了解として、国と市町村間の垂直の連絡調整は府県が「中間的団体」であることで、そして、市町村相互間の水平の連絡調整は府県が「指導的地位」にあることで説明してきた。しかし、第1次分権改革により府県は「指導的地位」にないとされたため、府県が国と市町村の「中間に位置する団体」であることから、連絡調整事務の説明を試みたところ、「中間に位置する団体」では市町村相互間の連絡調整を説明できないことに気が付いたため、「間に位置」する「包括する団体」という概念を持ち出してきたのであろう。

　また、連絡調整事務は、広域事務や補完事務とは異なり、固有の事務事業を持たず、それらに付随したものであるともされる。つまり、府県が補完事務や広域事務を処理する際に市町村との関係が生じる場面では、連絡調整事務が常に付随していることを意味する。したがって、広域事務や補完事務がなくならない限り、連絡調整事務は存続する。とはいえ、観念的には、市町村合併により市町村数が減ることは、連絡調整の相手数の減少を意味することから、連絡調整機能は低下すると考えられる。

　ここでは、府県が連絡調整機能を担う法的位置付けと、連絡調整を行う立場の相違から、連絡調整事務を当事者連絡調整事務、水平連絡調整事務、垂直連絡調整事務の3つに区分し、それぞれの事務に対する市町村合併の影響を検証して、平成の市町村合併によって市町村数が減少してもなお、連絡調整事務の重要性が高まっていることを指摘する。

---

38)　長野士郎『逐条地方自治法〔第11次改訂新版〕』（学陽書房・1993年）44頁。

39)　松本英昭『要説地方自治法』（ぎょうせい・2002年）55頁。

40)　松本・前掲注36）110頁。

41)　また、「間に位置する団体」への変更は、推測ではあるが「中間的団体」「中間に位置する団体」との表現では、「市町村と国の中間的な性格を帯びている」「府県は仕事の処理に当って国と市町村の中間的な処理能力を有する」（高木鉦作「都道府県の事務」全国知事会『変動期における都道府県政』（1979年）2頁）という意味が払拭できないため、そのような意味での「中間」を排除する意図もあったのであろう。

42)　外川伸一『分権型社会における都道府県改革の視座』（公人の友社・2001年）31頁。

2 当事者連絡調整

　府県が自らの事務処理に際して市町村と連絡調整を行う、つまり、一方の当事者として連絡調整する事務を「当事者連絡調整事務」と位置付ける。当事者連絡調整事務は、主に、府県と市町村との区域が重複していることから、それぞれの事務事業を円滑に執行するために発生するものである。ただし、区域の重複は、市町村にとっても同様であることから、市町村にも存在する事務であり、また、自治体が、自らの事務事業の企画（条例立案等）や実施に当たって、関係する自治体などと連絡調整は行うことは当然のことでもある。つまり、このような連絡調整機能は、一般的なものであって府県に固有のものではない。

　平成の市町村合併は、連絡調整の相手方である市町村数を減少させるため、観念的には、この当事者連絡調整機能を縮減させると想定されやすい。しかし、平成の市町村合併は、市町村数を減少させると同時に市町村の規模および能力を充実させている。それにより、市町村の事務事業の質と量が拡大し、府県の事務事業との重複および競合が高まるため、府県と市町村との間での連絡調整の必要性は増大する。[43] 実際、平成の市町村合併を契機として、新たな形での府県と市町村の間での連絡調整の場が設けられており、[44] また、二重行政への対応もこの文脈に位置付けられる。

　なお、市町村の規模および能力の充実に伴い、市町村が主体となって府県との間で行う連絡調整の必要性も高まる。そのため、市町村が主導する連絡調整の法的手段が整備される必要があるが、現行法では、府県と市町村との上下関係を前提とした調整規定が多い。[45] 今後は、対等協力関係を前提とした調整制度を整備する必要がある。[46]

---

43)　例えば、府県と市町村との間の事務競合を調整するための「調整規定」を都道府県条例に設けることが増えていることも、それを傍証している。また、市町村が、従来、府県が担ってきた許認可などの権力行政を市町村が担うことが増えつつあり（例えば、空家等対策の推進に関する特別措置法に基づく市町村長による措置命令や行政代執行など）、府県の事務と市町村の事務との棲み分けが不明確になりつつある。その他にも、景観分野やまちづくり分野、介護や子育てなどの福祉分野での連絡調整の必要性が増大している。

44)　滋賀県市町対話システム、佐賀県市町行政調整会議、宮崎県市町村連携推進会議などが設置されている。

第1部　自治制度の現在

3　水平連絡調整事務

　府県が市町村相互間の連絡調整をする事務を「水平連絡調整事務」と位置付ける。水平連絡調整事務は、立法政策として地方自治法によって便宜的に都道府県に付与された事務である[47]。水平の連絡調整は、府県を介在させることなく、市町村が主体的に相互に行うか、第三者機関を設置して調整することで可能である。実際、地方自治法には、普通地方公共団体の事務の管理および執行についての連絡調整協議会の規定があり（同法第252条の2の2）、府県ではない他の主体が連絡調整主体となることも想定されている[48]。

　市町村合併は、府県からみて連絡調整の客体である市町村の減少をもたらすため、水平連絡調整事務は減ると想定されやすい。しかも、平成の市町村合併による区域の拡大に伴い、市町村区域内で事務が完結し、府県による水平連絡調整の必要性が低下したと考えられやすい。しかし、実際には、障害者の日常生活及び社会生活を総合的に支援するための法律に基づく地域生活支援事業や大規模災害時における市町村相互間の連絡調整など、府県の水平連絡調整への

---

45)　例えば、同意を要する協議を市町村が府県に対して行う規定は20を超える法律に設けられているが、府県が市町村に対して同意を要する協議を行う法律の規定はない。

46)　具体的には、府県と市町村との間の当事者としての連絡調整を対等関係での「参加」として捉え、それを前提として規定を整備していくべきである。木佐茂男は「都道府県・市町村に配分された事務に対し、国・都道府県が自らの利害をもって参加し、行政の調整をはかる必要性がありうる……参加は、国と自治体の共通の利害があることを前提に、その双方の独自の利害を主張する可能性を認めるところに、概念・制度の成立の基盤がある」（木佐茂男「国と地方公共団体の関係」雄川一郎・塩野宏・園部逸夫編『現代行政法大系8・地方自治』（有斐閣・1984年）399頁）とする。

47)　例えば、市町村の合併の特例に関する法律などに規定されている「市町村の求めに応じ」または「市町村から求めがあったとき」に都道府県が市町村相互間の連絡調整を行う場合などである。この役割を府県が市町村を「包括」することに根拠付ける説明（例えば、全国知事会『地方分権下の都道府県の役割』（2001年）、神奈川県『分権時代における都道府県のあり方について（最終報告）』（2003年））もあるが、「ある県が一定数の市町村を包括するからといって、それらの市町村に対する関係で当然に連絡調整の機能を発揮すべきだということにはならない」（小早川光郎「基礎的自治体・広域的自治体」法学教室165号（1994）25頁）と解すべきであろう。その他にも、ある県域内の市町村民は、すなわち県民であるがゆえに、県が連絡調整を行いうるとする見解もありうるが、包括団体に調整権を認めることは、結局のところ、狭域の住民の意思よりも、より上位の団体の意思を優先させる介入を根拠付けることとなり、補完性原理に反するであろう。

48)　なお、注意しなければならないのは、水平連絡調整事務に区分されるものであっても、府県が広域事務の一環として、つまり当事者としての立場も含んで主体的に市町村間の連絡調整を行う場合があり、この場合は、府県の本来的機能として担う連絡調整事務となる。

40

要請が高まっている分野もあり、一概に必要性が低下したとは判断できない。

4 垂直連絡調整事務

　国と市町村間の連絡調整を「垂直連絡調整事務」と位置付ける。垂直連絡調整事務は、二層制と補完性原理から導出される府県の本来的な機能であり、都道府県以外の調整主体が担うことは許されない。なぜなら、多層構造において中抜きを認めることは、補完性原理に反し、また、自治の防波堤論の観点からも、国が直接に市町村に関与することは許されないと考えられるからである。[49] したがって、現行の二層制を維持する限り、垂直連絡調整機能は、市町村合併の有無にかかわらず存続する。[50]

　なお、個々の垂直連絡調整事務は、平成の市町村合併による連絡調整客体である市町村数の減少の影響を受けると考えられるが、現実には、国が府県に指示して市町村に是正の要求（地方自治法第254条の5第2項）をする事例[51]が生じるなど、必ずしもその必要性が低下しているとはいえない。

Ⅶ　おわりに

　本稿の主張をまとめると次のとおりである。

　第1に、二層制と補完性原理を経由して、府県の広域機能、補完機能および垂直連絡調整機能は府県の本来的機能であり、その機能に対応した事務は、府県の固有の自治事務領域となる。[52]

　地方制度調査会答申や各県のドクトリン（構想）などでは、平成の市町村合

---

49)　そのことが担保されなければ、府県は自治の防波堤としての役割を果たせず、垂直的権力分立の趣旨も没却されてしまうことになる。なお、府県のこのような役割は、消極的な文脈で「中二階」と表現されることもある（田島平伸「都道府県はどうなるか」年報自治体学16号（2003年）112頁、今村都南雄「問われる都道府県の役割」都市問題92巻3号（2001年）10頁）。また、府県が市町村と国との「間」に位置することから垂直の連絡調整を説明する見解もあるが、補完性原理（全権限性を含む）を前提にしない限り、「間」に位置するから当然に府県が行うことにはならない。

50)　市川・前掲注10）190頁。

51)　東京都に国立市に対する是正の要求をするよう指示（2009年2月13日）、沖縄県に竹富町に対する是正の要求をするよう指示（2013年10月18日）

41

第1部　自治制度の現在

併に伴う市町村の区域の拡大により、府県の広域機能が縮減し、広域事務が減少すると想定していた。しかし、理論的には、広域機能は、平成の市町村合併によって市町村の区域が拡大しても広域の自治体として府県がある限り、存続する。それに対し、具体的な事務、特に「中域事務」は、府県と市町村との競合事務領域であり、市町村の区域の拡大によって、市町村の事務に移行する可能性はある。ところが、今回の平成の市町村合併では、市町村の事務への移行が生じるような大規模な合併はその数が限られており、府県の事務への影響は極めて限定的なものであった。

　第2に、府県の補完機能は、補完を必要とする市町村が存在する限りなくならない。また、町村の一般市への移行程度では、府県の補完事務は減少しておらず、中核市への移行によってもさほど減少していない。しかも、平成の市町村合併に起因する中核市への移行、さらには政令指定都市への移行の数は少なかったため、平成の市町村合併が府県の補完事務に及ぼした影響は、軽微であった。[53]

　第3に、市町村の減少により連絡調整の客体は減少したが、そのことによる平成の市町村合併に起因した府県の連絡調整事務の変動は見られなかった。それどころか、市町村の規模および能力が拡大したがゆえに、府県と市町村との連絡調整の必要性は高まり、府県と市町村の間で密接で濃い関係性が構築されてきているともいえる。しかも、今後、国と地方を含めた行政資源の減少が継続的に進行すると予想されることから、府県と市町村が相互に連携して、減少する行政資源を効率的かつ民主的に最大限活用する必要が高まり、それゆえ府県の連絡調整機能が重要になると考えられる。

---

52)　なお、「法律によっても侵しえない地方自治の固有領域を探求する道が…常に失敗を繰り返している」（大津浩「国民主権と「対話」する地方自治」杉田敦ほか『ネーションと市民（岩波講座憲法3）』（岩波書店・2007年））247頁）とされ、それへの突破口を「国から提起される裁判的統制を受けない自治事務領域を自治体独自の判断で創出することを可能とする裁判統制システムとなっている現状」（273頁）に見出す見解もあるが、国等による違法確認訴訟制度が創設されたことから、裁判的統制を受ける可能性が生じており、固有領域の探求に回帰せざるをえない状況にあると思われる。

53)　市町村の規模および能力の充実は、府県ではなく一部事務組合に大きな影響を与えている。実際、2000年に2,600を超えていた一部事務組合は、2014年には1,500程度まで減少している（総務省「地方公共団体間の事務の共同処理の状況調（2014年7月1日現在）」）。

第2章　平成の市町村合併後の都道府県の機能・事務

　なお、平成の市町村合併を直接の原因としたものではないが、それを契機として、府県独自の施策（いわゆる「事務処理特例条例制度の活用」）により府県から市町村への権限移譲が進められている。しかし、事務処理特例条例制度による権限移譲の現状は、都道府県ごとの偏差が非常に大きく[54]、また、現状の権限移譲程度では、府県に与える影響は軽微である。例えば、伊藤敏安の研究によれば、移譲事務の処理のために府県が市町村に交付するいわゆる権限移譲交付金について、東京都、福井県、和歌山県を除いて、「2008年度の場合、44道府県における権限移譲交付金の合計は76億2,123万円、1道府県あたりにすると1億7321万円」「44道府県における権限移譲交付金の合計額約76.2億円というのは、当該道府県における歳出の合計約39.5兆円の0.019％にあたる[55]」とされ、予算から見る限り、移譲事務の量は非常に僅少である。実際、権限移譲を積極的に進めている府県の1つである広島県でさえ、権限移譲交付金の額は約11億円程度[56]に過ぎず、広島県の一般会計歳出決算額約1兆円のうちの約0.1パーセントを占めるに過ぎない。しかも、府県によっては、揺り戻しも予想される[57]。

　したがって、府県と市町村との関係においては、平成の市町村合併だけでなくそれを契機とした府県独自の権限移譲によっても、府県の機能や事務に本質的な変革を迫るような変化は生じていない。

　本稿では、平成の市町村合併後の府県の広域、補完、連絡調整に係る事務をやや細分化して検証してきた。その結果、それらの事務に対する平成の市町村合併による影響は、ほとんど見受けられなかった。道州制論など府県制の抜本的改革論では、平成の市町村合併により府県の機能や事務が大幅に変化（縮

54）　移譲対象法律数の最多は静岡県の126本であるのに対し、最少の京都府は15本であり、8倍以上の差がある（地方行財政調査会「条例による事務処理の特例の状況一覧（2015年4月1日現在）」）。

55）　伊藤敏安「道府県から市町村への権限移譲と財政的地方政府間関係」地域経済研究22号（2011年）7、8頁。

56）　広島県「権限移譲の検証結果」（2011年2月21日）。

57）　例えば、平成26年度から平成28年度までの3年間を実施期間とする第4次埼玉県権限移譲方針では「小規模な市町村などで処理が困難な事務が生じた場合には、市町村間の広域連携の活用及び県の支援を講じた上で、それでも課題解決が難しいときには、権限の返上及び県の補完について検討します。なお、権限の返上及び県の補完については、この四次方針において初めて考慮する方策」（4頁）とされている。

43

第 1 部　自治制度の現在

小）することを前提とした議論が行われているが、その前提には根拠がないといわざるをえない。

第**3**章　変革期における大都市制度改革の課題と今後の展望
——第30次地方制度調査会とその周辺動向を踏まえて

岩﨑　　忠

I　はじめに

　大都市制度改革については、2010年代に入り、各地域から大都市制度を抜本的に改革すべきという改革構想が提案されてきた。例えば、横浜市を中心とする政令指定都市からは特別市制運動の系譜を受け継ぎ「特別自治市構想」が提起されたのをはじめ、大阪からは、東京にしか適用されていない「都」制度を大阪にも適用させようとする「大阪都構想」が提起されてきた。また、横浜・大阪・名古屋の３市による「都市州創設案」、愛知県を廃止して名古屋市と一体化する「中京都構想」、新潟県と新潟市を一体化する「新潟州構想」などといった政令指定都市を解体もしくは再編し、広域自治体に大都市機能を集約する構想も提起されてきた。このような地域からの提案は、高齢化社会、公共施設の老朽化、大規模災害などといった大都市が抱える課題に対応するために、都道府県と政令指定都市の間の二重行政を解消する必要があるといった前提があって行われていると考えることができる。

　こうした状況に対応するために、第30次地方制度調査会（以下、「第30次地制調」という）において大都市制度に関して議論が行われ、「大都市制度の改革及び基礎自治体の行政サービス提供体制に関する答申（2013（平成25）年6月25日）」（以下「第30次地制調答申」とする）が提出され、2014年5月23日には、2014年地方自治改正法を成立させたのである。本稿ではこうした大都市制度改革の動向を踏まえて、大都市制度の課題と今後の展望について考察する。

45

第 1 部　自治制度の現在

II　大都市とそれを分析する枠組み

1　大都市制度とは何か

　大都市制度は、一般の市町村とは異なり、その特殊性に対応するために、地方自治法（以下「自治法」という）上、特別に規定されているものを指す。第 1 に、都区制度である。東京都を構成する23区は特別区とされ、区長公選制が復活されるなど市町村に準じる取り扱いがなされている。第 2 に、政令指定都市である。2017年 1 月現在、20市が指定されている。政令で指定する人口50万人以上（実際の指定基準100万人前後）の市で、道府県から、福祉、衛生、都市計画などの事務が一括して移譲される。このほか、知事だけでなく大臣の監督を直接受けたり、区が設置できるなどの特例が認められている。第 3 に、中核市である。2017年 1 月 1 日現在、48市が指定されている。人口30万人以上で、面積が100キロ平方メートル以上（人口50万人未満の場合は中核性要件（昼間要件が夜間人口を上回ること））を申請要件として1994年に発足したが、その後中核性要件と面積要件は削除された。さらに、1999年には、人口20万人の市を特例市として新設されたが、2014年自治法改正により中核市と特例市が統合され、特例市は廃止された。2017年 1 月 1 日現在、中核市に移行してない特例市は「施行時特例市」として36市存在する。

2　大都市制度改革を分析するための視点

　大都市制度改革を分析する視点として、以下の 3 点を挙げることができる。[1]

(1)　効率性と民主性　まずは、効率性である。大都市制度を分析する視点として、行政サービスを受ける消費者の立場を重視すると、限られた資源をいかに効率的にサービス提供するかという視点があり、このような効率性の分析軸からすると、都道府県と政令指定都市の事務配分としてとらえ、「二重行政」の解消を挙げることができる。一方、民主性という視点である。民主主義に参加する主権者という立場を重視する視点であり、この

---

1 ）　大杉覚「地方制度調査会での議論〜大都市制度をめぐって〜」辻山幸宣＝岩﨑忠編『大都市制度と自治の行方』（公人社・2012年）76〜86頁。

ような身近な場所で民主主義を実現できる政治体になっているかどうかという民主性の分析軸からすると、主権者たる市民の意見が大都市にどの程度反映できるかという住民自治の視点から「区長公選制」、「市民参加」などを挙げることができる。[2)]

(2) 垂直的政府間関係と水平的政府間関係 都市は、国から直接指示を受けるという点から、国と大都市との垂直的政府間関係が重要になる。つまり、国のための大都市制度なのか、自治のための大都市制度なのかといった視点であり、例えば、国・都道府県から大都市が権限移譲を受けるということも一例として挙げることができる。また、大都市とその周辺の自治体という水平的な政府間関係という視点も重要であり、都道府県から独立して特別自治市になった場合に、その周辺地域への税収などに影響が及ぶことを例としてあげることができる。

(3) グローバル化とリスケーリング（最適化） さらに、グローバル経済の中で、大都市はどのような枢要なポジションを占めていくか、少子高齢化、人口減少社会の中で、大都市経営の最適化をいかにしていくかが課題となる。とりわけ、リスケーリング（最適化）とは、都市の規模を見直しして、都市の単体、都市圏をどのように設定していくかという視点であり、今後、大都市制度を分析する視点として重要であろう。

Ⅲ　大都市を取り巻く課題と制度改正の必要性

　現在提唱されている大都市制度を取り巻く課題としては、高齢化社会、公共施設の老朽化、大規模災害の3つを挙げることができる。

1　高齢化社会への対応

　国立社会保障・人口問題研究所が発表した『日本の地域別将来推計人口（平成25年3月推計）』によると、今後の人口動態は、全体として人口が減少していく中で、老年人口が増加していくことが見込まれる。高齢者の福祉、医療等に

---

2)　小原隆治「大都市制度の歴史と論点」辻山＝岩﨑編・前掲注1) 6～7頁。

第 1 部　自治制度の現在

対する需要が増加していくことが想定され、これらの負担は大都市を中心にした自治体財政に大きな負担になっていくことになる。こうした中で、都区制度、政令指定都市、中核市といった大都市制度のあり方、とりわけ都道府県と大都市の間の連携が、いかに急激な高齢化から起こる事態に対応できるかが課題になる。

2　公共施設の老朽化への対応

　道路、河川、上下水道など公共施設は大都市に非常に多いが、これらは高度成長期に建設されたものが多いので、一斉に更新時期を迎えており、財政的に大都市行政の大きな負担になる。こうした更新需要への対応が国の対応だけでなく、民間企業、都道府県との間でどのような役割分担になるか、今後大きな課題になる。

3　大規模災害への対応

　東日本大震災をはじめとする低頻度の大規模災害への対応であるが、消防については、政令指定都市を含めて市が対応しているが、警察については都道府県、自衛隊は国というように危機管理の体制は構築されており、政府間の役割分担が課題になる。

Ⅳ　特別な自治制度としての大都市制度の歴史と現在

　大都市制度の歴史は、郡区町村編制法（1878（明治11）年）から始まる。この制度における区制度では、他の都市地域とは異なり、東京15区、京都 3 区、大阪 4 区などと大都市地域を分割して複数の区を設置した。[3]

　また、現在の市町村制度に該当する仕組みが整えられた市制町村制（1888（明治21）年）では、三市特例（1889（明治22）年）により、東京・京都・大阪の 3 市には市長・助役を置かず、府知事が代わって市の行政を担当する特例が敷かれ、市の自治権が制約される中で特別市制度が始まった。つまり、三市特例

---

3)　大杉覚「大都市制度をめぐる改革論議の課題と展望」地方自治761号（2011年）4 〜10頁、小原隆治「大都市制度改革論の論点」るびゅ・さあんどる12号（東京自治研センター）（2012年）。

廃止（1898（明治31）年）までは一般市と異なる制度であった。

　第一次世界大戦後に、東京、京都、大阪の三市に加え、横浜、名古屋、神戸を合わせた六大都市の人口規模が大きくなり、この六大都市は、各種社会問題に対応するため、大都市行政の一元的な対応を求め、府県から分離独立し、一元的に大都市を担う主体として位置付けてほしいという運動、すなわち特別市制運動を展開するようになったのである。

　さらに、このような六大都市が二重監督の廃止など自治権拡充を求めた特別市運動は、六大都市行政監督二関スル法律（1922（大正11）年）が制定され一定の成果を挙げた。しかし、その後、戦時体制下の昭和18（1943）年に東京市を廃止して東京府の区域に東京都制が施行され、残りの五大都市は自治権拡充運動を展開し、1947（昭和22）年に制定された自治法には、府県から独立して都道府県と市の権能を持ち、人口50万人以上で法律により指定する特別地方公共団体として「特別市制度」が創設された。

　この制度の実施にあたっては、府県としては、特別市が置かれると、府県としての一体性を維持することができず、大都市地域からの税収を期待できないことから、府県からの反対にあった。また、この5大都市を特別市にするためには、憲法95条に基づき、住民投票に付さなければならないため、府県側は、当該府県の住民すべてを対象とする住民投票を行うべきと主張し、市側は、特別市の区域内の住民で足りると住民投票の範囲で激しく対立した。この結果、特別市制度は実施の目途が立たず、1956（昭和31）年の改正により、実施に移されることなく特別市制度の条文は削除されることになった。この改正で、特別市制度に代わって、妥協の産物として登場したのが、政令指定都市制度である。政令で指定するとされたのは、法律での指定によって住民投票になるのを防ぐためである。

　現行制度でも、政令指定都市・中核市制度は、自治法上、基礎的自治体である市についての「大都市等に関する特例」である。日本の地方自治制度では、都道府県－市町村関係を基本とするなかで、政令指定都市・中核市制度は、その特例と位置付けられてきた。

　一方、都区制度における特別区は、市町村と同じ基礎的自治体と位置付けられているものの、同時に特別地方公共団体である。また、特別区は、自治法

第1部　自治制度の現在

281条「都の区は、これを特別区という。」と規定されているように、普通地方公共団体かつ広域自治体である都と、特別地方公共団体かつ基礎的自治体である特別区が組み合ってはじめて成立する大都市制度である。

V　地方制度調査会と大都市制度改革

1　これまでの地方制度調査会の議論の特徴

　1952（昭和27）年に「現行地方制度に全般的な検討を加えることを目的」として設置された地方制度調査会（以下「地制調」という）は、首都制度（第7次〜第8次）や高度成長期の地方開発都市（第8次）などをはじめ、大都市制度（第13次〜第14次）、特別区制度（第15次）、都市税制（第15次）などの大都市制度について検討してきた。2000年の都区制度改革については、第22次地制調で審議されており、このような審議状況を踏まえると、地制調において大都市制度改革についてはかなりの審議がなされてきたということができる。

　しかしながら、最近の地制調の審議は、十分な審議が行われてきたわけではなく、例えば、第27次地制調においては「今後の自治制度のあり方についての答申」の一部として、第28次地制調においては「地方の自主性・自律性の拡大及び地方議会のあり方に関する答申」の一部として、第29次地制調においては「今後の基礎自治体及び監査・議会制度のあり方に関する答申」の一部としてまとめられた程度で、議論が後回しにされ、限定的な事項に審議は特化され、十分に議論が尽くせないままになってしまうことが多かった[4]。その後、民主党政権になり、地域主権改革が唱えられ、改革の道筋を示した地域主権戦略大綱（2010年6月22日）には、大都市については言及されず、総務省が2011（平成23）年1月に地方行財政検討会議を経てまとめた「地方自治法抜本改正についての考え方（平成22年）」では、かろうじて「6．基礎自治体の区分・大都市制度のあり方」ということで触れられていた程度である。

4）　大杉・前掲注1）4頁。

50

2　第30次地制調における議論

　民主党政権に政権交代した直後、しばらくの間は、地制調は開催されずに、本来ならば地制調で扱われるべき課題は地方行財政検討会議で扱われてきた。しかし、そこには地方六団体がメンバーになっていないこともあり地制調復活が叫ばれ、地制調が再発足した。

　2011年8月に設置された第30次地制調は、①議会のあり方を始めとする住民自治のあり方、②我が国の社会経済、地域社会などの変容に対応した大都市制度のあり方、および③東日本大震災を踏まえた基礎自治体の担うべき役割や行政体制のあり方の3つの諮問事項を審査することになった。そして、第30次地制調は、地方行財政検討会議から引き継いだ自治法改正案の審議を終えたうえで、第3回総会（2012年1月17日）において、当面の審議事項として、大都市制度のあり方および基礎自治体のあり方をとらえることとした。そして、第7回専門小委員会（2012年2月16日）では指定都市市長会から「特別自治市」について、また、大阪府市統合本部からは「大阪都構想」について、それぞれ意見聴取を行った。その後、東京都、特別区長会から都区制度の意見聴取、全国知事会・中核市市長会・全国特例市市長会から意見聴取を行い、地方六団体から意見聴取した後で、第15回専門小委員会（6月27日）に「大都市制度の見直しに係る今後検討すべき論点について」をまとめた。

　ここで意見聴取を行った「特別自治市構想」は、特別市制運動の系譜を受け継ぎ、基礎自治体としての「市」の権能を拡大させようとする横浜市などの政令指定都市からの提案である。一方で、「大阪都構想」は、新たな広域自治体である「大阪都」に権限を集中させることによって、効率的な大都市制度の実現を図る制度である。第30次地制調は、特別自治市構想への対応に対して議論を行い、答申および自治法改正に結び付けたが、「大阪都構想」については地制調の審議を経ないで議員立法という形で法案化された。

VI　大都市制度改革①——大阪都構想への対応

1　大阪都構想

　大阪都構想とは、府と市を統合した新たな統治機構である「都」の設置をす

第1部　自治制度の現在

るものであり、現行の大阪市域をいくつかの「特別区」に分割し、「特別区」
が基礎自治体の機能を担うものである。これは、太田房江知事の地方自治研究
会のときの「府・市統合型の案」に近い。橋下徹知事の「大阪都構想」の特徴
をあげると、大阪市をいくつかの自治体に分割するだけでなく、当初は大阪市
と堺市をはじめとする隣接10市を20の特別区へと再編することにあった。この
ような隣接市をそのまま残さずに、特別区に再編する構想は、東京都制の成
立、すなわち、1932年に東京市が周辺の5郡82町村を合併して「大東京」を実
現させたうえで、1943年の東京都制で内部組織である「行政区」から議会を持
つ「法人区」と再編させたことを想起させる。その後、堺市長選で大阪維新の
会は敗戦し、大阪都構想は、大阪市のみを対象とした構想になった。また、も
うひとつは、広域行政を担う「都」が、リーダーシップを発揮し、国際的な都
市間競争に勝つために戦略的に都市インフラの整備を行おうとしている点をあ
げることができる。これまでは基礎自治体である市が都市計画を進めてきた
が、「府」が大阪全体のリーダーシップを発揮し、「市」を「特別区」として財
源を確保したうえで、「特別区」の領域の都市計画を行うことができれば、市
域拡張の都市計画が可能になる。このように大阪都構想は、府県集権主義の側
面をもった考え方ということができる。[5]

2　地制調の審議を経ずに提出した大都市地域特別区設置法

　当初、大阪都構想を提案した「大阪維新の会」の政治動向が、国政参加の可
能性という政局（選挙）にも大きな影響力を持つと考えられていたので、与野
党各会派主導で、それぞれ、自治法改正案や大都市地域特別区設置法案を国会
に提出した。まずは、みんなの党と新党改革が2012年3月9日に自治法改正案
（参第4号）を提出し、その後、自民党・公明党による自治法改正法案（衆第9
号）を4月18日に提出した。さらに、民主党・国民新党により「大都市地域に
おける地方公共団体の設置等に関する特例法案」（衆第18号）を6月12日に提出
した。各会派から提出された法案については、道府県の大都市地域において特
別区を設置するための手続規定を整備するという点では共通していたこともあ

5）　砂原庸介『大阪—大都市は国家を超えるか』（中央公論新社・2012年）151〜156頁。

り、翌日の6月13日から一本化に向けた協議を行い、大都市地域における特別区の設置に関する法律案（以下「大都市地域特別区設置法案」とする）という1つの法案にまとめた。2012年7月30日に、民主党・無所属クラブ、自由民主党・無所属の会、国民の生活が第一・きづな、公明党、みんなの党、国民新党・無所属会、改革無所属の会の7会派により共同で国会に提出し、2012年8月29日に参議院で可決し、成立した。

このように政治主導で法案提出を行ったのは、特別自治市構想などを含めた大都市制度全体については時間をかけて慎重に審議しなければならないため、大阪都構想は地制調の審議には馴染まないという判断があり、あえて審議からはずしたのではないかとも考えられる。だからこそ、実体法には踏み込まず、自治法本体の改正という形式ではなく、あえて、手続法でかつ特例法として議員提案という方式をとったのではないかということができる。

とはいうものの、民主党政権は、内閣総理大臣の諮問機関である第30次地制調に「大都市制度のあり方」について諮問しておきながら、「大都市地域における地方公共団体の設置等に関する特例法案」（衆第18号）を、地制調の議を経ないで国会に提出したことは疑問視せざるをえない。[6] そもそも政治家が専門家の助言を受けずに政局から判断して法律を作成することは内容としてよいものにつながるかどうか疑問である。本来議員立法でも専門家への諮問をできるようにすべきであり、地制調のような機関に諮問できないことは課題であるといえよう。

3　大都市地域特別区設置法の概要と論点

大都市地域特別区設置法の主な内容は、地域の実情に応じた大都市制度の特例を設けるための手続法として、道府県の区域内において、関係市町村を廃止し、特別区を設けるための手続、特別区と道府県の事務の分担ならびに税源の

6）　新藤宗幸氏は、「民主党は野党ではない。政権・政権党は地方制度調査会への諮問を取り下げたうえで、法案を提出しなければならないはずである。政権を担っている責任を踏まえた政治手続きとは到底いえない。政権と政権党とは別個の機関・組織の論理も議院内閣制のもとでは成り立つものではない。」と批判した（新藤宗幸「失われた倫理と正義」社会運動388号（2012年）13～17頁）。

第1部　自治制度の現在

配分および財政の調整に関する意見の申出に係る措置を定めるものである。これにより、道府県でも、政令指定都市を含む市町村を廃止し特別区を設置することができるようになった。単に政令指定都市を分市すればいいのであれば、一般の市町村の配置分合手続（自治法第7条第1項）に従って手続きを進めればいいのであるが、自治体をただ分割するだけでは、現在の為政者がなし得る余地が小さくなるため分市だけでなく、特別区を設置する法律になっている。対象地域も200万人超の政令指定都市だけでなく、政令指定都市と隣接する市町村を含めた地域でも特別区の設置ができるようになった。人口要件を満たす政令指定都市は、札幌、さいたま、千葉、横浜、川崎、名古屋、京都、大阪、堺、神戸の10市であるが、他の地域でこの法律により手続を進めるところはないようなので、実質的には、橋下徹大阪市長が目指す「大阪都構想」を後押しする法案といっても過言でない。ただ、対象地域を大阪市だけに限定すると憲法95条の「一の地方公共団体のみに適用される特別法は、法律の定めるところにより、その地方公共団体の住民の投票においてその過半数の同意を得なければ、国会は、これを制定することができない。」により、特別法制定の際に、住民投票を行う必要があるため、対象地域を複数としたものと思われる。

　また、特別区を設置しようとする道府県と関係市町村が「特別区設置協議会」を設置し、「特別区設置協定書」を作成することになる。協定書には、①特別区の名称や区域、②特別区の設置に伴う財産区分、③特別区の議会の議員定数、④特別区と道府県の事務分担、⑤特別区と道府県の税源配分、財政調整、⑥職員の移管などを盛り込むことになる。つまり、都市の基本単位である「区」というエリアを自らが決定し、設置できるのがこの法律のポイントである。この協議会及び協定書の内容は、市町村の合併の特例に関する法律（2004（平成16）年法律第59号。以下「市町村合併特例法」という）の合併協議会等の規定を参考にしたように思われる。各会派による修正協議の結果、「税源配分」、

7）　都道府県を人口の多い順番に並べてその中央値より上にあたるので、200万人にしたようである（第180回通常国会衆議院総務委員会（2012年8月7日）議事録参照）。つまり、人口が高度に集中する大都市地域とは、平均的な府県規模を超えることであり、そこには、昼間人口比や人口密度や企業集積とかいう指標は勘案されていない（岩崎忠「大都市地域特別区設置法の制定過程と論点」自治総研38巻10号（2012年）29～58頁）。

54

「財政調整」、「事務分担」の３項目のうち、政府が法制上の措置その他の措置を講ずる必要があるものについて、誠実に協議を行うとともに、速やかに協議が調うように努めるとし、その他の項目は報告のみとした。国との事前協議が不調に終わると、自治体が求める法改正が実現できない可能性があったが、大阪都構想については、2014年９月２日に協定書の内容を総務大臣は了承した。

　そして、協定書の内容については、道府県と関係市町村は議会の承認が必要となり、そのうえで、全議会の承認を受けた日から60日以内に関係市町村で住民投票を実施し、全市町村で有効投票の過半数の賛成を得た場合、総務大臣に申請できることとした。いわゆる拘束型住民投票を制度化したのである。市町村合併特例法は、合併協議会設置時にのみ拘束型住民投票を制度化し、最終的な批准投票には、拘束型の住民投票を盛り込まなかった。民主党政権においては、片山善博総務大臣が地域主権改革の中で拘束型住民投票の制度化を目指し、地方行財政検討会議や第30次地制調で検討を進めたが、地方六団体の反対にあい実現しなかった。このようなことを考えると、今回の拘束型住民投票制度の導入は、住民投票制度のあり方を一歩前進させたということができる[8]。

　この大都市地域特別区設置法による協定書は、個々の基礎自治体の組織形態とか、所掌事務の範囲を自分で決めることができることから、米国のホームルールチャーターに似た制度であると指摘することができる[9]。また、市町村合併特例法は、法定合併協議会が法定される「水平的合併特例法」ということができるが、今回の大都市地域特別区設置法は、特別区設置協議会が法定され、基礎自治体の上に存するカウンティといった広域自治体と基礎自治体を統合する「垂直的合併特例法」ということができ、いわば府市を統合する場合に地元

---

8)　金井利之氏は、「市町村合併特例法に最終的な批准投票としての拘束型住民投票が盛り込まれていないことは、平成合併を強く進めた自民党などの与党政治家の意向を基に自治制度官庁が政策的に立法したのであり、合併推進の傾向を持っていることを反映している。関係者の間でようやく合意になった法定協議会での合併協議を、住民の批准投票に付すことは、合併への阻害要因になるとも考えられる。この点で、大都市地域特別区設置法に住民批准投票が盛り込まれているということは、国政当事者が府市合併を促進したいという政策的な意図を必ずしも強く持っていないことを意味する。府市合併を促進する気のない国政既成政党の政治主導によって拘束型住民投票が法制化されたことは、非常に興味深いものである。」とする（金井利之「大都市地域特別区設置法の諸性格」地方議会人2012年24頁）。

9)　小原・前掲注２）33～37頁。

55

第1部　自治制度の現在

の合意を委ねたところは特徴的である[10]。ただし、この手続の中で、住民投票の範囲を道府県全体とせずに関係市町村だけに対象を限定したが、道府県の意見として議会の議決のみで民意が反映されたと判断していいのか、周辺市町村への影響を考えると疑問である。そして、最終的には、総務大臣は、特別区の申請を受けて特別区設置の告示をするというのが、この法律の概要である。しかしながら、大阪府・市のそれぞれの議会において、大阪維新の会が過半数に達しなかったことを勘案すると、大阪都構想を実現することは前途多難であった[11]。住民投票の実施については、協定書案が大阪府・大阪市のそれぞれの議会で承認されて初めて実施されることになるが、予想通り、大阪府議会・市議会ともに2014年10月27日に自民・公明の反対で否決された。その後、橋下市長は専決処分や住民提案の住民投票も検討したが、再度、大阪府・市議会のそれぞれの議会において、「特別区設置協議会において承認を求める件」という議案を提出し、大阪市議会は2015年3月12日、大阪府議会は同年3月17日に大阪維新の会と公明党の賛成で可決された。公明党が賛成に回った背景には、同年4月に行われた統一地方選挙とのやりとりがあったといえよう。これを受けて、大阪市議会において「住民投票関連補正予算」が可決された。

　こうして「大都市地域特別区設置法」に基づいて2015年5月17日に住民投票が行われることになった。今回の住民投票は、通常の選挙に比べて、運動が自由である点が特徴的である。つまり、投票・支持の呼びかけが、通常選挙は投票日の前日までであるが、投票日当日でも可能であり、費用、ビラやポスター、選挙カー、テレビCMには通常選挙は制限があるが、制限がないのが特徴である。この手続きは憲法改正の手続きに似ており、憲法改正の機運が高

---

10)　金井・前掲注8）22〜24頁。

11)　大阪府・大阪市のいずれの議会においても、大阪維新の会の議員は過半数に達していないため、大阪都構想の実現に向けては前途多難であった。そこで、2014年地方自治法改正の審議に橋下徹大阪市長が2014年4月24日衆議院総務委員会に自ら参考人として出席し、同日、同委員会に地方自治法改正法案に修正案を提出した。第1に、政令指定都市は総合区制を選択できること。第2は、政令指定都市の市長は、議会の同意を得て、総合区長を解任するための区民による住民投票を請求することができ、区民の過半数の賛成を得れば、当該総合区長は職を失うこと。第3に、総合区長へのチェック機能としての区常任委員会を必置とし、その委員は当該総合区の区域を選挙区とする議員のうちから選任すること。以上の3点が盛り込まれていたが、この修正案は賛成少数で否決された。

まる中で、大阪都構想の住民投票は「憲法改正の予行練習」ということもいえよう。さらに、今回の住民投票は、投票率に関係なく、賛成が反対を1票でも上回れば、2017年4月に大阪市廃止、特別区設置が決定する。2011年に名古屋市で地方自治法を根拠に実施された議会解散の直接請求（リコール）による住民投票と同様、拘束型である。さらに、投票表紙には「賛成」か「反対」かを、漢字か、ひらがなか、カタカナのいずれかで記入し、「○」「×」を認めないとしたのが特徴的である。こうした結果、賛成が49.6％（69万4844票）、反対が50.4％（70万5585票）、投票率66.83％（無効5640票）となり、大阪都構想は、民意により否決された。この結果を大阪都構想に反対する府・市議会議員の活動が橋下市長を抑えたとみるか、橋下市長人気がここまで僅差に追い込んだとも見るべきであり、大阪市民が大阪都構想を十分に理解して投票した結果とみるのは過大評価であろう。

Ⅶ　大都市制度改革②——特別自治市構想への対応

　一方、横浜市を中心とする政令指定都市からは、基礎自治体である「市」の権能を拡充し、市レベルと府県レベルを1つの体制にした一層制の特別自治市構想が提案されており、自治体間の垂直的統合である。

1　特別自治市構想の概要と課題

　特別自治市とは、自治市の市長と市議会議員を直接選挙で選出される一層制であり、政府の単位としては一層である。よって、行政区には公選制の区長や区議会議員を置かないことが前提になっている。この特別自治市構想を積極的に提案している横浜市は、2013（平成25）年に「横浜市特別自治市」構想を策定し、神奈川県から分離独立して新たな大都市制度である「特別自治市」になることを提案しており、ここでは「二重行政の解消」を強調しているのが特徴である。「特別自治市」のように一元的に管理することで迅速的対応が可能になるので、少子高齢化社会、公共施設の老朽化、危機管理といった社会課題にも効率的に対応できるといえる。

　一方で、特別自治市構想には、広域性、税の再配分、住民自治といった視点

第1部　自治制度の現在

からは次のような課題がある。

(1)　広域性としての課題　過去に5大都市が行った特別市構想は、その存する府県が反対したことが原因になって失敗した経緯がある。つまり、現在の都道府県を前提とした各種の制度との関係をどうするかという問題がある。

　例えば、警察制度である。神奈川県警の管轄区域から横浜市の区域を分離すると、川崎市のエリアとそれ以外のエリアに分離されることになり、広域捜査に支障が出るという懸念がある。[12]

(2)　税の再配分の課題　また、道府県は、大都市区域で徴収される道府県税などを財源として、周辺市町村に補助金等を配分して公共投資を行うように事実上の財政調整的機能を担っているが、特別自治市となり一元的に徴収されることで、周辺市町村と道府県にマイナス効果を与える懸念がある。[13]

(3)　住民自治の課題　政令指定都市の行政区は、住民自治機能の強化を目指すものの、公選の首長や議会を置かないことになっている。仮に、横浜市が特別自治市を選択した場合、横浜市のように300万人以上の人口の自治体に住んでいる住民は、横浜市長選挙と市議会議員選挙の一層の政府のみに参加することになり参加の機会が限定されてしまう。特別自治市を選択せずに二層にわたって選挙に参加できる住民との公平性をいかに考えるか、今後の課題であろう。

　このような課題を持つ特別自治市構想については、第30次地制調で審議され、答申が出された。その結果、政令指定都市制度については、2014年自治法改正などの法改正が行われた。[14]

---

12)　伊藤正次「大都市制度改革と警察制度—補完と相克」地方自治777号（2012年）2〜11頁。

13)　伊藤正次「大都市制度と選挙制度—論点と課題」月刊選挙65巻11号（2012年）2〜6頁。

14)　この改正については、岩﨑忠「2014年地方自治法改正の制定過程と論点」自治総研40巻9号（2014年）、岩﨑忠「2014年地方自治法改正の要点解説」自治研かながわ月報2014年8月号（2014年）を参照。

58

2　第30次地制調答申と2014年自治法改正等

　大都市等に係る制度の見直しとしては、効率性としての都道府県と政令指定都市制度の「二重行政」の解消、民主性としての政令指定都市制度の「都市内分権」による住民自治の強化の主に２点である。

(1)　都道府県と政令指定都市制度の「二重行政」の解消

　都市府県と政令指定都市の「二重行政」の解消については、都道府県が政令指定都市の区域で処理している事務を政令指定都市へ移譲し、同種の事務を処理する主体を一元化するものである。県費負担教職員の給与等の負担、県費負担教職員の定数の決定、市町村立小中学校等の学級編制基準の決定、病院の開設許可、都市計画区域の整備、開発および保全の方針（都市計画区域マスタープラン）に関する都市計画の決定などであり、これらについては、地域の自主性および自立性を高めるための改革の推進を図るための関係法律の整備に関する法律（第４次一括法）により関係法律の整備を行った。

　また、事務移譲により政令指定都市に新たに生じる財源負担について適切に財政措置（県費負担教職員の給与負担等まとまった財政負担には税源の配分を行う等）という答申に対し、政令指定都市と関係都道府県との協議の結果、個人住民税所得割２％の税源移譲することで合意され、2017（平成28）年12月の税制改正大綱に盛り込まれ、決定した。さらに、政令指定都市と都道府県が同種の任意事務等を調整する協議会の設置、協議が整わない場合の何らかの裁定等の仕組みが必要という答申に対しては、自治法改正では指定都市都道府県会議の設置、政令指定都市の市長または都道府県知事は、総務大臣に必要な勧告を行うように申し出ることができる内容を盛り込んだ。このような指定都市都道府県調整会議は、政令指定都市と都道府県の事務の処理について連絡調整を行うものであるが、従来からも各政令指定都市と都道府県との間で任意組織として政策調整の場を設置してきた。例えば、神奈川県内では、神奈川県・横浜市・川崎市・相模原市四首長懇談会を設置して、知事・市長が構成員となって調整が行われてきた。このほか、北海道、埼玉県、千葉県、新潟県、静岡県、愛知県、京都府、大阪府、兵庫県、岡山県、広島県、熊本県でも同様の仕組みが設置されているが、いずれも構成員は、首長もしくは副知事・副市長、政策調整部局の長等で執行部局のトップであり、行政主導の構成になっている。2014年

第1部　自治制度の現在

自治法改正では、こうした執行部局に加え、都道府県・政令指定都市の議会の議員を選出できることが特徴である。確かに「できる規定」であるが、こうした規定を置くことで、議会に配慮する自治体にとっては、従来の調整会議のメンバーに議会議員を加える必要が生じ、今後、調整に時間を要することになるであろう。また、政令指定都市と都道府県は、当該協議を調えるための必要な勧告を求めることができるようになったが、これはあくまでも新たなる国の関与と考えるべきであろう。

(2)　政令指定都市制度の「都市内分権」による住民自治の強化

行政区の区長については、市長が議会の同意を得て選任する特別職とし、任期中の解職や再任も可能とすることを選択できるようすべきという答申に対して、2014年自治法改正で区に代えて総合区を設け、議会の同意を得て選任される総合区長を置くことができることとした。

　行政区は、あくまで市長の権限の一部を処理するための行政機関（自治法252条の20等）であり、法人格を付与されていないため、権利能力の主体にはなりえない。もちろん地方公共団体ではない。しかしながら、行政区を単位として、選挙管理委員会は設置されている（自治法252条の20）し、行政区を単位として市議会議員選挙や道府県議会議員選挙の選挙区が設けられている（公職選挙法第15条、269条等）。つまり、行政区は政令指定都市の中の政治的な代表を選出する単位として法定化されている。また、農業委員会も行政区に設置されており、保健所や福祉事務所なども行政区を地域単位としている。さらに、医師会など行政区を単位として形成されている社会団体も少なくない。このようなことを考慮すると、行政区は、政令指定都市内の政治的あるいは社会経済的な地域単位であるということができる。[15] このような行政区の特徴を捉え、さらに、戦後、一時的に定められていた特別市制度は、政令指定都市制度ができて廃止されるが、区長公選制が規定されていたこともあり、第30次地制調では区長公選制が議論された。区長公選制は、住民自治の拡充のために必要であるとか、民主主義のコストが増えるなど行政改革の観点から不適当でないかとか、公選による市長と別に選ばれた者が市長の補助機関である区長になると市長と

---

15)　北村亘『政令指定都市—百万都市から都構想へ』（中央公論新社・2013年）96～97頁。

区長の党派が異なる可能性もあるので、政令指定都市全体の都市経営を一体的に行うという観点から不適当ではないかなどの意見が出された。第30次地制調答申では、区長に独自の権限を持たせる場合には、区長を議会の同意を得て選任する特別職とすべきであるとし、区長を公選にすべきかどうかは引き続き検討することにした。

なお、衆議院総務委員会において、日本維新の会から、区長公選制と区の常任委員会制度を盛り込んだ自治法改正案の修正案が提出され、橋下徹氏が参考人として2014（平成26）年4月24日衆議院総務委員会に出席し、意見を述べたが否決された。辻山幸宣氏は、「仮に現行法が区長を一般職としていることが壁になるなら、この規定（地方自治法第252条の20第3項「区の長は、公共団体の長の補助機関である職員をもって充てる」）を削除することで済むのではないか。……『総合区』としなくとも…区への権限移譲を進めればよい」[16]とするが、この規定を削除することにより、区長が特別職になり、行政区がさらに政治主体化することを恐れ、総合区制度を設けたと考える[17]。

都市内分権による住民自治の強化については、条例で、市の事務の一部を行政区が専ら所管する事務と定めることができるようにすべきという答申により、2014年自治法改正により区の事務所が分掌する事務を条例で定めることができるようにした。現在、本庁と行政区の事務分掌は、自治体内部の事務分担で行われているため、市民に積極的に情報提供されず、さらに議会のチェックもなされていないのが現状である。このため、横浜市のように82事務を区に移譲している政令指定都市もあれば、大阪市のように16事務しか移譲していない政令指定都市もある（第30次地制調第15回専門小委員会資料「区長への事務委任の状況」（2012年6月総務省調査）参照）。2014年自治法改正では、行政区を政治的な

---

16) 辻山幸宣「いらざること、余計なお世話」自治総研40巻3号（2014年）コラム。

17) 総合区について、共同通信社が2014年6月にアンケートを実施したところによると、「総合区」制度について、政令指定都市20市のうち15市が「今のところ設置予定がない」として導入を当面見送ることが判明した。残る5市の中で、広島市は、「区役所の機能を強化しており、必要性を感じない」としており、横浜市も「既に区役所は市民に身近な総合行政機関になっている」と回答している。また新潟市は「制度の詳細が不透明」という理由から検討中とし、市を廃止する大阪都構想を進めている大阪市とメリット・デメリットが判断できない名古屋市も検討中とした（神奈川新聞2014年8月3日朝刊1面）。

第 1 部　自治制度の現在

主体としないが、行政区の事務分掌を条例で定めることにした。行政区に事務
処理をさせても、政治的主体にはしないというのは、市長や本庁の意向を反映
したものである。すなわち、政治主体とされた行政区は、行政区の利益が暴走
して、制御できなくなる恐れがある。そこで、全体の利益と行政区の部分の利
益を調整する仕組みが現状においては整備されていないため、市全体の利益
が、一部の行政区の利益に振り回されてしまう危険性があると考えたからであ
る。[18] したがって、今回の自治法改正では、利便性の向上の観点から、市の事務
処理を住民の近くで行うだけならば、市長や本庁に問題は発生しないと考え、
行われたものといえよう。

　さらに、市議会内に 1 または複数の区を単位とする常任委員会を置き、区に
係る議案等の審査を行うこととすべきという答申については、現行法でも条例
により区単位で常任委員会の設置は可能であることから自治法改正に盛り込ま
れなかった。地制調の議論の中には、区に議会を置くという意見もあったが、
選挙などに伴う追加的な費用に対する懸念もあり採用されなかった。市議会内
に、区選出市議会議員を構成員とし、1 または複数の区を単位とする常任委員
会を置く案を検討したことを考慮すると、人口規模の大きい政令指定都市の議
会においては、区の行政に対して、住民の意見を反映できるような仕組みにつ
いて積極的に検討することは重要であろう。

Ⅷ　大都市制度改革③——地方中枢拠点都市を中心とした都市間連携

　第30次地制調では、政令指定都市のみならず、中核市、特別市の制度統合と
基礎自治体における行政サービス提供体制についての対応についても審議・答
申が行われ、2014年自治法改正に反映された。

1　中核市・特例市制度の統合

　大都市には、従来、人口規模・面積の拡大、行財政能力の向上、事務権限の
付与＝上位類型への昇格という基礎自治体の膨張指向、自治体の上昇指向とい

---

18)　北村・前掲注15)　115〜116頁。

う「昇格」の戦略が強調されてきた[19]。一般市は特例市、特例市は中核市、中核市は政令指定都市を目指すというものである。

　しかしながら、総務省の調査（2014（平成26）年4月1日現在）によると、現在の中核市要件「人口30万人以上の市」の要件を満たしながら、中核市の指定を受けていない市は12市あり、そのうち、八王子市、町田市、藤沢市、四日市市は保健所を設置する市、いわゆる保健所政令市である。また、特例市要件「人口20万人以上30万人未満」の要件を満たしながら、特例市の指定を受けていない市は8市もある。

　このような現状を踏まえ、2014年自治法改正により、特例市制度を廃止し、中核市要件を「人口20万人以上の市」に変更した。これは、今までの「格上げ」競争への終止符とも考えることができる[20]。

　新しい中核市については、第30次地制調答申の「集約とネットワーク化」における地方中枢拠点都市の具体化である。2013年11月29日の経済財政諮問会議において、地方中枢拠点都市の役割としては、圏域全体の経済成長のけん引、高次の都市機能の集積および圏域全体の生活関連機能サービスの向上が期待され、2014（平成26）年度予算にもモデル事業が計上されているが、法的には、新中核市が担うことになる。新中核市は、圏域ガバナンス・マネジメントの中心として、「地方中枢都市圏域」ともいうべき、圏域行政の中心になることが期待される。また、従来都道府県が行ってきた産業政策などを圏域全体で担うことが期待される。

　さらに、地方中枢拠点都市を核に、都市機能の「集約とネットワーク化」を図っていくことが重要であり、圏域における役割に応じた適切な財政措置を講じる必要という答申に対しては、2013（平成25）年11月29日に開催された経済財政諮問会議において、新藤総務大臣から地方中枢拠点都市の取り組みが提言され、2014（平成26）年政府予算案に国費モデル事業として1億3000万円とし

---

19)　金井利之『自治制度』（東京大学出版会・2007年）157〜173頁。

20)　2014年自治法改正を受けて、八王子市は新中核市への移行を表明しているが、四日市市は、産業廃棄物処理施設許可権限を持ちたくないため、新しい中核市への移行を拒むことが予想される。この場合、新しい中核市に移行したうえで産業廃棄物処理施設の許認可業務のみを事務の代替執行制度を用いて都道府県に対応してもらうことも考えられる。

第 1 部　自治制度の現在

て委託費が計上された[21]。従来の「定住自立圏構想」が「定住自立圏推進要綱」
（2008年12月16日制定、最終改正2014年 3 月31日）に基づく要綱行政であったのと同
様に、地方中枢拠点都市も補助要綱に基づいて運用されている。また、定住自
立圏にも包括的特別交付税措置が準備され、そのバージョンアップも予想され
ることから、両者の棲み分けが今後の課題になろう[22]。

2　新たな広域連携「連携協約制度」の導入

　自治体間の事務処理の連携促進を図るために、協議に基づき、基本的な方針
と役割分担を定める「連携協約」を締結することが可能になった。この制度
は、市町村合併でもなければ、従来の協議会、一部事務組合のように別の共同
組織を作るものでない、より効率的な相互協力の仕組みである。連携も同一道
府県内でおさまるか、複数都道府県にまたがるかどうかを含め、どのような連
携にするかを地域に任せるのが特徴である。このように拠点都市を中心に自治
体間が連携し、都市圏（シティーリージョン）レベルでの地方自治を目指す方向
性は、従来からのフルセットの行政を行わなければならないといわれてきた総
合行政主体論、すなわち市町村による自己完結主義からの脱却[23]とみることがで
きる。また、住民を移住させる、いわゆる「コンパクトシティ」とは異なり、
現状の住居形態をそのまま維持した形で連携をとる点も注目される。一方で、
人口減少化時代に伴う無居住地域拡大への対応と考えると、周辺町村は死に絶
えるしかないと考え、「看取りの自治」のスタイルの 1 つになるのか、過疎地
域に及ぼす影響について注目したい。また、自治法上は、「連携協約」という
実体面でなく手続面を規定しているのも特徴である。例えば、連携協約の締結

---

21)　総務省は、今回の自治法改正により新たに導入された連携協約制度を活用した自治体間の新た
　　な連携モデル事業として、2014（平成26）年度は、地方中枢拠点都市として 9 事業、条件不利地
　　域における都道府県の補完事業として 2 事業選定したと記者発表した（2014 年 6 月27日）。
　　（http://www.soumu.go.jp/menu_news/s-news/01gyosei03_02000023.html、2014 年 9 月30日確
　　認）。2015（平成27）年度は、新たに連携中枢都市圏として12件を選定し、それに加えて 3 件（盛
　　岡市、倉敷市、福山市）を 3 件、継続すると記者発表（2015 年 6 月 2 日）した（http://www.
　　soumu.go.jp/menu_news/s-news/01gyosei03_02000029.html、2015 年 9 月14日確認）。
22)　白藤博行「2014年地方自治法改正を読み解く」住民と自治2014年 7 月号（2014年）29～31頁。
23)　市川喜崇「市町村総合行政主体論と『平成の大合併』―市町村完結主義の批判と『総合性』の
　　擁護」寄本勝美＝小原隆治編『新しい公共と自治の現場』（コモンズ・2011年）339～373頁。

64

第3章　変革期における大都市制度改革の課題と今後の展望

に際しては、議会による議決（自治法第252条の2第3項）により、市民の意思を反映させ、その団体の意思表示として確定させた点は注目すべきである。

さらに、連携協約に係る紛争があるときは、従来の自治紛争処理委員における調停制度は、すべての当事者の受託が必要であったが、今回の連携協約に係る紛争があるときに自治紛争処理委員が提示する「処理方針」（自治法第251条の3の2第3項）には、当事者である自治体がこれを尊重して必要な措置を講じなければならない（自治法第251条の3の2第6項）ことから、実効性を持たせた内容になっているといえよう。

最後に、公益上必要がある場合においては、都道府県が締結するものについては総務大臣、それ以外のものについては都道府県知事が連携協約を締結すべきことを勧告することができること（自治法第252条の2第5項）になっている点は、国および都道府県の関与を強化した内容になっており、地域の自主性を阻害するものであり、公益上必要がある場合の判断が注目される。このような強制力・実効力を持たせた制度を導入するために自治法上の契約として規定する必要があったと考える。

3　「事務の代替執行制度」の創設

事務の代替執行制度は、自治体の事務の一部を、当該自治体の名において、他の自治体（都道府県のみならず市町村も対象）の長等に管理・執行させることができるものである（自治法第252条の16の2～4）。当初は、条件不利地域の自治体に対する都道府県の「補完」として、議論されてきたものである。

この制度は従来の事務委託制度とは異なり、市町村の名のもとで、例えば、都道府県が事務を執行することになるので、代理人たる都道府県に対する本人たる市町村のチェック（議会の審議・監視機能）が及ばなくなる点をいかに対処するかが課題となる。

この点について、参議院総務委員会（2014年5月15日）において、総務省の門山泰明自治行政局長は、「都道府県が市町村の基準どおりに事務を執行しているかどうか、これは監視といいますか、モニターする必要があるわけです。例えば、都道府県と市町村が事務の代替執行（を行う場合）、これは規約に定めて行うわけでありますけれども、その規約の中に都道府県の事務を処理の状況を

65

第1部　自治制度の現在

報告するとか、処理の方法について定期的に協議を行うなどといったことをあらかじめ……定めていくといったような方法が考えられる。もう一つは監視という面では市議会が重要なわけである。市町村議会は、都道府県が執行しているとしても、その事務の処理権限は市長に残っているわけなので、市長が執行するほかの業務と同様にまずは市長に対してその事務処理の状況の説明を求めるという形の監視を進めることが基本になる。場合によっては、代替執行をしている都道府県の関係職員に対して議会で説明を求めることも可能である。そういったことをあらかじめ規約に定めておくことも可能である。これまでの事務委託では、やはり事務処理権限が移ってしまうということでなかなか市町村の意向が反映されない、監視が及ばないということから、「事務の代替執行制度」を創設した。市町村の監視、自主性の尊重をいかせる制度である」と答弁している。

　以上のような答弁の内容では、被代替の自治体議会（市町村）が他の自治体である代替団体（都道府県）が行う管理および執行について十分に審議し、監視できるかどうか困難を伴うといわざるをえない。

　また、介護事務のように多くの市町村が同じ基準で行う場合、都道府県は同じ基準で処理すれば効率的であるが、異なる基準で市町村が業務を行っている場合、都道府県は異なる基準で処理しなければならなくなり、都道府県として公平な対応ができるかどうか疑問である。

　さらに、現行法制度でも、災害対策基本法の都道府県知事による応急措置の代行（同法73条）、大規模災害からの復興に関する法律（同法42条以下）、新型インフルエンザ等対策特別措置法による緊急事態措置の代行（同法38条2項）、過疎地域自立促進特別措置法の基幹的な道路および公共下水道の幹線管渠等の代行（同法14・15条）などの立法例はあるが、これらの立法例は、いずれも特別な事務・事業や特別な事情の下で事務・事業を処理できないまたは責任に負えない等、特例的に代行する者が処理し、それを代行する者の名において処理するものである。このような制度を一般化することは自治の基本に照らして問題である。また、事務・事業の処理できないまたは責任を負えない被代替団体が他の団体が処理した事務・事業の責任を負えるものかどうかという指摘もある[24]。

　また、代替執行といっても限界がある。自治体の存立に関わるもの、自治の

根幹に関わるもの、例えば市町村でいえば市町村長を選ぶとか、自分自身の選挙管理をするとか、課税権とかは、他者に委ねることはできないと解するべきであろう。具体的には、都道府県の代替執行の場合は、住民基本台帳や戸籍等本来市町村が行っている事務を対象とすべきでなく、広域的な視点が必要であるとか、高度に専門性を要するなど、都道府県に任せるにふさわしい事務が対象とされるべきであろう。

　さらに、垂直型ではなく水平型の「事務の代替執行」が行われる場合、事務の代替執行を行っている代替団体の発言力は強くなり、一方で被代替団体は、代替団体への依存度が高まり、他の事務でも依存する傾向が強くなることが予想される。そして、その延長線には市町村合併の可能性があることは注視するべきであろう。

IX　英国における大都市制度改革

　以上のような自治体間連携もしくは都市間連携の仕組みは、英国においても、契約による権限移譲・規制緩和であるシティーディールを通じて行われているので以下のように概要を紹介する。[25]

1　シティーディール（City Deals（都市協定））の概要

　保守党（キャメロン）・自由民主党（クレッグ）の連立政権に政権交代して以降、都市は、地域の経済を支え地域全体を活性化させ、さらには国全体の経済成長をもたらすと考え、都市の成長に力を入れている。この経済成長をもたらすために、それぞれの都市の持つすべての潜在的能力を発揮させる必要があり、そのためには、地方のリーダーやビジネスリーダーが成長を促進するため

24）　松本英昭『要説地方自治法〔第8版改訂版〕【補遺版②】』（ぎょうせい・2014年）19～20頁。岩﨑忠「定住自立圏構想と地方中枢拠点都市制度─連携中枢都市制度」都市問題（第106巻第2号）58～66頁参照。

25）　筆者は2013（平成25）年9月12日から22日まで英国調査を行い、その際に入手した「Unlocking growth in cities: city deals-wave1」を翻訳し、概要をまとめた。これについては、岩﨑忠「英国における契約による権限移譲・規制緩和─シティーディール（都市協定）の挑戦」自治総研40巻第3号（2014年）38～70頁を参照。

第1部　自治制度の現在

に権力（権限）と方策（主導権）を利用することができるよう、大きな転換をはかる必要があると考えたのである。

　そして、これを達成するために英国（UK）政府は、City Deals（都市協定）のプログラムを打ち出したのである。この City Deals（都市協定）の第1の波は、ロンドン周辺の広域経済圏であるマンチェスター都市圏域などロンドンを除く8つの大都市に焦点をあてた圏域となっている。これらの8つの地域には、イングランド地方の主要都市として、コア・シティ（CoreCities）と呼ばれている都市が含まれている。そして、City Deals（都市協定）の第2の波は20市を対象とするものである。ロンドン以外の14の大都市と広域地域、そして2001年から2010年の間の人口増加率の高い6都市で実施されるものとなる。City Deals（都市協定）は、都市に権力（権限）と手段を与え、プロジェクトの実施や主導権を都市に移譲するために中央政府と各都市との間で締結される契約であり、それぞれの地域経済を推進することが期待されている。このため、それぞれの都市協定はそれぞれ異なる地域のニーズに対応したオーダーメイドのものとなっており、都市がその地域において、より良い経済成長を達成するのを支援するのに必要とされる、追加的な権限、責任、柔軟性、自由度を付与するものになっている。つまり、地域の実情に応じた一国多制度型分権手法である。

2　シティーディール（第1波）の特徴

　中央政府と8地域との間で第1波として締結した8つのシティーディールから次の4点を特徴としてあげることができる。

　第1に、権限の大幅な拡大と成長に向けた投資である。多様な出資者からの資金提供とビジネスレイトからの収入を投資資金としてまとめてプールできる権限を持てるようになることで、地域の優先課題への投資が可能にするものもので、中には重点開発区域における将来収入を担保として収入を得ることができる仕組みを盛り込んだものもある。

　第2に、職業能力開発の強化と雇用拡大のための権限拡大である。地域貢献に合致する新しい資金提供がなされることで、地域企業のニーズに即した職業能力開発に対する投資が可能になるほか、民間と公共セクターの一体的な投資

を行うことで地域経済のニーズに即したスキルと人材を獲得することが可能になる。また、働きながら仕事に必要な技術や知識を職業能力訓練センターで習得させることで地域企業を支援する。さらに、国が持っている若者雇用政策を権限移譲し、地域の独自の施策展開をすることで、若者ニート数を減少させる。

第3に、地域企業支援策の拡大である。鉄道営業権・運営権、主要交通関係資金の権限移譲により、都市がより戦略的な交通政策を充実させ、国と地域の住宅開発・再建への資金提供を一体化することで地域に適応した資産マネジメントを可能にする。また、地域企業に対し、投資、貿易、事業に関するアドバイスを行い、事業の成長を支援する。さらに、高速ブロードバンドを行き渡せることにより情報通信を発達させることによる地域活性化を図ることや低炭素対策のための投資をすることで職業を生みだし、炭素排出量の削減により環境に優しい社会を形成する。

第4に、ガバナンスの状況である。シティーディールには、中央政府から地域への権限移譲・規制緩和の内容が盛り込まれているだけでなく、各地域のガバナンスを強化し、各々の都市で合意形成等を調整していくものになっているため、必ずガバナンスの状況を記載することになっている。リーズ、シェフィールドは、マンチェスターとともに合同行政機構を構築し、ニューキャッスルは合同行政機構を構築した。また、バーミンガムとノッティンガム（クリエイティブ地区に集中）は、ローカルエンタープライズ（地域産業パートナーシップ）となっており、8つの地域のガバナンスの状況はまちまちである。リバプールとブリストルは、直接公選制の首長を選出することになっている。これは、キャメロン政権が強いリーダーを生み出すために公選首長制を導入しようとした政策の一環としてみることもできる。

3　シティーディールについての評価

英国調査でインタビューに応じてくれたマンチェスター市のジェシカ・ボウルズ氏（Head of City Policy）は、シティーディールを締結した中で一番難しかった点は、中央政府の閣僚が閣僚全員で同意したことを各省に持ち帰り、官僚と詳細を決めて行く過程で閣僚が官僚をなかなか説得できずに15カ月も時間

第 1 部　自治制度の現在

をとられた点を挙げる。また、マンチェスターのシティーディールには、経済成長を目的にした先行投資に対して、その成果が国税の増収に反映されれば、その国税増収分を国税から回収できる仕組み「アーンバック（回収）」という仕組みが盛り込まれているが、実際に、「アーンバック（回収）」の仕組みを構築しようとする段階で、計算式がかなり複雑であり、かなり時間がかかっているという。シティーディール締結時には、予想しなかったことが徐々に出てきているようであるが、地域経済の成長を地域に任せたのであるから、中央政府の官僚も地域経済発展に向けて協力してもらいたいものである。

X　おわりに

　以上のように、英国でも日本と同様に、地方に拠点都市を設けて、地域の経済成長を都市圏域（シティーリージョン）レベルで行おうとする試みがなされていた。

　しかし、背景となる状況は、日本では人口が減少している社会であるが、英国では移民による人口が増加している社会であるので、まったく異なる。

　また、わが国の権限移譲・規制緩和の制度として、特定の地区を指定して規制緩和を行う特区制度（構造改革特別区域制度、総合特別区域制度、国家戦略特別区域制度）や広域連携を考慮し、権限移譲を要請できる広域連合制度（自治法第291条第4項）がある。さらに、かつて、パイロット自治体制度（地方分権特例制度）が1994年4月から5年間の特例措置を設けて実施された。単独または共同で独自の地域づくりに取り組むことが期待されたが、第1次指定が14市1地域（6市町村）から応募された程度にとどまり、十分な成果を挙げることができなかった。[26]これらの制度は、国に採用して欲しい制度を提案することになるため、国に都合の良い制度だけを自治体が企画・実施するようになり、本来自治体が目を向けなければならない住民に対する政策をおろそかにする可能性がある制度ともいえる。また、英国のシティーディールのような契約による権限移譲・規制緩和の場合は、法律による権限移譲と異なり、政権が変わると契約を解除する可能性がある。日本の場合は、法律による権限移譲や特区制度であるため、メニューが法定化されているので、政権交代によってなかなか制度が変

第3章　変革期における大都市制度改革の課題と今後の展望

図表 3‐1　日本と英国における地方拠点都市の比較検討

	日 本	英 国
期待されている効果	地方拠点都市を中心とした地域の経済成長 （中央政府の経済政策の行き詰まり解消を地方都市に託す）	
背景	人口減少化 （極点社会、消滅する523市町村）	移民による人口増加
対象とする都市	・地方中枢拠点都市 ・政令指定都市、新中核市（20万人以上） 　昼夜間人口比率1以上、全国で61市該当 ・先行モデル2014年度当初予算1.3億円	・コアシティ8市 （イングランド内のロンドンを除く） ・20都市（14の大都市と人口増加率の高い6都市）
地域の連携（シティーリージョン）	○定住自立圏協定の締結（中心市［約5万人以上］とその周辺の市町村）は自治法96条2項に基づく議決を必要とする（推進要綱による設置） ○「連携協約」制度の導入（自治法252条の2） ○事務の代替執行（自治法252条の16の2から4）	○二層制から一層制へ移行（広域自治体廃止に伴う広域行政への対応） ○連携のあり方は、地域性によりさまざまである。 ・合同行政機構 ・ローカルエンタープライズ （地域産業パートナーシップ） ・公選首長制による自治体
権限移譲	○法律による全国一律の権限移譲から地方から提案を踏まえた権限移譲へ ・第4次一括法による都道府県から政令指定都市への権限移譲 ・地方分権改革有識者会議最終報告（2014年6月）による提案募集方式と手挙げ方式	○シティーディール（都市協定） ・契約によるオーダーメイド型の権限移譲・規制緩和 ・交通網・情報網の整備、地域企業の支援・経済成長、能力開発・雇用創出、財政政策、ガバナンス（地域のリーダーシップを発揮させようとして導入しようとした首長公選制の一環）
今後の方向性	○水平型の「事務の代替執行」の延長戦には市町村合併の可能性がある ○シティーリージョンへの権限移譲の必要性	○シティーリージョンを中心として契約による権限移譲・規制緩和により地域活性化を狙う

出所：岩﨑忠「2014年地方自治法改正の要点解説」自治研かながわ月報148号（2014年）11頁を一部修正

---

26)　国から自治体への権限移譲ではないが、都道府県から市町村に権限移譲される場合は、都道府県と市町村との間で合意（契約）がなされた後で、条例という法形式に基づき事務処理特例制度（自治法第252条の17の2第1項）により権限移譲されるので、政治の影響は受けにくいといえよう。ただし、事務処理特例制度の今までの運用状況をみると、移譲元の都道府県の意向が強く反映され、移譲先の市町村の意向が反映されていないのが課題である。また、2004年の地方自治法改正により、市町村長が議会の議決を経て都道府県知事に対して特定の事務の移譲を要請できることが制度化された（自治法第252条の17の2第3項）。しかし活用実績がないことを踏まえると、今後、運用上の工夫が必要であろう。

71

第1部　自治制度の現在

更されることは難しく、政権交代による影響を受けにくいといえよう。しかしながら、我が国のように、法律により国から自治体に対して一律に権限移譲が行われる場合、それぞれの自治体の事情や自治体環境を取り巻く環境の変化に対応することが難しく、柔軟性に欠ける。このように考えると、今後は、自治体の事情等を反映し、英国（UK）の City Deals（都市協定）のような中央政府と単独自治体もしくは都市圏域（シティーリージョン）レベルの合同行政機構などの契約によるオーダーメイド型の一国多制度型の分権手法も選択肢の1つとして考えるべきであろう（図表3 - 1）。

　両者は、期待されている効果は同じであるが、背景となる社会事情が異なるので、簡単には比較はできないが、英国がシティーディール（都市協定）によるオーダーメイド型の分権改革を進めており、一方、日本においても一国多制度型の分権手法としての手上げ方式や地方からの発意としての提案募集方式を取り入れるなど地域の実情に合わせた分権改革を行おうとしている点は共通である。つまり、従来、大都市制度を分析する視点としては、「効率性・民主性の軸」「垂直的政府間関係・水平的政府間関係の軸」を中心に分析されてきたが、これらに加え、地域の実情に合わせた「リスケーリング（最適化）」という視点は重要であろう。今後は、日本と英国の両者における地域連携のあり方、権限移譲がどの程度地域の活性化に貢献できるか、英国と日本の状況について注目していきたい。

第4章　事務処理特例制度と権限移譲
—— 「香川県事務処理の特例に関する条例」を題材に

三野　靖

I　はじめに

「地域の自主性及び自立性を高めるための改革の推進を図るための関係法律の整備に関する法律」（平成23年法律第105号）（第2次一括法）において、47の法律における事務について都道府県の権限を市町村に移譲することとされた。これは、地方分権改革推進委員会の「第1次勧告～生活者の視点に立つ「地方政府」の確立」（2008年5月28日）（以下「第1次勧告」という）および「地域主権戦略大綱」（2010年6月22日閣議決定）を踏まえて、法制化されたものである。

第1次勧告では、市町村合併の進展等によって基礎自治体の行政体制整備が大幅に進んでおり、「地方分権の推進を図るための関係法律の整備等に関する法律」（平成11年法律第87号）（地方分権一括法）の改正により地方自治法に規定された事務処理特例制度により相当数の事務が移譲されていることから、同委員

---

1) 同法については、岩崎忠「義務付け・枠付けの見直しと権限移譲」自治総研397号（2011年）67頁。同論文は、条例による事務処理特例制度（自治252条の17の2）（以下「事務処理特例制度」という）は、条件が整った市町村に移譲する極めて実状にあった制度であり、同法は個々の市町村の事情を考慮していないとする。辻山幸宣「法律による移譲、条例による移譲—第2次一括法成立に思う」自治総研395号（2011年）巻頭コラムでは、市町村に対する新たな義務付けであり、分権の思想とは相容れず、市町村から都道府県への事務返上手続きを整備する必要があるとする。筆者も同意見である。なお、現行制度でも、事務処理特例制度の条例の改廃、事務委託（自治252条の14）で市町村が都道府県に委託をすることによって、事務返上は可能である。

2) 2004年の地方自治法改正による同制度の改正について、三野靖「改正地方自治法の論点（下）」自治総研315号（2005年）77頁。白藤博行ほか『アクチュアル地方自治法』（法律文化社・2010年）256頁は、事務処理特例制度は、憲法92条の規定を踏まえつつ、都道府県が市町村の運営に関する事項について条例で定めることができる特殊な制度であるが、同条の規定の趣旨を踏まえないとすれば問題であり、憲法的地方自治保障の観点からすると、安易な運用が行われれば違憲の疑いのある制度となりうるため、都道府県知事は、条例の改廃・制定にあたっては、都道府県と市町村の役割分担を考慮して慎重でなければならないとする。

第1部　自治制度の現在

会の「中間的な取りまとめ」（2007年11月16日）において都道府県から市町村への権限移譲の方向が示されている事務、事務処理特例制度を活用して各都道府県から市町村に移譲されている事務、全国市長会等からの提言等がある事務について、都道府県から市町村への権限移譲を行うことを勧告した。[3]

　本稿は、第2次一括法による改正とは別に、「香川県事務処理の特例に関する条例」（平成11年12月22日条例40号）（香川県条例）を題材に、事務処理特例制度の実態調査の結果を整理するとともに、移譲された市町に対するアンケート[4]およびヒアリング調査結果[5]も踏まえたうえで、「市町村」という概念および姿、地方分権一括法による地方自治法の改正による分権改革（以下「第1次分権改革」という）後の都道府県と市町村の関係の変化について検討する。[6]

II　香川県に対する調査

　調査内容は、①権限移譲に関する県と市町との事務手続、②権限移譲に関する県内部の事務手続、③権限移譲に関する事務の選定基準、④権限移譲に関する事務の選定理由（表3参照）、⑤権限移譲に関する課題、⑥権限移譲に関する実績（表4参照）等についてである。

3）　全国の事務処理特例制度の状況については、第1次勧告別紙1の参考「条例による事務処理特例制度の活用状況」、「地方分権改革の実態調査結果」（内閣府地方分権改革推進室）参照。

4）　2011年8月に香川県政策部自治振興課を通じて、担当課に調査を行った（以下「当初調査」という）。補足調査は2012年6月に行った。香川県条例に規定されている事務のうち、第2次一括法により市町へ法定移譲された事務もあるが、本稿および調査は調査時点での香川県条例に基づくものである。なお、表1および表2は筆者が香川県条例より整理し、表3は担当課が記載し、表4は回答を筆者が整理したものである。表1の番号と法令は、香川県条例の対象事務の別表に記載されているものであり、法令名は簡略化しているものもある（以下同じ）。表1で高松市の欄に「法」とあるのは、法律で市の権限とされているものである（調査時点）。

5）　2014年7月に丸亀市、三豊市および琴平町に対して実施した。

6）　香川県条例では、51の法令の事務が対象となっているが、第2次一括法により、3家庭用品品質表示法、4消費生活用製品安全法、6理容業衛生措置条例、8公衆浴場措置基準条例、9美容業衛生措置条例、10旅館業施設措置基準条例、20興行場衛生基準条例、22電気用品安全法および24水道法の事務が市町へ法定移譲され、香川県条例から削除された。

表1　香川県　事務処理の特例に関する条例の市町一覧

No.	条例・法律	高松市	丸亀市	坂出市	善通寺市	観音寺市	さぬき市	東かがわ市	三豊市	市計	土庄町	小豆島町	三木町	直島町	宇多津町	綾川町	琴平町	多度津町	まんのう町	町計	合計
1	地方自治法	○	○		○					3										0	3
2	電子認証手数料条例	○	○	○	○	○	○	○	○	8	○	○	○	○	○	○	○	○	○	9	17
3	家庭用品品質表示法	○	○							2										0	2
4	消費生活用製品安全法	○	○							2										0	2
5	統計調査法	○	○	○	○	○	○	○	○	8	○	○	○	○	○	○	○	○	○	9	17
6	理容師法美容師法措置条例	○								1										0	1
7	墓地埋葬法	○	○		○	○	○	○	○	7	○	○	○	○	○	○	○	○	○	9	16
8	公衆浴場措置条例	○								1										0	1
9	美容業衛生措置条例	○								1										0	1
10	旅館業施設措置基準条例	○								1										0	1
14	ふぐ処理条例	○								1										0	1
15	魚介類行商条例	○								1										0	1
16	動物愛護管理法	○	○	○	○	○	○	○	○	8	○	○	○	○	○	○	○	○	○	9	17
17	動物愛護管理条例	○								1										0	1
18	化製場法施行条例	○								1										0	1
20	興行場衛生基準条例	○								1										0	1
21	食品衛生法衛生基準条例	○	○							2										0	2
23	電気用品安全法	○	○	○	○	○	○	○	○	8	○	○	○	○	○	○	○	○	○	9	17
24	液化石油ガス法	○	○							2										0	2
25	水道法	○	○	○	○	○	○	○	○	8	○	○	○	○	○	○	○	○	○	9	17
26	鳥獣保護法	○								1										0	1
27	アスベスト条例	○								1										0	1
28	浄化槽法	○								1										0	1
29	福祉のまちづくり条例	○			○	○		○		4										0	4
30	福祉のまちづくり条例	○			○	○		○		4										0	4
30の2	高齢者障害者移動円滑化法	○	○	○	○	○	○	○	○	8										0	8
31	戦傷病者特別援護法	○								1										0	1
32	身体障害者福祉法	○								1										0	1
33	介護保険法	○								1										0	1
36	医療法	○								1										0	1
37	診療放射線技師法	○								1										0	1
38	薬事法	○	○		○	○		○	○	6										0	6
40	商工会議所法	○	○	○	○	○	○	○	○	8	○	○	○	○	○	○				6	14
41	商工会法	○								1										0	1
42	計量法	○								1										0	1
43	農地法	○	○	○	○	○	○	○	○	8	○	○	○	○	○	○	○	○	○	9	17
44	土地改良法	○	○	○	○	○	○	○	○	8								○	○	2	10
45	国有財産法	○	○	○	○	○	○	○	○	8							○	○	○	3	11
46	港湾管理法		○							1					○					1	2
47	土地区画整理法	○								1										0	1
48	租税特別措置法	○	○	○	○	○	○	○	○	8	○	○	○	○	○	○	○	○	○	9	17
49	都市計画法				○	○		○		3										0	3
50	都市計画法		○	○	○	○	○	○	○	7	○	○	○			○		○		5	12
51	都市計画法				○	○				2					○			○		2	4
52	駐車場法				○	○				2					○			○		2	4
53	租税特別措置法	○								1										0	1
54	県営住宅条例	○								1										0	1
55	市町村立学校職員給与負担法	○	○	○	○	○	○	○	○	8	○	○	○	○	○	○	○	○	○	9	17
	計	43	23	13	25	19	13	16	14	50	13	13	12	12	12	11	11	17	11	20	51

第1部　自治制度の現在

表2　香川県事務処理の特例に関する条例の事務一覧

	事務	主な事務の概要
1	地方自治法	あらたに生じた土地の確認、町字の区域（届出受理・告示）
2	電子認証手数料条例	電子証明書発行手数料の徴収、指定認証機関への納付
3	家庭用品品質表示法	違反業者の指示・公表、不適切な表示の申出の受理・調査、販売業者の報告徴収・立入検査
4	消費生活用製品安全法	違反業者の報告徴収・立入検査、消費生活用製品の提出命令
5	統計調査条例	特定地場産品調査員の指揮監督・報酬支払（特定地場産品調査規則）
6	理容業衛生措置条例	理容所以外の場所で業を行うことができる特別の事情がある場合の承認
7	墓地埋葬法	墓地等の許可・取消、立入検査・報告徴収、使用制限・禁止
8	公衆浴場措置基準条例	設置場所の配置基準の特例の承認、水質基準不適合の報告
9	美容業衛生措置基準条例	美容所以外の場所で業を行うことができる特別の事情がある場合の承認
10	旅館業施設措置基準条例	湯水の水質基準不適合の報告
14	ふぐ処理条例	ふぐ処理業の登録・取消等、毒性検査の報告、器具等の不備の措置命令、報告徴収・立入検査
15	魚介類行商条例	魚介類行商の登録・取消等、報告徴収・立入検査、行商容器の基準不適合の措置命令
16	動物愛護管理法	動物取扱業の登録・取消等、勧告・措置命令・報告徴収・立入検査、特定動物の飼養・保管の許可・取消等
17	動物愛護管理条例	犬の飼養不能届出、事故発生の届出、措置命令、報告徴収・立入検査
18	動物愛護管理条例	犬の飼養の標識交付
19	化製場法施行条例	埋却死亡獣畜の発掘承認
20	興行場衛生基準条例	興業場衛生基準の一部不適用・緩和適用
21	食品衛生食堂基準条例	営業施設基準の緩和
22	電気用品安全法	電気用品事業者の報告徴収・立入検査、電気用品の提出命令等
23	液化石油ガス法	液化石油ガス販売事業者への供給設備の修理等の命令・立入検査等、液化石油ガス設備工事の届出
24	水道法	専用水道工事の確認等、専用水道設置者への改善指示・措置指示、水道技術管理者の変更勧告・給水停止命令、報告徴収・立入検査
25	鳥獣保護法	鳥獣捕獲等の許可・措置命令・取消等、飼養登録・取消、販売禁止鳥獣等の販売許可・取消・措置命令、報告徴収・立入検査
26	生活環境保全条例	ばい煙排出者への緊急時の措置命令、化学物質管理対策、地球温暖化対策、自動車等排出ガス対策（一部除く）、生活環境負荷低減（一部除く）以外の事務
27	アスベスト条例	解体工事等の届出、計画変更命令・作業基準適合命令、所有者の届出、勧告・公表、台帳整備、定期監視、報告徴収・立入検査
28	浄化槽法	浄化槽設置等の届出受理・経由、勧告、水質検査の報告受理・指導、勧告・措置命令、浄化槽管理者の報告書受理・浄化槽廃止届出受理、保守点検等の助言・命令、報告徴収・立入検査
29	福祉のまちづくり条例	特定施設の新築等の届出受理・指導、勧告・公表、報告徴収・立入検査（建築物、公共交通機関の施設及び建築物以外の路外駐車場に係るものに限る）
30	福祉のまちづくり条例	特定施設の新築等の届出受理・指導、勧告、公表、報告徴収・立入検査（建築物以外の路外駐車場に係るものに限る）
30の2	高齢者障害者移動法	特定路外駐車場の届出受理・命令・報告徴収・立入検査
31	戦傷病者特別援護法	補装具の支給・修理、報告要求・診断命令
32	原爆被爆者援護法	健康診断、健康診断の記録作成保存、健康診断受診者指導
33	介護保険法	居宅サービスの帳簿書類等の提示命令、質問、短期入所生活介護の指定居宅サービス事業者の指定・勧告・命令・取消、介護老人福祉施設の指定・勧告・命令・取消、介護老人保健施設の変更許可（定員増除く）・医師の承認・使用制限等・業務運営の勧告命令
36	医療法	病床数増以外の変更許可、休廃止届出受理、病院の使用制限等、構造設備検査、許可書交付、管理者変更命令
37	診療放射線技師法	放射線の提出命令・検査
38	薬事法	薬局の開設許可・休廃止届出受理、製造販売業の許可・医薬品等の製造販売の承認、休廃止届出受理（薬局製造販売品に係るもの）、上記の各種監督権限
39	商工会議所法	特定商工業者の許可、商工会議所負担金の許可、法定台帳作成期間の延長許可・定款の変更認可・収支決算等の報告受理、報告徴収・検査、警告・業務一部停止
40	商工会法	設立・財産処分の認可・定款の変更認可、決算関係書類の受理、報告徴収・立入検査、警告・取消
41	計量法	特定商品販売事業者に対する勧告・公表・措置命令、報告徴収・立入検査、提出命令、特定物象量の表記抹消
42	農地法	4条5条転用許可、立入調査、報告徴収
43	土地改良法	農協等の行う土地改良事業に関する一連の事務
44	国有財産法	土地の立入・境界決定（市町村道の用に供されている国土交通大臣の所管に属する国有財産に係るもの）
45	国有財産法	土地の立入・境界決定（準用河川の用に供されている国土交通大臣の所管に属する国有財産に係るもの）
46	港湾管理条例	港湾施設での行為許可・使用禁止・制限・指定・変更、港湾施設の使用許可・取消・条件変更、使用料徴収
47	土地区画整理法	施行認可、組合設立・解散認可、換地計画認可、建築行為の制限、監督（5ha未満の個人施工・組合施行）
48	租税特別措置法	短期土地譲渡益重課の適用除外の優良宅地認定（開発許可不要の1,000㎡以上のもの）、長期土地譲渡所得課税特例の優良宅地認定（開発許可を要しない場合）
49	都市計画法	開発行為の許可・特例協議、工事完了検査・建築承認・建ぺい率等指定、開発登録簿、報告要求等、監督処分等・立入検査（都市計画区域内4.5ha未満）
50	都市計画法	開発行為の許可・特例協議、工事完了検査・建築承認・建ぺい率等指定、開発登録簿、報告要求等、監督処分等・立入検査（都市計画区域外4.5ha未満）
51	都市計画法	都市計画施設区域内の建築許可・報告要求等・監督処分等・立入検査
52	駐車場法	都市計画区域内の路外駐車場の届出受理、報告要求・立入検査、是正命令
53	租税特別措置法	短期土地譲渡益重課の適用除外の優良個人住宅認定、長期土地譲渡所得課税特例の優良住宅認定（中高層耐火共同住宅）
54	県営住宅条例	入居者募集・決定、各種承認、入居予定者登録、入居許可・取消、敷金徴収・還付、指示・措置命令、報告請求
55	市町村立学校職員給与負担法	扶養親族の認定、住居手当・通勤手当・単身赴任手当の決定等

第 4 章　事務処理特例制度と権限移譲

表 3　香川県事務処理の特例に関する条例の事務一覧（理由回答）

	事務	権限移譲の理由（具体的にお書きください）
1	地方自治法	県との事前協議及び県知事への届出が不要となり、県・市町ともに事務の迅速化が図れる。
2	電子認証手数料条例	電子証明書の発行申請は、市町村長を経由して都道府県知事に行うこととなっており、その申請に対し、都道府県知事が電子証明書を発行し、市町村長に通知し、市町村長は電子証明書を申請者に提供することとなっている。（電子署名に係る地方公共団体の認証業務に関する法律第 3 条） その際、知事が行う電子証明書の発行手数料の徴収は、市町が行うこととすることが合理的であり、県民サービス向上の点からも適当であるため。 なお、この電子証明書の発行手数料の徴収事務等の事務処理特例条例による市町村への移譲は、全都道府県で同様に行われている。
3	家庭用品品質表示法	家庭用品の品質表示の適正化を図ることは、消費者の利益や安全に密接に関係しており、住民に身近な市町で立ち入り検査を行うことにより、一層きめ細かな事務が執行でき、住民サービスの向上につながる。
4	消費生活用製品安全法	消費生活用製品の安全性を確保することは、住民生活に密接に関係することであり、住民に身近な市町で立ち入り検査を行うことにより、一層きめ細かな事務が執行でき、住民サービスの向上につながる。
5	統計調査条例	国の基幹統計調査の附帯調査として実施するものであり、市町がノウハウを所持しているため。
6	理容業衛生措置条例	保健所業務に密接に関る事務であり、権限移譲することで、より公衆衛生の確保に寄与できる。
7	墓地埋葬法	保健所業務に密接に関る事務であり、権限移譲することで、より公衆衛生の確保に寄与できる。
8	公衆浴場措置基準条例	保健所業務に密接に関る事務であり、権限移譲することで、より公衆衛生の確保に寄与できる。
9	美容業衛生措置条例	保健所業務に密接に関る事務であり、権限移譲することで、より公衆衛生の確保に寄与できる。
10	旅館業施設措置基準条例	保健所業務に密接に関る事務であり、権限移譲することで、より公衆衛生の確保に寄与できる。
14	ふぐ処理条例	ふぐ処理業者の登録に関する事務は、業を営む者が食品衛生法に基づく許可を受けた者と同じであることが多いため、法との整合性を考慮し、事務の効率化、住民サービスの向上を目的として、既に食品衛生法による権限を持つ高松市（中核市）に権限移譲を行っている。
15	魚介類行商条例	魚介類行商の登録等に関する事務は、食品衛生上の危害の防止等による公衆衛生の向上を目的としており、これらの事務には食品衛生法と関連するものがあるため、事務の効率化、住民サービスの向上を目的として、既に食品衛生法による権限を持つ高松市（中核市）に権限移譲を行っている。
16	動物愛護管理法	高松市が中核市となって保健所を設置した時点から、動物取扱業や危険な動物の飼養許可に関する事務が行われており、平成18年の法改正時に同様の事務が法律に規定された後も、引き続き、高松市において事務を行うことが効率的であり、住民の混乱を招かないために権限移譲を行っている。
17	動物愛護管理条例	法定移譲事務である狂犬病予防法に係る事務に関連する事務として、一体的に処理することにより効率化が図られ、住民の利便性も向上するため、高松市に移譲している。
18	動物愛護管理条例	犬の飼養の標識は、狂犬病予防法第 4 条第 1 項及び第 2 項の規定により登録を受けた犬を飼養する者に対して交付するものである。狂犬病予防法の登録事務を行う市町が交付することにより、事務の効率化が図られ、住民の利便性も向上するため、高松市に移譲している。
19	化製場法施行条例	死亡獣畜の埋却を行う死亡獣畜取扱認可権限が、中核市である高松市長にあることから、死亡獣畜取扱場に埋却した死亡獣畜を発掘することの承認について権限移譲をするため、高松市に移譲している。
20	興行場衛生基準条例	保健所業務に密接に関る事務であり、権限移譲することで、より公衆衛生の確保に寄与できる。
21	食品衛生法衛生基準条例	営業の形態、地域の実情その他特別の事情によるものに対する規制を移譲した。
22	電気用品安全法	消費者が購入する流通の端末において電気用品の安全性を確保することは、住民生活に密接に関係することであり、住民に身近な市で立入検査を行うことにより、一層きめこまかな事務を執行することができ、住民サービスの向上につながるため。
23	液化石油ガス法	市町村の既存事務である設備工事の届出の受理（消防法第 9 条の 3）と関係する事務であり、移譲することにより総合的に事務を実施できるため。また、消防法では技術基準がないため行政指導にとどまっていたが、権限を移譲することにより法令に基づく技術基準により指導できるため。
24	水道法	対象となる事務は、水道法において保健所設置市の区域においては保健所設置市の長が行うこととされている事務であり、これらの事務について、水道事業を有する市が所管することにより、行政区域内の水道供給体制全般に渡り責任をもって対処できるようになるため。（専用水道に関する部分） 平成13年 7 月の水道法の一部改正により、簡易専用水道（受水槽水道を含む受水槽水道）に関して市町の水道供給規定で指導できるようになったため。（簡易専用水道に関する部分）
25	鳥獣保護法	鳥獣による農林水産業及び生活環境に係る被害が増えていることから、捕獲許可権限を市町に移譲することにより、被害実態に応じた迅速で適切な事務処理が可能となる。
26	生活環境保全条例	中核市である高松市の既存事務である水質規制事務と関係する事務であり、移譲することにより総合的な事務を実施できるため
27	アスベスト条例	アスベスト排出作業は、大気汚染防止法第十八条の十五（特定粉じん排出等作業の実施の届出）による届出が必要である。 同法第三十一条（政令で定める市の長による事務の処理）により、政令指定都市である高松市に権限移譲をしているため、条例による事務も移譲している。
28	浄化槽法	浄化槽の設置等の届出の受理権限を市町に移譲することにより、浄化槽設置に係る補助金の交付事務との窓口の一本化を図ることができるから。 浄化槽清掃業の許可に関する事務は市町長の許可権限であり、浄化槽の保守点検又は清掃に係る助言、指導等並びに浄化槽管理者又は浄化槽清掃業者に係る事務の権限も移譲した方が、一体的、総合的な行政が推進できるから。
29	福祉のまちづくり条例	条例の対象施設を的確に把握し、事業者等の事務処理にかかる負担を軽減するため、中核市への移行とともに移譲したもの。
30	福祉のまちづくり条例	駐車場法の事務が一部移譲されたことに伴い、路外駐車場に関する事務処理を一元化して効率的・総合的に施策を推進するために併せて権限移譲をしたもの。
30 の 2	高齢者障害者移動法	駐車場に関する事務であり、「52 駐車場法」とあわせて権限移譲することにより、総合的に事務を実施できるため。
31	戦傷病者特別援護法	身体障害者の補装具給付事務の窓口は市町である。原因が戦傷であったとしても補装具の支給・修理の基準は、障害者自立支援法に基づくので、窓口の統一により、住民の利便性が向上する。
32	原爆被爆者援護法	被爆者の利便性を図るため、また、地域保健法で地域住民の健康保持及び指導が掲げられており、市においても利点があるため最寄りの中核市へ移譲している。
33	介護保険法	中核市の既存事務である老人福祉に関する事務（地方自治法第252条の22及び地方自治法施行令第174条の49の10）と関係する事務であり、移譲することにより総合的に事務を実施できるため。
36	医療法	高松市が中核市に移行に伴い、医療法に基づく事務のうち、広域の調整を要する事務及び医療審議会の諮問を必要とする事務を除く部分を権限移譲した。
37	診療放射線技師法	高松市が中核市に移行したことに伴い、放射線技師法に基づく事務のうち、医療機関の立入検査に付随する事務を権限移譲した。

77

第1部　自治制度の現在

38	薬事法	本県の保健所設置市は高松市のみであるが（平成11年設置）、本業務は高松市保健所の既執行業務事務である、医薬品販売業の許可（薬事法第24条）と関係する事務であり、移譲することにより総合的に事務を実施できるため。
39	商工会議所法	商工会議所は、主として市における商工業の総合的な改善発達を図ることを目的とした組織であり、市町の商工行政と密接な関係がある。
40	商工会法	商工会は、主として町村における商工業の総合的な改善発達を図ることを目的とした組織であり、市町の商工行政と密接な関係がある。
41	計量法	特定商品の内容量表示の適正化を図ることは、消費者の利益に密接に関係しており、住民に身近な市町で立入検査を行うことにより、より細かな事務が執行でき、住民サービスの向上につながる。
42	農地法	農地転用許可については、法令上、各市町の農業委員会が窓口となって申請書を受け付け、許可の可否についての意見を付して県に進達し、県において審査を行い、香川県農業会議への諮問を経て、許可の判断をしているところである。 農地転用に係る農地やその周辺の状況については、地元市町や農業委員会が最も把握しており、また、現に申請受付の窓口として、許可申請に必要な書類や許可基準についても把握していることから、事務処理期間の短縮や住民サービスの向上を図る観点から、農地転用許可事務は、市町への権限移譲に馴染むものである。
43	土地改良法	市町で事務が完結できることにより、事業認可事務の迅速化が図れる。（県と市町との間の書類の行き来が省略され、事務処理に要する時間を短縮できる。）
44	国有財産法	市町道に係る境界確定等の事務は、市町道の管理と密接に関わっており、道路管理者である市町へ事務を移譲することにより総合的に事務を実施できるため。
45	国有財産法	市町の既執行事務である準用河川の維持管理事務（河川法100条）と関係する事務であり、移譲することにより総合的に事務を実施できるため。
46	港湾管理条例	地元市町で処理することにより、効率性と利便性が向上するため。
47	土地区画整理法	市町行政体制の充実につながる事務であり、高松市への法定移譲や他県の移譲事例から、他市町への権限移譲も推進していくべきと判断。
48	租税特別措置法	市町において処理する方が認定に係る事務処理時間を短縮することができ、効率的かつ迅速な対応ができることにより住民の利益となる。
49	都市計画法	都市計画法に基づく権限の一部が市町に移譲されており、開発許可の審査により具体的な指導が可能となる。また、市町経由事務を省略することで、事務処理期間の短縮を図ることができる。
50	都市計画法	同上
51	都市計画法	市町行政体制の充実につながる事務であり、高松市への法定移譲や他県の移譲事例から、他市町への権限移譲も推進していくべきと判断。
52	駐車場法	市町行政体制の充実につながる事務であり、高松市への法定移譲や他県の移譲事例から、他市町への権限移譲も推進していくべきと判断。
53	租税特別措置法	建築基準法等の住宅建築に係る審査内容が認定基準となっており、特定行政庁である高松市の事務とすることが、効率的であり住民の利益を図る。
54	県営住宅条例	島嶼部にあるという立地条件等により、直島町民が被る不利益を軽減するため、住民サービスの確保の観点から香川県営住宅条例及び県の施行のための規則に基づく知事の権限に属する事務の一部を直島町に委譲した。
55	市町村立学校職員給与負担法	市町立学校の県費負担教職員の各種手当の認定事務については、該当教員の利便性等を鑑み、従来より事務委任していたため。

78

第4章　事務処理特例制度と権限移譲

表4　香川県事務処理の特例に関する条例の移譲事務処理件数等

No	法令	移譲市町数			年間処理件数									全市町移譲		高松市のみ		独自条例
		市計(8市)	町計(9町)	合計(17市町)	高松市	その他市	町	計	件数/市町	5件以下/市町	0件/市町	チェックリスト	10件以上/市町		うち5件以下		うち5件以下	
1	地方自治法	3		3	2			2	0.7	○		YES						
2	電子認証手数料条例	8	9	17	1,153	865	358	2,376	139.8			YES	○	○				
3	家庭用品品質表示法	2		2		7		7	3.5	○		NO						
4	消費生活用製品安全法	2		2		7		7	3.5	○		NO						
5	統計調査条例	0	0	17				0	0.0	○	◎	△		○	◎			○
6	理容業衛生措置条例	1		1				0	0.0	○	◎	YES				○	◎	
7	墓地埋葬法	7	9	16		3	2	5	0.3	○		YES		○	◎			
8	公衆浴場措置基準条例	1		1				0	0.0	○	◎	YES				○	◎	
9	美容業衛生措置条例	1		1				0	0.0	○	◎	YES				○	◎	
10	旅館業施設措置基準条例	1		1				0	0.0	○	◎	YES				○	◎	
14	ふぐ処理条例	1		1	726			726	726.0			YES	○			○		○
15	魚介類行商条例	1		1	139			139	139.0			YES	○			○		○
16	動物愛護管理法	1		1	298			298	298.0			YES	○			○		
17	動物愛護管理条例	1		1	362			362	362.0			YES	○			○		○
18	動物愛護管理法	8	9	17	15,750	19,979	5,938	41,667	2,451.0			YES	○	○				
19	化製場法施行条例	1		1				0	0.0	○	◎	—				○	◎	
20	興行場衛生基準条例	1		1				0	0.0	○	◎	YES				○	◎	
21	食品衛生法衛生基準条例	1		1				0	0.0	○	◎	YES				○	◎	
22	電気用品安全法	2		2		6		6	3.0	○		YES						
23	液化石油ガス法	8	9	17	74	37	31	142	8.4			YES		○				
24	水道法	2		2		10		10	5.0	○		△						
25	鳥獣保護法	8	9	17	1,886	6,756	5,046	13,688	805.2			YES	○	○				
26	生活環境保全条例	1		1	118			118	118.0			NO	○			○		○
27	アスベスト条例	1		1	84			84	84.0			YES	○			○		
28	浄化槽法	1		1		4,413		4,413	4,413.0			YES	○					
29	福祉のまちづくり条例	1		1	136			136	136.0			△	○			○		○
30	福祉のまちづくり条例	3	1	4				0	0.0	○	◎	△						○
30の2	高齢者障害者移動法	3	1	4				0	0.0	○	◎	NO						
31	戦傷病者特別援護法	8		8	4			4	0.5	○		NO						
32	原爆被爆者援護法	1		1	313			313	313.0			YES	○			○		
33	介護保険法	1		1	181			181	181.0			NO	○			○		
36	医療法	1		1	107			107	107.0			YES	○			○		
37	診療放射線技師法	1		1				0	0.0	○	◎	YES				○	◎	
38	薬事法	1		1	2,850			2,850	2,850.0			YES	○			○		
39	商工会議所法	5	1	6	1	6	1	8	1.3	○		NO						
40	商工会法	6	8	14	2	7	10	19	1.4	○		NO						
41	計量法	1		1			1	1	1.0	○		YES						
42	農地法	1		1	1,267			1,267	1,267.0			YES	○			○		
43	土地改良法	1		1				0	0.0	○	◎	—						
44	国有財産法	8	9	17				0	0.0	○	◎	△		○	◎			
45	国有財産法	6	4	10	1			1	0.1	○		NO						
46	港湾管理条例	6	5	11	361	3,659	10,723	14,743	1,340.3			YES	○					
47	土地区画整理法	2		2				0	0.0	○	◎	NO						
48	租税特別措置法	8	9	17				0	0.0	○	◎			○	◎			
49	都市計画法	2	1			255	129	384	128.0			YES	○					
50	都市計画法	5	7	12								YES	○					
51	都市計画法	3	1	4		8	8	16	4.0	○		NO						
52	駐車場法	3	1	4				0	0.0	○	◎	NO						
53	租税特別措置法	1		1				0	0.0	○	◎					○	◎	
54	県営住宅条例		1	1			13	13	13.0			YES	○					
55	市町村立学校職員給与負担法	8	9	17				0	0.0	○	◎	YES		○	◎			
	計	50	20	51	25,815	36,019	22,259	84,093	318.1	30	18	—	20	9	5	21	9	7

第1部　自治制度の現在

別紙　権限移譲の課題チェック項目

1．市町のニーズ、住民のニーズに応じた権限移譲となっているか。
　　(ア)　当該事務の執行頻度等や住民の利便等を勘案し、効率的な事務執行に資するか。
　　　　①　年に数回しか執行されないような事務は移譲されていない。
　　　　②　ノウハウ不足等により実態的に県に照会しなければ執行できないこととなっていない。
　　　　③　許認可行政等において、申請先等が分散することなどによって不便になっていない。
　　(イ)　住民にとって、正確、公正、公平な事務執行が担保されているか。
　　　　①　法令に則った事務執行が担保されている。
　　　　②　市町の住民近接性が公正で公平な事務執行の支障になっていない。
　　　　③　議会や監査委員のチェック体制や能力は担保されている。

2．移譲することによって、市町の総合的な行政運営に資する事務であるか。
　　(ア)　「まだら分権」、「単品移譲」になっていないか。
　　　　①　重要な権限は県に留保し、その他の周辺事務のみを移譲する権限移譲ではない。
　　　　②　移譲されている事務は、市町が既に執行している事務と関係する事務である。
　　　　③　関連する事務がパッケージ（セット）になって移譲されており、市町の事務執行に効果的である。
　　(イ)　裁量の余地のない事務が移譲されていないか。
　　　　①　法定受託事務の場合、当該事務を移譲することの意義が検討されている。
　　　　②　法定受託事務の場合、国の処理基準と県の処理基準の整合性はとれている。
　　　　③　覊束行為、覊束裁量行為の場合、当該事務を移譲することの意義が検討されている。
　　(ウ)　単なる経由事務が移譲されていないか。
　　　　①　市町にメリットのない県の下請け事務となっていない。
　　　　②　市町を経由することが住民にとってかえって非効率となっていない。

3．県と市町の関係を踏まえた権限移譲になっているか。
　　(ア)　県と市町の役割分担を踏まえた権限移譲になっているか。
　　　　①　個別移譲であることにより、市町間のバランス・整合性を欠いた権限移譲になっていない。
　　　　②　個別移譲であることにより、県の事務が虫食い状態になっていない。
　　　　③　県条例に基づく事務（特に独自条例事務）の場合、そもそも権限移譲することは適当か。
　　　　④　移譲した事務に関する国の関与は知事を通じて行われるが、市町の事務執行にとってどのような意義や効果を有するか検討されている。
　　　　⑤　移譲された事務に関する市町の条例・規則は、適切な内容になっている。
　　　　⑥　移譲された事務に関して県が要綱等を定めている場合、市町においても要綱等を定めている。
　　　　⑦　市町でも要綱等を定めている場合、単に県の要綱等をコピーした内容になっていない。
　　(イ)　財源措置や人的支援は担保されているか。
　　　　①　財源措置の範囲や基準は、市町の事務実施を充足するものとなっている。
　　　　②　移譲するにあたって、人的支援（職員派遣、情報・ノウハウ継承）は十分である。

第 4 章　事務処理特例制度と権限移譲

1　当初調査結果

　当初調査の段階では、調査に対する回答のうち上記調査内容の①②③④⑥について、調査結果を整理する。

　まず、①権限移譲に関する県と市町との事務手続については、権限移譲を行う事務について、事前に県と市町で協議を行い、協議が整った段階で、正式に文書で協議を行い、権限移譲について異議がなければ、市町が事務処理を行うことについての「確認書」を県に提出する。また、市町に対しては、事務処理が適切に行えるよう研修会の開催やマニュアルの作成等の支援措置を講じている。②権限移譲に関する県内部の事務手続については、確認書が市町から提出された後、条例改正の議案を議会に提出する。③権限移譲に関する事務の選定基準は、「香川県権限移譲推進方針」（2009年3月策定）において、(1)市町を同等に考え、市までの法定移譲予定事務は、原則として町への条例移譲推進事務とする。(2)関連事務が法定移譲事務や移譲済の条例移譲事務であるものについては、条例移譲推進事務とする。(3)既に県内の一部市町へ移譲済の事務については、他の市町に対して条例移譲推進事務とする。(4)その他の事務については、次の3つのポイントを考慮して条例移譲推進事務とする。ⅰ）住民の利便性の向上につながる事務であること、ⅱ）地域の実情に即した事務であること、ⅲ）市町行政体制の充実につながる事務であること。

2　移譲事務の状況

　ここでは、移譲されている事務を規定する法令の行政分野、移譲されている市町、移譲されている事務の1市町当たり年間処理件数等について整理する。

(1)　移譲事務の行政分野（**表1参照**）　移譲されている事務を規定する法令を行政分野ごとに整理すると、総務系5（1地方自治法等）、衛生系13（6理容業衛生措置条例等）、生活系3（3家庭用品質表示法等）、環境系4（25鳥獣保護法等）、福祉系6（29福祉のまちづくり条例等）、医療系3（36医療法等）、商工系3（39商工会議所法等）、農林系2（42農地法等）、土木系11（44国有財産法等）、教育系1（55市町村立学校職員給与負担法）、計51法令である。衛生系および土木系の事務が多い。

81

第1部　自治制度の現在

図表4-1　移譲事務の行政分野

(2)　移譲市町と行政分野（表1参照）　すべての市町に移譲されている事務を規定する法令を行政分野ごとに整理すると、総務系2（2電子認証手数料条例等）、衛生系2（7墓地埋葬法等）、生活系1（23液化石油ガス法）、環境系1（25鳥獣保護法）、土木系2（44国有財産法等）、教育系（55市町村立学校職員給与負担法）、計9法令である。中核市である高松市にのみ移譲されている事務を規定する法令を行政分野ごとに整理すると、衛生系11（6理容業衛生措置条例等）、環境系2（26生活環境保全条例等）、福祉系3（29福祉のまちづくり条例等）、医療系3（36医療法等）、農林系1（42農地法）、土木系1（53租税特別措置法）、計21法令である。衛生系の事務が多い。

図表4-2　移譲市町と行政分野

(3)　年間処理件数（表4参照）　移譲されている事務の1市町当たりの年間処理件数[7]（以下「年間処理件数」という）については、次のとおりである。

　移譲されている全51法令の事務のうち、30法令（1地方自治法等）の事務が5件以下であり、うち18法令（5統計調査条例等）の事務が0件である。すべての市町に移譲されている9法令（2電子認証手数料条例等）の事務のうち、5法令（5統計調査条例等）の事務が5件以下であり、うち4法令（5統計調査条例等）の事務が0件である。高松市以外の市町にも移譲されている30法令（1地方自

7）　年間処理件数は、自治振興課から提供された各法令の条項ごとの処理件数（2009年度）を法令ごとに合計したものを表4の年間処理件数に集計している。本稿では、年間処理件数の多少の基準は、年間10件（月1回程度の処理件数）があれば多いと位置づけ、5件以下（2月に1回未満の処理件数）であれば少ないと位置づけている。

治法等）の事務のうち、21法令（1地方自治法等）の事務が5件以下であり、うち9法令（5統計調査条例等）の事務5が0件である。高松市にのみ移譲されている21法令（6理容業衛生措置条例等）の事務のうち、9法令（6理容業衛生措置条例等）の事務が0件である。

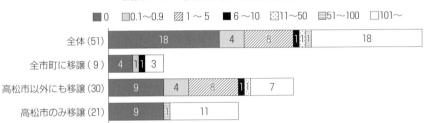

図表4-3 移譲市町と年間処理件数

年間処理件数の多い事務を規定する法令を行政分野ごとに整理すると、総務系1（2電子認証手数料条例）、衛生系5（14ふぐ処理条例等）、環境系4（25鳥獣保護法等）、福祉系3（29福祉のまちづくり条例等）、医療系2（36医療法等）、農林系1（42農地法）、土木系4（46港湾管理条例等）、計20法令である。1,000件以上の事務は、28浄化槽法の事務4,413件、38薬事法の事務2,850件、18動物愛護管理条例の事務2,451件、46港湾管理条例の事務1,340.3件、42農地法の事務1,267件である。

すべての市町に移譲されている事務で年間処理件数の多い事務を規定する法令は、総務系1（2電子認証手数料条例）、衛生系1（18動物愛護管理条例）、環境系1（25鳥獣保護法）、計3法令である。高松市のみに移譲されている事務で年間処理件数の多い事務を規定する法令は、衛生系4（14ふぐ処理条例等）、環境系2（26生活環境保全条例等）、福祉系3（29福祉のまちづくり条例等）、医療系2（36医療法等）、農林系1（42農地法）、計12法令である。

第 1 部　自治制度の現在

図表 4 - 4　年間処理件数の多い事務と移譲市町

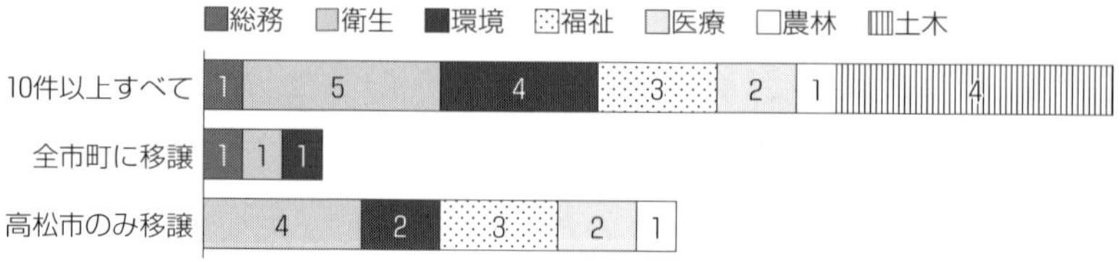

（4）　独自条例での移譲　　香川県の独自条例に基づく事務で移譲されているものは、7 条例の事務があり、うちすべての市町に移譲されているものが 1 事務（5 統計調査条例）、高松市のみに移譲されているものが 5 事務（14 ふぐ処理条例等）、4 市町に移譲されているものが 1 事務（30 福祉のまちづくり条例）である。

3　当初調査段階での検討

　当初調査結果を踏まえたうえで、香川県における事務処理特例制度の現状に関して次のようなことがいえる。

（1）　市町の規模等と権限移譲の関係　　Ⅱ 2 (2)（図表 4 - 2）からわかるように、高松市にのみ移譲されている事務は、保健所業務に関わる衛生系の事務が大半であり、環境系や医療系の事務等も中核市の法定権限と関係ある事務が移譲されており（表 3 参照）、高松市は、中核市の法定権限との関係で事務処理特例制度による権限移譲が進んでいるといえる。

　香川県内の市町は、平成の大合併では、1999 年 3 月 31 日時点で 5 市 38 町であったものが、2012 年 1 月 4 日時点で 8 市 9 町となり、全国でも合併が進んだ県である。[8] 一般的に、合併による市町村の減少率と権限移譲された事務に係る法律の数に相関性が見られ、合併が進んでいる都道府県ほど市町村への権限移譲が進んでいるといわれる[9]が、香川県内の市町に関しては、少なくとも現時点

8）　減少率 60.5％で減少率順 10 位である（「都道府県別合併の進捗状況」総務省 http://www.soumu. go.jp/gapei/gapei.html）。

9）　前掲注 3）資料、「市町村に対する事務権限の移譲状況など」（総務省 http://www.soumu. go.jp/main_content/000020464.pdf）。

において市町村合併と権限移譲の進展関係はない（**表1**参照）。市（高松市を除く）および町での権限移譲の多少については、市（高松市を除く）の平均は17.6法令、町の平均は12.4法令であるが、個別にみれば、必ずしも市が多く、町が少ないというわけでもない。また、権限移譲が進んでいる事務は、市および町ともほぼ共通であり、市だから権限移譲が進み、町だから進まないということではないのではないか。[10]

Ⅱ2(3)（**図表4-3**）からわかるように、年間処理件数5件以下の法令の事務が6割（30/51）を占めており、すべての市町に移譲されている法令の事務でも、半分以上（5/9）が5件以下である。つまり、権限移譲の進展と処理件数の多少は必ずしも整合性はなく、逆にいえば処理件数の多い事務が移譲されているとは限らない。[11]ただし、18動物愛護管理条例や25鳥獣保護法の事務は、すべての市町に移譲され件数も多いが、前者は、狂犬病予防法の犬の登録事務が市町村長の権限である（4条）ことから、同条例に基づき犬の飼養の標識交付事務を移譲するものであり、後者は、鳥獣による生活環境や農業への被害が増えていることから、同法の捕獲等の許可権限等（9条等）を移譲するものであり、いずれも住民の利便性や市町のニーズがある事務であると考えられる（**表3**参照）。

高松市以外の市町にも移譲されている法令の事務では、年間処理件数5件以下の法令の事務が7割（21/30）を占めている。高松市に移譲されている法令の事務は、前述のとおり中核市の法定権限との関係で移譲されており、処理件数の多少とは関係ない。

年間処理件数10件以上の法令の事務のうち、すべての市町に移譲されている法令の事務は3法令しかない一方、高松市のみに移譲されている法令の事務が6割（衛生系4/5、環境系2/4、福祉系3/3、医療系2/2、農林系1/1、計12/20）を占めており、前述のとおり中核市の法定権限と関係ある法令の事務が移譲されていることが、件数の多さの要因と考えられる。

---

10) ただし、小規模自治体の場合、職員数や事務量の関係で受けにくいということはありうる（「Ⅳ　市町に対する調査」参照）。

11) 市町に対する調査を行う前は、処理件数が少ないゆえ市町が受けているとの見方もしていたが、調査によって処理件数が少ないことによる課題が浮かび上がってきた。

第 1 部　自治制度の現在

　以上のことを整理すると、①県から市町への権限移譲の進展状況は、特定の
ニーズがあるもの等を別にして、中核市を除いては市町の区分と関係ない、②
特定のものを除いて年間処理件数が少ないものが多い、③高松市のように中核
市の法定権限との関係で権限移譲が進むことはあっても、それ以外の理由は必
ずしも関係性が見出せない、といえる。

(2)　県の認識　　当初調査では、権限移譲の定量的状況だけでなく、権限移譲
　　　　　　　　に当たっての課題を整理したもの（別紙権限移譲の課題チェッ
ク項目）を担当課にチェックしてもらうことにより、都道府県と市町村との関
係を踏まえた権限移譲になっているか調査した。

　Ⅱ 2(3)のとおり、移譲されている事務のうち 6 割（30/51）の事務が年間処理
件数 5 件以下であるにもかかわらず、チェックリストでの回答は 3 割～ 4 割程
度（チェックリスト：1(ア)①「年に数回しか執行されないような事務は移譲されていな
い。」に NO（チェック項目を未充足）と回答した事務15、△（どちらともいえない）と
回答した事務 5）であり、年間処理件数の実態と県の担当課の認識に乖離があ
り、県の担当課が市町での処理の実態を把握していないともいえる[12]。

　それ以外のチェック項目については、YES（チェック項目を充足）とする回答
が多いが、移譲されて事務に関する市町の条例や要綱の有無および適否（同：
3(ア)⑤～⑦）については、把握していないとの回答が 2 割前後、財源措置および
人的支援（同：3(イ)①②）については、どちらともえいないとの回答が 2 割
強あった。市町へ移譲した後の執行方法等について把握していない実態も少な
からずあるといえる。

Ⅲ　香川県に対する補足調査

　当初調査結果を受けて、権限移譲に関する実績（表 4 参照）、権限移譲に関す
る課題等について、補足調査を行った。

---

12)　表 4 の年間処理件数のチェックリスト欄が網掛けになっている事務は、年間処理件数 5 件以下
　　であるにもかかわらず、「年に数回しか執行されないような事務は移譲されていない。」という
　　チェック項目について、YES（チェック項目を充足）（12回答）または△（どちらともいえない。）
　　（4回答）と回答している事務である。

第4章　事務処理特例制度と権限移譲

1　権限移譲に関する実績

　各事務の権限移譲の課題チェックリストのチェック項目「1（ア）①年に数回しか執行されないような事務は移譲されていない。」に YES（チェック項目を充足）または△（どちらともいえない）と回答された事務のうち、年間処理件数が少ないもの（1市町平均年間処理件数5件以下）について、YES または△と回答した理由、年間処理件数が少ない理由およびそのことの評価について質問をした。

　このうち、6理容業衛生措置条例、7墓地埋葬法、8公衆浴場措置基準条例、9美容業衛生措置条例、10旅館業施設措置基準条例および20興行場衛生基準条例については、1市町平均年間処理件数5件以下であるにもかかわらず、当初調査で「年に数回しか執行されないような事務は移譲されていない。」にYES と回答したことは誤りであると訂正された。以下、年間処理件数が少ないことについての特徴的なコメントである。

　22電気用品安全法については、「国が示す毎年の重点項目によっては、立入検査対象が増加することが考えられ」「市内に大型販売店が少なく」「市への権限移譲が進み、人員の配置など体制が整備されれば、処理件数は今後増加すると考える」との回答であった。

　24水道法については、「権限移譲された水道法で規定されている内容は、改善の指示、給水停止命令や報告書の徴収や立入検査等、施設の管理について不適事項があった場合の事務であるため、簡易専用水道が適切に管理されていれば処理件数は少なく、またそうあるべきであるが、年により増加する可能性は否定できない」としたうえで、「簡易専用水道が概ね適切に管理されているため」「年間処理件数は少ない方が望ましい」との回答であった。

2　権限移譲に関する課題

　補足調査では、各事務の権限移譲の課題チェックリストについて、次の点を回答してもらった。

　チェック項目のうち NO（チェック項目を未充足）または△（どちらともいえない）と回答した理由と当該事務の権限移譲についての全体的評価（①権限移譲に適切な事務である、②権限移譲に適切な事務でない、③どちらともいえない）を回答

87

第1部　自治制度の現在

してもらった。当該事務の権限移譲についての全体的評価については、「③どちらともいえない」は5事務あったが、その他は「①権限移譲に適切な事務である」との回答であった。

　個別の事務について特徴的なコメントをあげると次のとおりである。

　22電気用品安全法により移譲されている事務は、電気用品事業者の報告徴収・立入検査、電気用品の提出命令等の事務であるが、消費者保護の観点から家庭用品品質表示法および消費生活用製品安全法に基づく立入検査等の事務も併せて移譲しているとする。そして、一定の裁量があるため実態に即した裁量を行うことができるとする。

　23液化石油ガス法により移譲されている事務は、液化石油ガス販売事業者への供給設備の修理等命令・立入検査等、液化石油ガス設備工事の届出の事務であるが、移譲することのメリットが次のようにあるとする。市町村が消防法に基づく同様の届出に係る現地確認行為を既に実施しているため、ノウハウがある。県（液化石油ガス法の届出）と消防署（消防法の届出）に提出していたものを消防法の届出と併せて、消防署へ届けることとなった。消防法に基づく届出の受理は技術基準がないため、行政指導にとどまっていたが、権限を移譲することによって法令に基づく技術基準により指導できることとなった。

　28浄化槽法により移譲されている事務は、浄化槽設置等の届出受理・経由・勧告、水質検査の報告受理・指導・勧告・措置命令、浄化槽管理者の報告書受理・浄化槽廃止届出受理、保守点検等の助言・命令、報告徴収・立入検査であるが、移譲することのメリットが次のようにあるとする。浄化槽清掃業の許可に関する事務は、市町長が許可権限を有しており、浄化槽の清掃に係る助言、指導等または浄化槽清掃業者に係る事務所等への立入検査等の権限を移譲することにより、一体的な行政が推進できる。浄化槽設置に係る補助金の交付事務との窓口の一本化を図ることができ、市町にとってメリットが大きい。

　48租税特別措置法により移譲されている事務は、短期土地譲渡益重課の適用除外の優良宅地認定（開発許可不要の1,000㎡以上のもの）、長期土地譲渡所得課税特例の優良宅地認定（開発許可を要しない場合）であるが、1,000㎡以上の宅地造成に係る優良宅地認定制度の適用は、年間数件程度の市町もあるが、1,000㎡未満については従前から市町が権限を持っており、すべての事務を

88

市町が実施することになっているとする。また、開発許可事務と同時に移譲しており、市町における包括的な審査体制の整備と審査時間の短縮が図れるとする（49・50都市計画法の事務）。

3　補足調査を受けての検討

　年間処理件数が少ない法令（30法令）の事務は、①当該事務の件数は少ないが、関連事務がある場合、②件数が少ない方が望ましい事務である場合[13]、③①②に該当しない場合に整理できる[14]。①に該当すると思われる法令の事務は15事務（②にも該当は3事務）、②に該当すると思われる法令の事務は4事務（①にも該当は3事務）、③に該当すると思われる法令の事務は14事務である。そうすると、①または②に該当する16事務は、効率的な事務執行に資するため移譲する理由はあるといえるが、そうでない事務14事務（51事務の3割弱）は、効率的な事務執行の観点からは疑問であるといえる。

　前者の例としては、3家庭用品品質表示法、4消費生活用製品安全法および22電気用品安全法の事務は、年間処理件数が少ないが、消費者保護行政の観点から関連する事務として移譲している。また、48租税特別措置法の事務は、移譲された事務（開発許可不要の1,000m^{2}以上の優良宅地認定等）自体は年間処理件数が少ないが、既に市町が権限を有している事務（1,000m^{2}未満の優良宅地認定、49・50都市計画法の事務（開発行為の許可等））との関係から移譲している（Ⅲ2参照）。

　後者の例としては、6理容業衛生措置条例、7墓地埋葬法、8公衆浴場措置基準条例、9美容業衛生措置条例、10旅館業施設措置基準条例および20興行場衛生基準条例等、衛生関係の法令の事務に多く、移譲市町も保健所を設置している高松市ゆえに移譲されているといえる。

　年間処理件数が多い法令（20法令）の事務には、特定のニーズがある法令の事務（18動物愛護管理条例、25鳥獣保護法）や市町で実施した方が望ましい事務（2電子認証手数料条例、46港湾管理条例、49・50都市計画法）もあるが、その他の

13）　ただし、件数が少ない方が望ましいことが権限移譲の積極的理由とはならず、別途積極的理由が必要である。

14）　県の回答を踏まえて、筆者が分類したものである。

第1部　自治制度の現在

多くは高松市のみに移譲されている法令（12法令）の事務であり、中核市の法定権限との関係から移譲されている。なお、28浄化槽法の事務は、同法上市町村の権限となっている事務（浄化槽法清掃業の許可）等と併せて実施することができ、市町村の総合的な行政運営に資するため移譲する理由はあるが、善通寺市にのみ移譲されている。

　26生活環境保全条例の事務は、移譲対象事務のうち日平均排水量10㎥以上の水質特定事業場への排水規制は香川県が2012年から独自に設定したもので、要はうんど店の排水規制であり、香川県ならではの規制であり、長年懸案となっていた問題を審議会や関係者との議論を経て制定したものである。しかし、このような県の独自条例による事務を事務処理特例制度の対象とすることは適切であるのであろうか。補足調査では、この点について質問をした。

【質問】
「独自条例の事務を移譲することの適否」について、「法律に基づく水質規制事務は中核市である高松市に移譲しており、本条例とあわせて総合的な事務ができる。」との回答であるが、質問の趣旨は、県の独自条例により県自らが事務を創設したということは、県としての必要性があると考えて創設したわけであり、その事務を事務処理特例で市に移譲することの是非を問うものである。環境関係の法定権限を有する中核市である高松市としても、同様の事務を実施した方がよいと同市が考えるならば、同市の条例でもって規定するのが都道府県と市町村との関係からすると適切ではないか。
【回答】
　水質汚濁防止法（以下、法という。）上、法定権限の有無にかかわらず、地域の実情に応じて、いわゆる横出しの条例を制定することは、全ての地方公共団体において可能である。
　香川県は、河川は流量が少なく、海域は閉鎖性海域である瀬戸内海に面しており、汚濁されやすい状況にあること、県全体の汚濁負荷量の約3分の1を小規模特定事業場・未規制事業場が占めることなどから、水質の保全を図るため、こうした事業場からの汚濁負荷の軽減を図る必要性があると判断し、汚濁負荷量の高い水を排出する事業場に対して、条例による規制を行ったところである。その際、河川・海域の状況は県下同一であること、規制すべき事業場は県内に点在していることから、県全体を規制地域としたものである。

---

15)　同条例の改正を審議した香川県環境審議会には、高松市の担当職員がオブザーバーで出席していた。

第 4 章　事務処理特例制度と権限移譲

　当該規制事務について、高松市域においては、法の権限を行使している市が実施した方が効果的かつ効率的であるため、市と協議のうえ権限移譲をしている。

　なお、権限移譲の協議において、高松市から独自の規制を実施したいとの希望はなかったが、高松市に限らず、今後、市町から独自の規制を行いたいとの希望があれば、県条例の規制の趣旨を踏まえつつ、市町と協議・検討し、擦り合わせを行いたい。

　事務処理特例制度の対象となる「知事の権限に属する事務」（自治252条の17の2第1項）とは、法律または政令上都道府県知事の権限に属する事務および市町村を包括する広域の地方公共団体としての当該都道府県の事務で都道府県知事の権限に属する事務をいうが[16]、「市町村が処理することとされた事務について規定する法令、条例又は規則中都道府県に関する規定は、当該事務の範囲内において、当該市町村に関する規定として当該市町村に適用がある」（252条の17の3第1項）との規定から都道府県の条例によって知事の権限に属する事務も対象となっていると考えられているが、その場合、事務処理特例制度により市町村が事務を処理することとすることができるのは、都道府県の条例等による事務の一部について対象とする場合又は当該都道府県の区域内の市町村の一部に限って市町村が処理することとする場合が想定されている[17]。

　地方分権一括法による改正により廃止された統制条例は、「都道府県は、市町村の行政事務の処理に関し、法令の特別の定めがあるものを除く外、条例で必要な規定を設けることができる。」（同改正前の自治14条3項）とされていたが、その趣旨は、住民の権利義務に関する権力的作用である以上、同一事項について市町村ごとに取扱いが区々になることは、社会経済、交通等の発達により国民の生活関係の基礎が現実の市町村の区域を超えた極めて広い範囲に及んでおり適当でないことから、都道府県単位において統一を図る必要があるとされたものである。ただし、この場合でも、統制条例の形式としては、市町村の行政事務条例のよるべき基準を規定する形式に止まるべきと考えられており、直接、都道府県条例において市町村の行政事務処理の条例と同様の内容の規定を設けることは本来の趣旨ではないと解されていた[18]。

16）　松本英昭『新版　逐条地方自治法〔第7次改訂版〕』（学陽書房・2013年）1264頁。
17）　同。

第1部　自治制度の現在

　県の独自条例により県自らが事務を創設したということは、県としての必要性があると考えて創設したわけであり、その事務を事務処理特例制度で市に移譲することの是非である。県担当課の回答にあるように、「河川・海域の状況は県下同一であること、規制すべき事業場は県内に点在していることから、県全体を規制地域としたものである」とするならば、それはやはり原則県が実施するべきである。一方、環境関係の法定権限を有する中核市である高松市としても、同様の事務を実施した方がよいと同市が考えるならば、同市の条例でもって規定するのが都道府県と市町村との関係からすると適切なのではないか。そうすると、事務処理特例制度による権限移譲では、県条例が適用されるため、市が条例を制定するとしても、県条例で規定している以外の事項についてしか規定することができず、実質統制条例的な意味合いを持ってしまう[19]。そこで、都道府県自らが創設した事務について、市町村自らの判断でもって自らが実施することが望ましい場合は、都道府県は、同条例に当該市町村の区域への適用除外を規定することによって、当該市町村が自らの条例でもって実施することができるよう対応することが望ましい[20]。

IV　市町に対する調査

　市町に対する調査は、各市町が権限移譲されている各法令の事務について、①権限移譲を受けた理由、②事務処理のメリット、③事務処理の課題、④権限移譲に関する全般的な認識と課題、⑤県と市町の関係のあり方について、3市町に対して個別にアンケートおよびヒアリング調査を実施した[21]。

---

18)　同188頁。長野士郎『逐条地方自治法〔第9次改訂新版〕』（学陽書房・1979年）124頁。

19)　事務処理特例制度の条例で事務の範囲を定める際に、国の法律だけでなく、それと並べて都道府県条例も根拠法としてあげる方法をわざわざ用いて、本来であれば適用のない都道府県条例も適用できるようにする例が多いことが問題とされている（村上順＝白藤博行＝人見剛編『別冊法学セミナー no. 211　新基本法コンメンタール地方自治法』（日本評論社・2011年）456頁〔市橋克哉〕）が、それ以上に独自条例をそのまま適用する形での事務処理特例制度の運用はより問題であろう。

20)　澤俊晴『都道府県条例と市町村条例』（慈学社出版・2007年）108頁は、都道府県の自主条例によって創設した補完事務の色合いの濃い事務は、事務処理特例制度によるのではなく、市町村条例によるべきとする。

92

第4章　事務処理特例制度と権限移譲

1　調査対象市町

　調査対象市町は、丸亀市（人口113,618人、面積111.79km²[22]）、三豊市（人口69,801人、面積222.66km²）、琴平町（人口9,887人、面積8.46km²）である。丸亀市は、人口は高松市に次いで県内2番目で財政力指数[23]0.7、三豊市は、人口は県内3番目で財政力指数0.49、琴平町は、人口は8市9町のうち17番目で財政力指数0.40である。権限移譲の状況は、丸亀市は23法令の事務、三豊市は14法令の事務、琴平町は11法令の事務について、それぞれ移譲されている。以上のことから、人口10万人以上の市で一定の財政力があり、権限移譲の多い市（丸亀市）、中規模市で財政力が高くなく、権限移譲の少ない市（三豊市）、小規模町で財政力が高くなく、権限移譲の少ない町（琴平町）という位置付けで選定した。

2　調査結果

　以下、特徴的な回答について整理する。

　①権限移譲を受けた理由として、「鳥獣による農林水産業および生活環境に係る被害が増加しているなかで、被害を最小にとどめるためには、市町による迅速な対応および事務処理が必要であるため」（25鳥獣保護法、丸亀市）、「事務処理期間の短縮と窓口での具体的指導が可能となるため」（49都市計画法、同）、「市の定めた都市計画施設内への許可に関することであるため、市で管理した方がその他の施策等に対して有効と考えたため」（51都市計画法、同）などの回答が寄せられている。

　②事務処理のメリットとして、「墓地に対する意識が風俗、習慣等によることが大きいため、地域の状況を把握している市の方が事務を合理的に行える」（7墓地埋葬法、丸亀市）、「狂犬病予防注射済票を交付する際に、併せて飼い主へ交付しているため、狂犬病予防注射を接種している犬の飼い主には効率的に交付することができる」（18動物愛護管理条例、同）、「法令に基づく技術基準に

---

21)　2014年7月に各市町の総務部局を通じて、担当課に調査を行った。

22)　2013年3月31日現在の住民基本台帳人口および2013年10月1日現在の国土地理院『平成25年全国都道府県市区町村別面積調』による（以下同じ）。

23)　2010～2012年度の平均（以下同じ）。

93

第1部　自治制度の現在

より統一的に指導ができる」(23液化石油ガス法、丸亀市、三豊市)、「事務処理を
することによって、危険物等の設置場所が容易に把握できる」(同、琴平町)、
「捕獲許可に関しては、申請箇所、状況を確認でき、被害、事故に対して迅速
に処理できる」(25鳥獣保護法、同)、「周辺の市管理地等との調整が行いやすい
ので、事務の迅速化につながる」(49都市計画法、丸亀市)、「申請がなされると
同時に状況が把握できる。庁内関係課への連絡もスムーズにすすむ」(51都市計
画法、同)などの回答が寄せられている。

　③事務処理の課題として、「調査時に専門的な知識が要求されるため、県に
おいて特定の専門知識を有するものが一律に調査を実施することにより、調査
内容の均衡性、および調査レベルの統一性が図れる。また、県内全域の対象店
舗を掌握可能であるため、問題発生時にも一斉周知対応が可能である」(3家
庭用品品質表示法、4消費生活用製品安全法、22電気用品安全法、丸亀市)、「墓地埋
葬法に関することは、特殊で件数が少なく、専門的な知識を有する職員が不足
している」(7墓地埋葬法、三豊市)、「年間処理件数が0件であり、県事務とし
たほうがより公衆衛生に寄与できる」(同、琴平町)、「専門的な知識が必要なた
め、ノウハウが不足している」(23液化石油ガス法、三豊市)、「県下9消防本部
の事務処理方法が統一できていない」(同、琴平町)、「職員数が少なく他の事務
を多く持ちながら処理できているのは、件数が少なく、新規申請がないためで
あるが、今後ますます人数が減る一方で、処理件数が増えてくると対応が難し
い。また現在、件数が少ないため、単なる報告処理だけにとどまり、ノウハウ
不足が懸念される」(24水道法、丸亀市)、「実際の処理件数が無く、実務に対す
る知識・経験の蓄積がないこと」(31戦傷病者特別援護法、同)、「認可、承認、
検査事務にあたり、専門知識を有する職員の配置が必要になる」(40商工会法、
三豊市)、「県管理部分が広いのに市が事務を行っている。県から市への事務手
数料が安価であるため、市の負担が大きくなっている」(46港湾管理条例、丸亀
市)、「対象者は、小型船舶所持者に限られるので、効率性と利便性のメリット
が感じられない。事務処理のための現場の調整、使用料の徴収、苦情の受付・
処理等に多大な時間と手間を要する」(同、三豊市)などの回答が寄せられてい
る。[24]

　④権限移譲に関する全般的な認識と課題については、「移譲により事務の実

第4章　事務処理特例制度と権限移譲

質化・効率化や手続きの簡素化が図られているものがある一方で、移譲の正当化根拠に関する検討が不十分なまま、たとえば「多くの市が移譲を受けるから」といった形式的な理由で権限移譲された事務も多い。そのため、後者については、実際に事務をこなしても、市にとってのメリット、住民にとってのメリットを見出しづらい状況にある。上記の根本的な問題に加え、事務に関する人的、財政的支援や、分かりやすいマニュアルの提示等の技術的支援、いずれについても不足していると思われる」（丸亀市）、「専門知識が必要で、年間処理件数の少ない事務は、引き続き県で実施するべきである。処理件数が少なくても、執行体制は整えておく必要があるため非効率的である。直接市民サービスにつながる事務は、市町に移譲して行うのが望ましいが、経験不足等のフォローアップ体制などを確実に行ってもらう必要がある」（三豊市）、「地域住民にとって身近な町が事務を行うことによって利便性を感じることができる事務については積極的に権限移譲を受け入れることが重要と考える。しかしながら、このような事務の中にも専門性や知識、経験が必要とされている事務や職員の配置に影響するような事務もあり、これまで職員数をかなり削減し、すでに複数の事務を一人で担当している場合がほとんどとなっている現状を踏まえると、安易に権限移譲を受け入れることが果たして住民にとって費用対効果の観点からもよいことなのか事務一つひとつに対して検討する必要があると考えている」（琴平町）との回答が寄せられている。

　⑤県と市町の関係のあり方については、「「住民により近い」というマジックワードで、様々な権限が市町に移譲され続ければ、ますます県の存在意義が希薄になる。道州制についても議論されるなか、県とはどういう存在であるべきかというところから議論しなければならない。現状で、県の事務負担が減っているならば、分権改革の意義を損なわない限りで、市町への出向者を増やした

---

24)　同条例の事務のうち港湾施設の使用に関する措置命令・搬出撤去命令は移譲対象外となっており、その理由について、当初調査での県担当課の回答は「行政処分行為であり、1つの行政庁による統一的な取扱いが必要であるため。」とあるため、補足調査での「そうであるならばその他の権限も行政行為であり、統一的な取扱いが必要になるのではないか。何ゆえに、措置命令・搬出撤去命令だけ移譲の対象外なのか。」との質問に対して、「措置命令・搬出撤去命令は、不利益処分（利用者に対し義務を課し、または権利を制限するもの）であり、特に統一的な取扱いが必要であるため。」との回答であった。県の市町に対する認識・姿勢が垣間見える。

95

第1部　自治制度の現在

り、困難事案について県が積極的に関与するということがあってしかるべきと考える」(丸亀市)、「香川県は他の都道府県と違い、面積が非常に狭く約1時間程度あれば県庁を訪れることができ、他の都道府県と比較すると住民の行政手続きへの負担はそれほど大きいものではないと考える。しかし、同じ地方公共団体である県と市町の役割は異なっており、市町の役割として住民の利便性を最大限考慮する必要がある。また、それぞれの事務において現行の事務を行う上で権限を持っておくことが町にとって有効であると判断できる場合は積極的に権限移譲を推進するべきと考える。権限移譲を受ける側としては、事務一つひとつについて丁寧な説明と事務処理に係る十分な財源の交付がなければ、現実的には進まないと考える」(琴平町)との回答が寄せられている。

3　市町の認識

市町への調査で浮かび上がってきたことは、次のような点であろうか。

個別の権限移譲について受けた理由およびメリットは、鳥獣保護法の事務のように迅速な事務処理が可能になる点、動物愛護管理条例の事務のように市の事務と併せて実施できる点、都市計画法の事務のように市の事務との調整等がしやすい点などがあげられている。一方、墓地埋葬法の事務のように地域の状況を把握している市が行うことのメリットがあげられている反面、処理件数が少なく専門知識の不足等の課題もあげられている。調査対象のいずれの市町も年間処理件数は0件であり、課題で指摘されていることの方が実態に即した認識であろう。

個別の権限移譲にしての課題は、家庭用品品質表示法等の事務のように調査の統一性等の観点から県が一律に実施した方が適切であること、港湾管理条例の事務のように財政や事務の負担が大きいこと、その他共通して専門的知識・ノウハウの不足があげられている。

権限移譲に関する全般的な認識と課題については、権限移譲を正当化する根拠の検討が不十分であること、そのため市や住民にとってのメリットが見出しづらいこと、県のサポートの不十分さ、処理件数の少ない事務をすることの非効率さなどがあげられている。県と市町の関係のあり方については、県の存在意義の議論の必要性、県と市町との役割分担のあり方、県の事務負担が減少す

ることによる市町支援のあり方などがあげられている。

4　県と市町との認識の比較

　県への調査と市町への調査を踏まえて、それぞれの認識について対比すると、次のような特徴的な点が浮かび上がってくる。

　電気用品安全法の事務のように処理件数が少ない事務を移譲していることについて、県は、販売店が増加すれば処理件数は今後増加する、また消費者保護の観点から家庭用品品質表示法および消費生活用製品安全法の事務も併せて移譲しているので、裁量により実態に即した対応ができると考えているのに対して、市は、調査の統一性等の観点から県が一律に実施した方が適切であるとの考えており、水道法の事務についても、県は、処理件数が少ない方が望ましい事務であると考えているのに対して、市は、処理件数が少ないゆえにノウハウが蓄積されず、逆に処理件数が増加すると人員の面からも対応が困難になると考えているなど、そもそもの当該事務の執行のあり方に対する見方や立ち位置が異なっている。

　一方、液化石油ガス法の事務のように、法令に基づく技術基準により統一的に指導ができる点は県市とも認識を共有しているが、県は、消防事務を行っている市町にノウハウがあると考えているのに対して、市町は、専門的な知識が必要でノウハウが不足している、県内の消防本部の事務処理方法が統一できていないと考えており、県のサポートやフォローが十分でないような一面が感じられる。

　そして、権限移譲に対する基本的考え方として、県は市町を区別せず、関連事務が移譲されている場合や一部の市町に移譲されている事務については、権限移譲するという前提に立っている（Ⅱ1）が、市町からするとそのような形式的な理由によって移譲されても、市町および住民にとってメリットは見出しづらいとする。むしろ、県の方針の選定基準のその他の要素こそ優先されるべき基準であろう。ここに、権限移譲に関する県と市町の基本的考え方の乖離がある。[26]

---

25)　ⅰ）住民の利便性の向上につながる事務であること、ⅱ）地域の実情に即した事務であること、ⅲ）市町行政体制の充実につながる事務であること。

第1部　自治制度の現在

V　おわりに——権限移譲からみた都道府県と市町村の関係

　事務処理特例制度による権限移譲に関する一連の調査を踏まえて、「市町村」という概念および姿、第1次分権改革後の都道府県と市町村の関係は変わったのであろうか、地方自治法の規定の変遷からみていく。

1　地方自治法2条の変遷

　地方自治法2条は、「市町村は、基礎的な地方公共団体として、第五項において都道府県が処理するものとされているものを除き、一般的に、前項の事務を処理するものとする。」（3項）、「市町村は、前項の規定にかかわらず、次項に規定する事務のうち、その規模又は性質において一般の市町村が処理することが適当でないと認められるものについては、当該市町村の規模及び能力に応じて、これを処理することができる。」（4項）、「都道府県は、市町村を包括す

---

26)　生沼裕＝板垣雅幸「都道府県・市町村間における権限移譲の現状と課題—屋外広告物事務を例に」地域政策研究9巻1号（2006年）32頁は、都道府県と市町村へのアンケート調査を基に分析をしたうえで、都道府県から市町村への財政措置が不十分である点について、実態に即した財政措置をしなければ、規制の実効性が向上しても、かえって市町村に負担増を強いることになり、権限移譲の受入れに対する市町村の意欲低下を招くこと、都道府県の事務量を前提に市町村への権限移譲を行えば、市町村の事務執行に支障が生じる可能性があり、都道府県から市町村への責任転嫁と受け取られかねないため、まず都道府県が事務執行の適正化を確保したうえで移譲すべきとする。「八王子市における「より良い事務権限の移譲」とは—事務権限の効果的な活用に向けて」（八王子市都市政策研究所・2010年）21、24頁は、移譲される事務権限の適否を考えるうえで、市町村の側には移譲される事務の詳細が明らかになっていないことの問題点を指摘し、市町村は移譲事務について情報が少ないなかで実施体制を整備することになるとする。小林裕彦「条例による事務処理特例制度の改善の方向性」地方自治789号（2013年）4頁は、移譲事務の範囲、方法、交付金の算定方法について、都道府県側に第一次的判断権があるため、都道府県と市町村が対等な関係に立っていないことから、市町村からは本当に必要な事務の移譲が受けられないとか、都道府県にとって行政需要がさほどないあまり重要でない事務が押し付けられているなどの不満が生じているとする。長野県泰阜村長松島貞治「小規模町村の自立と都道府県の役割」ガバナンス2009年10月号33頁は、有害鳥獣駆除の権限を例に、猪や鹿は市町村で許可できるが、熊になると自然保護団体との協議もあり、最終的には県ということになるとの実態を述べたうえで、「権限移譲できないこともある現実を見ていると、県に権限があるから自立できていない、県に権限があるから自治体の自己決定権が奪われている、ということでなく、市町村の実情を理解して、一緒になって考えてくれて結論が導き出されればいいのである」と述べている。

98

る広域の地方公共団体として、第二項の事務で、広域にわたるもの、市町村に関する連絡調整に関するもの及びその規模又は性質において一般の市町村が処理することが適当でないと認められるものを処理するものとする。」（5項）と規定している。3項および4項で市町村優先の原則、4項および5項で補完性の原理を示している[27]。

　これらの規定は、地方分権一括法による改正前も同様の規定があったが、5項（改正前6項）の規定が大きく変わっている。改正前の6項は、「都道府県は、市町村を包括する広域の地方公共団体として、<u>第三項に例示されているような</u>第二項の事務で、<u>概ね次のような</u>広域にわたるもの、<u>統一的な処理を必要とするもの</u>、市町村に関する連絡調整に関するもの及び<u>一般の市町村が処理することが不適当であると認められる適度の規模のもの</u>を処理するものとする。」と規定したうえで、4号の例示事務を列挙していた。これを受けて、改正前の4項但書（現4項）は、「但し、第六項第四号に掲げる事務については、<u>その規模及び能力に応じて</u>、これを処理することができる。」と規定していた（<u>　　　</u>が変更箇所）。そして、改正前の6項4号は、「高等学校、盲学校、ろう学校、養護学校、研究所、試験場、図書館、博物館、体育館、美術館、……に関する事務等で一般の市町村が処理することが不適当であると認められる程度の規模の事務に関すること。」と規定していた。

　これらの規定は、1956年の改正で規定されたものであるが、地方自治法の制定によって都道府県が不完全自治体から市町村と同様に完全自治体になった結果、制度上はその地位、権能になんら区別がない一方、都道府県と市町村の地位、権能における実態の差は明らかであるにもかかわらず、相互間の対立的競争的な意識が醸成せられ、地方自治運営に混乱、競合を生ずる傾向さえ認められるようになったため、都道府県と市町村との権能を地方自治法上も明らかに区別するために規定された[28]。そして、都道府県と市町村とはそれぞれの権能と責任の発揮に努めるべく、「都道府県は都道府県らしく、市町村は市町村らし

27）「地方自治法の一部を改正する法律」（平成23年法律第35号）による改正前は、現4項の規定が3項ただし書きに「ただし、第5項に規定する事務のうち、その規模又は性質において……」と規定されていたが、同改正により独立して4項として規定された。

28）　長野・前掲注18）15頁。

第1部　自治制度の現在

く」あるため、自治運営の一層の合理化と能率化の反省を怠ってはならないとされていた[29]。

そして、6項4号に例示する事務は、通常は都道府県の任務とされるべきものについても[30]、規模によっては一般の市町村の事務であるとされるのであって、このことは本来市町村の事務として処理することを妨げないが、この種の事務は一般的に一市町村の行政上の需要を充足するために個々の市町村が実施するにしては非能率不経済であって、処理に耐えないものが多いため、都道府県が処理するものとするに過ぎない、いわゆる補完事務と称せられるものであり、市町村の規模および能力に応じて市町村において処理しうるものと解されていた[31]。これらの事務は、市町村によって財政的にも、技術的にも十分に処理しうる能力がある場合には自ら処理することを妨げるものではないが、自らの必要のみの立場からのみならず、他の市町村との関係においても十分に配慮する必要があるとされていた[32]。

地方分権一括法による改正前のこれらの規定のポイントは、都道府県の事務として「統一的な処理を必要とするもの」という区分があったこと、都道府県の事務が例示されていたことである。これらの事務が補完事務の例示として妥当であるかは、状況が異なるので一概にいえないが、公の施設や福祉事務に関しては、必ずしも補完事務とはいえないものもあろう。また、改正前は補完事務を「一般の市町村が処理することが不適当であると認められる程度の規模のもの」と規定していたのに対して、改正後は「規模又は性質において一般の市町村が処理することが適当でないと認められるもの」と規定され、事務の規模だけでなく、事務の性質からも一般の市町村が処理することが適当であるか否かを判断する規定になっている。

この意味は、事務の規模が大きいため、これを処理するのに大きな財政力を

---

29)　同16頁。そして、都道府県が市町村の自治に当然に委ねるべき直接住民を対象とする事務事業に功名を争っているような事実はないか、市町村がその能力を超えた事務事業の遂行に狂奔して非能率と疲弊の憂き目をみているようなことはないか、各々の任務の特性を発揮して、相携えて地方自治行政の総合的機能の発揮に努力したいものであるとしている。

30)　同41頁。

31)　同43頁。

32)　同48頁。

必要とし、一般の市町村の負担に耐えられないもの、事務の性質からして高度な技術力や専門的な能力を必要とするため、一般の市町村ではそのような技術・能力を有するスタッフを確保して当該事務を一市町村の区域内において処理することが困難であると思われるもの、対象が散在していることなどから市町村ごとに処理するのは甚だしく非効率的であると思われるものなどとされている。現在の３項および４項の規定は、地方分権一括法による改正前の４項の規定とほぼ同様の規定振りではあるが、都道府県が担任する事務の規定の改正と併せてみた場合、市町村優先の原則が一層明確にされたとみることができるとする。それは、「統一的な処理を必要とするもの」（改正前６項）が削除されたこと、「市町村は……その規模又は性質において一般の市町村が処理することが適当でないと認められるもの……を処理することができる」（現４項）に改正されたこと、このことは、地方分権一括法による改正前は「通常は都道府県の任務とされるべきもの」と理解されていたのに対して、改正後は「本来は市町村が処理する事務」であることが前提となっているとも解し得るとされる。

　以上の解釈を前提にするならば、地方分権一括法による改正前の地方自治法は、自治体の事務はまずは都道府県に振り分けて、補完事務もまずは一般の市町村が処理することが不適当な事務として都道府県が処理することを前提に、市町村の規模・能力に応じて処理することができるとし、都道府県と市町村の位置づけおよび権限を区分し、事務配分の観点ではむしろ都道府県優先になっていたといえる。「都道府県は都道府県らしく、市町村は市町村らしく」あらなければならず、市町村は、財政的・技術的能力がないにもかかわらず、むやみに事務処理の手を広げることは抑制されるべきとされていたのである。そして、一般の市町村が処理することが不適当な事務の判断は、事務の規模つまり大きさから判断することとされていた。

　対して、地方分権一括法による改正後の地方自治法は、事務配分の観点でも市町村優先とされ、補完事務も本来は市町村が処理する事務であるとしたうえ

33）　松本・前掲注16）43頁。このような事務であっても、市町村優先の原則を踏まえれば本来は市町村が処理することが考えられるものであり、市町村の発展や合併による規模および能力の拡充によって、市町村が処理することとすることが望ましいとされるケースも少なくないとする（同）。
34）　同40頁。

第1部　自治制度の現在

で、一般の市町村が処理することが適当でない事務の判断は、事務の規模（大きさ）だけでなく、性質つまり専門性からも判断することとされたが、改正前も財政力および技術的能力の差も加味されていたことからすれば、市町村が処理することが適当な事務の判断基準は、実質的には変わっていないといえる。そうすると、都道府県と市町村の事務の判断基準は統一的事務の区分を除いて変わらないまま、事務配分は都道府県優先から市町村優先に変わったことになる。

2　第1次分権改革後の市町村の概念、都道府県と市町村の関係

　以上のとおり、地方自治法2条は、地方分権一括法による改正により都道府県と市町村の事務処理に関する規定が改正されたが、改正後も「市町村は、……一般的に……処理するものとする」（改正前4項本文、現3項）、「一般の市町村」（改正前6項柱書・4号、現4項・5項）という文言はそのまま使われている。ここでいう「一般の市町村」とは、どういう市町村であるのか、またあるべき姿があるのであろうか。それは、事務配分や規模・能力の観点から考えるのであろうか。そのうえで、「市町村は、……一般的に……処理するものとする」とは、「一般の市町村」というあるべき姿を前提に、「一般的に」事務処理を義務付けるものであろうか。そして、「一般の市町村」が処理することが適当でないと「認められる」基準としての都道府県の事務の「規模又は性質」（4項、5項）とは、前述のような解釈であったとしても、誰が判断するのであろうか[35]。以上のことを踏まえたうえで、第1次分権改革後の「市町村」概念、都道府県と市町村の関係は、変わったといえるのであろうか。

　第1次分権改革当時、成田頼明は、都道府県と市町村の関係について、市町村そのものが多様化し、規模・能力等の格差が著しく増大しているなかで、市町村にこれまでのように一律・画一的にワンセットの事務を義務的に割り当てること自体の当否がまず問題になると指摘している。中小都市や町村は、府県の補完行政や府県への委託によらなければならない場合も生じている一方、その反面として府県の機能も多様化し、大都市を抱えている府県とそうでない府

---

35)　白藤・前掲注2）254頁は、規模だけでなく性質が加えられた点については、事務配分基準の不明確化のおそれがないとはいえないとする。

102

県とでは、伝統的な広域的・補完的・調整的機能の必要性や中身も大きく変化しており、都道府県が新たな今日的な意味でのそれらの機能を果たすとすれば、それはどのような市町村に対してどのような内容なものとすべきなのかの再検討が必要であるが、それは地方自治法に定める必要はなく、各地方にまかせればよいとする。そして、住民の身近な事務といってもはっきりしておらず、市町村への事務移譲を考えるうえで、一般の市町村にとって権限がなくて困っている事項は何かを探し出すことが最も手っ取り早いとし、「まちづくり」と「福祉サービス」は原則として市町村に移譲すべきとする。[37]

　第1次分権改革時の地方分権推進委員会第2次勧告（1997年7月8日）では、「第5章　都道府県と市町村の新しい関係」において、次のように述べている。「都道府県と市町村は、現行の自治制度上、いずれも住民の福祉を増進するために事務を処理する地方公共団体としては、基本的には相互に対等の立場にあるものである。しかしながら、都道府県において、都道府県単位で事務処理の統一性を図る観点から、都道府県条例による市町村の行政事務に関する必要な規定の設定や、市町村の事務の処理に関する基準や水準の維持等に関する事務が行えることとされており、さらに、機関委任事務制度の下では、都道府県が国の機関として市町村に対する許認可や指導監督を行うことが多かった。その結果、従来は、都道府県が市町村に対して一般的に優越的な地位にあり、市町村の事務に関与したり市町村を指導したりすることが当然であるかのような様相を呈してきた」「このような状況を踏まえ、新しい都道府県と市町村の関係は、それぞれの性格に応じた相互の役割分担を明確にし、都道府県と市町村が上下の関係にあるものではないことに特に留意しながら、対等・協力の関係として新たに構築していくこととする。その場合、都道府県は「市町村を包括する広域の地方公共団体」として、一定の性質を有する事務を処理し、市町村は「基礎的な地方公共団体」として、都道府県が処理するものとされているものを除き、一般的に事務を処理するという役割分担は、対等・協力の関係を基本

---

36)　成田頼明『地方分権への道程』（良書普及会・1997年）29頁（初出1995年）。同69頁は、今の分権論のなかで欠けているのは、基礎的自治体とは何かであり、それは少なくともどういう仕事をするのかという議論であると指摘している。

37)　同49〜51頁。

103

第 1 部　自治制度の現在

とする新しい関係においても、基本的には妥当なものと考えられる」。

　佐藤俊一は、この第 2 次勧告および地方自治法で示された都道府県の 3 つの役割は、同勧告で「「市町村を包括する広域の地方公共団体として、都道府県が、広域の観点、事務を効果的かつ効率的に処理する規模及び能力を有する行政主体としての観点、市町村に関する連絡調整の観点から行うこととされる関与」については、都道府県が自治事務として行う関与とする」とする市町村の自治事務に対する都道府県の自治事務としての関与論拠を転用したものに過ぎず、また同勧告において「都道府県は「市町村を包括する広域の地方公共団体」として、一定の性質を有する事務を処理」するとしたものの、かかる事務とは何かを提示しなかったことは、都道府県に固有な事務があるという点については疑義があることを含意しているにもかかわらず、都道府県の 3 つの役割を規定したことは、都道府県には市町村と異なる固有な事務があり、その限りで市町村にして一定の優位・上位性を有することを前提にしているとする[38]。

　辻山幸宣は、都道府県の対市町村関係における本来的な仕事は補完にあるとしたうえで、いかなる事務を「市町村が処理することが適当でない」（5 項）ことになるのかが明らかにされないまま「補完性の原則」が高らかに言われ続けてきたのではないかとする。「この事務は市町村で処理する意味が薄い、市町村で処理するにはコストがかかり過ぎる、などの表明があって、それならばと都道府県が処理することになるのであろうか。どうもしっくりこない。その理由のひとつは、市町村はどんな理由でも事務を処理しないとすることができるのかということ。もうひとつは、市町村が手離した事務はすべて都道府県が補完しなければならないかということである」「だが、いかんせん、補完する県の側が「強すぎて」市町村は容易に事務を放棄できないという事情がある。そのようなことがあって、都道府県は市町村行政の補完機能を果たしていないのではないかと疑いをもつ[39]。「地方自治が市町村優先で行われることを是とする根拠を探すならばそれは「住民の自己決定」にとって好都合だからということである」「市町村優先とはそうした「自己決定」を保障する原則であるに違

---

38)　佐藤俊一「都道府県と市町村の新たな性格・役割・関係」月刊自治研41巻476号（1999年）78〜79頁。

39)　辻山幸宣「問われる都道府県の役割―都道府県とはなにか」自治体学研究83号（2001年）17頁。

いない。それが、「事務」のシェア問題のように転化したのではないか。都道府県行政と市町村行政の分離論は絶対的なものではなく、競合によって損なわれる行政効果の総量によって判断すべきだと考えることはできないか」[40]。

　渋谷秀樹は、地方分権一括法による改正による都道府県と市町村の事務処理に関する規定改正について、「都道府県と市町村の存在を前提として、非常に抽象的な役割分担の基準がそのまま維持された」としたうえで、「現在の地方公共団体は、特定の事務ではなく、一般的包括的な事務を処理する団体として想定されているが、このようなとらえ方自体を再考する余地があるかもしれない。府県制がとかく制度改革のたびに議論の対象となるのは、市町村も府県も総合行政主体でありながら、現実の制度上は、事務によって事務配分がなされたり、また機能分担がなされたり、それが混在することが、逆に府県制の存在価値への疑問を招いている側面がある。大事なのは一般的包括的な事務処理を行う地方公共団体が存在することではなく、個々具体的な公共的事務の処理にとって適正規模であるかということである」[41]。

　事務処理特例制度の調査を通じて、事務処理の統一性等[42]の観点からは、都道府県が処理することが望ましい事務や人員や専門性等の執行体制の観点から市町村が処理することが困難な事務が移譲され、また都道府県のサポートやフォローも十分でないこと、権限移譲が住民の利便性や地域の実情、市町村の行政体制の充実の観点から考えられているとは必ずしもいえないことが明らかになった。一方、地方分権一括法による地方自治法の改正は、都道府県と市町村の事務の判断基準は抽象的かつ曖昧なまま変わらない一方、事務配分の考え方は都道府県優先から市町村優先に変わったが、第1次分権改革後、平成の大合併が進展したことによりむしろ市町村間の格差が拡大し、またその姿も多様化

---

40)　同18頁。同「分権時代の都道府県・市町村関係」自治体学研究80号（2000年）26頁は、「「市町村優先の原則」が打ち出されて以来、それが地方自治の原則の一つになってきた観がある。だが、優先されるべきは何かということが明確にされないまま市町村の処理事務とされては、市町村の負担が増えるばかりだ」とする。

41)　渋谷秀樹「都道府県と市町村の関係―二層制の憲法原理的考察」公法研究62号（2000年）219頁。

42)　ここでいう「統一性」とは、市町村ごとにばらばらで事務を処理することが適切または効率的であるかという意味で使用する。

第1部　自治制度の現在

している現状で、あるべき市町村の姿を描くこと自体、困難であろう。

　そうすると、「一般の市町村」という概念自体、実体的に定義のできないものであり、市町村は都道府県が処理する以外の事務を「一般的に」処理するといっても、都道府県の固有事務が明確でないうえ、都道府県も多様化しあるいは空洞化している状況のなか、市町村が「一般的に」処理する事務を導き出すことはできようがないのではないか。市町村が住民に身近な基礎自治体であることと、ある事務が市町村で実施されることの必要性や有意性は別であるにもかかわらず、そのことの分別なく、あるべき姿のない「一般の市町村」という概念とよくわからない都道府県の優位性のもと、都道府県と市町村の関係は第1次分権改革前と変わっていないのではないだろうか。

第5章　狭域の自治

阿部　昌樹

I　地域自治区制度の非普及

いわゆる合併関連三法、すなわち、地方自治法の一部を改正する法律、市町村の合併の特例に関する法律の一部を改正する法律、および市町村の合併の特例等に関する法律が成立し、一般制度としての地域自治区、合併特例制度としての地域自治区、および合併特例区が法制度として創設されたのは、2004年5月19日のことであった。[1]それより5年前の1999年に行われた市町村の合併の特例に関する法律の一部改正によって、地域審議会の制度が創設されており、このいわゆる合併関連三法によって創設された3つの制度と合わせて、合併に伴って消滅する市町村の区域において、そこに暮らす人々の意向を集約し、それを踏まえて自治を実践していくための4つの法的な仕組みが出揃ったことになる。それとともに、一般制度としての地域自治区は、合併とは無関係に、いずれの市区町村においても設けることができるものとされており、市区町村の区域よりも狭い区域における自治の仕組みとして、広く活用されることが想定されていた。

それから、すでに10年以上が経過した。市町村の合併の特例に関する法律は、2005年3月末で失効し、その後は、市町村の合併の特例等に関する法律に

---

1)　厳密には、このときの地方自治法改正によって、すべての市区町村が設置可能な地域自治区の制度に加えて、政令指定都市がその行政区に設置可能な区地域協議会の制度、および、行政区に区地域協議会を設置した政令指定都市が、一部の行政区にのみ設置可能な地域自治区の制度も、あわせて創設されているが、本稿においては、それらのすべてを一般制度としての地域自治区と総称する。なお、いわゆる合併関連三法の解説として、杉本達治＝吉川浩民＝岡本誠司「合併関連三法（合併新法、改正現行合併特例法、改正地方自治法）について（上）・（中）・（下）」地方自治680号15～63頁、681号14～87頁、682号18～29頁（2004年）。

107

第1部　自治制度の現在

図表5-1　狭域の自治制度の運用状況

	地域審議会		合併特例区		地域自治区 （合併特例制度）		地域自治区 （一般制度）	
	設置自 治体数	地域審 議会数	設置自 治体数	合併特 例区数	設置自 治体数	地域自 治区数	設置自 治体数	地域自 治区数
2006年7月1日	216	780	6	14	38	101	15	91
2007年10月1日	217	775	6	16	38	104	17	123
2010年4月1日	216	780	6	15	35	112	16	117
2011年4月1日	205	752	3	6	32	76	17	154
2012年4月1日	199	736	2	4	31	66	16	146
2013年4月1日	195	718	2	4	30	65	17	156
2014年4月1日	177	645	2	3	30	65	15	145
2015年4月1日	89	288	0	0	25	52	15	146
2016年4月1日	40	110	0	0	12	26	15	148
2017年4月1日	37	100	0	0	12	26	14	141

出所：総務省ウェブサイト（http://www.soumu.go.jp/）掲載データを基に筆者作成

　基づいて市町村合併が推進されたが、その市町村の合併の特例等に関する法律
も2010年3月末で失効し、それをもって、いわゆる平成の大合併[2]は終結した。
1999年3月末には3,255あった市区町村が、2010年3月末には1,750に減少し
た。市町村の合併の特例等に関する法律が2010年3月末に失効することを踏ま
えて、同法の改正法案として立案され、同年3月26日に成立した市町村の合併
の特例に関する法律が、現時点においても効力を有しているが、新たな市町村
合併は、散発的現象にとどまっている。
　この間の法定された狭域の自治の仕組みの利用状況は、**図表5-1**に示した
とおりである。地域審議会と合併特例制度としての地域自治区の設置総数は
2010年をピークとして、合併特例区の設置総数は2007年をピークとして、それ
以降はいずれも減少を続けている。そして、合併特例区は、2015年3月22日
に、宮崎市の清武町合併特例区が地域自治区に移行するとともに、熊本市の城

2）　いわゆる平成の大合併について論じた書籍や論文は多数存在するが、今井照『「平成の大合併」
　の政治学』（公人社・2008年）が、本稿で取り上げる地域自治区制度に関しても、かなりの紙数を
　費やして検討を加えている。

南町合併特例区と植木町合併特例区が終了したことにより、現時点では皆無となっている。これに対して、一般制度としての地域自治区の設置総数は、2011年以降は、ほぼ横ばいの状態が続いている。

　合併に際して期間を定めて設置されるものとされている地域審議会、合併特例区、および合併特例制度としての地域自治区に関しては、平成の大合併期に合併に際して設置されたものが所定の年限を経て廃止される一方で、新たな合併の減少に伴って新設事例が減少していることを踏まえるならば、設置市町村数が減少し続けているのは、当然のことである。また、きわめて多くの市町村がひとつにまとまる大規模な合併が行われ、その結果として誕生した新市が、消滅した市町村のそれぞれの区域に地域審議会等を設置しない限りは、設置市町村数の減少は必然的に設置総数の減少を帰結するはずであり、それゆえ、設置総数の減少もまた、平成の大合併が終結したことに伴う自然の成り行きである。

　これに対して、一般制度としての地域自治区の利用が低水準にとどまっていることは、平成の大合併の終結の結果としては説明不能である。この制度は、いずれの市区町村も利用することができるものであり、合併件数が減少しても、合併とは無関係にこの制度を利用する市区町村が増え続けるならば、設置市区町村数も設置総数も、増加し続けるはずであるからである。

　ところが実際には、これまでに一般制度としての地域自治区を設置した市町は、いずれも平成の大合併期に合併を経験しており、合併を契機として設置がなされている。合併を経ることなしに地域自治区を設置した市区町村は、皆無なのである。しかも、香取市のように、合併に際して期間を定めずに一般制度としての地域自治区を設置したにもかかわらず、設置後数年で廃止する市も現れている。[3]

　地域自治区に置かれる地域協議会の委員を、それぞれの地域自治区の区域内に住所を有する25歳以上の住民を対象として公募し、応募者が定数を超えた場

3）　ただし、香取市の地域自治区は、佐原市、山田町、栗源町、小見川町が合併して香取市となる際に作成された合併協定書の内容を踏まえて設置されたものであり、「香取市地域自治区の設置に関する条例」には設置期限に関する規定は置かれなかったものの、合併協定書には、設置後5年を目安として評価を行い、必要な見直しを行う旨が記載されていた。

第1部　自治制度の現在

合には、その地域自治区の区域内に住所を有する有権者による選任投票を実施
し、その結果を踏まえて市長が選任するという、いわゆる公募公選制を実施し
た上越市や、市民税の均等割分への超過課税として徴収する「地域コミュニ
ティ税」を基金として積み立て、それを原資とする「地域コミュニティ活動交
付金」を、それぞれの地域自治区の区域内において住民が自発的に組織し、そ
の地域自治区の地域協議会の承認を得た「地域まちづくり推進委員会」に、
「まちづくり事業」のための費用として交付するという仕組みを設けた宮崎市
のように、地域自治区制度を積極的に活用している市が存在することは確かで
ある。しかしながら、そうした事例は、ごく少数にとどまっているのである。

　この事実は、大多数の市区町村は、その区域内に狭域の自治の仕組みを設け
ることに、消極的であることを示しているように思われる。しかしながら、実
際には、必ずしもそうとは言い切れない。地方自治法上の地域自治区制度を利
用するのではなく、条例や要綱等によって独自の仕組みを創設することによっ
て、狭域の自治を保障していこうとする取り組みが、少なからざる数の市区町
村において試みられているからである。

　伊賀市の住民自治協議会や朝来市の地域自治協議会などがその例であるが、
同様の仕組みは、他の市区町村においても設けられている。地域活性化セン
ターが2010年11月に全国の市区町村を対象として実施した調査票調査によれ

----

4 ）　上越市の取り組みに関しては、石平春彦『都市内分権の動態と展望』（公人の友社・2010年）、
　　徳久恭子「都市内分権の現状とその課題」立命館法学333・334号（2010年）941、958〜967頁、池
　　田浩「上越市における地域協議会の実際と可能性」西村茂＝自治体問題研究所編『住民がつくる
　　地域自治組織・コミュニティ』（自治体研究社・2011年）47〜92頁、山崎仁朗＝宗野隆俊編『地域
　　自治の最前線』（ナカニシヤ出版・2013年）を参照。
5 ）　宮崎市の事例に関しては、徳久・前掲注 4 ）、967〜975頁、宮入興一「都市内分権化と地域自治
　　組織の新展開」愛知大学経済論集185号（2011年）23〜74頁、宮入興一「宮崎市の都市内分権化と
　　地域自治組織の新展開」西村＝自治体問題研究所編・前掲注 4 ）127〜160頁、栗本裕見「地域住
　　民による小規模社会サービスの供給へ」公共政策研究12号（2012年）74、77〜82頁を参照。なお、
　　2009年度から徴収されていた「地域コミュニティ税」は、2010年度末で廃止されたが、2011年度
　　以降も「地域コミュニティ活動交付金」は存続し、一般財源から支出されている。
6 ）　伊賀市の住民自治協議会に関しては、岩崎恭典「住民自治協議会の現状と課題」市政研究153号
　　（2006年）22〜31頁、直田春夫＝辻上浩司「伊賀市と名張市の地域自治システム」中川幾郎編『コ
　　ミュニティ再生のための地域自治のしくみと実践』（学芸出版社・2011年）93〜110頁を、朝来市
　　の地域自治協議会に関しては、相川康子「朝来市の分権型地域自治システム」同書111〜124頁を、
　　それぞれ参照。

第5章　狭域の自治

図表5‒2　住民自治の主体となっている組織（地域活性化センター調査）

〔設問〕貴市町村において、住民自治の主体となっている組織は次のうちどれに該当しますか（複数回答可）。

	度数	％
1．自治会や町内会、それらの連合会など従来からの地縁組織	1,106	96.3％
2．地方自治法または合併特例法による地域自治区の地域協議会や合併特例区の合併特例区協議会	23	2.0％
3．その他の住民自治組織（地域自治組織）	108	9.4％

出所：地域活性化センター・前掲注7）21頁の掲載のデータを基に筆者作成

ば、回答を寄せた1,149の市区町村のうち、「貴市町村において、住民自治の主体となっている組織は次のうちどれに該当しますか」という問いに、「地方自治法または合併特例法による地域自治区の協議会や合併特例区の合併特例区協議会」と回答したのは23市区町村にとどまっているのに対して、これらの国の法律を設立根拠としている組織でも、「自治会や町内会、それらの連合会のような従来からの地縁組織」でもない住民自治組織であると回答している市区町村が108ある（**図表5‒2**）。この調査結果から判断する限り、全国各地で活動している狭域の住民自治組織の大半は「自治会や町内会、それらの連合会のような従来からの地縁組織」であり、それと比較すると、それ以外の組織は未だ少数にとどまっているが、その少数のそれ以外の組織のうちでも、国の法律に根拠を有するものは、ごく一部にすぎないのである。

　日本都市センターが2013年11月から同年12月にかけて全国の市区を対象として実施した調査票調査の結果[8]も、同様の傾向を、しかも、より明瞭に示している。この調査においては、「地縁型住民自治組織」すなわち「自治会・町内会などの比較的狭い区域で住民に最も近い立場で住民相互の親睦や地域課題に取り組むために組織された任意の団体およびその連合会等」と、「協議会型住民

7）　地域活性化センター『「地域自治組織」の現状と課題』（地域活性化センター・2011年）。この報告書は、地域活性化センターのウェブサイトにおいて閲覧可能である（http://www.chiiki-dukuri-hyakka.or.jp/7_consult/kenkyu/docu/22_chiikijichi.pdf）。

8）　柳沢盛仁「都市自治体における地域コミュニティと関連施策の実態」日本都市センター『地域コミュニティと行政の新しい関係づくり』（日本都市センター・2014年）161～260頁。この報告書は、日本都市センターのウェブサイトにおいて閲覧可能である（http://www.toshi.or.jp/app-def/wp/wp-content/uploads/2014/05/report136.pdf）。

第1部　自治制度の現在

図表5‐3　協議会型住民自治組織の法的性格（日本都市センター調査）

〔設問〕協議会型住民自治組織の法的性格はどのようなものですか。平成25年4月1日現在の状況について、以下の選択肢の中からあてはまるものを全てお選びください。
　　　＊協議会型住民自治組織があると答えた市区のみを対象とした設問（N＝248）

	度数	％
1．地方自治法第202条の4で規定されている地域自治区の地域協議会	15	6.1%
2．合併特例法第23条で規定されている地域自治区の地域協議会	9	3.6%
3．合併特例法第26条で規定されている合併特例区の合併特例区協議会	2	0.8%
4．地方自治法第252条の20第6項で規定されている区地域協議会	1	0.4%
5．地方自治法第252条の20第8項で規定されている地域自治区の地域協議会	0	0.0%
6．条例に基づき、貴自治体で独自に規定している協議会型住民自治組織	39	15.7%
7．要綱に基づき、貴自治体で独自に規定している協議会型住民自治組織	71	28.6%
8．条例・要綱では定めていないが、総合計画等で位置づけられている協議会型住民自治組織	35	14.1%
9．条例・要綱では定めていないが、予算措置で位置づけられている協議会型住民自治組織	35	14.1%
10．特に文書により定められていない協議会型住民自治組織	63	25.4%
無回答	4	1.6%

出所：柳沢盛仁・前掲注8）228頁

自治組織」すなわち「地縁型住民自治組織、ボランティア団体、NPO、学校、PTA、企業等の多様な主体による、地域課題の解決のための組織」のそれぞれについて、各市区の区域におけるその存否や活動状況について尋ねている。このうち、「協議会型住民自治組織」の存否に関しては、回答した507市区のうちの48.9％にあたる248市区が「ある」と答えているが、その法的性格について尋ねた問いにおいて、地方自治法に基づいて設けられる地域自治区に置かれる地域協議会のような、国の法律に根拠を有するものであると答えた市区は、そのうちの1割程度にとどまっている（図表5‐3）。半数近い市区に、従来からの地縁型住民組織とは異なる狭域の自治の仕組みが存在しているにもかかわらず、そのほとんどは、国の法律に基づかないものなのである。

　これらの調査結果からは、市区町村は、必ずしも狭域の自治を保障することに不熱心なわけではなく、また、狭域の自治を保障するために、自治会等の従来からの地縁型住民組織とは異なる、新たなタイプの住民組織の設立やその活

動の広がりを推進している市区町村も少なくないが、しかし、大多数の市区町村は、地方自治法上の地域自治区制度のような国法上の制度を、魅力のあるものとは見なしていないことが窺われる。それではなぜ、地方自治法上の地域自治区制度は、市区町村にとって魅力のないものなのであろうか。その理由を知るためには、この国法上の制度と全国各地の市区町村が独自に創設している制度とを比較してみることが有益であろう。

Ⅱ　狭域の自治を担う住民組織の性格

　地方自治法の規定によれば、地域自治区に置かれる住民代表組織である地域協議会は、地域自治区の事務所が所掌する事務に関する事項、それ以外の、市町村が処理する地域自治区の区域に係る事務に関する事項、および、市町村の事務処理に当たっての地域自治区の区域内に住所を有する者との連携の強化に関する事項のうちで、市町村長その他の市町村の機関により諮問されたもの、または必要と認めるものについて、「審議し、市町村長その他の市町村の機関に意見を述べること」ができる機関であり（同法202条の7第1項）、その構成員は、地域自治区の区域内に住所を有する者のうちから、市町村長によって選任される（同法202条の5第2項）。地域自治区の区域内に住所を有する住民がその構成員となることができる地域協議会は、「審議し、市町村長その他の市町村の機関に意見を述べること」をその任務とする、市町村長の附属機関なのである。なお、言うまでもないことであるが、地域自治区に地域協議会を置くのは、地域自治区を設ける市町村である。そして、これらの地域自治区に関する規定は、特別区にも適用されるものとされている（同法283条1項）。

　これに対して、市区町村が条例や要綱等によって制度化している狭域の自治を担う住民組織には、住民が自発的に結成するものであり、住民の福祉を増進するために必要な諸活動に取り組むことを、その主たる任務としているものが多い。その典型が、朝来市の地域自治協議会である。同市が2009年に制定した自治基本条例によれば、地域自治協議会とは、「一定のまとまりのある地域内の市民」が、「その地域内」において設立する組織で、「地域の総意が反映され、民主的で透明性を持ち、地域内の誰もが希望に応じて運営に参加できるこ

113

第1部　自治制度の現在

と」と、「地域の課題を共有し、その解決に向けて地域自治協議会が取り組む
地域のまちづくり目標、活動方針等を定めた地域まちづくり計画を策定するこ
と」という2つの要件を満たしたものをいう（同条例15条）。そうした地域自治
協議会には、「安心して暮らせる住みよい地域を実現するため、互いに助け合
い、地域の課題を共有し、その解決に向けて自ら行動するよう努める」という
同条例が定めた市民の責務（同条例16条1項）を、市民が実際に果たしていくた
めの媒体ないしは拠点として機能していくことが期待されており、その自発的
な活動に対して、市は必要な支援を行うことができるものとされている（同条
例16条2項）。住民が自発的に結成する、地域の諸課題を解決するために必要な
諸活動に取り組む組織として、狭域の自治を担う住民組織である地域自治協議
会が位置づけられているのである[9]。

　同様の住民が自発的に形成する事業実施組織が、市長の諮問機関としての役
割をも担うという仕組みが、伊賀市の住民自治協議会制度である。この制度
は、同市が2004年に制定した自治基本条例によって創設されたものであるが、
同条例によれば、住民自治協議会とは、「共同体意識の形成が可能な一定の地
域において、そこに住むあらゆる人が自由に参加でき、地縁団体や目的別団体
などとともに、身近に地域の課題を話し合い、解決できるよう、地域住民によ
り自発的に設置された組織」のうちで、所定の要件を満たしたものをいう（同
条例24条）。そうした組織が結成されたことを、その代表者が市長に届け出る
と、市長は、その住民自治協議会を「市長の諮問機関及び市の重要事項に関す
る当該地域の同意・決定機関とする」（同条例25条2項）。まずは、住民が、「身
近に地域の課題を話し合い、解決」するための組織を自発的に結成し、その届
け出が市長に対してなされることによって、その同じ組織が、「市長の諮問機
関及び市の重要事項に関する当該地域の同意・決定機関」としての役割をも担
うことになるのである。同条例にはまた、住民自治協議会が行う「住民自治活
動」、すなわち、「共同体意識の形成が可能な一定の地域において、市民が地域
を取り巻く様々な課題に取り組み、市民が主役となったまちづくりを行う活
動」（同条例21条1項）に対して、市が「財政支援」を行う旨の規定もある（同

9）　相川・前掲注6）118～120頁。

条例27条1項2号)。住民自治協議会の本質は、地域が抱えている諸課題を解決するために必要な諸活動を行うために、住民が自発的に結成する団体であり、そうした団体に対して、市長の諮問機関としての役割が付与されるとともに、市からの財政支援がなされるということである。[10]

　伊賀市のこうした仕組みに関しては、住民が自発的に結成する民間の組織が、たとえ条例に規定された要件を満たしている場合に限ってではあれ、市長への届け出のみによって、市長の諮問機関となることに加えて、「市の重要事項に関する当該地域の同意・決定機関」ともなることの、法的観点から見た適切性に疑義を呈することは、十分に可能であろう。しかしながら、ここでは、その点については追求せず、朝来市においても伊賀市においても、狭域の自治を担う住民組織は、何よりもまず、住民が自発的に結成する、住民の福祉を増進するために必要な諸活動に取り組む組織として捉えられていることを確認しておきたい。

　このように、住民が自発的に結成する活動団体を、狭域の自治を担う住民組織として位置づける発想は、朝来市や伊賀市に特有のものではなく、狭域の自治の仕組みを制度化している多くの市区町村に共有されたものである。地域活性化センターの調査では、国の法律を設立根拠としている組織でも自治会やその連合会のような従来からの地縁組織でもない住民自治組織が、住民自治の主体となっていると回答した108の市区町村に、そうした住民自治組織を、どのような性格のものと認識しているかを、複数の選択肢を選ぶことを許容する形式で尋ねているが、**図表5-4**に示したとおり、最も多くの市区町村が選択しているのは、「今まで行政機関の行っていたサービスのうちの一部を行政に代わって行う組織」という選択肢であり、「これまで活動団体ごとに交付していた交付金・補助金を一本化し、その交付先となる組織」という選択肢がそれに次いでいる。これに対して、「住民の意見を集約する貴市町村の諮問機関」という選択肢を選んだ市区町村は、回答市区町村の21.3%にとどまっている。[11]

　複数の選択肢を選ぶことが許容されているため、「住民の意見を集約する貴市町村の諮問機関」という選択肢のみを選んだ市区町村は、21.3%よりも少な

---

10)　直田=辻上・前掲注6)96〜100頁。
11)　地域活性化センター・前掲注7)45〜46頁。

第1部　自治制度の現在

図表5‐4　地域自治組織の性格（地域活性化センター調査）

〔設問〕貴市町村では、地域自治組織をどのような組織として考えていますか（複数回答可）。
　　　＊地域自治組織があると答えた市区町村のみを対象とした設問（N＝108）

	度数	％
1．既存の地縁組織が統廃合され、規模が大きくなった地縁組織	15	13.9%
2．住民意見を集約する貴市町村の諮問機関	23	21.3%
3．今まで行政機関が行っていたサービスのうちの一部を行政に代わって行う組織	47	43.5%
4．これまで活動団体ごとに交付していた交付金・補助金を一本化し、その交付先となる組織	31	28.7%
5．その他	65	60.2%

出所：地域活性化センター・前掲注7）46頁の掲載のデータを基に筆者作成

　いはずである。このことは、国の法律に依拠することなく、条例や要綱等によって制度化されている狭域の自治を担う住民組織が、「審議し、市町村長その他の市町村の機関に意見を述べること」のみをその任務としている可能性は、きわめて低いということを意味している。そうした任務に加えて、あるいは、そうした任務を担うことなく、それ以外の任務の遂行に、かなりの労力や時間を傾注しているのが、それらの住民組織の実態なのである。そして、それ以外の任務の主たるものは、「今まで行政機関の行っていたサービスのうちの一部を行政に代わって行う」ことである。狭域の自治を担う住民組織を独自に制度化している市区町村の多くにおいては、その組織は、住民への公共サービスの提供という活動の担い手として位置づけられているのである。

　同様の傾向は、日本都市センターが実施した調査の結果からも読み取ることができる。この調査では、「協議会型住民自治組織」が設立された目的を、複数の選択肢を選ぶことを許容する形式で尋ねているが、図表5‐5に示したように、最も多くの市区が選択しているのは「身近な生活課題を地域住民自らが解決する活動を活発にするため」という選択肢である。この選択肢を選んだ市区のすべてにおいて、「協議会型住民自治組織」それ自体が、「身近な生活課題を地域住民自らが解決する活動」に取り組んでいるか否かは定かではない。「協議会型住民自治組織」が市区から一括交付金の交付を受け、それを、「身近な生活課題を地域住民自らが解決する活動」を実際に行っている諸団体に、そ

116

第5章　狭域の自治

図表5‑5　協議会型住民自治組織の設立目的（日本都市センター調査）

〔設問〕協議会型住民自治組織が設立された目的について、以下の選択肢からあてはまるものを全て
お選びください。
　　　＊協議会型住民自治組織があると答えた市区のみを対象とした設問（N＝248）

	度数	％
1．地縁型住民自治組織の活動を補完し、地域の活性化を図るため	143	57.7%
2．身近な生活課題を地域住民自らが解決する活動を活発にするため	199	80.2%
3．地域の多様な意見を集約し、市政に反映させるため	106	42.7%
4．市町村合併を契機として住民自治を回復する必要があったため	23	9.3%
5．地域住民等から地域活動を活発にしたいという要望があったため	30	12.1%
6．その他	20	8.1%
無回答	1	0.4%

出所：柳沢盛仁・前掲注8）230頁

　れぞれの団体の活動規模や活動内容に応じて分配しているようなケースも想定
される。しかしながら、そうしたケースにおいても、「身近な生活課題を地域
住民自らが解決する活動」が、種々の住民団体によって展開されていることは
確かであり、「協議会型住民自治組織」には、そうした住民主体の活動を活性
化させる役割を担うことが期待されているのである。

　これに対して、「地域の多様な意見を集約し、市政に反映させるため」とい
う選択肢を選んだ市区は半数に満たない。この選択肢のみを選択した市区は、
さらに少ないはずである。狭域の自治を担う住民組織を、もっぱら市区長やそ
の他の市区の執行機関の諮問機関として位置づけている市区は、少数にすぎな
いのである。しかも、日本都市センターの調査においては、地域自治区の地域
協議会のような国の法律に基づいて創設された組織も、条例や要綱等によって
独自に制度化されている組織とあわせて、「協議会型住民自治組織」として扱
われている。したがって、後者の類型の組織のみに対象を限定したならば、そ
れが市区長等の諮問機関的な役割のみを担う組織である市区の数は、さらに少
なくなるはずである。

　これらの調査結果を踏まえるならば、市区町村が条例や要綱等に基づいて狭
域の自治を担う住民組織を独自に制度化する場合、その住民組織に期待されて
いるのは、その組織自身が住民の福祉を増進するために必要な諸活動に取り組

第1部　自治制度の現在

むこととや、そうした活動に取り組んでいる他の住民団体のその活動を活性化させることであるのが通常であると言ってよいであろう[12]。したがって、地方自治法上の地域自治区に置かれる地域協議会が、「審議し、市町村長その他の市町村の機関に意見を述べること」のみを任務とする機関であるとしたならば、それは、多くの市区町村が思い描く狭域の自治を担う住民組織とは異質なものなのである。このことは、次の2つの事実からも確認することができる。

ひとつは、地方自治法上の地域自治区を設けている市町のなかには、そこに置かれる地域協議会とともに、住民の福祉を増進するために必要な諸活動に取り組む住民組織もあわせて制度化しているものが少なくないことである。宮崎市では、市が地域自治区を創設し、そのそれぞれに地域協議会を置く一方で、それぞれの地域自治区ごとに、「地域コミュニティ活動交付金」の交付を受けて活動する「地域まちづくり推進委員会」が、住民によって組織されていることは既述のとおりである。上越市でも、28の地域自治区のうち、2005年の合併によって上越市に編入された町村の区域に設置された13区においては、合併と前後して設立された住民組織が、市から委託を受けて公共サービスの提供等に取り組んでおり、合併前から上越市の区域であった地域に設置された15区では、町内会や商工会等で構成される地域振興会等が、同様の役割を担っている[13]。いずれの市においても、地方自治法上の地域協議会のみが狭域の自治を担う住民組織として存在しているわけではなく、住民への公共サービスの提供等の活動を担う、別の住民団体が併存しているのである。

もうひとつは、いったんは地方自治法上の地域自治区制度を採用しながら、

---

12)　例外として、名古屋市が要綱に基づいてモデル実施した「地域委員会」の仕組みを挙げることができる。すなわち、名古屋市が2009年12月からモデル地区において試行的に創設した「地域委員会」は、市の予算の一部の使途について市長に提案する権限を有する合議体であり、審議し、市長に意見具申することを、その任務とするものであった。名古屋市のこの試みに関しては、中田実「名古屋市『地域委員会』のモデル実施とその検証」西村＝自治体問題研究所編・前掲注4）205～240頁を参照。なお、中田のこの論考は、2009年12月から2011年3月にかけて実施した第1期のモデル実施を対象としたものであるが、名古屋市ではその後、この第1期のモデル実施の検証を経て、2012年7月から2014年3月にかけて、第2期のモデル実施を行っている。第1期と第2期とでは、「地域委員会」の委員の選任方法が異なっているが、「地域委員会」の果たすべき役割が、市の予算の一部の使途について市長に提案することである点に関しては、変更はない。

13)　池田・前掲注4）73～74頁。

118

それを廃止した香取市の、その後の経緯である。香取市では、地域自治区は、
「地域住民の意見を行政に反映させる機能」と「行政と住民との協働によるま
ちづくりを進める機能」の２つを担ってきたと総括したうえで、地域自治区を
廃止した後には、前者の「地域住民の意見を行政に反映させる機能」は「区
長・町内会長等会議の開催・充実」と「広報・広聴体制の充実・強化」を図る
ことにより、また、後者の「行政と住民との協働によるまちづくりを進める機
能」は、「まちづくり条例の制定」と「地域振興事業の継続」により、より充
実させていくという考え方を示し、それを実行に移している。[14]

　とりわけ興味深いのは、香取市まちづくり条例による「住民自治協議会」の
制度化である。同条例によれば、住民自治協議会とは、「共同体意識の形成が
可能な地域として規則で定める地域において、地域課題の解決に向けた活動を
行うため、活動主体の自由な参加が確保され自発的に組織された団体」のうち
で、その活動内容等が、同条例に規定された所定の要件を満たしているもので
あり、かつ、その申請により、住民自治協議会登録簿に登録されたものである
（同条例６条）。そして、市は、「市民協働によるまちづくりを推進するため、住
民自治協議会に対し、財政的な支援及びその他の必要な支援を行うよう努め
る」とともに（同条例10条）、「住民自治協議会からの相談に応じるとともに、
これに対する助言その他必要な業務を行う」ことをその職務とする「市民活動
支援センター」を、市の機関として設置する（同条例11条）。市によって設置さ
れた、審議し、市長に対して意見を述べることを主たる任務とする、地方自治
法上の地域協議会に替わって、住民が自発的に組織する、「地域福祉の推進」、
「地域防災の推進」、「地域環境の保全」、「地域教育の推進」、「郷土文化の振
興」、「地域産業の振興」を目的とした諸活動を行う団体（同条例６条１号）が、
狭域の自治を中核的に担う新たな住民組織として制度化されたのである。

　香取市は、この新たな住民組織に、「行政と住民との協働によるまちづくり
を進める機能」を期待しているわけであるが、「協働」という語に含意されて

---

14)　香取市『地域自治区制度の見直し資料』（香取市が、2011年１月に作成し、「地域自治区の設置
　　に関する条例を廃止する条例案」へのパブリック・コメントを募る際に、同市のウェブサイトで
　　公表した資料であり、現在でも同市のウェブサイトにおいて閲覧可能である（http://www.city.
　　katori.lg.jp/03government/public-comment/pdf/p015/01b.pdf））。

第1部　自治制度の現在

いるのは、住民組織が、市からの支援を受けつつ、住民への公共サービスの提供等の活動を行うことである。「協働」という語のこうした用法[15]は、名和田是彦が、狭域の自治を担う住民組織に法律や条例によって何らかの権利や権限等を付与する際の2つのやり方として、「参加型」の制度化と「協働型」の制度化とを区分する際の、「協働」という語の用法と一致する。名和田によれば、「参加」が「公共的意思決定」にかかわる概念であるのに対して、「協働」は「公共サービスの組織と提供」にかかわる概念である。したがって、狭域の自治を担う住民組織の「参加型」の制度化とは、その組織に、市区町村の意思決定に関与する資格を付与することを、「協働型」の制度化とは、その組織に、公共サービスを提供する権能を付与したうえで、その権能の遂行を、市区町村が、資金や助言の提供等をとおして支援することを意味する[16]。名和田のこうした用法に従うならば、香取市をはじめとする多くの市区町村は、狭域の自治を担う住民組織の「協働型」の制度化を、「参加型」の制度化よりも選好しており、それゆえに、国法上の制度に依拠することなく、独自の制度を設けていると言うことができそうである。

　しかしながら、そのように結論づける前に、地方自治法上の地域自治区制度は、狭域の自治を担う住民組織の「参加型」の制度化を企図したものであると言い切ることができるのかどうかを、確認しておくべきであろう。

Ⅲ　地域自治区制度の創設意図

　2004年の地方自治法改正による地域自治区制度の創設は、第27次地方制度調査会が、2003年11月13日に内閣総理大臣に提出した「今後の地方制度のあり方

---

15)　「協働」という語をどのような意味で用いるべきかに関しては、様々な見解があり、香取市まちづくり条例に含意されている用法は、あくまでもその1つにすぎない。「協働」という語のこうした使用に対して批判的な見解として、松下啓一『市民協働の考え方・つくり方』（萌書房・2009年）9～18頁を、「協働」という語を、どのような意味を有するものとして用いるべきかに関する議論状況の検討として、小田切康彦『行政−市民間協働の効用』（法律文化社・2014年）17～25頁を、それぞれ参照。

16)　名和田是彦「現代コミュニティ制度論の視角」同編『コミュニティの自治』（日本評論社・2009年）1、9～11頁。

に関する答申」において、「一般制度としての地域自治組織」を法制度として創設すべきであると提言したことを踏まえてのことであるが[17]、この提言は、箇所的には、答申中の「第１．基礎自治体のあり方」の「４．基礎自治体における住民自治充実や行政と住民との協働推進のための新しい仕組み」においてなされている。「基礎自治体における住民自治充実や行政と住民との協働推進のための新しい仕組み」として、「一般制度としての地域自治組織」の創設が提言されているのである。答申には、そうした提言の意図が、「基礎自治体内の一定の区域を単位とし、住民自治の強化や行政と住民との協働の推進などを目的とする組織として、地域自治組織を基礎自治体の判断によって設置できることとすべきである」と明言されている。

　それでは、この答申において、「住民自治」という語と「協働」という語は、どのような意味で用いられているのであろうか。いずれの語についても、それを定義するような記述は答申中には見受けられないが、「住民自治」に関しては、「地方分権改革が目指すべき分権型社会においては、地域において自己決定と自己責任の原則が実現されるという観点から、団体自治ばかりではなく、住民自治が重視されなければならない」という記述がある。この記述からは、住民が自ら決定し、その決定の結果に対して自ら責任を負うことが「住民自治」であるという認識を読み取ることができる。「住民自治」は、「決定」にかかわる概念として用いられていると考えてよいであろう。

　それに対して、「協働」に関しては、「地域においては、コミュニティ組織、NPO 等のさまざまな団体による活動が活発に展開されており、地方公共団体は、これらの動きと呼応して新しい協働の仕組みを構築することが求められている」という記述や、「地域における住民サービスを担うのは行政のみではないということが重要な視点であり、住民や、重要なパートナーとしてのコミュニティ組織、NPO その他民間セクターとも協働し、相互に連携して新しい公共空間を形成していくことを目指すべきである」という記述がある。これらの記述からは、地域社会においては、様々な団体によって、住民への公共サービスの提供をはじめとする、住民の福祉を増進するために必要な諸活動が展開さ

---

17)　地域自治区制度の創設に至る経緯に関しては、今井・前掲注２）112〜129頁および石平・前掲注４）28〜49頁をあわせて参照されたい。

第1部　自治制度の現在

れていることを踏まえて、それらの団体と市区町村の行政組織とが連携していくことが「協働」であるという認識が窺われる。「協働」は、香取市まちづくり条例においてそうであったのと同様に、公共サービスの提供をはじめとする「活動」にかかわる概念として用いられていると考えてよいであろう。「一般制度としての地域自治組織」は、狭域における「住民自治」すなわち住民の自己決定を保障するための仕組みとしてのみならず、そうした意味での「協働」を推進するための仕組みとしても提案されているのである。

　そしてさらに、答申においては、その「一般制度としての地域自治組織」に置かれる「地域協議会」にも、「協働」にかかわる役割が割り当てられている。すなわち、「地域協議会」は、「地域自治組織の区域に係る基礎自治体の事務に関し、基礎自治体の長その他の機関及び地域自治組織の長の諮問に応じて審議し、又は必要と認める事項につき、それらの機関に建議する」こととともに、「住民及び地域に根ざした諸団体等の主体的な参加を求めつつ、多様な意見の調整を行い、協働の活動の要となる」ことをもその役割とする機関として位置づけられているのである。

　こうした第27次地制調の答申を受けて、地方自治法の一部を改正する法律案が立案されたわけであるが、この法案においては、答申では「地域自治組織」という語で言及されていた狭域の自治の仕組みに、「地域自治区」という名称が与えられるとともに、その「地域自治区」に置かれる「地域協議会」は、「地域自治区の事務所が所掌する事務に関する事項」等のうちで、「市町村長その他の市町村の機関により諮問されたもの又は必要と認めるものについて、審議し、市町村長その他の市町村の機関に意見を述べることができる」機関として位置づけられていた。

　しかしながら、「地域協議会」は、諮問機関および意見具申機関としての役割を超えた役割を担う機関であることが、法案の国会審議において繰り返し強調されている。そして、その際にしばしば、「協働」という語が用いられている。例えば、2004年4月20日に開催された衆議院総務委員会における総務大臣政務官の答弁のなかで、「地域協議会は、住民に基盤を置く機関として、住民及び地域に根差した諸団体等の主体的な参加を求めつつ、多様な意見の調整を行って、協働活動の要となるもので、地域自治区の核となるものであること」

122

が確認されている。また、同年4月22日に開催された衆議院総務委員会では、政府参考人として出席した総務大臣官房総括審議官が、「地域自治区というものがどういうものかといいますと、その区域に関するさまざまなことを住民と行政が協働でやるとか、そういったことになっております」と述べている。同人は、同年4月27日に開催された衆議院総務委員会においても、「地域自治区というのは、基本的には、要するに市町村の中で住民との協働を強めていくための仕組みということです」という発言を行っている。そしてさらに、その同じ総務大臣官房総括審議官が、同年5月18日に開催された参議院総務委員会では、地域協議会の意見を市町村長や地域自治区の事務所長が無視した場合に、地域協議会としてはどのような対抗手段を採りうるのかという質問に対して、以下のように答弁している。

> 端的に申し上げて、地域自治区の協議会、地域協議会のメンバーの方たちは公選に基づく議員とは違うわけですね。市議会議員とはこれは違うという建前で制度的には選ばれるということでありまして、その地域の住民の方々のあらゆる意見を反映した形になるかどうかというよりも、むしろ特定のその地域における住民と協働するような仕事につきまして、住民の意見も聞きつつ、場合によっては住民の方に相当程度いろんなことをやっていただくと、NPOなどに代表されるわけですけれども、そういった方たちが構成メンバーになっておやりになるわけでありますけれども、御指摘のように、意見が異なる、最終的にですよ、ある事柄について協議会のメンバーの出した考え方と長が最終的に決断したことが違うということはあるかもしれませんけれども、対抗手段、つまり議会の議員を選んだ場合あるいは長を選んだ場合、リコールとかそういった制度はありますけれども、そういうものはないわけでございます。

この発言においては、地域協議会の役割として重要なのは、「審議し、市町村長その他の市町村の機関に意見を述べること」よりもむしろ、地域において市区町村の行政組織と住民とが連携して実施するような施策に関して、「住民の意見も聞きつつ、場合によっては住民の方に相当程度いろんなことをやっていただく」ことであるという認識が示されるとともに、そこから、そうであるがゆえに、地域協議会の構成員の人選に当たっては、地域の住民が抱いている多様な意見のすべてが適切に反映されるように努めるよりもむしろ、地域で積極的に活動している人々を構成員に加えることに意を用いるべきであり、また、そうした人選を行う以上は、地域協議会の意見が、地域の総意とは見なし

第1部　自治制度の現在

がたいものとなることは避けがたく、そのような場合に、地域協議会の意見を市区町村長や地域自治区の事務所長が無視することは、けっして不当なことではないという見解が導出されている。

　この発言に示されているように、地域協議会に期待される主たる役割は、市区町村の行政組織と地域で活動する諸団体とが連携して何らかの施策を実施する際に、両者の間の、そしてまた、地域で活動する諸団体相互間の、仲介役ないしは調整役となることであり、「審議し、市町村長その他の市町村の機関に意見を述べること」は、いずれかと言えば従たる役割である[18]としたならば、地方自治法は、地域協議会の従たる役割についてのみ明記し、その主たる役割については、それを明示する規定を設けていないということになる。地方自治法の規定がなぜそのようなものになったのかは、重要な検討課題であるが、まずは、地方自治法上の地域自治区に置かれる地域協議会は、その法制度化に尽力した人々の認識としては、「審議し、市町村長その他の市町村の機関に意見を述べること」のみを任務とする機関として法制度化されたわけではないということを確認しておく必要があろう。そうではなく、市区町村の行政組織と地域で活動する諸団体との間の、そしてまた、地域で活動する諸団体相互間の「協働活動の要」としての役割をも担う機関として、あるいは、そうした役割をこそ主として担う機関として、制度化されたのである。問題は、そのことが、法律の条文それ自体からは、明確には読み取れないことにある。

　しかも、地方自治法には、地域自治区には市町村の事務所が置かれ、その事務所の長には市町村の職員が就任することが明記されている（同法202条の４）。そうした規定からは、地域において公共サービスの提供等の活動を行うのは、地域自治区の事務所の長およびそこに配置された市区町村のその他の職員であり、地域で暮らす住民には、地域協議会の構成員となることをとおして、市区

───────────────

18)　名和田是彦「近年の日本におけるコミュニティの制度化とその諸類型」同編・前掲注16）15、28〜29頁は、地域協議会の構成員は選挙によって選ばれるのではなく、市町村長が選任するものとされている点をとらえて、それは、地域協議会に「選挙によって強い民主的正統性を付与する」よりも、自治会・町内会やボランティア活動グループ、NPO等で中心的な役割を担い、「地域の中でさまざまな活動を通じて公共サービスの組織に腐心している人たち」が地域協議会の構成員となることを重視してのことであろうと推論し、「地域自治区制度は、『参加』よりも『協働』を重視したもの」として制度化されたと結論づけている。

町村職員のそうした活動に関して、審議し、意見を述べることが期待されているにすぎないという理解が、ごく自然に導かれる。

　さらに、市区町村の観点からすれば、地方自治法上の地域自治区に置かれる地域協議会は、市区町村長の附属機関であるがゆえに、市区町村から交付金を受領することができないことが問題となる。市区町村から交付金を受領し、それを住民の福祉を増進するために活用する住民組織が必要であるとしたならば、それは、地方自治法上の地域自治区に置かれる地域協議会とは別のものでなければならないのである。上越市や宮崎市が、それぞれの地域自治区ごとに、地域協議会とともに、住民が主体となって結成する別組織をあわせて制度化し、それを市からの交付金の受領者や市が委託する事業の受託者としていることは、既に述べたとおりである[19]。このように狭域の自治を担う住民組織を重層化することを[20]、煩雑であると感じる市区町村も少なくないはずである。そのように感じた市区町村は、地方自治法上の制度の利用を回避し、条例や要綱等によって独自の地域自治の仕組みを創設するという方向を指向せざるをえないことになる。

　要するに、地方自治法上の地域自治区に置かれる地域協議会は、「審議し、市町村長その他の市町村の機関に意見を述べること」のみを任務とする機関としてではなく、市区町村の行政組織と地域で活動する諸団体との間の、そしてまた、地域で活動する諸団体相互間の「協働活動の要」としての役割をも担う機関として制度化されたのであるが、そのことが地方自治法の条文それ自体からは明確には読み取ることができず、しかも、市区町村長の附属機関であるがゆえに、「協働活動」の典型的なパターンである、市区町村が住民組織にその活動のための資金を提供し、住民組織は、住民の福祉を増進することを目的とした諸活動を、その資金を活用して行うという市区町村と住民組織との連携における、その住民組織にはなりえない。そうしたことが理由となって、市区町

---

19)　そうした別組織は、「実行組織」「実行部隊」「実働部隊」などと呼ばれている。池田・前掲注
　　4）73頁および宮入・前掲注5）「都市内分権化と地域自治組織の新展開」40頁、名田是彦
　　「『コミュニティ・ニーズ』充足のための『コミュニティの制度化』の日本的類型について」法社
　　会学74号（2011年）1、9頁を参照。
20)　名田・前掲注19）9頁は、こうした狭域の自治を担う住民組織の重層化を、「住民組織の二重
　　化」と呼んでいる。

125

第 1 部　自治制度の現在

村の多くが、狭域の自治の仕組みの創設に際して、地方自治法上の制度の利用を回避しているのである。換言するならば、地方自治法上の地域自治区制度が普及しないのは、それが、もっぱら狭域の自治を担う住民組織の「参加型」の制度化を企図したものであり、「協働」という発想に対して無関心であるからではなく、「協働」という発想の取り込みが、市区町村の視点から見るならば、不明確ないしは不徹底であるからなのである。

Ⅳ　狭域の自治とは何か──「自治体パラダイム」と「自治会パラダイム」

　それではなぜ、地方自治法上の地域自治区制度は、市区町村の視点から見ると、「協働」という発想の取り込みが、不明確ないしは不徹底なものとなっているのであろうか。その理由は、この制度が前提としている、狭域の自治とはそもそも、いかなるものであるのかについての基本的な理解が、市区町村の多くが、独自の狭域の自治の仕組みを制度化するに際して依拠しているそれと、異なっていることに求めることができるように思われる。地方自治法上の地域自治区制度は、狭域の自治を、「自治体による自治」に近似したものと想定する考え方に基づいているのに対して、市区町村独自の仕組みは、概して、狭域の自治を、「自治会による自治」に近似したものと想定する考え方に立脚しており、この相違が、地方自治法上の地域自治区制度を、市区町村の視点から見ると、「協働」という発想の取り込みが、不明確ないしは不徹底なものとしていると考えられるのである。[21]

　「自治体による自治」とは、住民の福祉を増進するための諸施策の実施に、職務として携わる人々によって構成される行政組織が存在しており、主としてその行政組織が、公共サービスの提供等の諸活動に従事する一方で、住民は、行政組織を編成し、維持していくための資金や、その活動に必要な物品を調達

---

21)　以下で述べる「自治体による自治」と「自治会による自治」とは、わが国における自治体および自治会の現状を踏まえて、理念型的に構成したものであり、「自治体とは何か」といった問いに答えるものではない。諸外国に目を向けるならば、ごく限られた施策の実施のみを担い、しかも、常勤の職員は存在せず、施策のほとんどを、住民がボランティア活動として実施しているような、わが国の自治会に近似した自治体も存在している。そうした諸外国における自治体の実情を知るうえで、岡部一明『市民団体としての自治体』（お茶の水書房・2009年）が有益である。

するための資金等を税として負担するとともに、自ら、あるいはその代表をとおして、行政組織がその活動を遂行するに際して目指すべき目標や従うべきルールを示すことや、行政組織の活動の成果を事後的に評価し、必要な変更を要求することを、その主たる役割として引き受けるような自治のあり方である。住民が、公共サービスの提供等の活動に携わることがあったとしても、それは、行政組織の存在とその活動を前提として、その補完としてなされるにとどまる。普通地方公共団体の自治は、そのような行政組織と住民との役割分担に基づいて行われている。

　これに対して、「自治会による自治」とは、行政組織の存在を前提とせず、住民自身が、自らの福祉を増進するための諸施策の企画・立案から、それらの施策を実施するために必要な資金の調達を経て、実施それ自体、そしてその事後的な評価と変更に至る全過程に、その主体としてかかわるような自治のあり方である[22]。もちろん、企画・立案から評価・変更へと至るプロセスの全体に、すべての住民が関与するわけではなく、そのプロセスの大半は、住民の代表によって担われるが、住民代表は、職業としてそこにかかわっているわけではない。全国に存在する大多数の自治会・町内会、あるいはその連合組織の自治は、そのようなやり方で営まれている。

　このように「自治体による自治」と「自治会による自治」を対比することによって、地方自治法上の地域自治区制度の前者との近似性が明確となる。地方自治法上の地域自治区は、市区町村内の区域を単位とする、当該市区町村の事務を処理するための組織・機構を備えた、法人格を有しない行政区画であるとされている[23]。そこには事務所が置かれ、その長として市区町村の職員が配置される。すなわち、地域自治区制度は、市区町村職員が配置される事務所の存在

---

22)　西村茂「基礎自治体の域内分権」西村・自治体問題研究所編・前掲注4）13、15頁は、「そもそも町内会は、住民自身による地域課題解決の組織として、実働に重点が置かれ、意思決定をする組織ではなかった」と指摘している。何を地域課題と見なし、それをどのように解決するかに関しては、何らかの判断ないしは決定が行われているはずである。「意思決定をする組織ではなかった」という指摘が、そうした判断ないしは決定は、常に、市町村の行政組織によってなされており、自治会は、その判断ないしは決定に従って行動しているにすぎないという認識を示すものであるとしたならば、それは、自治会の現実を適切に捉えたものとは言い難い。しかしながら、「自治会による自治」が、住民の「実働」を不可欠の要素としたものであることは、西村の指摘のとおりである。

127

第 1 部　自治制度の現在

と、その事務所において、そこに配置された市区町村職員が、その市区町村の事務の実施に、職務として従事することを、その不可欠の構成要素としている。

　もちろん、地域自治区の事務所の長やそこに配置されるその他の市区町村職員が、地域が必要とする公共サービスのすべてを提供することが予定されているわけではない。市区役所や町村役場の本庁に配置された職員によって提供される公共サービスも多々あるであろうし、既に確認したように、地域において活動する住民団体もまた、ある範囲において、公共サービスの提供に従事することが想定されている。しかしながら、住民の福祉を増進するための諸施策の実施に、職務として従事する人々によって構成される、行政組織としての地域自治区の事務所が存在しなければ、地方自治法上の地域自治区とは見なしえないことは明らかである。そうした意味において、地方自治法上の地域自治区制度は、「自治体による自治」に近似している。

　地方自治法上の地域自治区制度は、「自治体による自治」をパラダイムとして、それに、地域自治区には法人格や課税権を付与しないであるとか、行政組織である地域自治区の事務所の長や住民代表組織である地域協議会の構成員は、選挙によって選ばれるのではなく、市区町村長が選任するものとするといった、いくつかの修正を施すことによって制度化されたものであると言ってよいであろう。より簡潔には、地方自治法上の地域自治区制度は、「自治体パラダイム」に依拠したものであると言うことができる。

　これに対して、市区町村独自の狭域の自治の仕組みの多くは、「自治会による自治」に近似している。それぞれの地域ごとに、その地域を担当する職員を決めている市区町村は多いが、そうした地域担当職員は、市区役所や町村役場の本庁に勤務していて、必要に応じて、地域の集会所等に出向いていくのが一般的である。その自治体が所管する事務を処理するための行政組織が、地域内に存在しているわけではないのである。そのような地域において展開される自治は、主としてその地域に暮らす住民およびその団体によって、住民の福祉を増進することを目的として遂行される諸活動という形態を採らざるを得ない。

---

23)　杉本＝吉川＝岡本「合併関連三法（合併新法、改正現行合併特例法、改正地方自治法）について（中）」前掲注 1 ）16頁。

それは、これまで自治会や町内会、あるいはその連合組織が担ってきた諸活動とさほどは異ならない。

　もちろん、市区町村が自治会・町内会に交付してきた使途の限定された補助金が廃止され、そのかわりに、新たに結成された住民組織に、様々な活動に用いることができる一括交付金が交付されるようになり、その結果、地域における住民活動の自由度が高まったとか、あるいは、自治会・町内会は世帯単位での加入であったために、その活動の主たる担い手は、世帯主である比較的高齢の男性であったが、新たに結成された住民組織には、一人ひとりの住民が個人として加入することになっており、その結果、女性や若年層の参加が促進されたといった変化は、多くの市区町村において観察されている[24]。

　しかしながら、行政組織の存在を前提としない、住民自らが、諸施策の企画・立案、資金の調達、実施、そしてその事後的な評価と変更に至る全過程に、その主体としてかかわるような自治が展開されているという点は、新たな住民組織の創設の前後をとおして変化していない。「自治会による自治」をパラダイムとして、それに若干の修正を施したものが、市区町村独自の狭域の自治の仕組みの大多数であると、あるいは、市区町村独自の狭域の自治の仕組みの大半は、「自治会パラダイム」に依拠したものであると総括して差し支えないであろう[25]。

　さて、問題は、「自治体パラダイム」に依拠するか、「自治会パラダイム」に依拠するかによって、狭域の自治の仕組みを制度化するに際しての「協働」という発想の取り込みに、どのような差違が生じてくるかである。

　「自治体パラダイム」に依拠した場合、地域内に行政組織が存在することに

---

24)　例えば、朝来市の地域自治協議会に関して、相川・前掲注6）122頁。
25)　後房雄「多様化する市民活動と自治体の設計」市政研究153号（2006年）8、15頁は、「公的意志決定の機能と住民や民間団体の活動を推進する機能を同一の組織に担わせるという地域自治区の基礎にある考え方は、じつは、自治会・町内会の伝統を継承するものではないか」と述べ、地方自治法上の地域自治区制度の、「自治会による自治」との近似性を指摘している。後のこの指摘は、地域自治区に置かれる地域協議会には、「協働活動の要」としての役割を担うことが期待されている点を踏まえるならば、十分に説得力を有するものであるが、しかし、地方自治法上の地域自治区制度と、多くの市町村が条例や要綱によって独自に制度化している狭域の自治の仕組みとの相違を過小評価しており、なぜ地方自治法上の地域自治区制度が普及しないのかの説明には結びつかないものである。

129

第1部　自治制度の現在

なるため、住民の福祉を増進するための諸施策の実施を主として担うのはその行政組織であり、同じ役割を住民組織が担うことがあるとしても、それは、行政組織の活動の足らざる部分を補うためであると見なされることになる。すなわち、「協働」は、行政組織の活動を補完するものとして位置づけられることになるのである。また、それとともに、行政組織の活動が住民の意向を反映したものとなるよう、制御するための仕組みが重視されることになる。地方自治法上の地域自治区制度は、まさにそうしたものである。

　これに対して、「自治会パラダイム」に依拠した場合、住民の福祉を増進するための諸施策の実施を主として担うのは住民組織であり、行政組織には、そうした住民組織の活動が適切に行われるために必要な、資金やアドバイス等を提供することが期待されることになる。住民組織の活動は、補完的なものではなく、住民の福祉の増進を目指して展開される諸活動の、根幹をなすものとして位置づけられることになるのである。そして、住民組織のそうした自発的活動を行政組織が支援することが、「協働」であると見なされることになる。それとともに、行政組織が地域内に存在することは想定されていないがゆえに、行政組織の活動を住民が制御する仕組みを、どのように制度化していくべきかという関心は、そもそも生じてこない。多くの市区町村が独自に制度化している狭域の自治の仕組みは、まさにそうしたものである。

　「協働」に考察対象を限定するならば、「自治体パラダイム」に依拠した場合には、「協働」とは、何よりもまず、行政組織の活動を住民組織が補完することであると考えられるのに対して、「自治会パラダイム」に依拠した場合には、住民組織の活動に対する行政組織による支援こそが「協働」であるという認識が導出されることになる。前者の「協働」観よりも後者の「協働」観の方が、行政組織の果たすべき役割を限定的に捉えており、住民組織の活動がより前景化している。そうであるがゆえに、「自治体パラダイム」に依拠した地方自治法上の地域自治区制度が含意している「協働」は、「自治会パラダイム」に依拠して「協働」を捉えようとする市区町村の視点からすれば、不明確ないしは不徹底なものであると認識されることになるのである。

　それでは、国法上の制度が「自治体パラダイム」に依拠したものとなったのに対して、市区町村独自の仕組みが「自治会パラダイム」に依拠したものと

なったのは、なぜなのであろうか。その理由は、それらのそれぞれが構想された、その背景の相違に求めることができるように思われる。

V　自治会パラダイムの優位

　既述のとおり、地域自治区が法制度として創設されたのは、第27次地制調の答申を踏まえてのことであるが、この第27次地制調の審議事項が確定したのは、2002年7月1日に開催された第3回総会においてであった。この第3回総会に提出された「審議事項（案）」には、5つの大項目の第1として、「基礎自治体のあり方について」が、その小項目のひとつとして「基礎的自治体内の地域組織等について」が掲げられていた。この「基礎的自治体内の地域組織等について」の審議が、答申における地域自治組織の提案、そして、それを踏まえた地方自治法の改正へと結びついていくのであるが、第3回総会において「審議事項（案）」とともに提出された「審議事項（案）に係る論点整理について」では、この審議項目に関しては、以下のように論点の整理がなされていた。

　　　合併が進んで基礎的自治体の規模がある程度大きくなったとき、基礎的自治体の区域内において、ネイバーフッドガバメントやコミュニティ等の狭域の自治組織を制度化するか。この場合、ごく限定的な権能の地域団体とするか、それともかなり多様な権能を備えた団体とするか。

久元喜造が指摘しているとおり、「『地域自治組織』は、合併への障害除去のための手法としての議論から出発した」のである[26]。そして、副会長であった西尾勝による「今後の基礎的自治体のあり方について（私案）」の提出や、地方六団体との意見交換等を経て、これもまた久元が指摘しているとおり、「この仕組みが住民と行政との距離を縮め、より『小さな単位』で住民の意向を市町村行政に反映する機能を有していることに着目すれば、導入の対象は何も合併市町村に限られるものではなく、市町村一般を対象として制度化することが適当である[27]」という方向に議論が進み、答申における「一般制度としての地域自治

---

26)　久元喜造「地方自治制度改革の方向と展望について」自治研究80巻5号（2004年）64、77頁。
27)　久元・前掲注26）77頁。

第1部　自治制度の現在

組織」の創設の提言へと至ったのである。

　合併によって消滅する市町村の区域には、当然のことながら、その市町村の役所もしくは役場の庁舎が存在している。合併後に、それらの庁舎を、新たに誕生する市もしくは町が設置する地域自治区の事務所として使用するという発想は、ごく自然なものである。また、その事務所に、合併によって消滅する市町村の職員であり、合併後は、新たに誕生する市もしくは町の職員となる者のうちの何割かが常駐し、地域自治区に分掌された事務を担うというイメージも、容易に描くことができる。地方自治法の「地域自治区に事務所を置く」という規定や、地域自治区に「市町村長の権限に属する事務を分掌」させるという規定は、そうした発想やイメージの延長線上にあるように思われる。[28]

　さらに、より根本的には、元々ひとつの市町村の区域であったところに、合併によってその市町村が消滅した後に、狭域の自治の仕組みを導入するという想定で、あるべき狭域の自治の仕組みを構想した場合、元々の市町村による自治の仕組みに近似した狭域の自治の仕組みが、適切なものとして導出されやすいのではないかと思われる。すなわち、「自治体による自治」をパラダイムとした狭域の自治の仕組みである。地方自治法上の地域自治区制度が、「自治体パラダイム」に依拠したものとなったのは、狭域の自治の仕組みの創設が、「合併への障害除去のための手法としての議論から出発した」ことの結果であったのではないかと考えられるのである。

　これに対して、独自の狭域の自治の仕組みを設けている市区町村の多くにお

---

28)　もっとも、合併を契機として一般制度としての地域自治区が設置されるケースでも、比較的規模の大きな市に周辺町村が編入されるかたちで合併が行われ、元の中心市の区域には、複数の地域自治区を創設することとされた場合には、それらの元の中心市の区域に設置される地位自治区の事務所の施設を、どのように工面するかという問題が残ることになる。ちなみに、宮崎市では、合併前の旧宮崎市内に設置された17の地位自治区のすべてに、個別に事務所を置いているが、上越市では、合併前の旧上越市に設置された15の地域自治区には、個別に事務所を置くことをせず、3つのまちづくりセンターに、それぞれ4ないし6の地域自治区の事務所を置くという方式で対応している。なお、上越市のこうした対応は、地域自治区の事務所は、必ずしもその地域自治区の区域内に設置する必要はないという考え方に基づくものであるが、こうした考え方を敷衍するならば、市区役所もしくは町村役場の本庁内に、すべての地域自治区の事務所を設置することも認められるはずである。そして、すべての地域自治区の事務所を本庁内に設置し、かつ、その長は、市区役所ないしは町村役場において、他の職務を兼務することとしたならば、地域自治区の事務所の存在は地域担当職員の存在と、ほとんど違いがなくなる。

132

第5章　狭域の自治

いて、そうした仕組みの創設によって対応しようとしたそもそもの課題は、合併への障害を除去することではなかった。

図表5-5に示したとおり、日本都市センターが実施した調査の、「協議会型住民自治組織」が設立された目的を、複数の選択肢を選ぶことを許容する形式で尋ねた質問において、最も多くの市区が選択しているのは、「身近な生活課題を地域住民自らが解決する活動を活発にするため」という選択肢である。それに次いで多くの市区が選択しているのは、「地縁型住民自治組織の活動を補完し、地域の活性化を図るため」という選択肢であり、「市町村合併を契機として住民自治を回復する必要があったため」という選択肢を選んでいる市区は、この質問に回答した市区の1割にも満たない。

この日本都市センターの調査では、回答した市区の99.2％が、「区域内で活動する自治会・町内会等の地縁型組織がある」と答えていることを踏まえるならば、[29]「身近な生活課題を地域住民自らが解決する活動を活発にするため」という選択肢が選ばれる事情と、「地縁型住民自治組織の活動を補完し、地域の活性化を図るため」という選択肢が選ばれる事情は、同一であると考えてよいように思われる。その事情とは、自治会・町内会の活動が低調であるか、あるいは低調になりつつあるということである。もし自治会や町内会が、「身近な生活課題を地域住民自らが解決する活動」を活発に行っており、それを「補完」する必要がなかったならば、これらの選択肢を選んだ市区の多くは、「協議会型住民自治組織」の設立を推進しなかったのではないかと推測されるのである。

こうした推測の妥当性を裏づけるものとして、横須賀市が2013年12月に「地域運営協議会の設置及び支援に関する条例」を制定し、狭域の自治の仕組みとして地域運営協議会の設立を推進していくことになる、その根拠となった『(仮称)地域運営協議会設置等検討委員会最終報告書』がある。[30] 2012年2月に公表されたこの報告書においては、まず、横須賀市は、「古くから近隣の結びつきが強い土地柄であったことから、町内会・自治会の組織率が高く、それら

---

29)　柳沢・前掲注8) 199頁。

30)　横須賀市のウェブサイトにおいて閲覧可能である（https://www.city.yokosuka.kanagawa.jp/2410/chiunkyou/documents/2012_2chiunkyousaisyuhoukoku.pdf）。

第1部　自治制度の現在

を中心として地域のまちづくりをリードする活発な活動が行われて」きたが、「その一方で、各町内会・自治会をはじめとする多くの地域のまちづくり団体は、役員等の担い手不足という問題に直面して」おり、そうした状況に至ったのは、「少子高齢化の進展や、核家族化、共働き世帯の増加などにより、比較的時間に余裕が少ない人が増えたことで、地域活動に無関心、または関心があっても参加ができない層を生みだしてしまっていることが大きな要因」であるという現状分析が示されている。また、それとともに、人口減少や老年人口割合の増加も深刻な状況にあり、さらに、「若い世代を中心に個人のプライバシーを重視、尊重する傾向が見られ、その結果、近隣の結びつきを嫌う、地域への帰属意識が欠落するなど、地域コミュニティの希薄化がますます進んでいる」という事態が全国的に見られることが指摘されている。そのうえで、このような状況を打開し、「多様化・複雑化する市民ニーズに的確に、また迅速に対応していくためには、地域を一番理解している住民自らがまちづくりに直接関わり、『地域で暮らす人々が主体となって地域の課題を解決する』ことができる新しい地域コミュニティの仕組みが必要」であるとして、原則として市役所本庁と各行政センターの管轄区域を単位として、「（仮称）地域運営協議会」の設立を推進していくことが提言されている。そして、この新たな組織に、「地区連合町内会」の代表に加えて、区域内で活動する様々な団体の代表が参加することにより、それらの団体相互間の連携が促進され、「団体個々では解決が難しい課題であっても、他の団体と相互補完を図ることで、それまでになかったアイデアや人的協力を得て解決されるといったことが期待」できるという展望が示されている。自治会や町内会の活動が低調になってきているという現状認識に基づいて、それを補完し、あるいはそれに代替する、新たな住民組織の設立を促進することが提言されているのである。

　これまで「地域で暮らす人々が主体となって地域の課題を解決する」という役割を中心的に担ってきた自治体や町内会の、その役割遂行能力が低下しつつあり、それゆえに、何らかの対応が必要であるという認識は、横須賀市のみならず、多くの市区町村に共有されたものである。このことは、日本都市センターの調査の、「地縁型住民自治組織」が抱えている課題を、複数の選択肢を選ぶことを許容する形式で尋ねた設問への、調査対象となった市区の回答から

第5章　狭域の自治

図表5‑6　地縁型住民自治組織が抱える課題（日本都市センター調査）

〔設問〕貴自治体では、地縁型住民自治組織についてどのような課題を感じていますか。以下の選択肢からあてはまるものを全てお選びください。

　　　＊地縁型住民自治組織があると答えた市区のみを対象とした設問（N＝503）

	度数	％
1．活動の担い手が固定している	348	69.2%
2．活動の担い手が不足している	473	94.0%
3．現在の地域課題に対応した活動ができていない	123	24.5%
4．長期ビジョンに従った活動ができていない	118	23.5%
5．女性が活動する場が十分でない	139	27.6%
6．特に課題はない	11	2.2%
7．その他	39	7.8%
無回答	3	0.6%

出所：柳沢盛仁・前掲注8）224頁

窺い知ることができる。**図表5‑6**に示したとおり、「現在の地域課題に対応した活動ができていない」という役割遂行能力の低下を端的に指摘する選択肢を選んだ市区は、この設問に回答した市区の24.5％にとどまっているものの、94.0％が「活動の担い手が不足している」という選択肢を、69.2％が「活動の担い手が固定している」という選択肢を選んでいる。[31]活動の担い手の不足や固定化は、役割遂行能力の低下に直結する問題であろう。

　そして、自治体や町内会の役割遂行能力の低下への対応として構想されるのが、自治会や町内会とボランティア活動団体やNPOとの連携を促進していくことであることも、横須賀市だけではなく、多くの市区町村に共通しているのではないかと推測される。多くの市区町村で制度化されている独自の狭域の自治の仕組みは、そうした構想に基づいたものなのである。

　そうした市区町村独自の狭域の自治の仕組みの核となるのは、自治会や町内会の代表者とともに、ボランティア活動団体やNPOの代表者も参加する組織である。その組織が、市区町村からの交付金の受け手や市区町村が委託する事

────────────

31）　柳沢・前掲注8）224頁。ちなみに、この日本都市センターの調査では、この設問に続いて、最も大きな課題と感じるものはどれかを尋ねているが、回答した市区の75.9％が、「活動の担い手が不足している」という選択肢を選んでいる。

第 1 部　自治制度の現在

業の受託者となり、交付金を地域内で活動する諸団体に分配したり、委託事業の遂行のために、地域で活動する諸団体の協力を求めたりするようになれば、市区町村の行政組織と地域で活動する諸団体との、前者が後者を支援するという形態での「協働」が促進されるはずである。そして、そうした取り組みをとおして、地域で活動する諸団体相互間の連携も促進されていくはずである。市区町村独自の狭域の自治の仕組みは、多くの場合、そうしたシナリオに基づいて創設されているのである。

　そうしたシナリオを前提とした場合、新たに創設される組織は、市区町村長の附属機関ではありえない。従来は自治会や町内会とは距離を置いてきたボランティア活動団体やNPOの代表者等も参加する組織ではあるが、しかし、自治会や町内会に類似した、少なくとも建て前としては、住民が自発的に結成する組織なのである。市区町村は、あくまでも、そうした組織の結成と、その活動の継続を支援するにすぎない。かくして、「自治会パラダイム」に依拠した狭域の自治の仕組みが創設されることになる。

　以上の考察をまとめるならば、次のようになろう。地方自治法上の地域自治区制度は、「合併への障害除去のための手法としての議論から出発した」がゆえに、平成の大合併期に合併を行わなかった市区町村にも利用可能な一般制度として創設されたものの、合併によって消滅する市町村の区域における自治を、どの範囲で、どのような仕組みで保障するかという考慮を色濃く反映したものとなり、それゆえに、「自治体パラダイム」に依拠したものとなった。これに対して、多くの市区町村が独自に制度化している狭域の自治の仕組みは、自治会・町内会の活動の低調化によってもたらされる、従来は自治会や町内会が担ってきた「地域で暮らす人々が主体となって地域の課題を解決する」取り組みの衰退に、いかに対応すべきかという関心を起点としているがゆえに、そ

---

32)　もちろん、自治の現場の現実に眼を向けるならば、玉野和志「わが国のコミュニティ政策の流れ」中川編・前掲注6）8、17頁が指摘しているように、市町村独自の仕組みによって狭域の自治を制度化する先進事例のほとんどにおいては、行政主導と言ってよいほどの強力な働きかけが、自治体の行政組織から、自治会長、町内会長、そしてまた、地域で活動を続けてきた様々な住民団体の代表者等に対してなされていることは明らかである。そうした行政組織からの働きかけがなければ、すべての小学校区に新たな住民組織が設立されるといったことは起こりえないのである。

第5章　狭域の自治

の中核に住民が自発的に結成する組織が位置する、「自治会パラダイム」に依拠したものとなっている。政策的対応を要すると認識された課題の相違が、創設された制度を異なったものとしたのである。

　さらに付言するならば、従来は自治会や町内会が担ってきた「地域で暮らす人々が主体となって地域の課題を解決する」取り組みの衰退に、いかに対応すべきかという関心は、地方自治法上の地域自治区を設置した自治体の多くにも共有されたものであったと考えられる。上越市や宮崎市において、それぞれの地域自治区ごとに、地域協議会とともに、市からの交付金の受領者や市が委託する事業の受託者となる別組織が存在しているのは、この別組織に、自治会的な、「地域で暮らす人々が主体となって地域の課題を解決する」取り組みの主体としての役割を期待してのことであろう。合併を契機として国の法律に根拠を有する制度の導入を決めたものの、それのみによって狭域の自治を実践していくことは困難であり、それゆえに、自治会的なものを併置したのが、上越市や宮崎市の事例であったと考えられるのである。これらの市も、もしも合併を経験しなかったならば、「自治会パラダイム」に依拠した狭域の自治の仕組みのみを制度化していた可能性が高いのではないかと考えられる。

　そうであるとしたならば、大規模な市町村合併が再度行われない限りは、地方自治法上の地域自治区制度が、そのままのかたちで多くの市区町村に普及していくことはありえないであろう。現在のところは、大多数の自治体において狭域の自治を担っている住民組織は、自治会や町内会、もしくはその連合組織か、あるいは、それらの代表とともに、ボランティア活動団体やNPOの代表をも構成員とする組織であり、それらはいずれも、「自治会パラダイム」に依拠した狭域の自治の仕組みの構成要素として、その活動を展開している。それゆえ、もしも大多数の市区町村が地方自治法上の地域自治区制度を採用したならば、それは、狭域の自治の仕組みの主流が、「自治会パラダイム」に依拠したものから「自治体パラダイム」に依拠したものへとシフトするという、自治の現場におけるパラダイム転換に他ならないが、そうしたパラダイム転換が近未来に起こる可能性は、ほとんどないと言わざるをえないのである。

　地方自治法の改正による一般制度としての地域自治区の法制度化は、狭域の自治の仕組みを「自治体パラダイム」に依拠して制度化することが可能である

137

第1部　自治制度の現在

ことを、国法上に明記することによって、狭域の自治の仕組みが依拠すべきパラダイムが、「自治会パラダイム」から「自治体パラダイム」へと転換する可能性を高めたとは言えるであろう。[33] しかしながら、その可能性は、現在のところ現実化してはいないし、近い将来に現実化することも想像し難いのである。

---

33)　ただし、「自治体パラダイム」に依拠した狭域の自治の仕組みの創設は、法人格を持たない地方自治法上の地域自治区のようなものであれば、それが可能であることが国法上に明記されなければ不可能であったわけではない。このことは、2004年の地方自治法改正に際しての国会審議において、繰り返し強調されている点である。例えば、2004年4月20日に開催された衆議院総務委員会における、当時の麻生太郎総理大臣の以下のような答弁を参照されたい。「条例で決してできないわけではありません。ただし、きちんとして、法律にした方が使いやすいという考えで今回のような法改正をお願いしておるというように御理解いただければと存じます」。

第 2 部

自治制度の抜本的再検討

第**1**章　自治体に対する国からの訴訟についての再検討
—— 辺野古争訟における国からの不作為の違法確認訴訟を素材に

白藤　博行

I　本稿の課題

　日本国憲法が保障する地方自治のもとで、国と自治体との対等・並立・協力関係は、原理的・理念的には、いまや一般的に承認されているといってよいであろう。しかし、国と自治体との関係は、法制度上も事実上も、いまなお専ら「自治体に対する国の関与」という形で語られることが多い。しかし、国と自治体との対等・並立・協力関係が前提とされるというならば、関与の問題についても、「自治体に対する国の関与」だけではなく、同時に、「国に対する自治体の関与」も検討課題とされねばならないはずである。すなわち、関与の目的（積極目的的・消極目的的関与）、関与の内容（利益的・不利益的関与）および関与の手段（権力的・非権力的関与）についての個別的・具体的な法的検討が不可欠であり、その際、国から自治体への「一方的関与」のほか、国と自治体との間の「双方（相互）的関与」のあり方を追求するといった基本的視点が不可欠である[1]。

　これに関係して、2009年12月7日、「国・地方間の係争処理のあり方に関する研究会」（座長・塩野宏東大名誉教授）の「国・地方間の係争処理のあり方について（報告）」（以下「研究会報告」）は、自治体に対する国からの違法確認訴訟の制度化を提言するものであったため、国と自治体との間の関与関係にかかる重要な問題提起を行うものであった。実際これに基づき、自治体に対する国からの違法確認訴訟の制度化が具体的に動き出し、法制化に結び付いたからである。筆者は、かつてこの研究会報告について若干の検討を行ったところであ

1）　渡名喜庸安ほか『アクチュアル地方自治法』（法律文化社・2010年）229頁以下（白藤執筆担当）。

り、その際の検討の基本的視点は、国の関与の問題を地方自治の限界づけ（国による自治体行政の適法性の確保）の問題とだけ捉えるのではなく、同時に、地方自治の憲法的保障の積極的具体化にかかる国家的関与の限界づけの問題として捉えるというものであった。このような基本的視点からすれば、斎藤誠がいうところの「行政の法適合性の確保という観点を軸に、地方自治の尊重という面も考慮」するという観点よりも、「地方自治の尊重という観点を軸に、行政の法適合性の確保という面も考慮」するという観点が重視されることになるのは必然であった。したがって、拙稿は、おのずと研究会報告に対する批判的検討となっていたし、地方自治法における国からの不作為の違法確認訴訟の導入についても消極的な考え方を示したものであった。

　その後、「普通地方公共団体の不作為に関する国の訴え」（地方自治法251条の7）が、「地方自治法の一部を改正する法律」（平成24年法律第72号、2012年9月5日公布、2013年3月1日施行）に基づき制度化されることになった。本稿が素材とする辺野古争訟における国からの不作為の違法確認訴訟は、その初めての適用事例となった。すなわち、国土交通大臣が、翁長雄志沖縄県知事の行った辺野古沖埋立承認取消処分（2015年10月13日）に対する取消を求める是正の指示（2016年3月16日）を行ったにもかかわらず、同知事がこれに従わないことを理由に、同知事を被告として、不作為の違法確認訴訟を提起する事件が起こった。この不作為の違法確認訴訟は、多くの行政法・地方自治法上の論点があったにもかかわらず、たった2回の口頭弁論期日で結審し、2016年9月16日、福岡高等裁判所那覇支部の判決が出された。ただちに上告されたが、2016年12月20日、上告棄却の判決となった。本稿は、同判決の結果を踏まえて、上記の旧稿（注2）論文）に加筆・修正・再構成を施し、ドイツとの比較に加えて、不作為の違法確認訴訟の論点を検討することをとおして、自治体に対する国からの訴訟のあり方を再検討することを目的とする。

2）　白藤「国からの訴訟による自治体行政の適法性確保」法律時報84巻3号（2012年）14〜18頁。
3）　斎藤誠「地方分権・地方自治の10年—法適合性と自主組織権」ジュリスト1414号（2011年）28頁。

第2部　自治制度の抜本的再検討

Ⅱ　「国・地方間の係争処理のあり方に関する研究会」報告の基本認識と制度設計

1　国・自治体間の紛争の増加・顕在化？

　いわゆる「第1次分権改革」後、国・自治体間の紛争は増加するであろうという予想はみごとに裏切られ、国立市と矢祭町の住基ネットの不接続問題を除いて、紛争の顕在化はみられなかった。[5] このような増えない国・自治体間紛争の現状は、たしかに地方自治法上の国地方係争処理制度の機能不全を予感させるが、はたして制度問題なのかどうかも不明である。加えて、旧民主党政権下で始まった「地域主権改革」における法令による「義務付け・枠付け」の廃止・緩和等の政策は、法令の残余規制緩和を促し、様々な問題を孕みつつも、自治体独自の施策と法令との抵触問題は低減されるかのようにみえ、国・自治体間の紛争の増加あるいは顕在化は、ますます予想しがたい状況にあるようにみえた。今後懸念される紛争は、条例による法令規律内容の補足や、法令と協働する内容を有する条例を許容するところの、いわゆる「上書き権」をめぐる「法律施行条例」（あるいは「法定受託条例」[6] とでも呼ぼうか）にかかる新たな法令

---

4 ）　国からの不作為の違法確認訴訟に至るまでの一連の辺野古争訟については、とくに紙野健二・本多滝夫編著『辺野古訴訟と法治主義』（日本評論社・2016年）を参照。このほか代執行訴訟を含む辺野古訴訟にかかる地方自治法上の問題については、拙稿「辺野古代執行訴訟の和解後の行政法論的スケッチ」自治総研第451号（2016年 5 月号） 1 頁以下、「辺野古新基地建設行政法問題覚書〜琉歌「今年しむ月や戦場ぬ止み沖縄ぬ思い世界に語ら」（有銘政夫）」自治総研通巻第443号（2015年 9 月号）21頁以下、「辺野古新基地建設問題における国と自治体との関係」法律時報第87巻第11号（2015年）114頁以下、「法治の中の自治、自治の中の法治―国・自治体間争訟における法治主義を考える」吉村良一ほか編『広渡清吾先生古稀記念論文集　民主主義法学と研究者の使命』（日本評論社・2015年）245頁以下、「辺野古埋立承認取消処分に関する国・自治体間争訟の論点」自由と正義第67巻第 4 号（2016年）76頁以下、「沖縄の自治への闘争から考える立憲地方自治」『日本国憲法の核心』（日本評論社・2017年）などを参照。

5 ）　上仮屋尚「「国・地方間の係争処理のあり方について（報告）」（平成21年12月 7 日　国・地方間の係争処理のあり方に関する研究会）の解説（ 1 ）」地方自治747号27頁は、係争処理手続については、当初から、「国の是正の要求・指示に対し、地方公共団体がこれに応じず、かつ、審査の申し出も行わない場合は活用されず、問題が解決されないまま継続する」といった大きな課題があり、住基ネット不接続問題で「この課題が顕在化した」とみているところからすれば、すべての出発点がここにあるとみるのは穿った見方ではなかろう。

142

第1章　自治体に対する国からの訴訟についての再検討

と条例との関係問題といえようか。

　さて、かかる状況のもとで上記研究会報告が出されたということになるが、地方自治法上の「国地方係争」が存在するにもかかわらず、実際には、国に対する自治体からの争訟が少ない状況のもとで、自治体に対する国からの訴訟を制度化することに、どのような意味があったのだろうか。一連の辺野古争訟のなかで提起された国からの不作為の違法確認訴訟は、その意味を考えるにあたって、有意味な素材を提供してくれたように思われる。

2　「司法的な手続（新たな訴訟制度）」整備

　「第1次分権改革」の「成果」のひとつとされる1999年地方自治法改正によって、国と自治体の対等関係を構築する手段として、国の関与法制が整備されるなか、国の関与の仕組みを法定するとともに、違法・不当な国の関与に関する係争処理手続が制度化された。旧機関委任事務体制のもとで、国の包括的な指揮監督に服せしめられてきた自治体の解放という意味では歓迎されるところであるが、その係争処理手続は、専ら違法・不当な国の関与にかかる「争い」について、国地方係争処理委員会（以下「国地委」）という行政部内の第三者機関によって、あるいはその結果に不服がある場合は裁判所によって処理するというものであり、審査の申出の手続や出訴手続は、国の関与に不服のある自治体だけに認める機関争訟として整理された[7]。このため、国と自治体との間に「争い」が生じ、かつ、国が是正のための関与をするにもかかわらず自治体が審査の申出を行わない場合には、国からみて違法あるいは不当であるにもかかわらず、国は地方自治法上それ以上の関与手段を持たないことになった。国からすれば、国による自治体行政の適法性の確保ができない状態が存在することになり、法的安定性が損なわれることになる。そこで研究会報告では、このような行政は、「当然に服すべき法適合性の原則の観点から見過ごすことはできない」ものであり、「国の側に権限や財源・地方に対する規制を残す口実に

6）　前掲『アクチュアル地方自治法』146頁。

7）　国の関与にかかる自治体訴訟が機関訴訟としてしか認められないわけではなく、一般の抗告訴訟の可能性があることについては、塩野宏『行政法Ⅲ　行政組織法〔第3版〕』（有斐閣・2006年）224頁。

143

第 2 部　自治制度の抜本的再検討

なり地方分権の障害にもなりかね」ず、「地方公共団体の事務処理・国地方関係の不安定要因ともなりかねない」といった理由から、「事前統制を縮小し」、「事後是正措置を整備する」地方分権改革の目的からして、問題の原因である「国と地方公共団体との間の法の解釈・適用の齟齬を解消する手段」の不十分さを是正するために、「司法的な手続（新たな訴訟制度）を整備することが適当」であるとして、国等から訴え提起ができる仕組みの構築に問題解決の基本方向を見出すことになる。ここでの「国等」は国および都道府県を意味するが、以下では、専ら国からの訴えの提起を中心に検討する。

3　研究会報告における「国等から訴え提起等ができる仕組み」の制度設計

　研究会報告における国からの訴訟の対象は、「自治事務に対する是正の要求」と「法定受託事務に対する是正の指示」（ただし、個別法における指示は要検討）に限定された。国からの訴訟の提起の時期については、自治体の自主的判断を尊重するという建前から、自治体が「審査申出期間に審査の申出を行わないとき」として、かつ、訴訟においては、是正の要求と是正の指示の違法性の主張を自治体に認めることとしている。

　国からの訴訟の形態は、「違法確認型の訴訟」および「義務付け型・差止め型の訴訟」の可能性を提示し、いずれを採用するかは立法過程における法制技術的な検討にゆだねるとしていた。なぜ国からの訴訟が必要かの問題にかかわるが、是正の要求・是正の指示の適法・違法にかかる裁判所の判断に法的意味が認められるということが前提となっており、裁判判決を得ることにより、関与にかかる自治体の措置の義務履行を促す「広義の司法的執行」との位置付けが可能であるとしていた。ただし、この判決の執行力については消極的である。とくに法定受託事務にかかる是正の指示との関係では、代執行訴訟との関係が問題となるが、非代替的作為義務の存在を考慮するなど、代執行訴訟との併存が可能であるとしていた。具体的な制度の問題は、後述する。

第1章　自治体に対する国からの訴訟についての再検討

Ⅲ　ドイツにおける国からの訴訟制度

1　斎藤誠の外国制度紹介

　日本の制度改正の検討においては、しばしば諸外国の制度が参照される。自治体に対する国からの訴訟についても、諸外国との制度比較が行われている。筆者の能力的な限界から、イギリス、アメリカおよびフランスの制度については検討が及ばないが[8]、ドイツにおける自治体に対する監督訴訟（Aufsichtsklage, Beanstandungsklage）については、斎藤誠の制度紹介を手がかりに、多少の検討が可能である[9]。

　斎藤によれば、イギリス、アメリカおよびフランスの場合、「国の機関が関与するにあたって、裁判所の判断を求め、その判決や判決に基づく強制執行、罰則等により」、自治体の法適合性を確保する司法的執行の比重が高いようであるが、ドイツの場合は、「国の行政機関が指示・命令をなした上で、行政的執行によりその実現を図り、それに対して、関与が違法であると思量する地方公共団体の側が、裁判に出訴し、裁判所が違法な関与に対してチェックする」のが原則であるが、監督訴訟の存在からみて、司法的執行の利用は、「アプリオリに否定されていない」と整理されている。

2　ラインラント・プファルツ州とザーラント州の監督訴訟制度

　そこでここでは、斎藤によるドイツ連邦憲法裁判所1996年10月11日判決の周到な「注釈」と「若干の考証」を詳しく引証することはしないが、その研究成果を前提として、以下では、関係するドイツ文献を参照して、ラインラント・プファルツ州とザールラント州の監督訴訟制度について、若干の整理と検討を

---

8)　研究会における報告の概要は、報告書の参考資料を参照。そのほか、北島周作「イギリスにおける中央政府による地方政府の義務不履行是正制度」地方自治754号2頁以下、柴田直子「アメリカの地方政府による州法の不執行と州政府による是正（上）（下）」地方自治755号2頁以下および756号2頁以下、飯島淳子「国家関与法制における裁判原理——日仏比較の観点から」地方自治757号2頁以下を参照。

9)　斎藤誠「ドイツの監督訴訟制度に関する考察（上）（下）——地方公共団体の義務の司法的執行の問題に寄せて」地方自治750号2頁以下および751号2頁以下参照。

145

行いたい。[10]

　まず、連邦行政裁判法73条2項が、行政庁の行政行為に対しての不服申立てについての決定権限にかかる特別委員会の設置を、連邦にもラントにも開いていることから、両州は、この特別委員会に相当するクライス適法性審査会（Kreisrechtsausschuß）と都市適法性審査会（Stadtrechtsausschuß）を設置している。これらの審査会は、州の監督官庁の指示を受けることがないため、これらの審査会活動の適法性を確保するため、監督訴訟（Aufsichtsklage）または不服申立て（審査請求）審査訴訟（Beanstandungsklage）と呼ばれる訴訟を導入している。これらの訴訟によって、上記審査会が行うところの審査請求に対する裁決の違法性について、州（厳密には監督官庁）が行政裁判所に監督訴訟を提起して、その判断を仰ぐことが可能とされる。

　両審査会は、たとえば§6RhPfAGVWGOによって、それぞれの管轄ごとに、クライス行政やクライスに所属しないゲマインデ行政等で行われる行政行為（Verwaltungsakt）に対する審査請求についての審査・裁決権限を付与されている。当該地方公共団体の指示に従うことなく、個別に裁決を行うことができる。州の監督官庁も、両審査会に対して、一般的指示および個別的指示を行うことはできない。しかし両審査会は司法権限を行使しているわけではなく、あくまでも行政権の一部である。当該地方公共団体が、適法性審査会の裁決に対して訴訟を提起することも許されていない。このような制度に鑑み、州の立法者は、適法性審査会の判断に対する最小限の法的コントロールの可能性を確保するため、適法性審査会の判断についての実体的適法性の確保権限を欲するところから監督訴訟が導入されている。つまり、たとえばラインラント・プファルツ州の場合、適法性審査会は監督官庁の強い自治監督＝行政的関与に代わる形で導入されているが、一般人（Laie）を含む3人の委員から構成されて

---

10)　ラインラント・プファルツ州の監督訴訟制度については、専ら Roland Kintz, Bestandungsklage nach §17 RhPfAGVWGO, LKRZ 2009, S. 5 ff.; ders., Die Beanstandungsklage nach § 17 Rh-PfAGVwGO in der öffentlich-rechtlichen Assessorklausur, http://www.uni-speyer.de/files/de/Studium/Lehrende/Kintz/beanstandungsklagemaerz2016.pdf. ザールラント州の監督訴訟制度については、専ら Anette Guckelberger und Silvia Heimpel, Die Aufsichts-bzw. Beanstandungs-klage, LKRZ 2012, S. 6 ff.; dies., Das Widerspruchsverfahren und seine Besonderheiten im Saarland, LKRZ 2009, S. 246 ff. を参照。

いることから、行政的関与が弱化する可能性があり、監督訴訟はその補完のシステムとしての役割を担わされているのである。このように、両州の監督訴訟制度は、強い自治監督制度＝行政的関与制度が前提となっていることに注意しなければならない。

このような監督訴訟制度の法的許容性の根拠は、以下の点に求められる。たとえばラインラント・プファルツ州憲法104条で、「州首相は、政治指針を規定し、州議会に対して責任を負う。この指針の範囲内において、各大臣は、州議会との関係では、独立して、自己の責任において、その担当部門を指揮する」と定められているところから、各大臣が、その行政内部に対する責任と議会に対する責任の原則とを両立させるための憲法上必要とされる手段を有している。また、同憲法77条は、いわゆる権力分立を定めたものであるが、その第2項では、「立法は、合憲的な秩序に、司法と行政は、法律と法に拘束される」（連邦基本法20条3項も同旨の規定）と規定され、行政の適法性原則（法律による行政の原理）が定められており、各大臣の責任は、個別事例においても保障されている。これらは、国家事務における専門監督（合目的性監督、Fachaufsicht）および自治事務における適法性監督（Rechtsaufsicht）に対応するものであるというのである。

監督訴訟は、行政法的にはあくまでも行政裁判法上の取消訴訟として位置づけられ、しかも行政行為に対する住民の不服申立て（審査請求）に関して、適法性審査会が行った住民にとって有利な授益（利益）的裁決（＝授益的行政処分）に対して行われる、国による取消訴訟である。これらの監督訴訟が提起されると、停止効（Aufschiebende Wirkung）が働き、適法性審査会が行った裁決はまずは停止される。それだけに、住民にとっては大きな不利益が生じる訴訟であるが、国からみれば、あたかも「専門監督」の一態様として利用される取消訴訟のようにもみえる。すなわち、形式的には「司法的執行」であるが、実質的には監督官庁による直接的な権力的行政的関与を肩代わりするという意味で、適法性だけでなく合目的性にもかかる「専門監督」として位置づけられるもののようにもみえる。[11]

第2部　自治制度の抜本的再検討

3　ドイツにおける国からの訴訟制度の小括

1999年地方自治法改正で導入された自治事務と法定受託事務との区分は、た
しかにドイツにおける自治事務と「指図（指示）事務」との事務区分と酷似し
ているが、ドイツにおける行政的関与の議論、すなわち自治事務については適
法性監督（自治監督）に限られ、指図事務については合目的性監督まで許され
る（専門監督）といった制度であるという点は重要な違いである。つまり、わ
が国の関与法制とドイツの自治監督制度の違いを前提としたうえで、国からの
訴訟制度の比較検討がなされなければならない。そのうえでラインラント・プ
ファルツ州とザールラント州の二州だけに存在する、いわゆる「裁定的関与」
制度を前提とする監督訴訟制度は、ドイツにおいても極めて例外的であり、国
からの訴訟が承認されているといえるほど一般的な制度ではないということは
自覚されなければならない。

IV　地方自治法における「国からの不作為の違法確認訴訟」制度

1　地方自治法の「普通地方公共団体の不作為に関する国の訴えの提起」

地方自治法251条の7第1項は、上記の研究会報告を受けて、「普通地方公共
団体の不作為に関する国の訴えの提起」について、以下のように定めるところ
となった。[12]

　　第251条の7　第245の5第1若しくは第4項の規定による是正の要求又は第245条の
　　7第1項若しくは第4項の規定による指示を行つた各大臣は、次の各号のいずれかに
　　該当するときは、高等裁判所に対し、当該是正の要求又は指示を受けた普通地方公共

---

11)　Janbernd Oebbecke 教授（ミュンスター大学）に対するインタビューでは、ドイツの法制度の
　　中には、州の監督措置に従わないゲマインデに対して純粋に自治監督（Kommunalaufsicht）の意
　　味での訴訟を提起する制度は見出せない。そのような訴訟には、公益の追求を目的とする監督措
　　置にかかる国の主観法（権利）という意味での訴えの適格性も認められないし、権利保護の必要
　　性も認められない。監督官庁は、別の受託者を任命するか、それがうまくいかなければ、ゲマイ
　　ンデ議会やクライス議会の解散など、その他の手段を使って目的を達することになろう。国が、
　　法の執行を目的として、ゲマインデに対して訴訟を提起しなければならないという、国と自治体
　　との関係の理解はドイツには馴染まない、と述べられる。

12)　市町村の不作為に関する都道府県の訴えの提起については、同様の趣旨から、同法252条が定め
　　る。

148

第 1 章　自治体に対する国からの訴訟についての再検討

団体の不作為（是正の要求又は指示を受けた普通地方公共団体の行政庁が、相当の期間内に是正の要求に応じた措置又は指示に係る措置を講じなければならないにもかかわらず、これを講じないことをいう。以下この項、次条及び第252条の17の4第3項において同じ。）に係る普通地方公共団体の行政庁（当該是正の要求又は指示があつた後に当該行政庁の権限が他の行政庁に承継されたときは、当該他の行政庁）を被告として、訴えをもつて当該普通地方公共団体の不作為の違法の確認を求めることができる。

① 普通地方公共団体の長その他の執行機関が当該是正の要求又は指示に関する第250条の13第1項の規定による審査の申出をせず（審査の申出後に第250条の17第1項の規定により当該審査の申出が取り下げられた場合を含む。）、かつ、当該是正の要求に応じた措置又は指示に係る措置を講じないとき。

② 普通地方公共団体の長その他の執行機関が当該是正の要求又は指示に関する第250条の13第1項の規定による審査の申出をした場合において、次に掲げるとき。

　イ　委員会が第250条の14第1項又は第2項の規定による審査の結果又は勧告の内容の通知をした場合において、当該普通地方公共団体の長その他の執行機関が第251条の5第1項の規定による当該是正の要求又は指示の取消しを求める訴えの提起をせず（訴えの提起後に当該訴えが取り下げられた場合を含む。ロにおいて同じ。）、かつ、当該是正の要求に応じた措置又は指示に係る措置を講じないとき。

　ロ　委員会が当該審査の申出をした日から90日を経過しても第250条の14第1項又は第2項の規定による審査又は勧告を行わない場合において、当該普通地方公共団体の長その他の執行機関が第251条の5第1項の規定による当該是正の要求又は指示の取消しを求める訴えの提起をせず、かつ、当該是正の要求に応じた措置又は指示に係る措置を講じないとき。

2　国からの不作為の違法確認訴訟の要件のポイント

　結局、地方自治法では、自治事務に対する是正の要求および法定受託事務に対する是正の指示に対して、国は不作為の違法確認訴訟が提起できるということになったわけである。ただし、是正の要求または是正の指示を受けた自治体には、国地委に対する審査の申出をするかしないかによって異なる手続が予定されるが、両者に共通する要件は、「是正の要求に応じた措置又は指示に係る措置を講じないとき」である。すなわち、自治体が国地委に対する審査の申出をしない場合は、国は、「不作為」を認定すれば違法確認訴訟の提起が可能となるが、自治体が国地委に対する審査の申出をした場合は、国地委の「審査の

149

第2部　自治制度の抜本的再検討

結果又は勧告の内容の通知」を待たねばならず、さらに、これに不服があって自治体が訴えの提起（自治法251条の5第1項）をしない場合に限り、国は不作為の違法確認訴訟を提起することが可能となる。

　ここで注意を要するのは、いずれにしても、当然ながら「不作為」の要件を充たさねばならないことである。つまり、「是正の要求又は指示を受けた普通地方公共団体の行政庁が、相当の期間内に是正の要求に応じた措置又は指示に係る措置を講じなければならないにもかかわらず、これを講じないことをいう」と定義された不作為要件の中で、「是正の要求に応じた措置又は指示に係る措置」を講じたものかどうかの判断は、自治事務の処理にかかる広範な裁量権の行使を前提とする是正の要求の場合、その不作為の要件認定にはとくに慎重な判断が求められるところである。もちろん、法定受託事務にかかる是正の指示にあっても、法定受託事務が地方公共団体の事務である限り、事情はあまり変わらない。

　また、不作為要件の中で「相当の期間」の「相当性」については解釈も重要である。ここでは、行政庁の処分に対する国民（私人）の権利利益の救済を図ることを目的とする行政事件訴訟法3条5項の不作為の違法確認訴訟における「相当の期間」の解釈とはおのずと異なるであろうことだけ指摘して、次の辺野古争訟における国からの不作為の違法確認訴訟の具体的検討の中で論じたい。

V　辺野古争訟における国からの不作為の違法確認訴訟

1　異様な訴訟指揮

　国からの不作為の違法確認訴訟は、国側指定代理人・定塚誠による「わが国は法治国家である」、すなわち本件訴訟が、法の支配の理念の下、双方が堂々と、あるいは淡々と澄み切った法律論を述べ合って証拠を出し合う場であるとの陳述から始まった（第1回口頭弁論（2016年8月5日））。

　しかし、原告・国の主張は、埋立承認の是非については、先の代執行訴訟において、双方が主張・立証を尽くし、双方ともにこれ以上主張・立証がないということで口頭弁論が終結した経緯があるので、早期に結審をして司法判断を

150

第1章　自治体に対する国からの訴訟についての再検討

することで「法の支配」をすみやかに実現してほしいとしており、また、これに呼応するかのように、裁判長・多見谷寿郎は、被告・沖縄県の答弁書の提出前に早々に「訴状提出段階の争点整理案」を提示するなど、原告・国も裁判所も、いかにも「迅速」（筆者からすれば「拙速」）な裁判を切望するかにみえた。しかし、そうであれば、裁判長が進行協議中に理解しがたい求釈明を沖縄県に対して行ったり、国が請求の趣旨を誤ったり（訴状訂正申立書（8月4日付））しなければ良いであろうと考えるのは筆者だけではなかろう。

　また、裁判長が確定判決に従うかどうかについての被告の意思を再三問い正す訴訟指揮について、[13] 被告から「政治的である」との批判があったところであるが、裁判長は、「事情に合った駆け引きをする」（広辞苑）という意味では、「この裁判体は政治的である」と居直りのごとき釈明をした。「政治的である」ことを良しとする異様な裁判は、はたしてどのようなものであったのだろうか。

2　福岡高等裁判所那覇支部2016年9月16日判決（平成28年（行ケ）第3号）内容

　まずは、本件の不作為の違法確認訴訟にかかる要件に関係する判決内容について、判決の要旨から抜粋しておきたい。

⑴　相当の期間の経過　　「法定受託事務に関する是正の指示がなされた場合は、地方公共団体はそれに従う法的義務を負い、それに係る措置を講じるのに必要と認められる期間、すなわち、相当の期間を経過した後は、それをしない不作為は違法となる。地方公共団体からする審査申

---

13)　実は、先の代執行訴訟の和解成立までの間に裁判長から提案されたとされる「代執行及び国の関与取消訴訟和解案について」（2016年2月29日の和解期日まで当事者限りとされている文書）において、国と沖縄県に対して、地方自治法250条の13第1項に基づく国地委への審査の申出を行わないことといった合意を求め、国が行う是正の指示から30日経過後は、国は不作為の違法確認訴訟を提起することができるという内容が記されていたようであり、あわせて同判決が確定した後には、当該判決に従うことの確約も求められていたようである。しかも、「国地方係争処理委員会への審査申出を行わないことについて」と題した同「和解案」の「補足説明」では、「双方とも国地方係争処理委員会の通知や勧告に従う意思はないものと思われる。そのような状況で、深く、複雑かつ幅広い、困難な争点を有する本件の審理・判断を同委員会に求めることは、同じ紛争処理機関として、適切であるとは考えない」とあり、原告・被告の考え方についての裁判官の勝手な「憶測」に基づき、ついには国地委の存在意義を否定するかのごとき内容であった。

151

第2部　自治制度の抜本的再検討

出期間、審査期間および出訴期間は国の提訴を制限する期間である。相当期間
がいつまでであるかについて、本件では、従前の代執行訴訟と主たる争点が共
通することになることに鑑みると、遅くとも本件指示についての国地方係争処
理委員会の決定が通知された時点では、是正の指示の適法性を検討するのに要
する期間は経過したというべきであり、その後に本件取消決定を取り消す措置
を行うのに要する期間は長くとも1週間程度と認められるから、本件訴えが提
起された時点では相当期間を経過していることは明らかであり、被告が本件指
示に従わないことは不作為の違法に当たると言える」。

(2)　不作為の違法の意義　　「被告は、地方公共団体の長に国地方係争処理委員
会への審査申出やその後の訴え提起の途が開かれ
ているにもかかわらず、それぞれ相応の一定期間を経過してもそうした対応を
しないなどの一連の経過に照らし、地方公共団体の長の対応に故意または看過
しがたい瑕疵のあることが認められて初めて不作為の違法が認定できると解す
べきであると指摘する。しかし、平成24年改正で提訴対象を是正の要求・指示
に限定する一方、国地方係争処理委員会への申立てを前置しなかったのは、重
要案件につき、いずれが正しいにせよ、国と地方公共団体の対立により、違法
状態が長く続くことは好ましくなく、迅速に処理すべきとされたこと等に照ら
し、国地方係争処理委員会の手続を経ても、是正の指示が撤回されるなど被告
の不作為が違法である状態が解消されなかった以上、被告において、前記のと
おり、最終的な解決手段として用意された訴え提起を行うことにより、自らの
違法状態を解消することが地方自治法の趣旨に沿うものである。

　さらに、被告は、国地方係争処理委員会の本件指示の適法性について判断せ
ずに協議すべきであるとの決定を尊重して、国の関与の取消訴訟を提起しな
かったものであり、被告の不作為が違法とはならないと主張する。しかし、本
件指示の適法性について判断しなかったことについては、国地方係争処理委員
会は行政内部における地方公共団体のための簡易迅速な救済手続でありその勧
告にも拘束力が認められていないことから、是正の指示の適法性を判断して
も、双方共にそれに従う意思がないのであれば、それを判断しても紛争を解決
できない立場である。また、国や地方公共団体に対し訴訟によらずに協議によ
り解決するよう求める決定をする権限はなく、もちろん国や地方公共団体にそ

152

第1章　自治体に対する国からの訴訟についての再検討

れに従う義務もない。代執行訴訟での和解では国地方係争処理委員会の決定が被告に有利であろうと不利であろうと被告において本件指示の取消訴訟を提起し、両者間の協議はこれと並行して行うものとされたところ、国地方係争処理委員会の決定は和解において具体的には想定しない内容であったとはいえ、元々和解において決定内容には意味がないものとしており、実際の決定内容も少なくとも是正の指示の効力が維持されるというものに他ならないのであるから、被告は本件指示の取消訴訟を提起すべきであったのであり、それをしないために国が提起することとなった本件訴訟にも同和解の効力が及び、協議はこれと並行して行うべきものと解するのが相当である。なお、同和解は代執行訴訟において被告が不作為の違法確認訴訟の確定判決に従うと表明したことが前提とされているところ、被告は本件においてもその確定判決に従う旨を述べており、被告にも国にも錯誤はなく、同和解は有効に成立した」。

3　不作為の違法確認訴訟の要件の検討

⑴　そもそも沖縄県の不作為の違法は存在したか

　国からの不作為の違法確認訴訟は、地方自治法251条の7第1項本文柱書の「不作為」の存在を理由に、同条同項2号イに該当するとして提起されたものであるが、その前段階において国地委は、国の是正の指示の適法・違法の判断をあえて行わず、「本件是正の指示にまで立ち至った一連の過程は、国と地方のあるべき関係からみて望ましくないものであり、国と沖縄県は、普天間飛行場の返還という共通の目標の実現に向けて真摯に協議し、双方がそれぞれ納得できる結果を導き出す努力をすることが、問題の解決に向けての最善の道であるとの見解」を示して決定とした。沖縄県は、これに応えて国地委の決定に従うべく積極的に国に協議を求めており、その限りで国地委の決定に「不服」を有していたわけではない。つまり、地方自治法251条の5第1項1号における「委員会の審査の結果」に「不服」もないのに訴えの提起をすることは適切ではなかったといえる事件である。したがって、沖縄県は、いかなる意味においても「不作為」状態にはなく、国からの不作為の違法確認訴訟は、そもそも法定の要件を充足していなかったと考えられる。

　この点にかかわって、判決が、国地委が国と沖縄県は問題解決に向けて真摯

153

第 2 部　自治制度の抜本的再検討

な協議を行うべきとした判断（審査の結果）をいかにも軽視していることは、地方自治法上の国地委の存在理由からしても理解しがたい。国は、代執行訴訟にかかる和解の成立後、沖縄県と協議をする姿勢をまったくみせず直ちに是正の指示をなし、しかも国地委の審査過程においては、その是正の指示そのものや代執行訴訟においてまったく主張していなかった沖縄県知事の埋立承認取消処分の「不当性」にまでなぜか言及するといったルール違反をも犯していた。一方、沖縄県知事は、本質的な問題解決に向けて、形式的なものではない真摯な協議を求めて、国土交通大臣等に対し協議の申入れを行ったのである。国は、自治体からの協議の申入れがあれば、誠実に協議を行い、協議が整うよう努めなければならないところであるはずだが（地自法250条）、国土交通大臣は、かかる地方自治法上の義務を果たさず、沖縄県知事からの協議の申入れを一顧だにせず、提訴制限期間経過後直ちに、不作為の違法確認訴訟を提起したものである。地方自治法上の義務をまったく果たさない国土交通大臣の対応に対し、地方自治法の諸原則と国地委の審査の結果に忠実に従い、協議の申入れをして真摯な協議による解決を目指し続けた沖縄県知事の対応を不作為の違法と認定するいささかの理由も存しない。

　国からの不作為の違法確認訴訟は、そもそも違法な自治事務の処理の是正を目的とする是正の要求の機能不全に対処するものとして制度化が検討されたものであり、法定受託事務については、当初考慮外であったところ、たしかに最終的には法定受託事務も不作為の違法確認訴訟の対象になることになったが、それはあくまでも法定受託事務のうち代執行訴訟になじまない場合があることを想定してのものであったことは、すでに紹介した総務省の「国・地方間の係争処理のあり方に関する研究会」の議事録から明らかである[15]。

---

14)　ちなみに、地方自治法251条の5第1項は、「第250条の13第1項又は第1項の規定による審査の申出をした普通地方公共団体の長その他の執行機関は、次の各号のいずれかに該当するときは、高等裁判所に対し、当該審査の申出の相手方となつた国の行政庁（国の関与があつた後又は申請等が行われた後に当該行政庁の権限が他の行政庁に承継されたときは、当該他の行政庁）を被告として、訴えをもつて当該審査の申出に係る違法な国の関与の取消し又は当該審査の申出に係る国の不作為の違法の確認を求めることができる。ただし、違法な国の関与の取消しを求める訴えを提起する場合において、被告とすべき行政庁がないときは、当該訴えは、国を被告として提起しなければならない」とし、同条同項1号は、「第250条の14第1項から第3項までの規定による委員会の審査の結果又は勧告に不服があるとき」と定める。

第1章　自治体に対する国からの訴訟についての再検討

　同報告書の冒頭において、制度創設の基本認識として、「地方公共団体が是正の要求等に応じた措置を講じず、審査の申出もしない」という事態は、法律上は、国と地方公共団体との間に是正の要求等に係る法律解釈をめぐる齟齬が生じているという問題に帰着するところである（1頁）と書かれているところからしても、本件のごとく、国地委で審査が行われ、その審議の結果、まずは国と沖縄県の共通の基盤づくりのために真摯に協議する見解が示されている場合、まずは双方がこの見解に従った行動をとるべきことは当然であろう。国も裁判所も、国地委の決定に対する敬意に欠ける行動は慎むべきであろう。

　また同報告書は、国からの不作為の違法確認訴訟の性質について、判決の執行力についての議論を尽くしたうえで、義務づけ訴訟ではなく確認訴訟として位置づけたことにも注意したい。この点からすると、不作為の違法確認訴訟は制度設計の段階から、判決の執行力はないものと想定されており、多見谷裁判長が、繰り返し不作為の違法確認訴訟の確定判決に従うかどうかを尋ねたことの意味は、翁長知事の確定判決に従うといった確約を得ることで判決の執行力の欠欠を補う意味があったことが確認できる[16]。

　私見では、このような制度導入の際の議論の経緯からして、地方自治法251条の7の不作為の違法確認訴訟の要件は厳格に解されるべきであり、その軽々

15）　総務省の「国・地方間の係争処理にあり方に関する研究会」（座長・塩野宏）報告書（2009年12月7日）を参照。この点は、研究会の議事録（第4回27頁）には、法定受託事務を対象とした理由として、「代執行になじまないもの」があるためであり、「代執行訴訟」を提起して、さらに確認訴訟を行うことは、この制度になじまないといえると考えられ、本来、国の強力な権力的関与であるはずの是正の指示の二重の実効性確保は、自治法上の関与法制、国地方係争処理の仕組みからしてとうてい許されないということになるといった記録がある。また、当時の安田課長の発言として、「少なくとも法定受託事務でも代執行になじまないような事務もございますので、自治事務についてこういう訴訟制度をつくるということであれば、やはりバランスから言いましても、法定受託事務についてもそういう代執行になじまない事務を想定すれば、これをつくっておく必要性もありますし、バランスからしてもそうなるのではないかというふうに考えているということでございます」とある。また、当時の総務省自治行政局行政課理事官・上仮屋尚の「国・地方間の係争処理のあり方について（報告）　解説（1）」（地方自治747号）でも、以下のように同様の趣旨が看取できる。すなわち、「ウ　法定受託事務を対象とするか否かについて　代執行を取り得る場合であっても、代執行に至る前に用いることのできる一般的な制度として新たな訴訟制度を作るということが地方自治の精神に適合することなどから、法定受託事務もまた対象とすべき」（42頁）である。これにかかわって http://www.soumu.go.jp/main_sosiki/kenkyu/keiso/index.html の4頁も参照。

第2部　自治制度の抜本的再検討

な運用は、地方自治法の関与制度そのものの根幹を揺るがすことになりかねないと考える。

(2)　相当の期間は徒過したか　　相当の期間の経過についても問題がある。通説的な地位を占める地方自治法コンメンタールにおいて、地方自治法251条の7第2項において定められる期間徒過の要件に関し、「この期間徒過については、徒過し、又は徒過することにやむを得ない事情があるときについての規定はない」。「訴えの提起があったとき、裁判所は期間徒過の形式的事実の認定だけで済ませてよいのか、期間徒過にやむを得ない事情があることを理由として不作為の違法の確認をしないことができるのか、見解が分かれる余地があろう」としたうえで、同条の不作為の違法について、是正の要求または是正の指示をした各大臣とそれを受けた自治体との間に、「法令の解釈やこの制度に関係する諸事実等の見方などを巡って齟齬が生じており、そのような齟齬を解消する手段として、地方公共団体の行政庁には係争処理制度の活用やその後の訴えの提起の途が開かれているにもかかわらず、それぞれ相応の一定の期間を経過してもそうした対応をせず、かつ、相当の期間内に是正の要求に応じた措置又は指示に係る措置を講じなければならないにもかかわらず、それぞれ相応の期間を経過しても、なお是正の要求に応じた措置又は指示に係る措置を講じていないという一連のことが故意又は看過し難い瑕疵のあるものとして不作為の違法があると評価されるものと解する」と解説されているところである。この点からしても、高裁判決が、国地委の決定の通知の時点で期間徒過があったとして、その後沖縄県が本件取消決定を取り消す措置を行うのに要する期間は長くとも1週間程度と認定していることの問題性が浮かびあがる。これは、いかにも期間徒過の形式的事実の認定だけで済ませた

---

16)　ちなみに、たしかに「和解勧告文」には、「被告と原告は、違法確認訴訟判決後は、直ちに判決の結果に従い、それに沿った手続を実施することを相互に確約する」とあったが、「和解条項」では、あくまでも「是正の指示の取消訴訟判決確定後」と記されており、そもそも不作為の違法確認訴訟が提起される場合が想定されていなかった。ここにも「政治的行為」と批判されるべき論点がある。国は、明らかに「和解条項」から自ら逸脱する行為として、不作為の違法確認訴訟を提起したのである。この点、菅官房長官が、折にふれ、ゆがんだ「法治国家」論を唱え、代執行訴訟の和解で問題解決を図ろうとするかのごとき発言がみられるが、「和解条項」の内容は、そもそも限定されたものであることに注意したい。

17)　松本英昭『新版逐条地方自治法〔第8次改訂版〕』（学陽書房・2015年）1223頁。

156

ものであるが、国地委の決定内容を斟酌すれば、少なくとも期間徒過にやむを
えない事情があったかどうかを審査すべきであったのだろう。

VI 国からの訴訟についての総括

1 自治体行政の適法性の確保のための国からの訴訟

　筆者は、1999年地方自治法改正に向けての議論のなかで、「是正措置要求」
（現在の「是正の要求」にほぼ相当）にかかる関与と係争処理の仕組みについて、
以下のように述べたことがある。すなわち、「国と地方公共団体とが法的に対
等であるとするならば、かつ、是正措置要求が本来、非権力的関与であるとす
るならば、そもそも国地方係争処理委員会や裁判所にかけるべき『係争』は存
在しえない。存在するのは、両者の見解の相違に過ぎないはずである。地方公
共団体の行為の違法の有無とその是正を考えるのは地方公共団体自身であり、
自らその是正改善の措置を講ずべき法律上の義務について考えるべきである。
そして、地方公共団体の行為に違法が存するにかかわらず、そして何らの措置
を講ずることがないときには、当該地方公共団体の住民がその違法性を争うこ
とができる仕組みを構想すべきである」[18]。今でも、「裁決的効果」のない国地委
の勧告に不服従だとして、国に出訴権を与えるのはいかがなものかと考えてお
り、考え方の基本に変化はない。地方分権改革（とりわけ「地域主権改革」）のも
とで法令による「義務付け・枠付けの見直し」が議論され、法令改正が進み、
条例制定権の拡大が説かれる時代だからこそ、法令の解釈自治権をはじめとす
る自治権の一層の尊重が必要であり、逆に国の関与はできるだけ抑制されるべ
きであると考えている。

　しかし、当時、地方分権推進委員会の第3次および第4次勧告においては、
国の側からの審査の申出や出訴の可能性にかかる検討が行われ、「国の行政機

18）　白藤「地方公共団体に対する国の関与の法律問題」『地方分権の法制度改革』（地方自治総合研
　究所・1999年）37頁。これに対して、薄井一茂は、国の適法性確保の役割からして、利害関係人
　から距離を保ちやすい国の行政機関が、審査の申出もしない自治体相手に、行政的執行よりマイ
　ルドな手法である司法的執行で裁判で臨むのは合理的であると批判する（「国と地方の紛争処理の
　あり方について―住基ネットに係る国立市の事案を例として」自治総研389号（2011年）70頁）。

第2部　自治制度の抜本的再検討

関には、地方公共団体が当該是正措置要求等に従うべきことが係争処理委員会ないし裁判所の判断として明確に示されることについての正当な利益が認められるというのが、分権委勧告の立場である[19]」とされ、国からの訴訟等の必要性が肯定されていた。かかる立場を尊重するとしても、現行地方自治法の運用にあたっては、地方自治の本旨や国と地方公共団体の適切な役割分担の原則といった、地方自治法改正の本旨を忘れてはならない。

2　地方公共団体の事務についての国からの訴訟（「司法的関与」）

　憲法上の地方自治保障の具体化法である地方自治法では、自治事務という事務の本来的性質から、自治事務の執行に関する行政的関与については、是正の要求を限度に、権力的関与をできるだけ回避してきたはずである。もし、かかる行政的関与の考え方や仕組みに問題があるならば、まずは正々堂々と行政的関与の問題として議論すべきところであろう。自治事務については、その事務の性質から、是正の指示や代執行といった強い権力的行政的関与が抑制されるべきとされている。この国による行政的関与が抑制されていると考えられる事務について、その行政の適法性の確保を目的とするとはいえ、その解決を司法権に委ねるような国からの訴訟が許されるかどうかについて慎重な検討が必要であろう。なぜなら、辺野古争訟のように、三権分立の原理と地方自治の原理が交差するような法治主義・法の支配が問題となるとき、裁判所による地方自治行政の適法性の確保は、「法律による国の行政からの地方自治の保障」と「国の裁判所による国の法律の適用を通した地方自治の侵害[20]」の両義性があることに注意しなければならないからである。まさに辺野古争訟においては、国の行政権と沖縄県の自治権との対立の構図の中で、そもそも国が行政的関与をもって自治権の行使の適法性コントロールを果たそうとしたところ、行政権内部のコントロールが機能せず、最終的に司法コントロールに頼らざるをえなく

---

19)　小早川光郎「国地方関係の新たなルール」西尾勝編『地方分権と地方自治』（ぎょうせい・1998年）140頁。

20)　飯島淳子「国家関与法制における裁判原理―日仏比較の観点から」地方自治757号（2010年）2頁以下参照。

21)　飯島「議会の議決権限からみた地方自治の現状」論究ジュリスト（2012年秋号）135頁。

第1章　自治体に対する国からの訴訟についての再検討

なった。しかし、裁判所も国家機関の一部である限り、国家関与の一態様である「司法的関与」の関与主体であるといえる。ここでは、「国の裁判所が国の法律との適合性を確保するという意味において、地方自治との間に矛盾をはらみうる[21]」ということに注意しなければならない。

　少なくとも国からの不作為の違法確認訴訟のごとく執行力の担保のない裁判判決に委ねる場合には、裁判判決の事実上の権威に依拠して、これによってその実効性を担保することになるが、これによって担保される是正の要求の権力性の強化は相当のものとなろう。行政的関与の司法による履行確保の強化にみえてしかたがないのである。法定受託事務にかかる是正の指示も然りである。もし、これが、ドイツのごとき強力な「自治監督」化を図るものであるとすれば、かつて塩野宏が現行関与法制に投げかけた疑念、すなわち「新しく導入された関与法制が『自治監督』そのものを意味しているとすれば、それは、地方自治の本旨の観点から、大きな疑念の生ずるところである」といった疑念が現実化すると言えまいか。[22] 少なくとも国からの訴訟が、自治事務に対する是正の要求も、法定受託事務に対する是正の指示も区別せずに、強い権力的な関与である「専門監督」に服させることになれば、1999年改正の本来の趣旨に反することになりはしないか。

　行政的関与の機能不全は、まずは行政的関与の制度で正すべきであり、行政的関与の仕組みに関する改正が筋であろう。地方分権改革の名のもとで、一方で立法的関与の改善が促されるなか、他方で司法的関与の強化が許されるとするならば、「義務付け・枠付けの見直し」で拡大される「条例委任」において、あたかも条例の司法統制を目的とするかのようにもみえてしまう。この問題は、条例違法審査制度の問題につながる危険がある。[23]

---

22)　塩野・前掲書216頁。

23)　小早川・前掲論文141頁注（1）では、「今後、地方公共団体の条例制定権の範囲が拡大するとすれば、国と地方公共団体の立法権限の衝突を調整するための仕組みが必要となるとの観点から」、条例違法審査制度の検討が地方分権推進委員会で行われたが、結論に至らなかったとの指摘がある。

159

第 2 部　自治制度の抜本的再検討

3　国からの訴訟による自治体行政の適法性の確保と住民の権利保護

　国地方係争処理制度で使われている「公権力の行使」概念は、現行の行政争訟制度を念頭に置いているに違いない。しかし、当の行政事件訴訟法は、国民の裁判を受ける権利を前提とするといった議論から、自治体の自治権保障の訴えも可能であるとする議論まで多様である。ただ、少なくとも国が原告になって、自治体の「公権力の行使」の違法を是正する仕組みではないことに異論はないようにみえる。そして、ドイツの監督訴訟は、権利侵害の主張を要件としない特別な取消訴訟と構成されているが、わが国の議論は、あくまでも「法律上の争訟」の例外として、法律が定める客観訴訟としての位置づけが一般的には与えられている。ドイツのようにあくまでも行政裁判法の特別な取消訴訟とするか、わが国のようにあくまでも客観訴訟として位置づけるか、まったく基本が異なるところである。研究会報告がいう国からの訴訟のように、融通無碍な客観訴訟論で問題の解決を図ることははたして許されるのだろうか。いま一度慎重な議論が必要ではなかろうか。

　たとえば藤田宙靖は、かねてより、固有の資格における自治体が国を被告とする訴訟について、「地方公共団体が私人の権利を侵害するような公権力の行使を行い、これに対し国が法律上許された監督権の行使を行ったとして、これに対する当該地方公共団体からの抗告訴訟を認めるということは、私人の側から見れば、抗告訴訟が、自己の権利に対する侵害のための手段として利用される、ということを意味する[24]」と主張する。ドイツにおける授益的な「裁定的関与」の違法を国の側から争う訴訟は、私人にとってこれ以上に自己の権利に対する侵害になりうるものであろう。国からの訴訟の提起が、とくに自治体行政の一般的・抽象的な適法性の確保を目的として行われる場合、逆に住民の個別具体的な権利利益の侵害の程度は著しいものとなりうる。現在ある国からの訴訟の運用はもとより、これからの制度化については、慎重な議論が必要であろう。

---

[24]　藤田宙靖『行政法の基礎理論・下巻』（有斐閣・2005年）77頁。ただし、筆者は、自治権侵害を理由とした自治体の訴えの提起の可能性を認める点で、藤田とは見解を異にする。

第2章　地方自治の保障について
——事務区分論から手続論へ

原島　良成

I　事務区分論に対する問題意識

　日本の地方自治を指導する法原理を考究する論説において、常に意識されてきた観点が、自治「保障」の内容と限界である。2000年地方分権改革では、地方自治法1条の2第1項が設けられ、「住民の福祉の増進を図ることを基本として、地域における行政を自主的かつ総合的に実施する役割を広く担う」という、自治推進上の目標ないし地方自治の存在意義が条文化された。しかし、こうした目標の憲法思想的背景や具体的な法制上の帰結は、なお十分には突き詰められていないように思われる。むしろ、地方自治法1条が「国と地方公共団体との間の基本的関係を確立する」という表現でいみじくも指摘しているところ、すなわち国・地方間の役割分担の法的規律こそ、従前の自治法原理論の目指すところであり、地方自治法という法律の存在意義でもあったはずである。[1]

　中央政府（いわゆる「国」）と地方政府（憲法上の「地方公共団体」）の対抗関係を描き出し、そこにおける地方政府の「自治権」保障を論ずるという方式は、確かに比較法的にみても一般的で、デモクラシーを促進する、ある意味普遍的な地方自治観に根差している。[2]日本の憲法論に引き付けるなら、いわゆる固有権説と伝来説の対立構図を下敷きとした自治権論が展開されていたのは、ドイツでもアメリカでも、もはやお定まりの議論の再演であったというべきであろう。しかしながら、地方自治の歴史や存在意義は国によって様々でありえ、安

---

1)　最初の地方自治法（昭和22年法律第67号）には現行法1条のような目的規定は存在しなかったが、昭和27年法律第306号により導入され、その文言は現行法1条と同じであった。

2)　ヨーロッパ地方自治憲章の取組みは、その代表例といえよう。参照、廣田全男「地方自治のグローバル・スタンダードと補完性原理」自治総研28巻4号（2002年）1頁以下。

第2部　自治制度の抜本的再検討

易な普遍化には警戒が必要である。いわゆる制度（的）保障論は、ドイツ自治行政制度におけるような自治権保障の歴史的経緯を欠く状況ではいかにも唐突な理論構成であり、日本の憲法論としては説得力を有しない[3]。そもそも、日本の地方自治は、実際上、国家統治メカニズムの一部という色彩が強く[4]、地方政府の規模や住民への作用のあり方における差異を度外視して一括りに自治の保障を論ずることには、立憲主義の観点から違和感を覚える[5]。

　保障を語る従前の自治法原理論は、地方政府が取り扱う事務の性質を区分することで、この困難を回避してきたようにみえる。すなわち、地方政府が実施する事務を、本来的に地方政府が取り扱うべき事務と本来的には中央政府が取り扱うべき事務とに区分し、前者に地域住民団体の自律としての自治をより強く保障すべきことが、論じられてきた[6]。この思考は、自治実践から統治（他律）の色彩を脱色し、地方公共「団体」の自己決定という、憲法的保障になじみやすい彩色を施すものと評価できよう。

　とはいえ、いかなる内容・性質の事務が本来的な地方政府の事務であるかは、明確とは言い難い。2000年地方分権改革を経た地方自治法も、本来的な事務の帰属に着目して「自治事務」と「法定受託事務」とを区分こそしているが、自治事務の実質把握は「法定受託事務ではない」という消極的定義に尽き（2条8項）、せいぜい、本来的に地方政府が取り扱うべき事務の存在を「地域における事務」という表現で示唆しているに過ぎない（2条1項）。

　他方で、同法1条の2第2項は、「国においては国際社会における国家としての存立にかかわる事務、全国的に統一して定めることが望ましい国民の諸活

3）　拙稿「地方政府の自律（中）─法学的地方自治論の復権に向けて」自治研究82巻1号（2006年）114頁以下で論じたところである。

4）　日本国憲法94条は地方政府の権能として行政執行権を明記しており、これは権力的事務（行政事務）を実施する権能であると説明されてきた。参照、岡田亥之三朗編『日本国憲法審議要録』（盛文社・1947年）503～504頁。このことは、地方政府が国法の権力的実施を幅広く担うという形で実際上に表れている。

5）　GHQの意向を受け各地で公安条例が制定され、後に違憲判決が相次いだことは、忘れられてはならないだろう。参照、渡辺久丸「公安条例の憲法的考察」同志社法学22巻1号（1970年）99頁以下。

6）　例えば、兼子仁「自治体の権力」芦部信喜ほか編『岩波講座基本法学6（権力）』（岩波書店・1983年）253頁。

動若しくは地方自治に関する基本的な準則に関する事務又は全国的な規模で若しくは全国的な視点に立つて行わなければならない施策及び事業の実施その他の国が本来果たすべき役割を重点的に担い、住民に身近な行政はできる限り地方公共団体にゆだねる」という基本方針を示しており、中央政府と地方政府の役割分担を事務の性質により切り分ける方向性には、実定法上の根拠が（改めて）与えられたと言わなければならない。むしろ、2000年地方分権改革に到るまでの研究の到達点（あるいは膠着状況）を反映した規定として、受け止められるべきであろう。

　本稿は、方向性こそ明確ながら結論のぼんやりした事務区分論を検証し、地方自治保障原理としての有効性を批判的に論ずる。事務区分論の切れ味が悪いならば、自治法原理論が目指すべき方向はどこか。先行研究の流れを整序し、「保障」論のパラダイム転換に目を凝らしたい。

II　事務区分論の系譜

1　機関委任事務制度廃止の前後

　2000年地方分権改革の目玉のひとつが、機関委任事務の廃止であった。機関委任事務は、要するに地方政府の長が国の一機関として権限を行使する事務であると言われる[7]。これが地方政府の行政リソースを大きく圧迫していたことから問題視され、1980年代にはその整理縮小が政治課題となっていた[8]。ただ、2000年地方分権改革では、量的な問題もさることながら、同時に質的な問題に焦点が置かれていたようである[9]。

　改革のエンジン役を果たした1995年制定の地方分権推進法は、「地方公共団体の執行機関が国の機関として行う事務」について「地方自治の確立を図る観

7）　参照、田中二郎『新版行政法中巻〔全訂第2版〕』（弘文堂・1976年）31頁。正確には、長以外の執行機関も担当することがある仕組みであるが、本稿では視野に入れない。
8）　文献は多いが、同時代の、辻山幸宣による一連の観察と分析が参考になる。例えば、「中央・地方関係の新展開─機関委任事務制度をめぐって」都市問題79巻1号（1988年）33頁以下。また、塩野宏「機関委任事務の法的問題点」『国と地方公共団体』（有斐閣・1990年）187頁、208～209頁〔初出は1980年〕には、1960年代から1970年代にかけての増加傾向が数値で示されている。
9）　参照、芝池義一「機関委任事務制度の廃止」ジュリスト1110号（1997年）33頁。

第2部 自治制度の抜本的再検討

点からの整理及び合理化その他所要の措置を講ずるものとする。」（5条）と規定し、これを受けた地方分権推進委員会の検討方針は、「機関委任事務については、住民による選挙で選ばれた地方公共団体の長を国の機関として国の事務を委任し、執行させるものであるから制度そのものの廃止を基本として検討すべきであるとの意見があることを踏まえ、……［機関委任事務の縮小を図りつつなおも残るものについては］、機関委任事務制度を廃止した場合の問題点、新たな事務処理方法等についても検討するものとする」と明記していた。[10] この後、1998年の地方分権推進計画において、機関委任事務制度を廃止し、地方政府の実施する事務に「自治事務／法定受託事務」という新たな枠組みを導入することが定められ、少数の事務が廃止ないし国の直接執行事務となった以外は、この枠組みで再構成された。

　機関委任事務制度に認められる質的な問題は、条例制定権との関係で特に注目された。法律の個別的委任がなければ条例で機関委任事務について規律することができないと考えられていたからである。[11] それゆえ、2000年地方分権改革で条例制定権の範囲が拡大した、と評されることもあった。[12] そのような条例制定権の限界を示す条文は改革前の地方自治法に存在しなかったが、当然の法理として受容されており、[13] その淵源は旧憲法下の地方制度における「固有事務／委任事務」の区別に発するものとみえるので、次にこの事務区分論を概観しておく。

2 固有事務と委任事務の理論

　大日本帝国憲法には地方自治に関する規定が存在せず、道府県制、市制、町

---

10)　地方分権推進委員会「行政分野別課題審議に当たって留意すべき事項」（1995年10月19日）。国会会議録検索システムでその内容を確認できる。参照、第134回国会衆議院「地方分権に関する特別委員会」第2号（平成7年11月1日）。

11)　参照、田中・前掲注7）131頁。地方分権推進法の成立後も、地方分権推進計画の閣議決定段階では、法定受託事務についての条例制定には個別の法令による明示的委任が必要であると解されていた。経緯につき、北村喜宣「法定受託事務と条例―産業廃棄物処理施設設置許可事務を例にして」『分権改革と条例』（弘文堂・2004年）94～97頁［初出は1999年］を参照。

12)　例えば、北村喜宣「新地方自治法施行後の条例論・試論」前掲注11）50頁［初出は2000年］およびその引用文献。

13)　参照、須貝修一「機関委任事務に対する議会の関与」都市問題60巻4号（1969年）37頁以下。

164

村制（以下、単に「地方制」という）という法律レベルでの地方制度として運用されていた。公法学者の宮澤俊義は「固有事務と委任事務の理論」（1943年。以下、「宮澤論文」という）を著し、当時の事務区分論について大要以下のように分析した。[14]

　ドイツ公法学の影響を受け、地方団体の事務を、その存立目的たる「固有事務」と国から地方団体（ないしその機関）に特に委任された「委任事務」とに区別し、固有事務は地方制にいわゆる「公共事務」に該当し、委任事務は「従来法令又ハ慣例ニ依リ市ニ属スル事務」に該当するとの見解が、通説である。[15]ただ、地方団体が国家から独立の存在であるとは考えられておらず、「固有」事務という呼称は不当であり、いずれの事務も国家から委任されたものである。にもかかわらず固有事務と委任事務の区別を認める通説は、地方団体の「存立の目的」に属する事務か否かに注目するが、法令により委任された事務の中にも存立の目的に属する事務があり、法令で存立目的が明確に定められているわけでもないので、それにより固有事務と委任事務を区別することは到底できない。むしろ、地方制における「公共事務」とそれ以外の事務（宮澤はこれを「便宜委任事務」と呼ぶ）の区別により固有事務と委任事務が区別されると考え、公共事務すなわち固有事務は特別な法令や慣例なく地方団体が処理できるという条文上の帰結にその区別の実益をみるべきである。ここで、ある事務が公共事務であるか否かは、事務の性質により決せられるべき問題であるが、その限界は必ずしも明確ではない。少なくとも、美濃部達吉の言う「本来の公共事務」すなわち「其の地方一般人民の公共の福利の為めに、各種の公共事業を経営し公の施設を為す」ことは、公共事務に含まれる。

　宮澤論文は以上を論じた上で、「地方団体の条例制定権について公共事務と委任事務の間に区別がみとめられているだろうか。」という問いを立て、次のように答えている。本稿の関心からして重要な部分であるので、宮澤による翻訳、引用部分も含めてそのまま紹介する。

---

14)　宮澤俊義「固有事務と委任事務の理論」『公法の原理』（有斐閣・1967年）183頁以下［初出は1943年出版の同名書籍］。

15)　市制2条「市ハ法人トス。官ノ監督ヲ承ケ法令ノ範囲内ニ於テ其ノ公共事務並従来法令又ハ慣例ニ依リ市ニ属スル事務ヲ処理ス」。町村制、府県制の各2条にも同様の規定があった。

第2部　自治制度の抜本的再検討

　……ドイツ市町村制は『市町村はその固有事務（eigene Angelegenheiten）を自主
法（Satzungen）によって規律するをうる。ただし、法律が別段の定めをなし、ある
いは自主法の制定を明示的に許している場合はこの限りではない』と定めている（三
条）。わが国にはこういう規定はない。わが学界においても、ドイツ法におけるが如
く、条例をもって規定しうるは公共事務にかぎり、委任事務については条例をもって
規定するをえぬとする解釈もある。しかし、学界においてはこれは支配的な見解では
ない。通説は美濃部博士と共に地方団体が条例を定めることは『必ずしも固有事務の
範囲に限定せらるるものではなく、委任事務も団体に委任せられて居る以上は団体の
事務に外ならぬのであるから、それに付いても全然規定し得られないではない』と解
している。[引用は以上]

　旧制度（地方制）下の事務区分論は、理論上では明確な性質区分をなしえず、
ただ実定法上の、特別の法律の指示によらずして（地方制の規定に基づいて）処
理できる「公共事務」なる概念の存在が、区別の根拠であった。地方制は、公
共事務について法律で各個規律することを排除するものとは考えられておら
ず、また当時のドイツ自治行政制度におけるようには国家監督の強弱に（公共
事務については適法性統制に留め合目的性統制が及ばないとするような）差がないの
で、区別の意義はそれほど大きなものではなかった。

　もっとも、委任事務における「団体委任」と「機関委任」という（宮澤論文
が注目しなかった）区分は、条例制定権の対象範囲を画する意義を有していたよ
うにもみえる。この点、宮澤論文は、委任事務における「委任」という用語に
そもそも違和感を表明し、つまり「特別の法令の規定によって地方団体が処理
する事務」を委任事務というのであり、法令により地方団体に委任された事務

---

16)　宮澤論文の脚注は、ここで、宇賀田順三『地方自治制（新法学全集）』94頁、末松偕一郎『地方
　　自治要義』119頁、大塚辰治『市町村条例』18頁、五十嵐＝松本＝中村『市制町村制逐条示解（58
　　版）』100頁、清水＝末松＝平井＝松本＝近藤『市制町村制正義』221頁、星野武雄『自治制要論』
　　86〜87頁、を挙げており、さらに、入江俊郎＝古井喜実『逐条市制町村制提義』を挙げ「入江＝
　　古井両氏がこの解釈をもって『通説』としておられるのは（入江＝古井・前掲214頁）、それが従
　　来かように実務家方面でひろく行なわれているからであろう」と記している。
17)　宮澤論文の脚注は、ここで美濃部達吉『日本行政法（上）』582頁を引用するとともに、同説と
　　して佐々木惣一、渡辺宗太郎、杉村章三郎ほかの所説を挙げている。
18)　このような区分自体が地方制においても認識されていたことについては、秋田周「地方公共団
　　体の事務・機関委任事務」雄川一郎ほか編『現代行政法大系第8巻』（有斐閣、1984年）125頁、
　　亀掛川浩「機関委任事務の沿革」都市問題60巻4号（1969年）15頁以下を参照。条例制定権との
　　関係では、前掲注13)で触れた須貝論文がある。

166

第2章　地方自治の保障について

ではないと述べている。この考えによれば、「団体委任／機関委任」の区別は
事務処理に関する各法令の指示内容による区別であり、むしろ条例制定不可と
いう指示を伴う「委任」を「機関委任」と解すべきことになるかもしれない
（宮澤論文において明確ではないが）。

3　国制の転換と固有事務論の再興

　日本国憲法の制定を受け、地方制が「地方自治法」制度へと転換した時点に
おいて、事務区分論はどのような変容を受けたか。原龍之助「地方自治事務の
範囲について—固有事務、委任事務及び行政事務の区別」（1949年。以下、「原論
文」という）の論調が参考になる。原論文は、新憲法が「全体として自然法的
な理論の基調の上に立って」いることから、次のように論ずる。

　　地方団体が国家から完全に独立な存在であることは許されぬとしても、地縁的協同
　団体としての社会的基盤を有する地方公共団体は、もともと固有の生命をもった固有
　の存在であり、地方団体の自治権は単に国家から伝来したものでなく、本来、地方団
　体が固有の地位なり権能をもつことを前提とし、国家がこれを自治権として承認し、
　これを保障しようとする立場に立つものということができよう。

　原論文は、この叙述に続いて、地方自治の本旨に反する形では法律によって
も「その存立を否定することはできぬと解すべきであろう」と述べ、さらにこ
の考え方を事務区分論にも及ぼす。

　　地方団体は、相対的であるにせよ、国家から独立な存在であり、ある程度固有の地
　方権を有すると解する立場が是認せられうるとすれば、国家による委任とは関係な
　く、この地方権にもとづき一定の事務を有するという思想によって、固有事務の概念
　を理由づけることは必ずしも不可能ではないとおもわれる。

　　［引用者注：固有事務としての］公共事務の限界を具体的な場合に明確に定めるこ
　とは必ずしも容易ではないが、一は、単に国家から伝来したものでなく、本来地方団
　体に固有する権能を法によって承認されたものであり、原則として法律によってもこ

---

19)　宮澤・前掲注14）256〜257頁。
20)　原龍之助「地方自治事務の範囲について—固有事務、委任事務及び行政事務の区別」都市問題
　　研究2号（1949年）63頁以下。本稿での引用に際しては、旧字体、旧仮名遣いを現代化している。
21)　原・前掲注20）75頁。

167

第2部　自治制度の抜本的再検討

れを奪うことのできぬ事務であると解することができるのに反し、他は、法にもとづ
いて国家から委任せられた事務であり、特別の法の規定ある場合にのみこれを処理す
ることができるものであり、また法をもってこれを制限することもできることにおい
て、類型的には一応両者を区別することも無意味ではないといえよう。しかし、現行
法上、固有事務と委任事務とによって、国家の監督方法に差異を認めることができぬ
以上、この区別は解釈技術上には、格別の実質的意味を持たぬようにおもわれる。[22]

　別稿で整理したように、固有の地方権を構想する解釈論はやがて勢いを失
う。[23] とすると、事務区分論について宮澤論文の指摘した要点、すなわち実定法
上の区分の意義が改めて前景に現れる。原論文も、地方自治法が新たに導入し
た「公共事務／委任事務／行政事務」の三区分について考察しているので、次
にこれを見ておく。

4　地方自治法の導入した事務三区分

　最初の地方自治法（1947年5月、日本国憲法と同時施行）は、地方政府の処理す
べき事務に関して、旧地方制とほとんど同一の規定を有していたが間もなく改
正され、[24] 2000年地方分権改革の前まで概ね維持された。すなわち、1999年改正
前の地方自治法2条2項によれば「普通地方公共団体は、その公共事務及び法
律又はこれに基く政令により普通地方公共団体に属するものの外、その区域内
におけるその他の行政事務で国の事務に属しないものを処理する。」とされ、
要するに、「行政事務」という概念が旧地方制下で処理すべきものとされた事
務に追加された形となっている（加えて、2条9項および10項で委任事務を別表第
一および別表第二で列挙することが定められたが、ここではひとまず措く）。

---

22)　固有事務の理論的根拠はともかく、委任事務について、「特別の法の規定がある場合にのみこれ
　　を処理することができる」とする考え方は、少なくとも宮澤論文においては採用されていなかっ
　　た。

23)　拙稿「地方政府の自律（上）―法学的地方自治論の復権に向けて」自治研究81巻8号（2005年）
　　101頁以下で整理した。同論文108頁、116～117頁［注39］で触れたように、原論文のような自然
　　法的な固有の自治権思想は、少なくとも1950年代においては相当有力であった。

24)　旧地方制の条文は前出注15）を参照。地方自治法では、法人格については別条文とされ、さら
　　に「官ノ監督を承ケ法令ノ範囲内ニ於テ」という文言が削除された。地方自治法制定初期の改正
　　経緯については、法学協会編『註解日本国憲法下巻〔改訂版〕』（有斐閣・1954年）1364～1366頁
　　および1383頁［注11］に簡潔にまとめられている。最初の地方自治法148条は、「部内の行政事務」
　　という文言により都道府県知事に対する包括的な機関委任事務制度を採用していた。

168

第2章　地方自治の保障について

　行政事務の意義について、地方自治法の条文に説明はないものの、日本国憲法94条が、財産管理、事務処理と並んで行政執行を地方政府の権能として明記したことを受け、また内務省解体に伴う警察行政分権化の要請という事情の下、住民の権利自由を制限し義務を課する事務を行政事務と名付け地方自治法2条2項に組み込んだものと解されてきた。これは公共事務と同様、包括的に地方政府の事務として位置付けられていたが、同時に地方自治法14条2項は「普通地方公共団体は、行政事務の処理に関しては、法令に特別の定があるものを除く外、条例でこれを定めなければならない。」という制限を導入していた。

　原論文は、自然法的な固有事務観念のリヴァイヴァルに引き付けて、行政事務は国家が法律によって委任した事務であるから法律によって制限剥奪することも不可能ではないのに対し、公共事務は固有事務であるから、原則として法律でこれを奪うことはできないと論じた[26]。前提となる固有事務観念が崩れれば、当然、事務区分の意義も失われよう。

　宮澤論文以来の関心からは、公共事務が、委任事務ではない上に侵害的事務でもないと明確になったことは重要で、原論文も同箇所で、「積極的に住民の福利増進を直接の目的とする非権力作用であることにおいて」公共事務は行政事務と区別されると説く。しかし、同時に原論文は、上に引用した当時の地方自治法14条2項の適用において区別の実益があるかというと、「その事務が類型的に行政事務であるか否かによって決せられ得べき問題ではなく、むしろ単刀直入に住民の権利自由の制限に関する事務であるか否かを判断して具体的に決せられるべきであろう」と論じ、「こういう区別を認めねばならぬだけの十分の実益があるかどうかは疑わしく思われる」と結論する[27]。

　つまり、事務の三区分が仮に可能であるとしても、その実益は、自然法的な固有事務観念に乗っからない限り、定かではない[28]。むしろ、機関委任事務に関

---

25)　例えば、久世公堯『地方自治条例論』（日本評論社・1970年）33～34頁。入江俊郎「地方自治法管見」自治研究24巻7号13頁。憲法94条の行政執行権については、前出注4）で触れた。

26)　原・前掲注20）78～79頁。

27)　原・前掲注20）80～81頁。委任事務とそうでない事務の区分について、原論文執筆当時の地方自治法229条（1999年改正前地方自治法232条2項）を挙げ、事務経費の分担基準として意義があるとも考えられそうだが、すでに宮澤論文および原論文において反対の指摘がある。

169

第2部　自治制度の抜本的再検討

する議論こそ、唯一実益を伴う事務区分論であったのではなかろうか。

5　実定法上の類型としての機関委任

　2000年地方分権改革以前の地方自治法は、前節に見た事務の三区分を明記してはいるが、「団体委任事務」「機関委任事務」という事務類型については、特に規定がなかった。ただ、同法150条が、「普通地方公共団体の長が国の機関として処理する行政事務については、普通地方公共団体の長は、都道府県にあつては主務大臣、市町村にあつては都道府県知事及び主務大臣の指揮監督を受ける。」と規定していたため、少なくとも行政事務の中に地方政府の長が国の機関として処理する事務があることは、その区分の意義と共に明確であった（151条の2にも関連規定がある）。そこで改めて同法2条2項の事務の三区分規定を振り返ると、委任事務は団体への委任であると読むことができ、公共事務と行政事務について、「機関委任」の可能性が浮かび上がる[29]。

　同法150条は「委任」という文言を用いていないが、この事務はどのように同定されるのだろうか。地方政府の長の権限を規定した同法148条1項には「普通地方公共団体の長は、当該普通地方公共団体の事務及び法律又はこれに基く政令によりその権限に属する国、他の地方公共団体その他公共団体の事務を管理し及びこれを執行する。」とあり、要するに、地方政府の長に中央政府の事務が権限として帰属させられることがあると読める[30]。不明確であるが、必ずしも「委任」という形態を採らず、法令で長に中央政府の事務を実施する権限を与えている場合がそれにあたると考えられる。さらに、同条2項および3項は、そのような事務が地方自治法の別表第三および第四に列記されることを定めており、何が「機関委任」事務に該当するかは形式的に判明するような外

---

28)　2000年地方分権改革前の事務三区分に特段の実益が無いということは、原論文の指摘にとどまらず、共通認識であったといってよさそうである。

29)　後述の別表第三、第四を眺める限り、統計調査や自衛官募集など、非権力的な事務も含まれており、行政事務には限定されていない。

30)　国の事務に限らず「他の地方公共団体その他の公共団体の事務」があるが、本稿では考察対象から外す。また、地方政府の長以外の執行機関（教育委員会等）についても、同様に国等の事務が権限として帰属する場合がある。同法180条の8第2項、180条の9第3項、186条第1項、202条の2第6項を参照。

170

観が整えられていた。

　重要なことは、地方政府の実施する事務（ないし権限行使）に、中央政府の事務の管理執行作用が含まれるということである。仮に別表第三および第四の列記が網羅的なものであるとしても、別表作成時の振り分け原則が必要であり、しかも実際には別表は網羅的ではないと考えられてきた。[31]つまり、「国の事務」か否かを判別する理論が求められたはずである。

　したがって、2000年地方分権改革以後の地方自治法が、本来的な事務の帰属に着目して「自治事務／法定受託事務」区分を導入したことは、従前の事務区分論の要素を抽出し再構成したものと評価できそうである。だとすると、「事務」という概念を引き継ぎつつ本来的に国の事務である（あるいはそうでない）という議論においては、かつての「固有事務／委任事務」という不毛かつ不明瞭な区分論を再演することにならないよう、注意が必要である。もっとも、「自治事務／法定受託事務」の区分は、関与（旧来の用語によれば国家監督）のあり方を分かつ指標として地方自治法上の明確に位置付けられており、区分の実益を疑う余地はない。

6　小括

　本稿Ⅱでは、地方制から地方自治法制へと転換する中で、事務区分論が概ね議論の基盤において連続性を保ちながら展開し、しかし機関委任事務が類型として強い存在感を示すようになったことを見てきた。続くⅢでは、1980年代から1990年代にかけて、機関委任事務改革、国から地方への権限移譲、そして2000年地方分権改革へと動き出す中で注目された「機能分担論」に焦点を合わせる。機能分担論は、事務区分論を批判的に捉え新しい分権論議の基盤を設定しようという試みであり、それは精緻な分権法理を生み出さない茫洋とした事

---

31)　1949年のいわゆるシャウプ勧告を受けて設置された地方行政調査委員会議は、「行政事務再配分に関する勧告」（いわゆる神戸勧告）を発し、機関委任事務の範囲の明確化と抑制を改革方針として打ち出した。これを受けて1952年8月の地方自治法改正で、団体委任事務と機関委任事務を列記する別表が設けられた。そのような経緯からすれば、限定列挙と解すべき余地もあったはずであるが、そもそも個別法の改正と別表の改正が対応しない運用であった。参照、秋田・前掲注18）137頁［注64］。また、シャウプ勧告・神戸勧告の経緯は、藤岡純一「行政事務再配分における総合化原則—現代地方財政論序説」立命館経済学27巻5号（1978年）95頁以下の整理が参考になる。

第 2 部　自治制度の抜本的再検討

務概念との訣別を意味するものであったのではないか。改革後の自治法原理論
は、事務区分論の呪縛から解放されたと言えるだろうか。

Ⅲ　事務区分論の動揺

1　事務の概念把握

　地方自治法は、日本国憲法92条を受けて、「地方公共団体の組織及び運営に
関する事項」を定めるもので、いわゆる組織法に分類される法律である。行政
法学で「事務」と言えば、組織法上の役割分担を示す際に用いられる語であ
り、「行政事務の能率的遂行」を目標に掲げる国家行政組織法と、それを受け
た各省設置法が、組織運営上の基本となる「任務」とそれを達成するための
「所掌事務」という形で担当作業ないし業務を系統化しているのが、その例で
ある[32]。

　このような用語法は、行政作用を規律する統制法分野でも概ね共有されてお
り、例えば、行政手続法32条1項が行政指導について「当該行政機関の任務又
は所掌事務の範囲を逸脱してはならない」と述べているほか、同法4条3項が
「法律の規定に基づく試験、検査、検定、登録その他の行政上の事務」という
言い回しをしていることからも、事務という語により行政組織における作業な
いし業務が総括的に示されていることが窺われる。

　行政作用の根拠を設定する法律において、まさしく要件、効果を定める文脈
ではないが、ある権限の委任に関する規定で「……の権限に属する事務」とい
う言い回しが見られる。これは組織法の文脈であり、地方自治法にはこの言い
回しが（別表と附則を除いて）32か所も存在する。また、作用根拠法の附則にし
ばしば登場する経過措置規定では、「事務又は事業」「事務又は権限」といった
言い回しが見られ、「事務」という語を「事業」ないし「権限」と同列に扱っ

---

32)　ドイツ公法学（行政官庁理論）の影響も感じられる。薄井一成「行政組織法の基礎概念」一橋
　　法学9巻3号（2010年）879頁の整理によれば、国家行政「任務」（Aufgabe）が行政単位に振り
　　分けられ、「所掌事務」（Zuständigkeit, Kompetenz）として処理され、その事務処理のために用
　　いられる手段が「権限」（Befugnis）と呼ばれる。Zuständigkeit も Kompetenz も Befugnis も、
　　資格や権限を意味する類義語である。藤田宙靖『行政組織法』（有斐閣・2005年）33頁以下も参
　　照。

ていることが窺われる。地方自治法においては、「事務の処理」だけでなく「事務の管理」「事務の執行」という言い回しが頻繁に用いられていることも、指摘しておきたい（例えば245条の4第3項）。

このように、法律上の用語として必ずしも定義が明確になっているわけではないが、「事務」とは、概ね、政府組織（委託先組織も含む）において職員が取り組む個々の作業ないし業務を総括的に表現する語として用いられている。そうした個々の作業等が一定の目的の下に統合され、組織外に対して生産的なものとして表現される場合に「事業」、あくまで個々の作業やそのかたまりが組織において行われることそれ自体の表現として「事務」の語が用いられている。また、事務の主体が組織ではなく機関（作用法的行政機関概念）である場合や事務を対外作用として表現する場合に「権限の行使」という言い回しになり、これは「事務の実施」と同義であるように思われる。ただ、「権限に属する事務」という文言で表されるような、対外的な権限行使に内部の事務作業が付随するという構図では、個々の事務処理が対外的な権限行使と一対一で対応するとは限らない。[33]

2 事務概念の機能不全

ある事務がどの組織の事務なのか、事務の「帰属」ということについて考えてみる。前節に整理した概念把握によれば、帰属によって当該組織のなすべき作業ないし業務の範囲が定まるが、相応の権限（対外作用の正当化根拠）や財源が与えられることまでは意味しない。また、組織間で事務が競合することがある。事務の内容によっては複数組織への帰属が考えにくいこともあろうが、帰属が当然に排他性まで伴うものではないし、事務の抽象度が高いほど競合可能性が高まる。[34] 事務概念はその帰属主体に地位や権限を「保障」するのに適さないと考えるべきであろう。

33）「許可権限の行使」と「許可事務の処理」を比較した場合、前者としては許可の意思決定と通知が想起されるが、後者の用語法としては、審査基準の設定や関係機関との調整などが含まれるであろう。

34）　原子力発電技術の開発政策を策定し実施する事務が思い浮かぶ。経済産業省設置法4条1項55号および文部科学省設置法4条1項66号を参照。

第 2 部　自治制度の抜本的再検討

　にもかかわらず、機関委任事務については、中央政府の事務であるがために
その実施には大臣の指揮監督が及び、地方議会の条例制定対象にならないと言
われていた（前述）。この言説については、「委任」と「指揮監督」が行政法学
の一般的な用語法に即したものではなく、法的には委任も指揮監督も存在しな
いという、もっともな批判が寄せられてきた[35]。ただ、あまり用語に拘泥すべき
ではない。2000年地方分権改革前の地方自治法は、形式的に（異なる別表によ
り）団体委任事務と機関委任事務を区別しているようであるし、明文規定こそ
欠くものの、旧地方制以来、中央政府による強い統制が及ぼされる事務類型が
あったことは、確かである。むしろ、前節に検討したところを踏まえるなら、
事務という内包外延の不明瞭なものの帰属いかんにより、法的な規律のあり方
を区分することの困難性に、注目すべきであろう[36]。どこからどこまでが条例制
定の対象から外れるのか、精密な議論は無かったようである。

　ほかに、所掌する事務の実施に過失があって賠償責任が生じる場面を想起す
ると、事務の帰属が責任の帰属に反映することは、一応考えられる。確かに、
通常は、事務の帰属そのものではなく実施活動（不作為も含む）上の過失に
よって責任が生じると説明できるかもしれない。しかし、判例によれば、行政
組織の事務を委託関係のない外部民間組織が実施しその活動に過失が認められ
た場合に、活動者（の属する民間組織）ではなく行政組織が第一次的な賠償責任
を負う可能性がある[37]。これは、事務が行政組織と民間組織の両方に競合せず帰
属している機能分担状態を示すものであり、事務の帰属を探ることで責任の所
在を截然と解明できるわけではない。

---

35)　参照、小林與三次「『団体委任事務、機関委任事務論議』を超えて―自治観念論義（二）」自治
　　研究28巻 3 号（1952年）37頁以下、加藤一明「機関委任事務の監督と経費」自治研究51巻10号
　　（1975年）13頁以下、八木欣之介「私説・機関委任事務考」地方自治434号（1984年）14頁以下、
　　鳥飼「機関委任事務に関するいくつかの『通念』への疑問」都市問題88巻 7 号（1997年）51頁
　　以下、鳥飼顕「『法定受託事務』概念の放棄と事務区分の考え方の見直しについて」都市問題90巻
　　 8 号（1999年）101頁以下。
36)　参照、小林與三次「『国の事務、地方公共団体の事務』論議―自治観念論義（その三）」自治研
　　究28巻 4 号（1952年）30頁以下。2000年地方分権改革で導入された「自治事務／法定受託事務」
　　という分類についても、情報公開条例による開示請求文書の対象範囲がどこまでかという古くか
　　らの問題が付きまとっている。

174

3 事務分担・機能分担・役割分担

前節で述べたように、事務の帰属を論ずることは法律論として無意味ではもちろん無いが、概して鋭さを欠くものであった。そのことは、「分離／融合」に無自覚な1950年代の分権論議が醒めゆく中で、学界においても徐々に顕著な事実となっていったようである。シャウプ勧告（1950年）が突き付けた「行政事務再配分」が、分権型であると同時に融合型でもあると分析される日本の地方自治制度にとっていかに重く困難な課題であったか、改革がデッド・ロックに陥り方向転換する過程は、先行する諸研究が検証してきたところである。[38]

---

37) 参照、最判平成19・1・25民集61巻1号1頁。これは、社会福祉法人の運営する児童養護施設内で発生した入所者間の傷害事件に関し、国家賠償法1条1項に基づき重篤な後遺症を負った入所者の損害を賠償するよう県に命じた判決である。同判決の論理は、法律に基づく措置入所者の養育監護は「本来都道府県が行うべき事務であり、このような児童の養育監護に当たる児童養護施設の長は、……本来都道府県が有する公的な権限を委譲されてこれを都道府県のために行使するものと解される」というものであった。

また、最決平成17・6・24判時1904号69頁は、民間事業者である指定確認検査機関が行った建築確認について、建物周辺住民の提起した取消訴訟が建築物完成により訴えの利益を失った場合に、その地を管轄する建築主事の属する市を被告とする損害賠償請求に変更することを認めた。前提として、行政事件訴訟法21条1項「裁判所は、取消訴訟の目的たる請求を当該処分……に係る事務の帰属する国又は公共団体に対する損害賠償その他の請求に変更することが相当であると認めるときは、請求の基礎に変更がない限り、……訴えの変更を許すことができる」を参照。つまり、同判決は、民間事業者の行う建築確認事務は市の事務である、と認めたことになる。同判決に曰く、建築基準法は「確認に関する事務を地方公共団体の事務とする前提に立った上で、指定確認検査機関をして、上記の確認に関する事務を特定行政庁の監督下において行わせることとしたということができる」。

両判決は、（本来的な）事務の帰属のみで責任の帰属を決しているわけではないが、事務がどこに帰属するかで原則的な責任の所在を探るという、議論の型を示している。塩野・前掲注8）197～198頁が、機関委任事務に関する損害賠償責任の主体に言及しているので、併せて参照されたい。

38) シャウプ勧告を契機として、1950年の第6回日本公法学会では行政事務再配分が集中討議された。その模様は公法研究4号（1951年）に詳しく、シャウプ勧告の全文も掲載されている。所収の原龍之介「行政事務の再配分」32頁以下にからは、伝来権たる自治権の限界を事務配分の分権論により突破しようという目論見が看取される。本稿Ⅱで取り上げた原論文と一連のものといえよう。また、同じく所収の河中二講「市町村の實体と事務の再配分」74頁以下は、未熟な地方自治の実情を顧みない単純な分権推進は却って中央統制の強化につながると、的確に予言していた。

その後の過程の分析は、天川晃「地方自治制度の再編成―戦時から戦後へ」日本政治学会編『年報政治学1984　近代日本政治における中央と地方』（岩波書店・1984年）10頁、同「変革の構想―道州制の文脈」大森彌＝佐藤誠三郎編『日本の地方政府』（東京大学出版会・1986年）118頁以下を参照。「分離」「融合」の用語も天川による。

第2部　自治制度の抜本的再検討

　公法学者では、成田頼明が1975年に「事務配分論から機能分担論へ」という議論を行っている。その論調は、「単なる各行政主体間の事務配分としてではなく、むしろ権限ないし権能の配分、あるいはもっとひろく公共的課題の機能分担におかれなければならない」というもので、中央・地方の事務実施における「融合」を意識したものであった[39]。

　もとより、このような議論は突然生じたものではなく、1960年代の地方制度調査会答申が背景にあると考えられる[40]。その経緯は、山下淳の論考で端的に表現されている。曰く、「シャウプ勧告に代表されるこれまでの事務再配分論がひとつの事務を簡潔的かつ専属的に配分しようとするものであったとすれば、機能分担論は、新中央集権化の流れのなかで国の事務と地方の事務とが共同事務化しつつあるという状況を踏まえて、一連の行政過程のなかでの機能的な分担と協働によって代替させようというところにあった。機能分担論は、このような中央地方関係の変化への一つの対応策であった[41]」。

　1970年代から1980年代にかけて、地方制度調査会及び臨時行政調査会の答申が具体的な機能分担の方策を打ち出していく過程では、「機能分担論は、地方自治権＝『地方自治の本旨』の憲法的保障をあまり考慮に入れていないまま論理を展開していると考えられる」と、地方自治の「保障」を重視する立場から、問題提起があった[42]。

---

39)　参照、成田頼明「行政における機能分担（上）」自治研究51巻9号（1975年）17頁以下［引用部分は19頁］。同論文に少し先行する、田中二郎「国と地方の関係—その機能分担を中心として」自治研究48巻5号（1972年）3頁以下は、「事務配分」と「機能分担」の区別を強調していないが、「総合的に、かつ、合理的・能率的に」という事務配分原則を追求するうえで融合を前提とした適切な機能分担を検討すべきことを、含意しているように読める。

40)　参照、藤岡・前掲注31)。特に104頁以下で取り上げられる第9次および第10次地制調の一連の答申。佐藤功「行政事務の再配分—問題の推移と展望」田中二郎先生古稀記念『公法の理論（下.1）』102頁。機能分担論の把握、特にシャウプ勧告の立場との対抗関係については異論があるが、本稿では立ち入らない。参照、晴山一穂「行政事務再配分論の沿革と背景」室井力編著『行政事務再配分の理論と現状』（勁草書房・1980年）37頁以下、今村都南雄「日本における政府間関係論の形成」法学新報96巻11・12号（1990年）357頁。

41)　山下淳「事務配分・機能分担」法学教室165号（1994年）43頁より引用。より精密には、山下・後掲注44)　144〜145頁を参照。

42)　参照、鴨野幸雄「機能分担論と事務再配分論」都市問題75巻12号（1984年）44頁以下［引用部分は51頁］。竹下穣「機関委任事務と地方自治」都市問題66巻8号10頁、成田頼明「国と地方の機能分担を中心として」都市問題研究34巻9号（1982年）100頁以下も参照。

さらに進んで、1990年代には、第三次臨時行政改革推進審議会の答申（1993年）を契機として、機能分担論から役割分担論への展開があるという指摘もある。すなわち、役割分担においては自治体が「企画・立案から実施までを一貫して担う」点で機能分担とは異なるとされる。[43] 端的には、機関委任事務制度の合理的活用論から廃止論への方向転換として表れる。

4　競合関係としての中央地方関係

前節で取り上げた事務論の展開は、地方自治「保障」論にどう接合させることができるだろうか。この関心から2000年地方分権改革以前における理論研究を吟味する時、最も重要な論文は、山下淳「国と地方の関係に関するノート—競合関係としての中央地方関係の模索」（1992年。以下、「山下論文」という）であるように思われる。[44]

山下論文は、中央政府と地方政府の「分業的発想」について、次のように問題提起する。「従来ともすれば、自治行政をめぐるさまざまな場面において、国・地方公共団体を包括する広い意味での行政の一体性のドグマ、あるいは行政の効率性のドグマが無意識的にか指導理念となっていたようにも感じられる。」「現代のように行政の単位が多元化し錯綜する状況ではよりいっそうのこと、一体としての行政・能率的な行政の見地から協力関係の強化を要請するであろう……しかし、協力関係は法的な対等性があってはじめて意味を持つ。」「歴史的にも法的な対等性が必ずしも定着していないところでは、中央地方の錯綜した協力関係の強化は容易に『後見的な監督』関係に機能転化するであろうことは、強調されてよい。」（以上、146～147頁）

このような問題意識から、融合型の分担モデルを象徴する事務配分論に切り込み、「事務配分論であろうと、機能分担論であろうと、『合理的な配分』を求める作業ではある。他方、憲法論のレベルからすれば、内容的には地域的な性

---

43)　参照、小泉祐一郎「国と自治体の事務配分における役割分担と機能分担—国道の管理を例として」公共政策志林1号（2013年）79頁以下［引用部分は82頁］。ただ、同論文は機能分担論を単純化し過ぎであるようにも思われる。

44)　山下淳「国と地方の関係に関するノート—競合関係としての中央地方関係の模索」香川法学11巻3・4号（1992年）143頁以下。

第 2 部　自治制度の抜本的再検討

格をもつものであっても、法令上、国の事務とし国の行政組織によって処理することへの歯止めがないという現状がある」と指摘（157頁）。そこで、事務が合理的・能率的に配分されるのではなく重層的に存在していること（権限の重複）を踏まえ、「新しい分離型」モデルを志向した、「多元的・立体的な法秩序」間の調整メカニズム（分散・並列処理の行政システム）への関心を述べる。これは、「極端な障害を回避する手続的なネガティブな調整」であり、ポジティブで閉鎖的な調整により中央政府と地方政府の対立が自己抑制ないし妨害されてしまうことを回避しようという、「競争」モデルの発想である（159～164頁）。

　その発想は、現代国家における法の機能低下をめぐる議論に触発されたものであるとされ、曰く、「法システムの役割は、社会的価値の保障や付与をおこなうことではなく、保障と付与の可能性の条件（実現の組織・手続・人的物的資源）に向けられるだろう」（165頁）。

5　小括

　山下論文の示唆は、抽象的ながら強烈である。事務区分論、機能分担論に寄り添って地方自治の「保障」を模索することは放棄し、事務ないし権限の競合を前提として、極端な障害を解消する対決手続の整備とそのような対決を可能にする組織的手当に向けて、「保障」を考究していくべきことになろうか。ただ、そのような政府間の対立的調整のメカニズムの中で、住民・国民の権利利益が翻弄されることになりはしないか、疑問も生ずる[45]。また、中央政府と対抗できる組織的基盤を地方政府に与えるべく市町村合併を促すとしたら、いかに事項的保障システムが取られていないとはいえども、従前の自治権（地方自治の本旨）論との関係で緊張を孕む。そもそも、調整によりいかなる実体的価値を実現しようとするのか明らかにならないと、手続のあり方も定まってこないように思われる。

---

45)　参照、遠藤博也「行政権限の競合と融合」北大法学論集19巻 4 号（1969年）34頁以下。

IV 自律と関与を繋ぐ新たなパラダイムの模索——手続法論への転回

1 新たな事務分類がもたらしたもの

　ここまでの検討で「事務」という概念により国地方間の役割分担を論ずることの困難性を確認してきた。改めて、新たなパラダイムを探る手がかりとしたい。

　2000年地方分権改革は、それまでの事務区分を排し新たに「自治事務／法定受託事務」の区分を導入した。これはいかなる意味で地方自治の「保障」と接合しているだろうか。端的に述べるなら、現行地方自治法第11章（245条以下）における関与に関する規律が、手続的保障として導入された。

　このほかには、「義務付け・枠付け」の検証と改革が牽引した事務移譲が注目されるが、これは事務区分論を基礎とする分権を推し進めて、いよいよ地方政府の実施する事務は全て地方政府の事務であるという位置づけになり、そこが一般的改革の行き止まりであったことを表象しているように思われる。そこにおいて地方自治の法的保障論は機能していない。

2 手続的保障論の潮流

　2000年地方分権改革の立役者の一人である西尾勝は、同改革後の「地方自治の本旨」実現方策として、立法原則、立法手続、判例による法形成の三者による「具体化」を提唱している。これは、すなわち憲法上の地方自治保障原理に即した自治法制改革のあり方を示すものである。

　全国知事会の自治制度研究会においても検討が行われ、次のような報告がなされている。「『地方自治の本旨』は抽象的で曖昧な言葉である。したがって、その具体的な運用に当たっては、同じく曖昧な『補完性の原理』の具体的運用において、欧州連合とその加盟国が非常に手続的なアプローチを採っていることが大いに参考となる。地方自治の保障のためには、国の立法や行政が『地方自治の本旨』に反したものではないか、そのチェックを行う手続を保障するこ

---

46)　参照、西尾勝「『地方自治の本旨』の具体化方策」東京市制調査会編『分権改革の新展開に向けて』（2002年）35頁以下。

第2部　自治制度の抜本的再検討

とが重要であり、また、最終的には、当該立法や行政に対する司法的救済の保
障が重要である。そのような保障された手続を運用していく中で、『地方自治
の本旨』の具体的な内容も蓄積され、明らかになっていくものと思われる[47]」。

　手続的保障の重要性については概ねコンセンサスがあると言えそうだが、本
稿Ⅲに引用した山下論文の趣旨を踏まえたものであるとは考えにくい。2000年
地方分権改革で導入された手続の実際の運用を見ても、中央・地方政府の対決
構造を客観化し保障内容を突き詰めることよりも、両者の協調的な機能分担に
よる公益実現を重視する姿勢が表れている。すなわち、公有水面埋立法42条1
項に基づく埋立承認（法定受託事務）の取消につき、国が是正の指示（地方自治
法245条の7第1項）を発し、沖縄県知事が国地方係争処理委員会に審査の申出
（地方自治法250条の13）をした案件において、同委員会は、次のように述べて両
者のさらなる対話を促し、是正の指示の適否を判断しなかった[48]。

　曰く、「国と地方公共団体は、本来、適切な役割分担の下、協力関係を築き
ながら公益の維持・実現に努めるべきものであり、また、国と地方の双方に関
係する施策を巡り、何が公益にかなった施策であるかについて双方の立場が対
立するときは、両者が担う公益の最大化を目指して互いに十分協議し調整すべ
きものである」「しかしながら、本件についてみると、国と沖縄県との間で議
論を深めるための共通の基盤づくりが不十分な現在の状態の下で、当委員会
が、本件是正の指示が地方自治法245条の7第1項の規定に適合するか否かに
つき、肯定又は否定のいずれかの判断をしたとしても、それが国と地方のある
べき関係を両者間に構築することに資するとは考えられない」。

3　手続的保障論の展望

　裁判による保障に関しては、従前、地方政府に抗告訴訟の出訴資格（原告適
格）を認めることの是非が論じられており、函館市の大間原発訴訟提訴を契機
として、改めて議論が活性化している。ただ、裁判所が法律解釈と当てはめ判
断を専門とするからといって、その「中立性」には過大な期待を寄せるべきで

---

47)　参照、全国知事会第7次自治制度研究会報告書「地方自治の保障のグランドデザイン」（2004
　　年）122頁。

48)　参照、国地方係争処理委員会平成28年6月20日付（国地委第33号）通知文書。

はない。中央政府と地方政府の間で法律解釈論争があるときに、そこに含まれがちな公益判断（言わば法律がどうあるべきかについての判断）を、裁判所が行い、その判断に地方政府が拘束されることについては、憲法構造を意識した分析が必要であると思われる。この問題についてはさらに別稿を期したい。

　地方自治の法的保障論が、2000年地方分権改革により、「適切な役割分担」なる機能分担論として地方自治法上に基盤を得たことは、否定できない。しかしそれが、事務区分論という旧来のパラダイムに収まるものと考える必要はなく、全く不適切である。[49]

　中央政府が法律で地方政府の活動を統制できることを前提として、手続面では、法律案および政省令の策定に地方政府が関与する手続についての議論が深められなければならず、国と地方の協議の場に関する法律（2011年制定）は、そのような検討の起点となりうる。ただ、法令の解釈につき特定の地方政府が中央政府との関係で第三者機関の裁定を求める対決手続は、「国の関与」の場面に限定されており、これは地方自治の法的保障という観点から批判的に検討されるべきであろう。

　しかしそれにしても、「優れた識見」を体する第三者機関の法令解釈を参照することの意味は、単純ではない。前節に引用した国地方係争処理委員会の文書は、地方自治の法的保障が解釈的実践に尽きないことを示唆しているように思われるが、その翌月には早くも国が機関訴訟（地方自治法251条の7第1項）を提起しており、やはり同委員会の役割が事実上の前審「裁判所」たるにとどまらざるを得ないことを感じさせる。

　旧来の事務区分論に囚われた実体的な自治保障論にも、パラダイム転換が期待される。[50]地方自治の法的保障論は、法律で地方政府の活動を統制できることの憲法的意味を改めて問うところから、始められなければならない。

---

49)　例えば、「隠れ法定受託事務」という重い問題も指摘されている。参照、碓井光明「法定受託事務に係る若干の問題─事務の実質ないし運用実態の法的検討」明治大学法科大学院論集12号（2013年）109頁以下。

50)　条例論におけるそのような試みとして、拙稿「自治立法と国法」川﨑政司編『シリーズ自治体政策法務講座1 総論・立法法務』（ぎょうせい・2013年）187頁以下。

第**3**章　地方自治法各論の構想
——自治体公企業法を例に

田中　孝男

I　課題の設定

　日本における従来の地方自治法研究および地方分権改革の実践は、地方自治法制（組織法制）の法解釈論および制度設計・改革論を中心としていた。

　これに対して、次のような指摘がある。

　地方自治法等の組織法制はいわばパソコンでいうところのOS（オペレーティング・システム）にあたるが、個別システムがなければパソコンはほとんど意味をなさない。個別政策分野ごとの法制度とそれに基づく個別具体的な運用実態もまた重要で、それらの世界と地方自治研究・地方分権論のあり方を模索していく必要がある……[1]

　本稿は、従前の地方自治法研究のパラダイム（組織法中心の研究）に対して、この指摘のいう各論という新しい研究領域の可能性を探るものである。

　以下においては、まず、①行政法「各論」に関する研究動向について概観した後、②伝統的行政法「各論」分野から公企業法を取り上げ、自治体公企業の定義と対象を画し、③自治体公企業共通の法原理・法原理を措定して、今後の研究課題を展望する。

　また、以下の文献引用にあっては、カタカナ・旧仮名遣いについて、現代文に改めた箇所がある。

1）　嶋田暁文「はじめに―本書の狙い・問題意識」同＝木佐茂男編著『分権危惧論の検証―教育・都市計画・福祉を題材にして』（公人の友社・2015年）13頁参照。

第3章　地方自治法各論の構想

Ⅱ　行政法各論の意義・衰退と再注目

1　行政法各論の意義とその衰退

　地方自治法各論必要論が個別具体の政策分野の法の展開・運用を考察する必要性を説くだけならば、それは個別法の解釈運用を強調する指摘にとどまる。それだけで「各論」構築の必要性が導出できるものではない。そこで、まず、地方自治法各論研究の事前準備として、行政法学（行政法体系）における各論の意義と研究の現状について、概観する。地方自治法が通常は行政法学の一部を構成していると観念されていることから、行政法学が各論を必要としているか否かは、地方自治法学における各論要否につながると筆者が考えるためである。

　さて、伝統的な行政法学において「行政法各論」と呼ばれたのは、ある程度のまとまりを持った「行政分野」について妥当する「原理・原則」を説明するものであった[2]。だが、環境法、消費者法、医事法が独立した法領域として確立し、1970年代には行政法各論否定論が有力化した[3]。1970年代後半以降、特色ある行政法各論の教科書も見られた[4]ものの、「各論」と銘打つ行政法の教科書は少なくなっていった。

　ただし、各論に類似する議論は、1970年代以降、活発化していった。兼子仁の「特殊法」[5]論、室井力の「行政領域」[6]論、村上武則の「中間行政法」[7]論がその典型である。また、行政法各論を否定する立場も、個別法についての行政法学からの研究は積極的に行っている[8]。だが、これら特殊法論などは、行政法各

2）　高木光『行政法』（有斐閣・2015年）18頁。

3）　塩野宏「行政作用法論」『公法と私法』（有斐閣・1989年）297頁以下（初出は1972年）および同『行政法Ⅰ（第6版）』（有斐閣・2016年）11頁。

4）　遠藤博也『行政法Ⅱ（各論）』（青林書院新社・1977年）、小高剛『行政法各論』（有斐閣・1984年）。

5）　ここでいう特殊法とは、「「現代の各特殊社会関係ごとに特有な法論理の体系」の総称」（傍点は原文）をいう（兼子仁「特殊法の概念と行政法」『行政法と特殊法の理論』（有斐閣・1989年）290頁）。兼子は、特殊法原理が形成途上にある現行法制において、各「行政類型ごと」に妥当する行政法論理の行政規律的役割がある限り、類型的行政各部法を行政法各論として全面否定はできないとする（同論文300頁）。ただし、その存立条件は限定的と指摘している（同頁）。

183

第2部　自治制度の抜本的再検討

論とは位置付けられていなかった。したがって、「行政法各論」研究は、1970
年代以降、全体的には衰退していたといえよう[9]。

2　行政法各論への再注目（特に参照領域理論の展開）

近年、行政法各論が改めて注目されるようになってきていると解される。その背景には、新司法試験制度において行政法が必須化されたことがある[10]。同試験では個別法の解釈が大切との指摘がある[11]。だが、それだけならば、個別法を行政法学から解釈する必要があるという程度を意味するにすぎない。

より重要なのが、ドイツにおける参照領域（Referenzgebiet）の考え方を日本に発展的に取り入れ、行政法各論を参照領域理論として再構築する動きである[12]。この参照領域理論とは、行政法総論と参照領域（個別行政法領域）の関係を相互学習過程として捉える動態的な考え方をいう[13]。また、ここでいう相互学習

6）　行政領域論とは、「行政活動とその法的仕組みの論理構造の客観的分析を各種行政領域について行い、そのことによって、行政法＝行政権にかかわる法と市民法との差異を個別具体的に認識・検討しつつ、行政権と国民各層の権利自由との緊張関係における各種行政法的価値判断の合理的根拠」を見出そうとする方法による研究をいう（室井力『現代行政法の原理』（勁草書房・1973年）36頁。その体系については、室井力編『現代行政法入門(2)』（法律文化社・1982年）を参照）。

7）　村上武則編『応用行政法』（有信堂高文社・1995年）2〜4頁。同書によれば、中間行政法とは、総論ほどは一般的・抽象的ではなく、各論ほどには行政と関わる国民の人権が単一・明白ではない行政法領域をいう。同書では、給付行政法、監察行政法、海の管理行政法、災害行政法を挙げる。ほかに行政法各論（例、警察行政法）が中間行政法とは別に構想されている。

8）　塩野宏自身、『放送法制の課題』（有斐閣・1989年）という放送法制に関する各種論点の研究書を上梓している。

9）　斎藤誠は、行政法各論の縮減過程という表現でこの時期における日本の行政法各論研究の展開を表現している。同「経済行政法の可能性と課題—ドイツにおける議論を素材として」日本銀行金融研究所ディスカッション・ペーパー2014-J-6（2014年）1頁。また、その縮減過程を斎藤は、同「金融行政システムの法的考察—日独の比較を中心に、行政法各論の位置から」日本銀行金融研究所ディスカッション・ペーパー2002-J-31（2002年）1〜2頁で要約している。

10）　ただし、2015年から司法試験短答式問題の行政法は廃止された。

11）　曽和俊文＝野呂充＝北村和生編著『事例研究行政法〔第3版〕』（日本評論社・2016年）はじめに。亘理格＝北村喜宣編著『重要判例とともに読み解く　個別行政法』（有斐閣・2013年）はしがきⅱ頁も参照。

12）　詳細な研究として原田大樹「行政法総論と参照領域理論」『行政法学と主要参照領域』（東京大学出版会・2015年）1〜20頁を参照。本文の多くは原田の同論稿に基づく。また、参照領域理論の考え方については、山本隆司『行政上の主観法と法関係』（有斐閣・2000年）458頁、大橋洋一『行政法Ⅰ〔第3版〕』（有斐閣・2016年）17〜18頁（もともとは、同書の前身『行政法　現代行政過程論』（有斐閣・2001年）9頁）の先行業績も重要である。

184

とは、参照領域が行政法総論の理論構造に変容を迫ったり、逆に行政法総論が参照領域に制度改革を提言したりする関係をいう[14]。その点で、参照領域理論は、各参照領域における法原理を包括的体系的に提示すること[15]（伝統的な行政法各論における指向）を目的としない。研究上の関心から選択された参照領域と行政法総論又は他の参照領域の相互学習が、この理論で重要視するものである。この研究の一環として原田大樹は、参照領域理論を踏まえ、2013年に、当人によれば約30年ぶりとなる単著の行政法各論の基本書[16]（教科書）を上梓した[17]。同書で、原田は、規制と給付、金銭の徴収と分配が典型的に現れる分野かどうかという観点から[18]、租税法、社会保障法、環境法および都市法を参照領域として取り上げている。

　このように、行政法各論は近時、参照領域理論という形で再注目されてきている。なお、同理論に対し、多少以前の論稿だが、各論体系の成立可能性やその内容について何かを積極的に語っているわけではなく、各「領域」の存在を前提として、総論と各領域との相互関係に関する1つの見方を示したものというべきという指摘がある[19]。

　本稿の主題からは、参照領域理論における地方自治法の扱われ方に関心が向く。もっとも、同理論は論者の関心によって参照領域が選択されるから、地方自治法の扱い方は各論者の考え方次第である。地方自治法を行政法総論に対する参照領域（各論）として構成する場合[20]と、行政組織法を含む総論の一部として地方自治法を扱う場合[21]があると考えられる。その点で、参照領域理論からただちに地方自治法各論の構築に関する手がかりを見出すことは、難しいように思われる。

---

13)　大橋・前掲注12)　18頁。
14)　原田・前掲注12)　8頁。
15)　原田・前掲注12)　5～6頁。
16)　原田・前掲注12)　2頁。
17)　原田大樹『例解　行政法』（東京大学出版会・2013年）。
18)　原田・前掲注12)　13頁。
19)　野呂充「行政法の規範体系」磯部力ほか編『行政法の新構想Ⅰ』（有斐閣・2011年）63頁。
20)　大橋洋一「新世紀の行政法理論」『都市空間制御の法理論』（有斐閣・2008年）337頁（初出は2001年）。

第2部　自治制度の抜本的再検討

3　地方自治法各論構築論

　参照領域理論からただちに地方自治法各論を導出できないと思われることから、ここでは、行政法各論の有意義性を見出す藤田宙靖の議論を参考にする。[22]

　藤田は、行政活動をその目的ないし内容の如何を中心として捉えて、こうした目的・内容の違いがどのような法制度・法理論の違いをもたらすかということを考察する視角は、可能であり、かつ、有意義であるとする。[23]この場合に、各論の切り出し方が何らかの法的（規範論的）意味を持つものであることを強調したうえで、[24]各法分野における行政法学固有の論理を示すことを、[25]行政法各論の任務とする。そして、その固有の論理として、藤田は「法治主義」を掲げている。[26]

　地方自治法各論を構想する意義があるとするならば、その考え方は、この藤田の指摘を下敷きにするのが適切と思われる。すなわち、自治体が担っている法分野（領域）等において、地方自治法固有の論理から、法制度設計の基準や法解釈原理等を提示することが、地方自治法各論の存在意義となると解される。そこで、本稿では、自治体の公企業を例に、その各論の可能性を探っていく。

Ⅲ　地方自治法各論としての（自治体）公企業法

1　公企業を地方自治法各論として検討対象とする意義

　公企業の意義については別に検討するが、地方自治法各論の法分野には種々のものが考えられる。そのうち、ここで公企業を取り上げる意義は、次の点に

---

21)　明確ではないが、原田・前掲注12）目次Ⅹ頁の見取り図には、各論領域に地方自治法は現れていない。なお、同書収録の「特区制度と地方自治」（339〜363頁）は、都市法（特区制度の法的基準・法技術）と（行政組織法を組み込んだ）行政法総論（国と地方・地方自治）の相互学習過程を描いた論稿と解される。

22)　藤田宙靖「警察行政法学の課題」『行政法の基礎理論　上巻』（有斐閣・2005年）329頁以下（初出は1999年）。

23)　藤田・前掲注22）334〜335頁。

24)　藤田・前掲注22）337頁。

25)　藤田・前掲注22）338頁。

26)　藤田・前掲注22）338頁。

186

ある。

　すなわち、水道（給水）事業などの地方公営企業法が適用されている自治体の事業活動は、典型的な公企業と解されるが、それは自治行政権の中でも大きな比重をもつ。例えば、宇賀克也の地方自治法教科書における自主行政権（自治行政権）を扱う部分では、公企業を典型とする自治体の経済活動が、最も分厚く記述されている[27]。また、そのような活動を担う主体として自治体が関わる、いわゆる第３セクターは、その経営破たんによる自治体財政への影響など、現実に多数の法的課題を有している。さらに、戦前の地方制度以来、自治体の法的地位の出発点は公共事業団体（公共的サービス団体、経済事業団体）[28]であったと考えられる[29]。これらを考えれば、地方自治において公企業を扱う意義はあると解される。

2　自治体公企業の概念

(1)　制定法の定め　　現行地方自治法263条には、「普通地方公共団体の経営する企業」との表現がある。同条は1952年の地方公営企業法の制定附則で内容の異なる旧条文を全部改正して措置された条文であるから、ここでの「企業」は、現在の地方公営企業法上の地方公営企業を意味することになろう。ほかに、かつては、1948年法律179号による地方自治法の一部改正（第４次改正）によって、自治体の事務例示規定として「上水道その他の給水事業、…船舶その他の運輸事業その他企業を経営すること」（旧２条３項３号）が設けられていた。また、同改正直前に制定された地方財政法６条には、「公営企業」の用語が登場していた。これら「企業」に関する定義規定はないが、行政実務家筋のある著書は、「少なくとも(1)財貨又はサービスの相当の対

---

27)　宇賀克也『地方自治法概説〔第７版〕』（有斐閣・2017年）の自主行政権の記述は、国法による規制、経済活動、行政通則法と自主行政権となっていて、その中でも経済活動が、最も詳しい内容を有する。ただし、その経済活動の定義はないものの、同書164頁注22を踏まえると、その外延・内包について、斎藤誠「地方公共団体の経済活動への関与―その許容性と限界」高木光ほか『行政法学の未来に向けて』（有斐閣・2012年）175〜203頁（特に177〜179頁）に負っているものと考えられる。

28)　日本国憲法に基づく統治体制となる前の大日本帝国体制が続いていた時期をいう。

29)　塩野宏「地方公共団体の法的地位論覚書き」『国と地方公共団体』（有斐閣・1990年）11頁（初出は1981年）。

187

価を得て給付するという経済行為を行うものであること、(2)経営に要する経費を主としてその経営に伴う収入で賄うことができるものであること、(3)永続的な事業体であること」を挙げている。[30]

これらは、いずれも自治体が直接経営する事業のみを念頭に置く。しかし、これらの概念では、第3セクターを公企業の概念に含められない。このため、制定法の「普通地方公共団体の経営する企業」概念をそのままここでの研究対象としての公企業に用いることは妥当ではない。

まずは、行政法学上の公企業概念を鳥瞰し、あわせて隣接諸学（経済学等）における定義も参照して、本稿における公企業概念を定立することにする。

(2) 行政法学における公企業概念　　行政法学上の公企業概念は、おおむね①非権力的事業説（給付行政説）、②収益性事業説、③公益事業説、④政府による企業経営説、⑤政府の支配を受けながら経済活動を行う事業団体説に分かれる。[31]

まず、非権力的事業説（給付行政説）は、公企業を非権力的な事業とし、すなわち給付行政と公企業をほぼ同義とする。美濃部達吉、田中二郎がこの見解の代表である。本説は戦前から昭和30年代頃までの通説といわれているが、今日でもこれを採用する例はある。[32][33] この説も、特許企業（いわゆる公企業の特許を受けた企業）を公企業に含める説（美濃部達吉[34]）と含めない説（田中二郎[35]）に細分化される。

第2の、収益性事業説とは、公企業を行政による非権力的事業のうち収益性

---

30) 関根則之『改訂地方公営企業法逐条解説〔改訂8版〕』（地方財務協会・1995年）49頁。

31) ここでは、⑤の最近の学説を除き、乙部哲郎「公企業概念に関する一考察」神戸学院法学26巻1号（1996年）175〜197頁を下敷きとしている。公企業の概念整理としては、ほかに、原野翹「公企業と特許企業」『現代国家と公共企業法』（法律文化社・2002年）239〜242頁（初出は1973年）、同「公共企業規制における解釈論の改革」同書247〜249頁（初出は1978年）、藤原淳一郎「現代経済社会における公企業と法」正田彬ほか『現代経済社会と法（現代経済法講座1）』（三省堂・1990年）229〜257頁も参照。ここでの時代区分に、元号を用いることがある。

32) 乙部・前掲注31) 175頁、177頁。

33) 小早川光郎『行政法上』（弘文堂・2000年）36頁は、「社会公共の福祉の維持増進を目的とする事業が公の事業として経営される場合に、これを公企業という」と述べる。

34) 美濃部達吉『日本行政法下巻』（有斐閣・1940年）576頁は、「公企業とは、特定の社会公益の目的の為に国家又は公共団体が自ら経営し又は国家の授権に基づき私の経営者の経営する権力の行使を本質と為さざる事業を謂う」と定義する。

188

のあるものとする見解である。戦前の渡邊宗太郎[36]、戦後の山田幸男[37]が代表的見解である。非権力的事業説に対しては、「非権力的な、いわゆる社会目的の行政作用のすべてを、公企業という単一の指導概念をもつて説明し尽すというようなことは、所詮成功の見込みに乏しい試みというの外はない」という批判があった[38]。収益性を公企業の要素に加える見解は、こうした批判にこたえる内容であったといえる。この説も、収益性に独立採算性（収支相償性）まで要求する説と要求しない説に分かれる。

　第3に、以上の見解ではなお公企業概念の空漠性が問題であるという観点から、公企業概念を経営学において用いられる米英における公益事業と同視する見解が昭和50年代に入り登場した[39]。日本の公企業概念より米英の公益事業概念が格段と明確に限定された内容をもっているということをその理由にする[40]。これを公益事業説ということとする[41]。同説は、生活必需性と独占性という2つの機能的特性から、公企業の基本的性格を表わす[42]。もっとも、生活必需性や独占性の要素も、社会経済生活の変化により、流動的なものである。このことは、同説をとる者も自覚している[43]。

---

35) 田中二郎（塩野宏補訂）『新版行政法下巻〔全訂第2版〕』（弘文堂・1983年）115頁は、「公企業とは、直接、社会公共の福祉を維持増進するために、国・地方公共団体その他これに準ずる行政主体（公共企業体、公団公庫、公共組合等）が自らの責任で営む非権力的事業を総称する意味に用いることとする（営利性の有無とか収支相償うことを目的とするか否かを問わない）」とする。

36) 渡邊宗太郎『改訂日本行政法下』（弘文堂・1938年）143頁は、「公企業とは、一定の対価を得て、労力又は財貨を供給することに依り、直接に、一般人民の特定の精神的又は物質的需要を充足せむとする福利行政作用をいふ」とする。

37) 山田幸男『公企業法』（有斐閣・1952年）49頁は、公企業（狭義）を「国または地方公共団体が直接社会公共の利益を目的として経営する企業」と定義する。これに特許企業を加えて広義の公企業とする。ただし、山田は、後日、公益事業説に近い概念の定義をしようとしていたように思われる。山田幸男「公共企業に関する若干の考察」雄川一郎編集代表『公法の理論（下Ⅱ）（田中二郎先生古稀記念）』（有斐閣・1977年）2186〜2188頁を参照。

38) 今村成和「公企業及び公企業の特許」田中二郎＝原龍之助＝柳瀬良幹編『行政法講座（第6巻行政作用）』（有斐閣・1966年）166頁。

39) 遠藤・前掲注4）156頁。

40) 遠藤・前掲注4）156頁。

41) 同説を「公共企業説」と表記するものもある（乙部・前掲注31）180頁以下および舟田正之「公共企業に関する法制度論序説（一）」立教法学29号（1987年）90頁）。

42) 遠藤・前掲注4）159〜160頁。

43) 山田・前掲注37）「公共企業に関する若干の考察」2186〜2188頁参照。

第2部　自治制度の抜本的再検討

　なお、現行法令には、一部において「公益事業」という用語が用いられているが、それは、具体的内容を運輸事業などと個別列挙するか[44]、「公益を目的とする事業」の略語として用いられているかのいずれかである[45]。その点で、制定法概念として公益事業の概念・定義は、公企業＝公益事業説の内容を示すものにならない。

　第4の「政府による企業経営」説は、公共財、準公共財、私的財といった区分に限らず、私企業に対する政府の経済規制法も含めて「政府による企業経営」という視点からまとめ、公企業法をその公共性と企業性との兼ね合いを表現するものとして、特殊法人法と各種事業法をこれに位置付け、より広い視点で政府の経済的な意思決定の制度的枠組みを提供しようとする考え方である[46]。

　以上が、おおむね1990年代半ば頃までの公企業に関する議論であったと考えられる。だが、それ以降、行政法学において、「公企業」概念の考察は、非常に低調になったように思われる。もっとも、近年、板垣勝彦が、ドイツの保障行政論を論ずるに当たり、ドイツ及び日本の学説等に照らして公企業の概念を提示している[47]。彼は、現代のドイツにおける考え方を軸に、欧州裁判所判例と透明性確保指令に従い、公企業を、「所有権、財政的関与、当該事業活動を規律する定款その他の規定を根拠として、国または公共団体（これには公法人も含まれる。）の支配的影響を受けながら経済活動を行う、すべての事業主体」と定義している[48]。これは、事業の性質や目的を問わない点に特色があり、市場経済の制御という観点から公企業の外延を幅広く取る方が適切であるという考え方に基づく[49]。

　上記各定義は、各定義に基づいて進められる研究の目的や、その背景となる社会経済実態（の理解）に、影響されている。それぞれを、今日的な筆者の問題意識から、一刀両断するのは、妥当ではない。

---

44)　例、労働関係調整法8条1項各号。

45)　例、社会福祉法26条1項。

46)　来生新「政府による企業経営」『現代の法8　政府と企業』（岩波書店・1997年）3頁以下。

47)　板垣勝彦『保障行政の法理論』（弘文堂・2013年）66〜75頁。

48)　板垣・前掲注47）74〜75頁。なお、同『住宅市場と行政法』（第一法規・2017年）296頁の注4）も参照。

49)　板垣・前掲注47）75頁。

（3）　行政学における公企業概念

行政学では、公企業を対象に古くから研究があったとされるが、比較的近年、公企業に関する行政学の博士論文をまとめた魚住弘久によれば、「公企業は長らく行政学の主要な関心事でなかった」とされる[50]。実際に、行政学において公企業を論ずる文献において扱う公企業というのは、行政主体が直接経営する企業を除く別法人である公社、公団等を包括する団体を示すものが多いように思われる[51]。

その点で、現行実定法制における自治体が直営する地方公営企業をこの説では公企業に含めないこととなる。本稿では参照しづらい定義といえよう。

（4）　経済学・経営学における公企業概念

経済学（財政学を含む）・経営学における公企業の定義は、おおむね、(a)国・自治体が所有する企業であるとする説（公的所有・企業説）、(b)これに加え、公共目的を加える説（公的所有・公共目的・企業性説）に大別されると解される[52]。

そして、筆者の見るところ、公企業を専門的に研究する経済学者の間では、公的所有・公共目的・企業性説の方が有力と思われる。例えば、遠山嘉博は、公企業を「国家または地方公共団体が、全部または一部（企業の意思決定ないし機能の発揮において意味をもつ一定割合以上）を所有し、直接または間接に経営する企業的事業体」[53]と、佐々木弘は、「公企業とは、資本主義経済体制下におい

---

50)　魚住弘久『公企業の成立と展開─戦時期・戦後復興期の営団・公団・公社』（岩波書店・2009年）18頁注(3)（初出は2002年）。

51)　加藤龍蘭「NHK 経営委員会制度の形成過程─「委員会設置型公企業」の一事例として」社会科学ジャーナル（国際基督教大学）62号（2007年）5頁は、公企業を「わが国での「特殊法人」や「認可法人」などの、一般行政組織からある程度の自立性（独立の法人格）を持つことが認められながらも、一般行政との関係を前提として設立され、行政機能の一部を担っている組織群の総称」と定義する。なお、魚住・前掲注50) 22～24頁（初出は2002年）は、次に示す経営学の公企業の定義・分類を参考に公企業の定義などをまとめるが、本論中の具体的な検討対象は公社・公団・営団であり、これらの団体を、包括的に「公企業」と称している。

52)　山本政一『公企業要論』（千倉書房・1995年）7 ～17頁（特に14頁）、植草益『公的規制の経済学』（NTT 出版・2000年）237頁。ただし、山本は、「公企業とは……公的所有と公的経営に基づく官公営事業を指すものであるが、その根底においては資本主義社会の国家の経済に対する干渉（助長、制限を含む）の現れとして、さらには「個別資本の矛盾の自己疎外」として公企業なるものを理解する」としている（山本『公企業要論』19頁）。

53)　遠山嘉博『現代公企業総論』（東洋経済新報社・1987年）32頁。この表現では、「公共目的」性が要素となっているか明確でないように思われるが、遠山本人は、この定義に「公共目的」が含まれることを強調している（同書33～34頁）。

第2部　自治制度の抜本的再検討

て、何らかの公共目的の達成手段として、国または地方公共団体によって、所有され、かつ経営されている企業をいう[54]」と、それぞれ定義する。ほかにも、多くが、この公的所有・公共目的・企業性説によっていると考えられる[55]。

　なお、こうした所有関係ではなく機能関係で公企業を定義する見解もありうる。これに対しては、公的な機能とそうでない機能の判別が明確でなく、公企業と公益事業との区別が全くつかなくなり、その結果、電気事業やガスを供給している私企業が公企業と定義されてしまい問題であるという指摘がある[56]。

　さらに財政学研究者から、公企業が生産する財・サービスが市場原理で供給されるならば、その企業を公的に所有する必要がないということから、公的所有にあるということにより、公企業が生産する財・サービスの価格は、予算原理で決まることが原則という指摘がなされている[57]。行政法学の公企業の定義論において、こうした財政的原理・意義に触れた指摘は乏しいと思われるので、ここで特筆しておく。

(5)　公益事業概念　　　法律学では、公益事業を、「一定の「法的独占」が認容され、かつ提供されるサービスが、一般消費者に対して高度の必需財であるもの」と定義するのが有力である[58]。独占性と必需性が、その要素と解されている[59]。そして、この定義は、英米の経済学・経営学におけるPublic Utility 概念を参照したもので、前述のように、両要素により定義をする公益事業は、公企業より格段に明確化されているという指摘があった。

　ところで、公益事業の概念は、日本でも戦前から存在した[60]。そして、戦後早

---

54)　佐々木弘＝加護野忠男＝山田幸三『経営システムⅠ（放送大学大学院教材）』（放送大学教育振興会・2002年）118頁以下〔佐々木弘〕。なお、佐々木弘「公営企業経営の特質」同および公営企業金融公庫総務部企画課監修『講座公営企業のための経営学』（地方財務協会・1997年）3～6頁の公企業の定義もほぼ同内容である。

55)　例えば、21新しい公企業のあり方研究会『競争下における公企業と公共性の展望―「市場の失敗」・「政府の失敗」を超える新しい競争時代のあり方』（社団法人生活経済研究所・1999年）1頁〔諫山正〕、藤田正一『地方公企業の経営改革』（弘前大学出版会・2010年）5、18頁を参照。

56)　佐々木ほか・前掲注54)『経営システムⅠ』121～122頁参照〔佐々木弘〕、同「公営企業のための経営学」6頁参照。

57)　21新しい公企業のあり方研究会・前掲注55)28～29頁〔神野直彦〕。

58)　舟田・前掲注41)96頁。

59)　舟田・前掲注41)96頁は、法的独占と生活必需性の要素に企業性の要素を加えて、「公共企業」と定義をする。

192

くから、経済学では、公企業と公益事業は、経営主体によって峻別されてい
た。[61] その点で、公企業法の定義に公益事業の概念を取り入れることは、公企業
法概念の存在そのものを否定することと同じというべきである。

　今日の社会経済体制では、伝統的な公益事業概念中の「独占性」の要素は希
薄化している。公益事業の定義から独占性の要素をはずさなければ、経済学等
において研究対象としての公益事業は成り立たなくなってきていよう。[62]

　そもそも、アメリカにおいても公益事業に関して統一的な定見は見られず、
今日まで曖昧なままであるとされていて、さまざまな公益事業概念をどのよう
に定立するのかということについてでさえ、複数の研究方法論が存在してい
る。[63]

　こうした社会経済実態と経済学等の研究状況に照らせば、公益事業概念が公
企業よりも明確であるというのは、妥当な認識ではなくなっている。

(6)　本稿における検討　　　以上の検討の上に、本稿における自治体公企業の概
　　　　　　　　　　　　　念を検討する。

　まず、「自治体（の）公企業」を定義するからには、公企業の主体をその定
義に含めるべきであり、公企業をその機能から定義するのは、適切ではない。
よって、行政法学の③公益事業説を、ここでの自治体公企業の定義に参照する
のは、難しい。

　次に、自治体では、国による各種産業への規制と同様の政策は、ほとんど展
開されていない。その点で、こうした産業規制を研究対象に取り込むのに便宜
な、行政法学の④政府による企業経営説を、本稿で利用することも難しい。

　さらに、行政法学の①非権力事業説によって画されることになると、その各
事業は、自治体における広範な領域・部門で実施されている。このため、自治

---

60)　佐々木弘「戦前におけるわが国公企業及び公益企業の研究」国民経済雑誌（神戸大学）135巻4
　　号（1977年）77〜98頁。
61)　竹中龍雄「公企業と公益事業の関係」国民経済雑誌88巻1号（1953年）21〜37頁（特に21〜22
　　頁参照）。
62)　日本公益事業学会の規約6条の公益事業の定義は、必需性のみを要件としていて独占性は提示
　　していない。
63)　藤田正一「わが国の公益事業概念についての研究方法」弘前大学大学院地域社会研究科年報1
　　号（2005年）3〜19頁。

第2部　自治制度の抜本的再検討

体公企業という区分から特徴ある法原理・法原則を抽出するのが、難しくなる
ように思われる。

　以上から、本稿では、行政法学における②収益性事業説、⑤政府の支配を受
けながら経済活動を行う事業団体説及び、経済学における(a)公的所有・企業
説、(b)公的所有・公共目的・企業性説を参照して、自治体公企業の定義を試み
ていく。

　なお、筆者の理解では、②収益性事業説と(b)公的所有・公共目的・企業性説
が、⑤政府の支配を受けながら経済活動を行う事業団体説と(a)公的所有・企業
説が、ほぼ対応する内容を有している。

　そして、公共目的性の要素を含めない見解にあっても、実際には、公共目的
を持って展開される事業の多くが具体的な研究対象となると解される。また、
自治体において公共目的性を公企業の定義の要素から除くと、公営競技（地方
競馬等）も公企業に含まれることとなる。だが、これを給水事業などの地方公
営企業と同じ区分で共通の法原理を考察することは、適切ではないと筆者は考
える。

　以上から、本稿では、自治体公企業法の研究対象となる自治体公企業を、次
の3要素をいずれも満たす事業と定義する。(i)自治体が直接に実施し、又は法
律上若しくは事実上自治体がその経営に支配的影響力を及ぼしながら間接的に
運営する機関又は事業団体が実施するものであること。(ii)その実施する事業活
動の内容は、当該自治体の公共的な目的達成のための事業であると認められる
こと。なお、当該目的に財政収支改善を主目的とするものは含まない。(iii)当該
事業主体（自治体その他の団体）は、その事業活動から独自の収益を相当程度得
ていること。

3　自治体公企業法の検討対象

(1)　自治体公企業の分類　　経済学（経営学）では、「所有と経営の合一・分離」
　　　　　　　　　　　　　　と「経営の自主性」の程度を基準にして、次のと
おり、ほぼ確立した公企業の形態の分類基準が定立している。[64]

　まず、公企業は、官庁企業と法人体企業に分かれる。前者は国・自治体の行
政組織の枠組みに組み込まれているもの、後者は別の法人格をもつ組織体であ

るものである。

　次に、官庁企業は、純粋官庁企業と独立的官庁企業に分かれる。前者は行政内部の一部門組織であり、しかも、経営の自主性・独立性を有しないものである。後者は、行政組織の一部ではあるが可能な限り当該企業につき経営の自主性を図ろうとするものをいう。

　一方、法人体企業は、公共体と会社形態の公企業に分かれる。両者の相違は相対的と考えられるが、本稿では、公共体は特別の法律に基づく法人と、会社形態の公企業は民事法規（会社法、一般社団法人財団法人法等）に基づき設立される法人と、解する。

(2)　具体的な自治体公企業の種類　　次に、自治体公企業を、(1)の分類基準に基づいて、**図表３‐１**のように分類する。

　まず、官庁企業のうち、純粋官庁企業としては、地方公営企業法が適用されない公営企業（地方財政法６条及び同法施行令46条参照。以下「地財法公営企業」という）がこれに当たる。また、独立的官庁企業には地方公営企業法２条により同法の全部又は一部が適用される地方公営企業（以下「地方公営企業」という）がこれに含まれる。[65]

　次に、法人体企業のうち、公共体は、行政主体である企業団（地方公営企業法39条の２）及び公営企業型地方独立行政法人（地方独立行政法人法81条）並びに法定地方三公社がこれに当たる。[66]会社形態の公企業は、第３セクターがこれに当たる。[67]会社形態といっても、一般社団法人・一般財団法人やそれらのうち公益認定されたものも、これに含む。なお、第３セクターの定義はこの語を使用

---

64)　佐々木ほか・前掲注54)『経営システムＩ』142〜158頁〔佐々木弘〕、衣笠達夫「公企業の種類と役割」追手門経済論集42巻２号（2007年）１〜11頁。後者は前者を参照しているとするが、内容面では、両者の分類基準はやや異なる。本文において以下は、佐々木ほか著に負う。

65)　地方公営企業法２条３項による、いわゆる任意適用事業の要件には、公共目的性が明示されていない。このため、（徳島県）鳴門市の競艇事業のように、公共目的性から見て疑問のある事業が地方公営企業の任意適用事業として営まれていることがある。ただ、同法３条では経営の基本原則として公共の福祉増進を掲げているので、現に地方公営企業として経営されている事業は公共目的性を有していると擬制することとする。

66)　特別法に基づいて設立される地方住宅供給公社、地方道路公社および土地開発公社をいう。

67)　地方公営企業法42条に規定する地方公共企業体もこの公共体（法人体企業）に含まれるが、これに係る特別法が未制定のため、本文には挙げていない。

第2部　自治制度の抜本的再検討

図表3-1　自治体公企業の分類

出所：佐々木ほか・前掲注54)『経営システムⅠ』143頁の図11-1をもとに筆者作成

する際の目的によって一様ではない。広義には国・自治体が出資し又は出えんする公共体以外の法人全てをいうが、本稿では、これらのうち、自治体が当該会社形態の公企業の経営に対して支配的な影響力を及ぼしうるものに限定してこれを第3セクターとする。ここでいう支配的な影響力の判断については、例えば、財務諸表の連結をする必要がある子会社を判定するための支配力基準が存する。だが、この支配力基準によると、どの法人が支配力基準によって会社形態の公企業に当たることになるか個別具体に判定する必要があり、実際の判定が容易でなくなる。また、この会計上の支配力基準によると、例えばいわゆる孫会社までその範囲に含まれることがありうる。だが、仮に、自治体がいわゆる孫会社の経営に関与しうるとしても、実際には限界があると解される。そこで、本稿では、総務省が調査する経営状況等調査対象法人のうち公共体を除くものを[68]、会社形態の公企業と位置付けることとする。

(3)　自治体公企業に準ずる事業・企業　　自治体による事業や自治体が関わる団体の中には、組織運営の法的規律が本稿の自治体公企業に類似していながら、本稿の公企業の要件を欠くことなどにより、これに当たらないことになるものがある。これを本稿では、自治体公企業に準ずる事業・企業又は準自治体公企業と位置付ける。

そして、準自治体公企業も、準官庁企業型と準法人体企業型があることにな

---

[68]　具体的には、自治体が出資（出えん）する法人のうち、基本金等への出資割合が25％以上のものまたはそれ以外のもので自治体が財政的支援（補助金・貸付金交付、損失補償）をしているものをいう。

る。準官庁企業型自治体公企業には、地方財政における地方公営事業のうち、地財法公営企業と地方公営企業を除くものを挙げることができる。具体的には、収益事業[69]（公営競技——ギャンブル——による事業）、国民健康保険事業、後期高齢者医療事業、介護保険事業、共済事業（農業共済、交通災害共済）、老人保健医療事業、公立大学附属病院事業がある。ただし、これらのうち国民健康保険事業等の介護・医療保険関係の事業は、社会保障法制のくくりで地方自治法各論を構想するのが適切であると解する。

　一方、準法人体企業型自治体公企業には、公営企業型地方独立行政法人以外の地方独立行政法人を挙げることができる。これらの法人の組織運営の法的な規律が、公営企業型地方独立行政法人とかなり重なるからである。ほかに、公の施設の指定管理者（地方自治法244条の2第3項）による公の施設の管理事業と、PFI事業における公共施設等運営権者などの選定事業者による当該公共施設の整備運営事業（民間資金等の活用による公共施設等の整備等の促進に関する法律による）も、この準法人体企業型自治体公企業と位置付けられうる。ただし、これら指定管理者等による事業については、各個別の法制度の考察によることができ、さらに準法人体企業型自治体公企業との類型から共通の実践的法原理を見出すのは、難しいように感じられる。

IV　自治体公企業法の体系と法原理

1　先行研究の陥穽

　我が国（行政法学等）では、現行法の各企業の法制度上のくくりで、つまり、地方公営企業、第3セクター[70]等々、自治体公企業の形態ごとに、又は水道事業等々、具体的な個別の事業ごとに自治体公企業を研究している[71]。

---

69)　なお、野田崇「自治体の収益事業」宇賀克也＝高木光編『行政法の争点』（有斐閣・2014年）182頁における収益事業の定義は「私人による営利活動の対象となりうるようなもの」なので、本文中のそれと異なり、本稿でいう自治体の経済活動と同じものと考えられる。
70)　石龍潭「いわゆる第三セクターに関する行政法学的考察（1）～（5・完）」北大法学論集54巻6号（2004年）～57巻3号（2006年）など。
71)　例えば、水道事業に関して、正木宏長「水道事業の民間化の法律問題—行政契約の現代的展開」立命館法学（2008年）1～52頁を参照。

第2部　自治制度の抜本的再検討

　しかし、第1に、これらは、自治体公企業という上位的な概念を用意せずに検討をしているので、個別断片的な研究となっている。その結果、例えば公企業としてどの形態を選択するのかの法的基準（下記3参照）を定立することが等閑視されてしまっている。

　第2に、研究の多くが、地方財政からその周縁的に自治体公企業を扱う[72]。確かに、収益性を自治体公企業の要件とする考察をする場合において、財政面における法的考察を欠くことはできない。しかし、自治体、とくに市町村における公企業によって行われている事業には、財政論に回収されない要研究事項が存する。だが、そうした研究も、例えば、第3セクターの情報公開といったように、個別断片的な事項の考察にとどまっている印象がある[73]。その個別断片的事項に共通する法原理・法原則の抽出が、各論として必要になると解される。

　第3に、その財政面における法的考察も不十分ではなかろうか。例えば、2011年法律37号（いわゆる第1次一括法）によって地方公営企業法32条及び32条の2が改正され、並びに同改正を受けた同法施行令の改正により、地方公営企業の会計は根本的大改正がなされた。この改正により、一部の事業では、累積欠損金を大幅に解消したり、赤字事業の収支構造が見かけ上改善されたりしている。それにもかかわらず、この改正に関わる法的考察は、皆無に近い[74]。

2　「自治体」公企業の個別法原理

　公企業法は、国（中央）の政府（行政）においても構想しうる（国家公企業）。したがって、「自治体」の公企業という区分により特色付けられうる共通の法原理・法原則を措定することが必要である。

　本稿では、「住民自治」と「団体自治」という地方自治の本旨の2大要素を提示する。

　このことに関し、公企業論では、その経営の自主・自律性が、よく強調され

---

72)　碓井光明「地方公共団体の外郭団体的法人」日本財政法学会編『地方財政の変貌と法（財政法講座3）』（勁草書房・2005年）301〜353頁など。

73)　大橋洋一「自治体外郭団体の情報公開―福岡方式による情報公開協定の発展可能性」『都市空間制御の法理論』（有斐閣・2008年）164〜190頁（初出は2002年）。

74)　ただし、菅原敏夫「地方公営企業会計制度の変更」自治総研412号（2013年）24〜48頁を参照。

第3章　地方自治法各論の構想

る。このとき、住民自治（民主主義）や設立自治体の団体自治（当該自治体公企業への関与）の要素は、各企業の経営の自主・自律性と相反するように見える。

　だが、筆者は、自治体が担い、又は責任を負うべき事業を当該公企業が実施しているのであるから、自治体公企業はその設立者である自治体の活動原理（住民自治・団体自治）から自由ではありえないと解する。もっとも、各企業が担う事業の特性や事業に対する法的規制の状況、当該企業の形態（官庁企業か、法人体企業か等）などに応じて、上記住民自治・団体自治の活動原理の具現化の手段や方法のあり方に違いが生じるだろう。

　例えば、一般には、官庁企業よりも法人体企業の方が、経営の自律度は制度面で高まる。だが、上記自治体公企業であることによる法原理・法原則から、住民と自治体による別の統制手段がその法人体企業に講じられるようにすべきというのがここから導かれる。

　そして、自治体公企業法の要研究事項は、公企業の設立（事業形態の選択を含む）と運営・廃止に分けて論ずることができる。

3　自治体公企業の設立及び事業・経営形態選択の基準

　自治体公企業の設立に関しては、①当該事業を自治体が担うこととするか否か、及び②仮に自治体がこれを担うとして公企業の形態を選択すべきか否か、③仮に自治体公企業として事業を行うとしてどの形態でこれを担うか（事業・経営形態選択基準）が、最初に重要な課題となる。

　これについては、もちろん、法律により事業実施の義務付けがなされたり、その際の事業・経営形態が指定されたりすることはある（例、水道法6条2項による水道事業）。

　だが、そうした法律上の義務付けがないものについて、当該事業を自治体が担うこととするには公益性（公共目的）が必要であるが、その要件は「著しく不合理で裁量権の逸脱濫用となる場合」を除けば違法ではないという下級審判例の法原則しか抽出しえないように思われる。理論的にも、自治体公企業の事業・経営形態選択基準は自治体の自由裁量を認めるかのような主張が見られ

---

75)　例えば、地方公営企業法3条は「地方公営企業は、常に企業の経済性を発揮するとともに、……」と規定する。

199

第2部　自治制度の抜本的再検討

る。[78]

　ただし、当該事業に公益性が認められたとしても、民間企業等の私人がすでにこれを担っており、しかも、その現状が自治体においても十分と評価しうるときには、自治体が公企業を設立することは抑制されるべきである。[79]

　さらに、全ての企業は多かれ少なかれ危険を伴うものであるから、当該公企業が欠損金を生じたり、経営破たんしたりしたときに、自治体の一般会計（租税）でこれを補てんする価値があることが要求される。[80]ただ、これも、「公益上の必要性」を言い換えたにすぎない内容にとどまる。

　以上のように自治体公企業選択の実体的基準は精緻化が困難である。[81]そこで、手続的な法的統制を構想するのが次善の策と考えられる。ところで、現行法制上、公企業の形態選択の最終的な決定権は、条例の制定[82]、設立又は定款[83]の議会による議決、出資等の予算の承認[84][85]のように議会に委ねられている点では、一定の民主的手続を経ているものと考えられる。だが、それは最終的な可否判断権にとどまり、そのままでは、どの形態が選択されるべきかを議会が総合的

---

76)　第3セクターの設立に関してだが、その基本金への出資が地方自治法232条の2に抵触しないかが争点となった盛岡地判平成13（2000）・12・21裁判所ウェブサイトによる。

77)　事業形態が公か私かということについて、論理必然的なものではなく立法および行政の裁量の問題であるとする藤原・前掲注31）259、260頁を参照。

78)　ほかに、斎藤誠による自治体の経済活動の限界論は、本文の公企業設立基準にかなりの程度重なるが、同氏の考察によっても、それほど明確な基準は生じないように思われる（斎藤・前掲注27）183～189頁参照）。

79)　これは、斎藤・前掲注27）185頁のドイツにおける「補充性要件」を参考にした考えである。なお、大橋洋一の現代行政の一般原則としての補完性原則（行政関与の正当化要請原則）も参照（同「行政法の一般原則」宇賀克也＝交告尚史編『現代行政法の構造と展開（小早川光郎先生古稀記念）』（有斐閣・2016年）56頁および大橋・前掲注12）56～57頁）。

80)　地方公営企業制度調査会「地方公営企業の改善に関する答申」（1965年10月12日）。本文は、同答申の文言（ジュリスト335号（1965年）75頁）をベースとした。

81)　なお、当該自治体公企業の設立や事業実施について、例えば、法律により各大臣が認可をする制度等をとっているときは、当該認可の基準が自治体公企業選択の実体的基準の一部を構成するものとなる。

82)　地方公営企業につき地方公営企業法2条3項および4条、会社形態の公企業につき地方自治法96条1項6号、237条2項（ただし条例によるのは例外）。

83)　地方住宅供給公社法9条、地方道路公社法9条1項。

84)　地方独立行政法人法7条、公有地の拡大の推進に関する法律10条2項。

85)　地方自治法96条1項6号、237条2項（会社形態の公企業）。

に審理判断することができないと思われる。

このような現状に対し、自治体公企業における住民自治の原理を踏まえ、自治体ごとに、公企業設立の必要性を総合的に正統化する手続的な統制手法を法的に整備することが法政策論として検討される必要がある。[86]

4　各事業・経営主体における運営の法的研究課題

設立された各自治体公企業の運営（事業の廃止を含む）は、各企業に関する組織法と、（場合によって）事業ごとに規定される事業法によって、規律される。

その点で、法的考察は、個別法制の断片的な事項をまず対象とすることになる。先に述べた財政面の法的考察の不十分さなど、個別事項にもまだ広大な研究テーマが残っているというのが、筆者の認識である。

さらに、住民自治・団体自治原理を基点として、自治体公企業の総合的な評価体制の構築[87]や、（とくに法人体企業に対する）人的・財政的な関与制度の法的な再検討[88]を行うことが課題となるように思われる。また、事業の廃止に際しては、その債務処理をめぐり、設立自治体から何らかの財政的補てんを必要とすることが多いと解される。その財政的補てんが違法でなければよい（裁判所の判断基準）というのでは、適切な統制とはいえないだろう。公企業設立から適切なリスクの評価をすることは当然である。加えて、例えば、破たん処理に伴い原因を招来した者や、破たんに至るまで適切な関与をなしえなかった設立自

---

86)　このことについては、斎藤・前掲注27) 203頁参照。

87)　評価の前提として、大橋・前掲73) など、情報公開・個人情報保護の制度整備が必要となる。財政面からの公企業の総合的評価については、「地方公共団体の財政の健全化に関する法律」（2007年法律94号）による健全化判断比率制度の導入によってある程度の法的整備がなされたが、事業内容の評価については、まだ不十分であると筆者は解する。また、総務省は、2016年1月に、各地方公営企業における経営戦略の策定を求める通知を発しているが、そのガイドラインに示された経営目標は財務的指標にとどまっている。なお、これについては、公営企業型地方独立行政法人に求められる中期目標および各事業年度の実績評価制度（地方独立行政法人法28条および30条）の全自治体公企業への展開が検討課題になると筆者は考える。また、田中孝男「地方公営企業の経営評価に関する法制度設計試論」ほっかいどう政策研究10号（2000年）127～137頁（http://dl.ndl.go.jp/info:ndljp/pid/3497580）参照。

88)　例えば、田中孝男「第3セクターに関する争訟」現代行政法講座編集委員会編『現代行政法講座Ⅳ　自治体争訟・情報公開争訟』（日本評論社・2014年）103～126頁（特に107～112頁）および同『条例づくりのための政策法務』（第一法規・2010年）105～117頁（第三セクター統制条例）を参照。

第2部　自治制度の抜本的再検討

治体の責任者に対する責任追及制度の確立が必要である。

V　おわりに

　本稿では、地方自治法制における各論研究の必要性・意義について、行政法「各論」の状況を参考にしながらまとめた上で、自治体の公企業を例に検討を行った。地方公営企業、第3セクター等の個別法の考察では、各事業・経営形態の選択基準が検討できないことなどを示し、公企業共通の法原則の検討を若干行ってみた。

　本稿に対し、「公企業法は地方自治組織法各論にすぎない。行政作用法各論に関する研究こそが大切である」との指摘が考えられる。もちろん、そうした作用法各論の考察も、今後は展開しなければならない。その点で本稿は、地方自治法各論研究の存在可能性を提示したにとどまる。とはいえ、本稿が、従前の組織法制としての地方自治法研究に新たな研究視角を提示し、今後の地方自治法制のパラダイムの検討に資するものとなったことを願っている。

第**3**部

自治制度の抜本的改革

第1章　地方公共団体を巡る法治国家の貫徹

阿部　泰隆

I　はじめに——放置国家から法治国家へのパラダイムの転換

　国家のルールは、国会・地方議会が作り、行政権なり執行機関がそれを具体化し、裁判所がその法令適合性を監視するという法治国家の原則を基盤とする。

　しかし、現実には、必ずしもそうではない。特に国と地方公共団体の間では、ルールがずさんすぎるし、ルール違反をチェックする裁判所が、財産上の争い以外は「法律上の争訟」ではないとして、裁判を拒否している。法律も、地方公共団体の「固有の地位」をめぐる紛争については、救済の道を閉ざしている。そして、補助金等は、中央官庁の恣意的な配分に委ねられ、法治国家のブラックボックスが現出している。市民との間でも、行政機関が法令を順守するインセンティブが少なく、違法行為を犯しやすくなっているし、国は地方公共団体に無理難題を押しつけている。法治国家ではなく、法の放置国家である。

　裁判所は諸外国に倣い、国と地方公共団体の「固有の地位」なり、財産上の争い以外についても、法治国家の守護神となるように解釈を行い、少なくとも国会はこの方向で立法すべきである。補助金の配分について、地方自治体が民主的な創意工夫により効率的な行政を行うことができるように工夫して提案したものを、合理的な審査委員会が適切な評価基準を作って審査することとすれば、司法審査が機能しやすくなる。中央官庁、地方公共団体においても、法の支配を免れる運用を防止する法システムを工夫することが必要である。そうすれば、地方自治の活性化、民主化と司法国家の両方を同時に達成することができる。これは大きなパラダイム転換である。本稿はその方向を目指すものであ

第1章　地方公共団体を巡る法治国家の貫徹

る。

II　国と地方の法的関係を上下関係から対等な法治国家へ転換すること

1　現状、パラダイム転換の必要性

　国と地方公共団体、地方公共団体相互関係における争いは、財産関係を別に
すれば、最高裁（宝塚パチンコ条例事件、最判平成14（2002）・7・9民集56巻6号
1134頁）は「法律上の争訟」（裁判所法3条）ではないとして、裁判を拒否して
いる。

　地方公共団体が国を訴えた例として、大牟田訴訟（福岡地判昭和55（1980）・
6・5判時966号3頁）は電気ガス税の配分に不満で提起した国家賠償訴訟であ
るが、電気ガス税の違憲を理由とする電気ガス税徴収権確認訴訟を提起したら
どうなったのかという問題がある。摂津訴訟（東京高判昭和55（1980）・7・28判
時972号3頁）は、保育所の補助金の超過負担分を請求する訴訟であるが、補助
金適正化法に基づいて補助金一部支給処分取消訴訟を起こせという、取消訴訟
の排他的管轄により挫折したが、上記の最判に照らせば、そもそも取消訴訟を
提起できるのかという問題がある。

　また、行政手続法4条1項、（改正）行政不服審査法7条2項においては、
地方公共団体は、私人と同じ地位ある場合しか利用できず、「固有の資格」に
立つ場合には、その救済手続の適用はない。国と地方の係争処理委員会の権限
に関する地方自治法245条1項も同様である。

　そこで、その争いは、法的なものとならず、政治的にあるいは事実上解決す
るしかない。それでは、不利益を被ったほうが不利になる。多くの場合、国と
地方公共団体の力関係を反映して、実際上は国有利に、地方公共団体不利に解
決されることになる。しかし、逆に、地方公共団体が国の施策を妨げたとき、
国が対処する正当な方策は、法改正しかなくなるという問題がある。国の秘密
情報を地方公共団体が公開しようとする場合がこれまで起きた例である（最判
平成13（2001）・7・13判例自治223号22頁）。

　これでは、国と地方公共団体の関係を規律する法制度は実際上空文と化し、
その関係はわが国の法制度で唯一無法地帯、治外法権となる。それは、主要国

205

第3部　自治制度の抜本的改革

でも、後述のように一般的には見られない、司法の怠慢でもある。これは国にとっても必ずしも有利とはいえないので、国の方からも改革を求めるべきことである。

これを国と地方公共団体の間における従前のシステムとすれば、そのパラダイムの転換、つまりは、「法律上の争訟」、「固有の資格」に関しても、法治国家化の貫徹が不可欠となる。以下、そのための法制度と理論を検討する。

2　最近の法制度化

(1)　新制度　地方分権改革に際し、国と地方の紛争処理の法制度が導入された。国家関与に関する国と地方の間の紛争処理は、国地方係争処理委員会により法治国家的に解決されることになった。地方自治法250条の13は、国の関与に関する審査の申出として、「普通地方公共団体の長その他の執行機関は、その担任する事務に関する国の関与のうち是正の要求、許可の拒否その他の処分その他公権力の行使に当たるもの（次に掲げるものを除く。）に不服があるときは、委員会に対し、当該国の関与を行った国の行政庁を相手方として、文書で、審査の申出をすることができる。」として、国の関与のうち一定の行為を対象としている。

地方公共団体相互間の争いも自治紛争処理委員が解決するはずであった。地方自治法251条は、「自治紛争処理委員は、この法律の定めるところにより、普通地方公共団体相互の間又は普通地方公共団体の機関相互の間の紛争の調停、普通地方公共団体に対する国又は都道府県の関与のうち都道府県の機関が行うもの（以下本節において「都道府県の関与」という。）に関する審査及びこの法律の規定による審査請求、再審査請求、審査の申立て又は審決の申請に係る審理を処理する。」と定めている。

そして、地方公共団体が関与に対する審査の申出をせずに国家の関与に応じないときは国からその不作為の違法確認を求める訴訟制度が創設された（地方自治法251条の7）。都道府県から市町村の不作為の違法確認を求める訴訟も同様に創設された（同252条）。

(2)　国地方係争処理委員会・自治紛争処理委員の期待はずれ　しかし、せっかく作った今の自治紛争処理は機能していない。国地方係争処理委員会で

第1章　地方公共団体を巡る法治国家の貫徹

扱ったのはこれまで横浜市の法定外税である馬券税だけであったが、総務省と協議がまとまらないから、係争処理委員会に解決を求めたのに、積極的に協議せよという勧告であった。これでは何も進まない。地方公共団体は失望して、以後申出をする地方公共団体はなかった[3]。最近、普天間基地の辺野古への移転に関し、沖縄県が国の関与について救済を求めたが、同委員会は、平成28（2016）年6月20日何らの解決もせず、ますます無用の存在であることを証明した[4]。

　自治紛争処理委員の制度も、千葉県と我孫子市の紛争において活用されたが、千葉県の高圧的な姿勢により一方的に終わったと見られる[5]。

(3)　では、どう改善するか？　地方公共団体が国と対等に争う気が起きる地盤を作る制度改革が必要である。その基本は制度でもあるが、重要なのは第三者機関として尊敬される人選のシステムつくりが課題である。

　国地方係争処理委員会は総務省に属しているので、馬券税のように総務省が所管する地方税の案件については中立的な判断が困難である。せめて内閣府所管とすべきである。また、委員は、国と地方公共団体から中立であるべきであるから、それぞれの委員などを多数兼ねていた（いる）者はふさわしくない。

1）　これについては、阿部泰隆「国家監督の実効性確保のために国から地方公共団体を訴える法制度の導入について（1）（2・完）」自治研究88巻6号3頁、7号3頁（2011年）、これに対して、久元喜造「地方自治法における違法確認訴訟制度の創設について（1）（2・完）」自治研究88巻11号3頁、12号3頁（2012年）、白藤博行「国からの訴訟による自治体行政の適法性の確保」法律時報84巻3号（2012年）14頁。

2）　阿部泰隆「横浜市勝馬投票券発売税に対する総務大臣の不同意処分（1）（2・完）」自治研究85巻1号19頁、2号17頁（2009年）＝阿部泰隆『行政法の解釈（3）』（信山社・2016年）所収。

3）　桜井敬子「これまでの地方分権改革について」自治総研39巻12号（2013年）55頁以下。この論文は、分権改革に逆行している動き、住民訴訟における議会の権利放棄議決の適法化、国と地方の係争処理委員会の機能不全、国からの違法確認訴訟などに関して広く有用である。

4）　『辺野古訴訟と法治主義』（日本評論社・2016年）37頁、258頁。

5）　宇賀克也「自治紛争処理委員について」ジュリスト1412号（2010年）70頁以下、磯崎初仁「都道府県・市町村関係と自治紛争処理―我孫子市農用地利用計画不同意事件を題材として（1）（2・完）」自治研究87巻11号、12号（2011年）、島田恵司「自治紛争処理委員制度・再考：我孫子市農用地利用計画変更不同意事件から」自治総研38巻10号（2012年）1頁以下、保科実「農用地を農用地区域から除外するための農用地利用計画の変更協議に対する県の不同意について市は同意基準が設定されていないことを理由に不同意の取消しを求めることができるか」自治実務セミナー51巻1号（2012年）11頁以下。

207

第3部　自治制度の抜本的改革

そして、もう一度協議せよなどと、解決を放棄したような勧告をしてはならない、尊敬されるべき、適切な解決策を提示しなければならないと定めるべきである。

これは、法律問題であり、判断が難しいからといって、政治的な斡旋制度のつもりであってはならない。

自治紛争処理委員の人事では関係省庁と協議する（251条第2項第2文）。これでは、およそ公正な判断は期待されない。制度自体に欠陥があるので、この規定を削除するだけではなく、どの省庁からも影響を受けない、中立的な人選をする制度とすべきである。

(4)　国からの違法確認訴訟のごり押し　地方公共団体から国の関与を争う制度は、このように不備のまま、逆に、国の方から、地方公共団体に対する違法確認訴訟まで整備された。その必要性はきわめて低かったのに、わざわざこのような立法がなされたことは、均衡を失する。むしろ、国の違法行為を是正させるように、本稿で扱うように、国と地方の間での争いを全て法律問題として解決できる法制度の整備の方が優先されるべきであった。[6]

3　空白地帯＝地方財政法、地方交付税法が国地方係争処理委員会・自治紛争処理委員の審査事項から除外されていること、訴訟対象性は？

地方財政法、地方交付税法等に基づく国の対応に対して不満な地方公共団体にはまともな争訟手段は与えられていない。これについては、全般的に、碓井光明論文[7]が詳しいので、それを参照しつつ、検討する。

まず、国庫支出金、地方交付税などの交付やその返還に関する行為は、前記の国地方係争処理委員会への審査の申出の対象とならない。関与について定義する地方自治法245条柱書きの最後のかっこ書きにおいて、「国又は都道府県の普通地方公共団体に対する支出金の交付及び返還に係るもの」が「関与」から明示的に除外されているのである。自治紛争処理委員についても同様であろ

6）　阿部泰隆・前掲注1）。
7）　碓井光明「国庫支出金・地方交付税等に関する法律関係─訴訟の可能性に関する考察」自治研究76巻1号（2000年）3頁以下。

第1章　地方公共団体を巡る法治国家の貫徹

う。

　ただし、地方債、法定外税は除外されていないので、これに関する国の関与は係争処理の対象となる[8]。

　そこで、碓井は、審査申出事項となる関与から、これらを除外する理由を検討する。まず、大量性を論拠とするのは、事前ならともかく、事後的な不服処理は限られているので、説得力がないとする。

　地方公共団体固有の資格による場合には、行政手続法4条1項と同様に不服申立ができないという考え方がある。それは、地方公共団体は、民間人と異なる立場では、一般の行政手続法などの適用がないという発想である。これについては後述する。

　特別の不服処理手続で対応するとの考え方がある。補助金適正化法25条は、補助金の交付に関する処分について関係省庁の長に対し、地方交付税法18条、19条は、交付税の算定の基礎についての不服や返還措置の場合、総務大臣に対し、不服申出制度をおいている。これは行政不服審査法であれば、異議申立て（改正法では再調査の請求）制度のようなものであり、およそ中立的な審査機関に対するものではなく、処分庁に再考を求める程度である。これについては国地方係争処理委員会の審査の対象とはなっていない。補助金や交付税に関する処分は、地方公共団体の事務に関する国の関与ではないので、国地方係争処理委員会の審査の申出の対象から除外されたのであろう。地方債や法定外税に関する総務省の権限は国の関与であるから、この委員会の審査対象となるのは首尾一貫している。

　しかし、この委員会の権限を、国の関与に限定することなく、国と地方公共団体の間の紛争処理一般に広げ、補助金、交付税に関しても、紛争処理の中立性を確保するためこの委員会の審査の対象とすべきではないか。碓井の主張もほぼこの趣旨と理解され、賛成する。

　次に、碓井は、これらの行為の訴訟可能性を検討する。機関訴訟に当たるかについて、児童福祉法における国庫負担金を巡る争い、地方交付税を巡る争いは、国と地方の内部関係であるとの説もあったが、碓井は、これらの争いは、

8）　碓井・前掲注7）11頁。

209

第3部　自治制度の抜本的改革

　行政主体間の争いの中でも、金銭債権に関する争いであり、実質的に見て「財産権の主体」相互の争いであると主張する。

　しかし、これだけでは弱いという気がする。この金銭債権の発生原因は民事法ではなく、国の省庁の法律に基づく判断によるものであるから、その争いは単なる対等な財産権の主体相互の争いとまでは言いにくい。この点で、小滝敏之著[9]が極めて有益であるので、詳しく紹介する。

　補助金適正化法25条の補助金等の交付に係る処分に対する不服の申出の制度は、行政不服審査法の特例規定であり、さらに、それを行って、又はこれを行わず、直接に行政訴訟を提起することができる。もともと同法制定時は訴願法により訴願事項は制限列挙主義であったので、補助金適正化法により地方公共団体にのみ不服申立てができることとしたが、行政不服審査法の制定により、一般私人も補助金等について不服申立てができるようになったので、本法は行政不服審査法の特例となったということである。そして、行政訴訟を提起できるかについて、学説を詳細に分析している。

　地方自治法245条柱書きで、補助金等の交付に関する処分を除いているのは、概念的にはそれが関与の一類型であることを前提としている。補助金等の交付に関して国地方係争処理のルールから除外されたのは、既に補助金適正化法により不服申立制度がおかれていることと、地方公共団体であると私人であるとを問わず支出金の適正な執行を確保する必要からであるという。そして、この後半の理由によれば、地方公共団体は、「固有の資格において当該行為の名あて人となるもの」ではないかのごとく、地方公共団体も一般私人と同じく行政事件訴訟を提起できると解すべきである。

　さらに、国地方係争処理委員会の審査、訴訟のルートは、本来訴訟を提起できないものについて法律で特別に訴訟提起を認めたものではなく、もともと訴訟提起できるものについて、法律で特別の訴訟形式（機関訴訟類型）を設けたものに過ぎない。したがって、地方公共団体は一般私人と同じく行政不服審査法上の不服申立てルートに相当する補助金適正化法上の不服申出のルートを経

9）　小滝敏之『全訂新版〔増補版〕補助金適正化法の解説』（全国会計職員協会・2013年）336〜360頁。なお、地方財政法20条の2について、石原信雄『地方財政法〔四訂〕』（ぎょうせい・1994年）216頁以下は訴訟の可能性などについては触れていない。条文通りの解説である。

210

て、あるいはこれを経ることなく直接に裁判所に訴訟を提起できると解すべきである。その形式的理由は、補助金行政上の法律関係においては「国が一般私人に対するのと異なった意味で地方公共団体に対して関与権を行使する場合」に当たらないためであり、その実質的理由は、碓井説の指摘するように、補助金の交付に関する地方公共団体と国の争いは、名目的には行政主体間の争いとはいえ、実質的には財産権主体間の争いであり、行政機関相互の権限争議には当たらないためである。

4　諸外国の動向

　フランス、ドイツ、アメリカなどでは、国と地方公共団体の訴訟は、財産上の紛争に限定されることなく認められていることは既に紹介したことがある[10]。

　これまで勉強していなかった韓国、台湾についても、新情報を入手したので、紹介する。

　韓国では、崔祐溶（Choi、Woo-Yong、チェ・ウ・ヨン）東亜（Dong-A、ドンア）大学教授によると、国と地方公共団体の間、地方公共団体の間の権限の争いを解決するための司法的な方法は、以下のように2つがある。

　まず、憲法裁判所による「権限争議審判」がある。憲法裁判所法によると、国家機関と自治体間及び自治体相互間の権限の存否あるいはその範囲に関して争いがある場合には、当該国家機関あるいは自治体は、憲法裁判所に、権限争議審判を請求することができる（憲法裁判所法第61条第2項）。この審判請求は、

---

10)　阿部泰隆「区と都の間の訴訟（特に住基ネット訴訟）は法律上の争訟に当たらないか（下）」自治研究83巻1号（2007年）7～9頁において、先行研究を引用して説明している。さらに、阿部泰隆「司法権・法律上の争訟概念再考」、「行政主体間の法的紛争は法律上の争訟にならないのか」兼子仁＝阿部泰隆編著『自治体の出訴権と住基ネット』（信山社・2009年）137頁以下、193頁以下。阿部泰隆『行政法解釈学Ⅱ』（有斐閣・2009年）81頁以下、330頁以下。これについて、特に、塩野宏「地方公共団体の出訴資格」兼子＝阿部編著前掲『自治体の出訴権と住基ネット』117頁以下が極めて鋭く適切である。常岡孝好「判批」判例時報1962号164頁以下（2007年）。最近では、曽和俊文『行政法執行システムの法理論』（有斐閣・2011年）157頁以下、村上裕章「国・自治体間等争訟」『現代行政法講座Ⅳ自治体争訟・情報公開争訟』（日本評論社・2014年）11頁以下、同「客観訴訟と憲法」行政法研究4号（信山社・2013年）およびこれらに掲げられている文献、人見剛「自治体の争訟権について」『前注4』59頁以下。なお、教科書レベルであるが、「法律上の争訟」概念の使い方が恣意的であり、理論的にも根拠がないことをわかりやすく説明しているものとして、櫻井敬子『行政救済法のエッセンス』（学陽書房・2013年）117頁以下。

第3部 自治制度の抜本的改革

被請求人の処分あるいは不作為が、憲法あるいは法律によって付与された請求人の権限を侵害したり、あるいは侵害する顕著なおそれがある場合に限って可能である。

次は、行政訴訟法を通じての方法である。

韓国の行政訴訟は、抗告訴訟、当事者訴訟、民衆訴訟、機関訴訟の4種類である。そのなかで、法律による機関訴訟を通じて、国と自治体との争いを解決する方法もある。すなわち、地方議会の再議決に対して自治体の長あるいは国の監督機関が大法院に訴える場合である（地方自治法第172条）。また、機関委任事務に関する主務部長官の職務執行命令に対して、自治体の長が訴訟を起こした場合、大法院は自治体の長の機関委任事務の執行懈怠の適法について判断することができる（地方自治法第170条）。

次に台湾については、蔡秀卿教授によれば、台湾台北市が里長の選挙を、行政組織再編により実施が困難になったとして延期する告示をしたら、行政院は、これを延期する「特殊事情」に該当しないとして、選挙延期の告示を取り消した。台北市政府は、里長選挙は自治事務であって、台北市が解釈権を有すると主張し、行政院との解釈の争いを解決するため大法官に対し、法令の統一解釈を申請するとともに、行政院による告示の取消しは憲法の保障する自治の本旨に反するとして、大法官解釈を申請した。これに対し、大法官は2002年に大法官釈字553号解釈を下した。その要点は、本件は地方自治の事務であるので、地方自治団体の判断を尊重すべきであるが、それに恣意その他の違法事由があれば、上級監督機関はそれを取消変更することができる。台北市の里長選挙延期の告示を取り消した行政院の決定は、中央法規が地方自治の事務に適用されるための事実認定、法令解釈にかかわり、効力ある意思表示であるので、行政処分である、台北市がそれに対し不服がある場合、それは中央監督機関との間の公法上の争議事項に該当する、行政処分の違法性の有無という争議である以上、その争議は行政訴訟によるべきであるということで、行政院の決定について処分性と出訴可能性を肯定した。[11]

さらに、蔡教授からは次のような教示を受けた。「法律上の争訟」の概念に

---

11) 蔡秀卿「台湾における地方自治団体の事務」自治研究88巻6号（2012年）55頁。

212

ついて、日本の裁判実務では裁判所法3条に囚われすぎて、司法権の消極性や抑制性といった固有の特質と相俟って司法権の射程範囲を狭める解釈論がずっとずっと続いているが、台湾では、「法律上の争訟」又はそれに準ずる概念は存在しない。

そのため、日本でなかなか認められない、いわゆる抽象的な規範統制訴訟（法令の効力を争うもの）につき台湾では大法官に担わせているし、大学教員の昇進・学位不授与、国家試験の合否判定等といった、日本では高度の技術・学術上の問題として「法律上の争訟」から外されることの多い訴訟についても、全く問題なく提訴でき、しかも実務上件数が少なくない（以前教育部（文科省）の委員等の経験から）。

また、国と地方政府との紛争について、現行地方制度法では国と自治体との関係が非対等的であること、自治体への関与手段が権力的なものしかないこと（地方制度法75条、76条）が前提とされていて、訴願法1条2項も自治体への国の権力的関与の訴願・取消訴訟の可能性を明確的に認めており、大法官553号解釈が台北市政府に対する行政院の決定（選挙延期の取消）を処分として、行政訴訟（取消訴訟）の可能性を認めたのである。

5　日本法の解釈

(1)　我が国における学説 これについて、藤田＝塩野論争[12]がある。藤田宙靖が否定的主張をしていることは有名である。裁判を受ける権利自体は、藤田説が説くように、地方公共団体の出訴権を保障する

---

12)　藤田宙靖『行政組織法』（有斐閣・2005年）52頁、同「行政主体相互間の法関係について」『政策実現と法』（有斐閣・1998年）83頁、100頁以下、塩野宏『国と地方公共団体』（有斐閣・1990年）94頁以下。筆者は、藤田、塩野説の外、雄川、成田、小早川説なども含めて、日本の学説について、阿部泰隆・前掲注10)「区と都の間の訴訟（特に住基ネット訴訟）は法律上の争訟に当たらないか（下）」自治研究83巻1号（2007年）3～6頁、10～19頁で検討した。

村上裕章・前掲注10)がこの問題の最新のものである。文献の引用が網羅的であるので、ここでは個々の引用はしない。村上説は、国自治体間の訴訟は、客観訴訟と言われているが、司法権にどんな権限を与えるかについて広く立法裁量を認めて肯定する立場である。

なお、碓井・前掲注7)は結論として、「地方自治の本旨」を基礎とする自治権を媒介として、地方公共団体も財産権の主体として裁判を受ける権利の保障を受けると説明するのが無難としている。しかし、そうすると、財産権の主体には関わらない場合にはどうなのかという問題が生ずる。

第3部　自治制度の抜本的改革

ものではないが、地方公共団体が国家から独立した法主体である以上は、法治国家においては、それを巡る紛争は法的に解決されるべきである。藤田説にはこの視点が足りないと思う。

肯定説として塩野説が知られる。これはドイツの都市計画の自治権を根拠とする自治体の出訴権に近い発想である。その論拠も丁寧である。筆者はかねて検討したことがあり、本稿はこれに付け加えるものを持たないので、その分析は省略する。

(2)　私見　　実定法上の「固有の資格」概念[13]が問題となる。行政手続法4条1項や行政不服審査法7条2項、国と地方の係争処理委員会の権限に関する地方自治法245条1項などが固有の地位を理由とする救済手段の排除を定めている。司法審査についてはこのような規定はないが、やはり、固有の地位を理由に司法審査が排除されるのか。そうではなく、行政レベルにおける救済手段は、憲法上の保障を有するものではないので、固有の地位については私人と異なり特則をおくことができるが、司法審査においては、国、地方公共団体の紛争も、司法権の対象であり、法律で排除規定をおくことはできないと解すべきか。

この点について、私見を述べると、国と地方・地方公共団体相互間の争いは、財産上の問題を除き、法律上の争訟ではないとする判例、「固有の資格」を定める法律は、先に述べたように無法地帯を惹起する。先進国の法制度から見ても、いかにも遅れている。日本は、行政訴訟については、先進国でも発展途上国でもない、底辺に滞留する後進国である。

「法律上の争訟」該当性が問題になるが、これについては、財産上の紛争に限定するのは、民事法を念頭に置く解釈である上、文理に反する。法的な紛争、法律問題になるのであれば、財産上とか個人の権利義務という観念とは関係なく、文字通りその該当性を認めればすべて解決するのである。一般的に地方公共団体の権限、地位に影響を有する国家の行為を巡る法的紛争はすべて司法権の対象である法律上の争訟であると解する。あるいは、司法権の概念は、

---

13)　そもそも、国、地方公共団体の「固有の地位」とは何かについて、塩野宏『行政法II〔第5版〕』（有斐閣・2010年）20頁、藤田宙靖・前掲注12)『行政組織法』45頁以下、室井力外『行政手続法・行政不服審査法〔第2版〕』（日本評論社・2008年）80頁。

214

裁判機関が法的に裁くことができる紛争を解決するというだけのものと理解すればよい。

さらに、今日、地方公共団体は、国家の内部組織ではなく、法律の下では対等な法主体なのであるから、機関訴訟として理解すべきではない。いわゆる住基ネット訴訟においても、杉並区と都の関係を行政機関相互の争いと見る見方があったが、それもこの点で基本的に誤っている。[14]

憲法32条の定める裁判を受ける権利は直接には私人の権利であるが、地方公共団体の裁判を受ける権利を否定するまでの意味を有するものではないし、憲法上の地方自治の保障、法治国家の原理からすれば、国家の判断に対して、地方公共団体が司法の判断を求めることができることを保障されていると解釈すべきである。

立法的には、国と自治体の争いは、法律問題である限り、法律上の争訟であるとの解釈をとるように、裁判所法３条を改正して明文化すべきである。あるいは、行訴法再改正により実現すべきである。これにより冒頭の宝塚パチンコ条例最判も廃止される。

地方自治法の改正なら、国家関与に限らず、国と地方公共団体や地方公共団体相互間の争いは、法律問題である限り、裁判所法３条に言う「法律上の争訟」に該当すると明示すべきである。あるいは、法律上の争訟ではなくても、司法権の範囲に入ると明示すべきである。[15] さらに、「固有の資格」概念を廃止すべきである。

地方交付税や国庫補助金は、国が一方的に配分権を有し、司法の関与もないシステムでよいのか。これまでの多くの見解はそうであったと思われるが、地方公共団体も、国家からは独立の法主体であり、財政的にも国家財政に完全に

---

14)　阿部泰隆・前掲注10)「区と都の間の訴訟（特に住基ネット訴訟）は法律上の争訟に当たらないか（下）」自治研究83巻１号（2007年）３～22頁、さらに、兼子＝阿部前掲注10)『自治体の出訴権と住基ネット』137頁以下、193頁以下における私見。この書物においては、兼子仁、塩野宏ほか多数の研究者により自治体の出訴権を肯定する丁寧な論拠が示されている。

15)　なお、函館市は、2014年４月に、青函海峡向かいで、青森県にある大間原発の差止訴訟を提起した。自治体が原告になれるか。肯定すべきである。筆者の他、人見剛（自治総研40巻10号（2015年）20頁）、高木光（自治研究91巻９号（2015年）22頁）、白藤博行の意見書が出ている（函館市のホームページにも掲載）。私見は自治研究93巻10号（2017年）掲載予定。

第3部　自治制度の抜本的改革

組み込まれているとは言えない独自のものを有するから、地方自治権特に自治財政権に基づいて、法的紛争については司法の判断を求める地位を認めるべきである。

このように、自治体からの訴えを肯定しても、国の補助金に大きな裁量があれば、実際上請求棄却されるどころか、江戸の敵を長崎で討つように、別個の補助金まで拒否され、自治体は兵糧攻めされてしまう。そこで、補助金のルールは、できるだけ機械的にして国の裁量を減縮し、自治体の裁量を広げること、司法審査になじむような法システム（そのついでに、自治体の創意工夫により適切な政策の実現に資する法システム）を創造することが重要である。これについて次に検討する。

6　沖縄普天間基地：国と地方の争いは不服審査ではなく、地方自治法により裁判で争え

沖縄県知事が、辺野古移転作業中の沖縄防衛局に対して、水産資源保護法、沖縄県漁業調整規則に基づいて停止するように指示をしたところ、防衛局は農水大臣に審査請求を行い、同大臣は日米関係への影響などとしてその執行を停止した。しかし、これは国の施策に抵抗する沖縄県に対して、農水大臣が国の立場で押さえつけるもので、不服審査の公平性・中立性に反する。これについては、沖縄防衛局は「固有の地位」にあるから、不服申立てできないという沖縄県側の主張もある。[16]　なお、実体法的には、その根拠法は水産資源保護を図るものであるから、日米関係への影響などを理由とするのは違法である。[17]

私見では、国と地方公共団体の間では、まずは大臣が是正の指示を発し、拒否されたら高等裁判所で争い、勝利したら代執行できる（地方自治法245条の7、8）という法治国家的なルートが整備されているから、不公平な不服審査のルートは禁止されていると解釈すべきである。[18]

普天間基地の辺野古への移転を巡っては、中井真前沖縄県知事は2013年12月、国が行った辺野古の公有水面埋立て承認申請を承認したが、2014年11月の

---

16)　徳田博人「『固有の資格』と不服申立て」前掲注4）43頁以下。

17)　比山節男「論壇」琉球新報2015年4月17日。

18)　武田真一郎「農相裁決、権限ない」琉球新報2015年3月27日。

知事選で当選した反対派の翁長雄志知事は2015年9月にこれを取り消した。国はこれに対して審査請求を行い、仲間の国土交通大臣が国有利に執行停止を行い裁決するという作戦をとった（これに対して、沖縄県は争えない）が、沖縄県は、これは国の固有の地位に関わるから、行政手続法も行政不服審査法も適用がないと主張している。軍事基地のための海の埋立てが、私人の行う埋め立てと同じ財産上の問題であるのかが争点になっている。

　その後、国から、前記の国地方係争処理委員会を経て、地方自治法251条の7第1項に基づく違法確認訴訟が提起され、福岡高裁那覇支判平成28（2016）・9・16、最判平成28（2016）・12・20判時2327号9頁判例自治418号10頁は国を勝訴させた。[19]これは法制度の使い方としてはまともになったが、最高裁が異例の緊急解決をしたのは政治的すぎる。

　また、沖縄県が、政権に任命されている最高裁に期待したのは甘い。それよりは、普天間基地周辺の住民には新たに造成するニュータウンに移転してもらって、基地公害をなくす方がよい。[20]

III　予算配分＝国の自由裁量・国の方針に応ずるパラダイムから自治体が効率的に活用できるパラダイムへ

1　補助金システムの問題点

　(1)　国が政策を誘導する補助金の失敗　国の地方公共団体への補助金は、細かい補助要綱に従って交付される。そして、国は、補助金を交付し、不足分を起債で補わせ、その償還金を交付税措置している（換言すれば、地方債の裏負担を地方交付税の基準財政需要額に算入する）。これでは地方公共団体の自主財源である交付税を補助金化していることになる。政策は国が決める、地方を誘導する、地方はその実施を行うというパラダイムである。これは地方財政の自律性を尊重するはずの自治財政権の保障（地方財政法1条2項）にそぐわないシステムである。

---

19)　前掲注4）『辺野訴訟と法治主義』が詳しい。
20)　阿部泰隆「普天間基地問題、法廷闘争の帰趨、辺野古移転より住民移転を」自治実務セミナー635号（2015年）42〜45頁。

第 3 部　自治制度の抜本的改革

建基法で、仕様基準、性能基準という言い方がある。これまでの補助金は仕様基準である。柱の太さを何センチと規定するようなものである。

国庫補助制度は、自治体から自由に政策を考える力を奪い、補助金の多い政策に誘導される。沖縄では、90％、100％の国庫補助事業までやっている。

支給する中央官庁の裁量が広すぎる。摂津訴訟の頃、児童福祉法施行令により、保育所の設置費用の半額を国庫負担としていたが、訴訟が提起されて、予算の範囲内で補助すると改正されて、補助額を行政裁量に委ねることにより、訴訟を事前に防止した。これは補助金制度の濫用である。

これには失敗例が多い。地方公共団体はこれに誘導されて、自己負担が少なければ、不要な箱物を作った例が多い。リゾート法（1987年。総合保養地域整備法）に基づく全国のリゾート開発は大失敗で、濫開発による環境破壊の後に残ったのは、自治体の経営難である。

最近では、東日本大震災対策で、海岸は危険だという理由で、津波対策として高台移転を進め、それに補助金を出すことにした。しかし、これは天下の三大馬鹿公共事業である[21]。膨大な費用と長時間をかけ、結局は過疎化で誰も住まない街を作る。海岸の良好な住宅地は建築禁止されているが、いずれは利用され、その頃津波が来るだろう。それよりは、これまでの町にそのまま住宅を復興して、津波が来るときはみんな数分で上がれる菱形の小山をたくさんつくる方が良い。津波は小山の脇をすり抜ける。仮設住宅などに住むこともなく、これまでの土地を活用できる。

これからも、国土強靱化基本法、地震対策・津波対策、過疎化・少子化による地方消滅対策として、国の方から種々補助金メニューが示されるであろうが、それがかえって地方の自主的な判断を損なうおそれがある。

(2)　全国同一サービスという、国家の後見的支援体制の問題

日本の法システムの基本的な発想は、全国何処でも平等に同一のサービスを受けられるよ

---

21)　阿部泰隆「大津波被災地、原発避難区域のまちづくり（土地利用）について（1）（2・完）自治研究88巻8・9号（2012年）。

宮崎毅「震災の政策体系と地方の役割」高橋滋＝渡辺智之編著『リスク・マネジメントと公共政策』（第一法規・2012年）99頁以下は、災害対策では国の負担・国の財源保障の代わりに、地方の裁量が小さいことを分析している。

うにと配慮するシステムである。

災害救助法の支援は、全国共通、避難所の食事代は、地域で差が付かない。自治体が破綻するときでも破産させず、支援することは、2007年、353億円の赤字を抱えて事実上破綻したが財政再生団体として存続している夕張市の例に見るとおりである。[22] デトロイト市を破産させたアメリカとは大違いである。

国は、曖昧なルールを全国に画一的に強制して、地方公共団体の創意工夫を奪っている。生活保護を初めとする社会保障はもちろん、信書便法のもとで郵便ポストを全国津々浦々作れと定め、実際上は民間の郵便参入を拒否するシステムもそうである（電話のように、都会だけの会社からは、ユニバーサル料金を取ればよい）。教育は全国何処でも十分に保証するので、石垣島の隣の西表島や宮古島の隣の池間島、淡路島の隣の沼島では生徒よりも先生が多いと聞いた。本島の学校へ船で通学する方が教育効果も上がり、また財政的にも助かるのではないか。地域で自主的に判断することができる財政システムが必要である。

費用対効果分析をすれば要りもしない農道が土地改良事業だとして、都市の道路のように整備されたことは周知のことである。

2　地方が自主的に政策を考える地方創生システムを

これに対して、一定の強度を確保すれば、柱の太さは問わないとするのが性能基準である。そこで、仕様基準から性能基準へというような補助金が求められる。そして、その性能を地方自身が考えるべきである。それは地方自身が政策を作るというパラダイムである。これこそ、安倍内閣の掲げる地方創生にふさわしい。

その方法として、いくつか挙げる。

22）　自治体財政健全化法が2007年に制定され、2009年から完全施行され、夕張市は財政再生団体（レッドカード）に指定された。早期健全化団体（イエローカード）に指定されたのは平成19年度決算で43団体あったのが、年々減少し、平成23年度ではわずか2団体になった。兼村高文「自治体財政健全化法5年目の検証」地方財務703号（2013年）61頁以下。なお、連邦倒産法により自治体の破産もあるアメリカ法については、今本啓介「アメリカ合衆国における自治体破綻法制」租税法研究43号（2015年）25頁以下によれば、事前予防として、多くの州で、自治体の公債発行上限額、公債の期間の上限、利率の制限が定められている。事後的には一部の州で自治体を財産保全管理下に置くことができる。いくつかの州で、州の財政統制委員会が債務管理、財産管理を任務としている。

第3部　自治制度の抜本的改革

　まず、補助金を残す分については、その支給に関する裁量を縮減すべきである。支給基準をできるだけ詳細に定める。前記の摂津訴訟に見る、保育所の国庫負担金の裁量補助金化のようなことはしてはならない。かつて、国のダム計画へ反対したため、どうせダムで沈むのだからと、公共事業の箇所付けがなされず、補助金も支給されず、兵糧攻めにあって、降伏した町があった（岡山県苫田ダム。2005年）。国家権力の濫用である。正式にダム建設が決まるまでは、どうせダムができるかもしれないとしても、そのことを理由に補助金等を拒否してはならないという規定がほしい。そして、ダム計画を造るかどうかは自治体の意向を踏まえて速やかに決めることとすべきである。

　地方交付税は、制度の建前通り機械的に支給し、補助金的に使用することは廃止すべきである。

　地方交付税法では、基準財政需要額と基準財政収入額の差を、国税の一定割合で補塡するが、国税収入が少ないとき、不足分を借りてきて交付する。そして、地方交付税特別会計で処理する。これは、将来税収が増えることを当てにしている借金である。それは毎年の地方交付税法の附則に規定しているので、法律の根拠があるわけではあるが、このような借金はやめるべきであり、そのための慣行を作るべきである。

　一括補助金の拡充を行う。小泉政権下で行われた三位一体改革（「国庫補助負担金の廃止・縮減」「税財源の移譲」「地方交付税の一体的な見直し」をいう）もそのためであるが、自治体から言わせればなお不十分であった[23]。注目すべきは地域自主戦略交付金である。これは地方への「ひも付き補助金」を廃止し、基本的に地方が自由に使える一括交付金にするとの方針のもと、平成23年度に都道府県の投資補助金の一部を対象として創設され、5120億円が計上された。平成24年度は、平成22年6月に閣議決定された「地域主権戦略大綱」などに沿って、都道府県分について対象事業を拡大・増額するとともに、新たに政令指定都市に導入することとして、総額6754億円が予算計上された。地域自主戦略交付金の要綱については、予算の移替え等制度の基本的枠組みを定める「制度要綱」と、補助金等適正化法に基づく手続等を定める「交付要綱」から構成される。

---

23)　櫻井敬子『行政法講座』（第一法規・2010年）93頁以下がこの点をわかりやすく解説している。

第1章　地方公共団体を巡る法治国家の貫徹

対象事業や限度額などは国の査定による。完全に自由な一括補助金ではない。各自治体は、対象事業の範囲内で、自ら優先度を判断して事業を選択し、事業量、事業個所を選択できるものである[24]。これは都道府県と指定都市向けである。大震災被災地になぜ使わないのか。

　政権に戻った自民党は、これを廃止したが、むしろ、もっと地方公共団体が自由に活用できるようにすることこそ、安倍内閣の看板のひとつである地方創生の考え方に合致する。石破茂地方創生相は、東京一極集中を是正するため、活性化に取り組む地方公共団体に自由な交付金を創設する考えを示した（日本経済新聞2014年9月26日朝刊4面）。

　そこで、自治体自身が案を作り、それを評価委員会が審査して、適切なものを試行させる補助システムを作るべきである。津波対策でも、高台プランのほか、阿部泰隆の言う菱形築山プランを作る。審査して、安全で費用が安く、早く解決できる方に補助金を出す。

　民主党政権時代のいわゆる子ども手当は、個人に交付された。子供の育成のために自治体において議会の議決を経て工夫するなら、使い道（個人に金を出すか、保育所を夜間早朝も開くなら補助金を増額するか、保育士の給料増額等）は問わない方が、本当に地域の実情にあった子供の育成ができるのではないか。

　地方消滅対策[25]として、安倍内閣は、2014年、地方の人口減少抑制を目指す基本理念を定めた「まち・ひと・しごと創生法」と、各省庁毎に分かれる地域支援策の申請窓口を内閣府に一元化する地域再生法改正法を成立させた。創生法は「人口減少に歯止めをかけ、東京圏への人口の過度な集中を是正する」ものであり、地域再生法は自治体のまちおこし事業などの地域再生計画に対する国の財政支援を定めるものである。産業誘致・若者誘致などが考えられる。

　しかし、これでは地方には生き残り策しか選択肢がないようなもので、大変な苦労を強いる案であり、うまく行けばいいものの、地域によっては、人口減と過疎化の流れには到底抵抗しきれず、所詮無駄な抵抗となる可能性も高い。そこで、自治体毎の判断で、いっそ全員離村という計画でも、移転先で生活を営めるよう工夫をすれば、国庫から支援を受けられるような補助システムとす

---

24)　三橋一彦「平成24年度地域自主戦略交付金」地方財務698号（2012年）59〜114頁。

25)　増田寛也編著『地方消滅』（中央公論新社・2014年）。

221

第3部　自治制度の抜本的改革

べきである。あえていえば、廃村促進法である。

　さらには、国は、国家から支出される財源につき各自治体にこれまでの80％しか保障しない案を考える。代わりに20％分を留保して地域戦略交付金とする。これは競争的資金とする。しっかりした委員会が採択する。次回は前回の成果を見て判断する。競争的資金は、各省毎と総合的なものを作る。はずれても、他のものでやれるようにする。

　内容の評価なしの自由なお金を自治体に交付することも考えるべきである。竹下内閣のふるさと創生１億円基金は、完全に使用自由で、自治体の創意工夫が求められた。これを増やして、全国でアイデア競争をさせるべきである。良いアイデアができれば全国に普及する。

　政府は地方創生の目玉として2016年度に1000億円規模の新型交付金制度を創設した。地方創生の深化のすそ野を広げる取組（http://www.kantei.go.jp/jp/singi/sousei/about/pdf/h27-09-yosan.pdf）という。

　市町村ごとにつくる活性化策の総合戦略によって交付規模や対象範囲に差をつけ、複数年度で配る。交付後は戦略に盛った数値目標をもとに効果を検証し、事業見直しを求めたり交付を変更したりする。

　評価と効果の検証をどのように行うのかが肝心である。

3　議会のあり方

　こうした自治体の施策は、自治体議会で議論の上採択することとする。民主主義を充実させる契機となることを期待する。また、失敗も自己責任とする根拠ともなる。

　こうした議会のあり方は本稿の対象外であるが、簡単に私見を述べると、都道府県議会議員は常勤とせざるをえないが、市町村議員はすべて非常勤待遇とすれば、今のように土木業者などの自営業者が多数になって、冠婚葬祭に出て、苦情を聞いてというどぶ板活動で身分を保持することは減り、むしろ、町内会長、都市計画専門家、経営学者、法律家なども本職の合間に議員として活動できる。そうすれば、議会は土日と夜に開かれ、住民が傍聴する。そこでは、どぶ板活動を踏まえた個別の苦情などではなく、町全体の施策が議論される。どぶ板活動をしても、傍聴する多くの真摯な住民には評価されないから落

222

第1章　地方公共団体を巡る法治国家の貫徹

選する。そうした専門的な議員が住民の声を反映しつつ、専門的に議論して政策をつくり、国の競争的資金を獲得する。そうすれば、努力する自治体に金が回る。努力しないでどこからも資金を得られない自治体の経営は苦しくなる。住民の個々の苦情は別にオンブズマンを設置して対応する。これまで審議会に参加していた専門家は、任命する執行機関の掌の上で踊る孫悟空的な行動をせざるをえない（御用学者）が、住民に選ばれるとなれば、執行機関に牛耳られることなく、正しい所見を述べることができるようになる。こうして議会からまともな政策提案が出てくれば、執行部も競争して努力することになり、その相乗効果で、自治体は活性化する。それが全国に波及すれば、国政にも反映し、日本の未来は明るくなってくる。

4　政策評価の基準

　こうして、自治体にも政策評価が必要であるが、自治体では、国庫補助金を考慮外において、自費だけで効果を考えるので、どの政策も補助金がつけばやるべきだということになる。国庫補助金を含めた事業経費全体を考慮して、政策を評価すべきである。政策評価法において、国だけではなく、地方公共団体にもこの観点からの政策評価を義務付けるべきである。

5　自治体が工夫して、うまくいっても失敗しても住民に跳ね返る仕組みの導入

　これまでは、自治体自身が生活保護家庭と似たようなもので、努力しても生活はいくらも向上しないし、失敗しても最低保証はある。

　これに対して、工夫して努力すれば良くなり、失敗すれば損するシステムが必要である。民間なら当然のことである。上記の競争的資金はこの視点に立つものである。

　これまでは、住民税を標準税率よりも減額すると、地方債の許可を受けにくく、地方交付税では減収分の補填がないので不利になるとされていた（したがって、標準税率は、実際上「標準」ではなく、地方税の下限であった）が、平成24年税制改正大綱に「地域決定型地方税制特例措置」（通称：わがまち特例）が導入されて、課税自主権が強化され、[26] 名古屋市の河村たかし市長は市民税の10％減額を実現した。減税はポピュリズムだとの批判があるが、市長によれば、起

223

第3部　自治制度の抜本的改革

債する際に総務省の許可が必要になるが、現に平成22年度において、減税による減収額を上回る行財政改革の取り組みを予定していること、世代間の負担の公平に一定の配慮がなされていることから、許可されているとのことである（「減税発祥の地ナゴヤの挑戦」http://genzeinippon.com/seisaku/tax10p02）。

　自治体がこのように工夫して、自主的に選択していくことは結構なことである。行財政改革が進まなければ、減税のため、必要な事業ができないことになり住民に跳ね返る。しかし、減税する代わりに無駄遣いをやめるならすばらしい。高福祉高負担か、低福祉低負担かも、ある程度は自治体の選択に委ねるべきである。その結果は住民に跳ね返る。

　自治体が破綻すると、夕張市のように厳しい財政運営を要求される。しかし、それまでの戦犯は責任を追及されない。会社とは大違いである。

　過去数年に遡って、違法、過失の有無を問わず、議員と市町村長、副市長の歳費・給料3割返還制度をおくべきである。そうすれば、我が身に跳ね返るから、杜撰な財政運営はしないような動機づけができる。ただし、議員の場合、財政破綻に陥らない施策を強く提案していたことを立証すれば、その対象外とする。

6　補助金の法治国家的運用の法システム

(1)　法治行政の適用　　　補助金に法律の根拠がないと、補助金に関する議会の関与は限られており、細目は行政の裁量で決めることになるが、大口補助金は重要事項であるから、重要事項留保説[27]に基づいて、法律の根拠を要求して、国会の関与を強め、国会で議論して細目を決めるべきである。

(2)　司法審査になじむ法システム　　　補助金適正化法は、補助金を受ける方を規制するが、逆に、補助金の配分の考え方のルールを作る。これまでの補助金のように、中央官庁の裁量に委ねられていては、不支給を違法として争う余地はほとんどないので、これまでのような単な

---

26)　深澤映司「地方税の標準税率と地方自治体の課税自主権」レファレンス735号（2012年）3頁以下。わがまち特例については、ttp://www.soumu.go.jp/main_content/000167279.pdf

27)　阿部泰隆『行政法解釈学I』（有斐閣・2008年）102頁。

る補助金でも、それが司法審査にもなじむように具体的な言葉で基準を作る。効果裁量を縮減するように、単に「交付することができる」というのではなく、基準を満たせば原則として交付しなければならないという規定とする。

(3)　司法審査の方法　　2で提案したような競争的で評価によって採択される補助金の支給については、広い裁量があるとしても、今のように担当官庁のさじ加減、政治家の圧力（かつては官官接待）で決めるのではなく、審査委員会が評価基準を作って採択するという制度設計をすべきである。そうすると、行政不服審査なり裁判で、審査委員会の構成が公平で、かつ専門的であるか、評価基準が合理的で適切であるか、不当な圧力がかかっていないかなどについては審査が可能である。実際、提案型入札などにおいては、筆者の経験では、この点の問題が多いものが見られるので、司法審査が保障されればこのような違法は抑制されよう。

(4)　不利益取扱いの禁止　　私人でも行政相手に訴訟を提起するかどうかを考えるとき、重大な不利益を受けても、次に更に不利益に扱われると心配して萎縮するのが普通である。入札で不合理な理由で落とされるような場合、許認可の停止・指示処分などでは、争って勝てても、他に不利益を受けるので、費用対効果分析で、長いものに巻かれるしかない。行政書士に行政不服申立ての代理権を与える行政書士法の改正が2014年に行われ[28]たが、不服申立てを代理すると、これからの申請において不利に扱われると萎縮して、実際に活用する行政書士はごく一部になろう。元々は税務訴訟を代理すると、徹底的に調べられると心配されていた。

　そこで、補助金の配分に当たる官庁は、不服申立て、訴訟を提起したことを理由として、いかなる不利益な扱いもしてはならないという規定を置くべきである。もちろん、そういう規定を置いても、闇の中で不利益に扱うことは起きるであろうが、ある程度の抑止力にはなる。

7　制度実現の協議の場

　こうした制度実現のためには、補助金のシステムについて国と地方が協議す

---

28)　阿部泰隆「行政書士の行政不服申立て代理権、法改正で導入」自治実務セミナー53巻9号（2014年）8頁以下。

第3部　自治制度の抜本的改革

る場が必要になる。2011（平成23）年に成立した「国と地方の協議の場に関する法律」に基づく国と地方の協議の場は、地方自治に影響を及ぼす国の政策の企画及び立案並びに実施について、国と地方が協議を行う場であるから補助金制度改革は最適のテーマである（http://www.cao.go.jp/chiiki-shuken/bahousei/bahousei-index.html）。それが実現するかどうかは、地方公共団体の力次第である。

IV　不透明な国家関与の禁止、自治体の自己責任

1　通達・処理基準・注釈書による現場指導

通達や処理基準、注釈書には法的拘束力はないが、現実には、事実上地方公共団体に対して拘束力がある。

たとえば、大阪市の保健局担当者は、まつげエクステンションは美容に当たるから、美容師の独占業務であり、美容師でない者が行うのは違法だと主張している。美容師法上の事務は自治事務なのに、厚労省の通達（平成20年3月7日、平成16年9月8日、平成15年7月30日付け）でそう言っている、これには従わなければならないとしか言わない。しかし、まつげエクステンションは、美容師の業務として伝統的に考えられた技術ではなく、美容師試験にも出ないので、美容師なら適切・安全にできる訳ではない。厚労省は、美容とは顔から上をきれいにすることと定義して、まつげエクステンションもこれに入るとするが、美容が顔から上をきれいにすることから、逆に、顔から上をきれいにすることがすべて美容師の独占業務になるという、逆の論理は成り立たない。この通達は法律の解釈として明白に誤っているのに、大阪市は頑固に従えと言うだけである。

業者は指導に従わないと、種々不利益を受けるので、応じるしかない。訴訟を提起する勇気もない。自治体は違法な指導をしても、責任を取らない。責任を負わなくても良いから、無茶な指導をする[29]。

したがって、自治事務については法令解釈権だけではなく、自主解釈義務を規定すべきである。そして、解釈の責任者を明示させる。将来国家賠償訴訟に

---

29) このことは、阿部泰隆『行政法再入門（上）〔第2版〕』（信山社・2016年）118頁、同『ひと味違う法学入門』（信山社・2016年）8頁で、図解入りで説明した。

おいて地方公共団体が敗訴したときに求償を受ける地位に立つ（国家賠償法1条2項）ことがわかるようにするのである。さらに、こうした通達に基づく処分を受ける前に通達の違法を理由とする地位確認訴訟が提起されることが期待される。しかし、事業者は、裁判所が行政有利の中束の笛を吹くことと、返り討ちをおそれてなかなか訴訟を提起しない。

そして、こうした不透明でいい加減な国家関与をなくすために、違法な通達や行政実例を集めて、担当官庁に勧告する仕組みが必要である。オンブズマン（仮称：NPO行政監視センター）がこれを担当するのも一案である。

2　生活保護の処理基準にみる杜撰さ

生活保護は法定受託事務であり、生活保護手帳の定めが処理基準となっている。それには不合理・不明確な点が無数にある。およそ法治国家とは言えない。国が処理基準を作っている以上はもっとまともな基準を作るべきである。たとえば、親族の扶養義務は民法によっているので広すぎる。親子に限定すべきであり（その例外も規定する）、兄弟姉妹は特段の事情がある場合に限るべきである。その点の明示のルールを作るべきなのである。

稼働年齢は法定されていないのに、実際上は65歳が基準となっており、生活保護は65歳になると、稼働能力があっても、堂々と受けることができる。人生80年代となり、自営業者は80歳でも働いているのであるから、不公平すぎる。75歳をめどに明示すべきである。前期高齢者という言葉は廃止すべきである[30]。最近老年学会が同じ提言をした。

これらは、国が基本的なルールを作ることを怠っているのであるから、地方独自のルールを許容すべきである[31]。

生活水準は地域毎に異なっているから、級別格差など、自治体に任せても良いのではないか。自治体によっては大判振る舞いをする（逆に冷遇する）という心配もあるが、自己負担が25％ある（逆に、国庫から75％支給される）ので、それほどの無茶はしないだろう。

---

30)　阿部泰隆「生活保護制度改革における発想の転換（1）〜（3・完）」自治研究88巻10号3頁、11号30頁（2013年）、89号1号（2013年）54頁。

31)　阿部泰隆「高齢者は75歳以上とせよ」税務経理2014年12月2日。

第3部　自治制度の抜本的改革

3　法律に基づかず、実際上地方公共団体に義務付ける制度の禁止

　法律による行政が国と地方の間でも適用されるようにしたい。

　2009年に支給された2兆円規模の定額給付金の支給事務は、建前は自治事務[32]であるが、しかし、自治体が拒否することは、住民の利益を害するから不可能である。法律の根拠もないのに、結局は自治体に強制している。自治体にとってはその事務処理だけでも過大な負担である[33]。このようなものは法律で支給の根拠を置くだけではなく、支給のルールを明確に定め、自治体の負担を解消するようにすべきである。

　いわゆる水俣新法（水俣病被害者の救済及び水俣病問題の解決に関する特別措置法、平成21＝2009年法律81号）に基づき救済措置に該当する者を判定する方法は、法律に何ら規定がなく、県も、要綱しか策定していない。判定を行う県に対して、義務付ける規定も見つからない。閣議決定はあるが、それはあくまで政府の内部において拘束力を有するものであり、県に対しては拘束力がない。申請の方法は環境省のホームページに出ているのにも関わらず、県は、この判定業務を自治事務として行うことになる（法定受託事務とする規定はない）。関係者の合意に基づくものであるから、県がこの判定業務を拒否する訳はないが、県に不当な負担を課し、申請者の救済ルールを置かない不合理なシステムである[34]。

　このようなことがないようにするには公害健康補償法のようにきちんと申請権と判定機関を法律で定めるべきであった。国会審議における法的視点の充実が求められるが、それが十分ではない以上、その運用にあたる地方公共団体には、制度改革申立権を認めるべきである。国と地方の協議の場をこのような制度改革にも適用して解決することも期待される。

---

32)　阿部・前掲注10)『行政法解釈学Ⅱ』132頁。

33)　定額給付金の受給資格者は「基準日において住民登録がある世帯主」であるが、給付対象となるかどうかの判定が困難な事例が多数あったのである。たとえば、ホームレスやネットカフェ難民などの非定住者、DV被害者、受刑者、外国人登録者、海外在留邦人、現金払い希望者、さらには給付無資格者、権利失効者などである。鈴木康人「定額給付金事業顛末記―給付を妨げる困難事例」地方財務706号（2013年）91頁以下。

34)　阿部泰隆「いわゆる水俣新法と給付拒否の『処分性』の混迷」自治実務セミナー51巻12号（2012年）4～7頁。

228

第1章　地方公共団体を巡る法治国家の貫徹

V　住民の立場からみた法務、住民との関係で法治国家になるような法システムへの転換

1　行政指導、要綱行政の原則撤廃

　もともと、法律の不備を柔軟に補い、実質に適合する行政を行うために、行政指導には積極的な評価が与えられた。しかし、逆に、法律にない義務を私人に課し、各種の事業を行う際、法律上は許されるのに、邪魔するものも少なくない。

　そこで、過大な負担を課さず、迅速な救済という私人の立場に立った法務への転換が求められる。

　たとえば、宅地開発、マンション建設、廃棄物処分場建設などでは、要綱行政を条例化して、住民への説明会、協議などを要件とする自治体がある。しかし、これは、不明確すぎ、事業者に過大な負担を負わせることになるので、禁止すべきである。住民への説明会が求められるが、紛糾するし、時間がかかる。場所、時間、発言者などに関して説明会開催のルールを作り、せいぜい1、2回にとどめるべきである。

　行政指導で同意を取らせる従来の運用は、正しい判断を怠り、判断するとき争われることを避けたい役人の安全弁である。これを役人が住民の意見を聞いて、正しく判断して、それは訴訟で争われるという法システムに変えるべきである。

　法律上は当然に許可されるべきものについて、行政指導で握りつぶすということが良く行われるが、判例（最判昭和60（1985）・7・16民集39巻5号989頁）でも従わないという意思を明示されたら、強行してはならないことになっており、今日では行政手続法33条で明定されている。しかし、その担保手段は不備である。損害賠償訴訟くらいでは、故意に違法な行政指導を行う、いわば確信犯の職員に対しては、何らの効果もない。そこでこれを職権濫用罪で処罰すべきである。

229

第3部　自治制度の抜本的改革

2　故意の情報非公開・情報廃棄の処罰

　都合の悪い情報（裁判所に提出されると不利になる情報）であれば、情報公開基準では開示しなければならないことがわかっていても、あえて非公開とし、情報公開審査会、裁判に待つという戦略を取る自治体が少なくない。鹿児島県阿久根市、伊仙町において一般廃棄物処理業の新規許可業者の申請書類の情報公開を求めた時がそうであった。その裁判の結果を待っていては、本体の裁判のほうは意味がなくなる。

　こうして、確信犯で違法行政を行った職員については、役所が組織でやっているのであるし、往々にしてトップの判断であるから、懲戒処分をするわけもないし、首長については懲戒処分の制度もない。

　そこで、情報公開制度において、関係者の懲戒処分の申立て制度を作るべきである。審査機関は人事院とする。地方公共団体の場合には、人事委員会、公平委員会となるはずであるが、これは独立性に乏しいので、特に国の人事院に権限を持たせる。

　さらに、そういう職員を職権濫用罪で処罰する慣行を作るべきである。

3　職権による授益的行為を申請によるものに

　災害弔慰金、農業振興地域からの除外計画については、規定（災害弔慰金等法、農業振興地域の整備に関する法律）の上では申請権がなく、職権で行うことになっている。災害弔慰金は、香典であるから、申請権がないという発想によるのかもしれない。しかし、震災関連死などで、支給されないときは、不支給処分を争えることとなっているので、正式に申請権を認めるべきである。現行制度では、訴訟になったときに、非申請型義務付け訴訟として面倒な要件がつく（行訴法37条の2第1項）が、申請型（同37条の3第1項）として、それが解消される。

　農業振興地域からの除外は、実際には、申請に基づくのが普通であるし、形式的には個人に対するものではないとはいえ実質的には個人に対する授益的行為であるから、解釈上も申請権を認めるべきである。[35]

---

35)　処分性について、田村達久「行政計画の処分性に関する一考察」『現代行政訴訟の到達点と展望（宮崎良夫先生古稀記念論文集）』（日本評論社・2014年）153頁以下が肯定している。

230

第1章　地方公共団体を巡る法治国家の貫徹

4　予算措置による給付の「処分性」逃れを防止せよ

　予算措置、要綱に基づく給付の拒否は処分ではないため、救済方法がないので、恣意的な運用がみられる。そこで、そのルール違反であれば、当事者訴訟で争えるような法的措置が必要である。

　外郭団体や基金を通じての助成金も、私法形式を取るので、契約拒否の自由に逃避する。

　実体法上、契約拒否、解約事由を法定し、恣意・不平等取り扱いを禁止する。その違反については、是正措置を求めることができると定めるとすべきである。

　本来は、解釈論でも、給付義務違反を立証できれば、取消訴訟であれ、当事者訴訟・民事訴訟であれ、たいした違いはないので、請求を認容するように、権利救済の実効性の観点に立つ法解釈が求められる。

5　ホームページによる公表のために生ずる権利侵害対策

　ホームページによる公表は、直ちに伝播して、いつでも検索できるので、処分それ自体は軽微でも、行政処分よりも大きな権利侵害効果を有する。しかも、5年間は廃止されない運用のもとで、その不利益は継続的である。したがって、その法的統制ルールを作る必要がある。判例は、民事上の名誉棄損の基準によっているが、それでは事前予防の効果も少ないし、行政機関が行政処分の効果を担保するために行っているホームページへの公表を行為規範的に統制するのは難しい。[36]

　私見では、法律の根拠だけではなく、公表の内容（事犯と不利益との調和＝処分と比較して不利益の大きい公表の禁止）、方法、公表期限（5年は長い。数ヶ月で十分）、公表の予告と不服申立て・差止制度（公表されてからでは遅いので、差止に関する争いが決着つくまで待つべきである）を置くべきである。訴訟制度は、公表の差止めは民事訴訟であるから取消訴訟と併合できないなどと、複雑な制度にせずに、公表も処分と見なして、取消訴訟に併合する方が良い。なお、公表の差止めを当事者訴訟と考えることも可能であるが、厚労省令によるネット販

---

36)　阿部・前掲注30)『行政法再入門（上）〔第2版〕』103頁。

231

第 3 部　自治制度の抜本的改革

売禁止違憲を理由として販売できる地位を確認した東京高裁判決（平成24・
4・26判タ1381号106頁）を踏まえて、仮に販売できる地位の確認を求める仮処
分を申請したところ、省令という公権力を妨げるなどとして、行訴法44条によ
り不適法とされた（東京高裁平成24年（行タ）第111号、仮処分命令申立事件平成
24・7・25決定判時2182号49頁）例に鑑み、仮処分の適用の点で争いが起きる難
点がある。もっとも、これは地方自治体に限らない。[37]

VI　住民訴訟における財務会計行為の違法の是正、住民訴訟制度の合理的な改正

1　住民訴訟への逆風

　住民訴訟は、地方公共団体における法治国家を実現する有力な手段である。
しかし、最近、逆風が吹き荒れている。平成14年の被告適格の個人から首長へ
の変更は、被告に住民の税金で、勝ち目がなくても最高裁までの自由な応戦を
可能とし、住民が勝訴しても、実際の執行は不透明になり、住民の訴えを至難
なものとした。[38] しかも、最高裁（最判平成24・4・20民集66巻6号2583頁判時2168
号35頁判自363号34頁）は、議会が、住民の財産を自由裁量で放棄できるとして、
違法行為を事後的に正当化する道を広く開いた。これで、違法行為を行った首
長も、議会を操れる限りは、枕を高くして寝ることができる。しかし、議会を
操れない少数派首長や元首長は責任を負わされる。これは民主的代表者である
はずの議会の権限濫用を来すし、不公平であるから、議会による債権放棄は廃
止すべきである。

　首長を被告とする平成14年改正は、最終的に首長から請求される第三者が単
なる補助参加人にとどまり、当事者としての扱いを受けないので、裁判を受け
る権利を侵害され違憲であるから、元に戻すべきである。

　原告側弁護士にきちんと報酬が支払われるような仕組みでなければ違法行政
はなくならない。違法を確認すれば、過失なしとして原告敗訴でも、まして議

---

37)　阿部・前掲注28）『行政法解釈学 I』598頁以下。

38)　阿部泰隆「住民訴訟平成14年改正4号請求被告変更の誤謬」判例時報2100号（2011年）1頁以
　　下＝阿部泰隆『住民訴訟の理論と実務、改革の提案』（信山社・2015年）所収。

第1章　地方公共団体を巡る法治国家の貫徹

会の放棄議決がある場合でも、弁護士報酬は相応に支払うべきである。

2　住民訴訟の改善策

　そこで、筆者は、住民訴訟制度の改革を提言している。[39]

　2015年現在、地方制度調査会と総務省サイドで検討されたが、これは、住民訴訟で責任を追及される地方公共団体側を主たる構成員とするもので、その責任を追及している住民や弁護士が入っていないので、最初から泥棒が刑法を作る集まりである。

　内容的には、首長は組織で決定したのに責任を負わされるのは気の毒だから重過失責任とせよという意見が少なくない。筆者もかつてはそう考えていたが、そうすると、実際上、違法行為のやり放題で、すべて無責任になる。首長は、一般職員や会計職員とは異なり、公費で法令コンプライアンスを構築すれば責任を回避できるのであるから、過失責任でも気の毒な事態は起きないので、違法・過失行為の責任を追及する原則は崩すべきではない。過失の基準は、法的な検討を怠っている一部の自治体のレベルではなく、法令コンプライアンス体制をとっている自治体のそれとすべきである。

　ただ、過失責任の範囲が無限に広がらないように、会社法（425条）の例に従って、過失の場合、年収の6倍までとすべきではないか。そうすれば、地方公共団体も法治国家に近づくことができるのである。

　2017年6月に成立した地方自治法改正法は、筆者らの提案に沿い、軽過失については免責とせずに責任の限度を定めることとしたので、最悪の結果は免れたが、逆に議会の権利放棄には制約を付けていないので、故意でも重過失でもできると読めないこともない条文となった。もちろん、軽過失でも、免責ではなく責任の限度を定めたに過ぎないので、故意、重過失の場合、権利放棄議決で免責にすることが許されるという解釈は不合理ではあるが、争いが生じ、故意に違法行為をやって、責任を免れたい長としては、議会に諮って、権利放棄

---

39)　阿部泰隆「住民監査請求・住民訴訟制度改正の提案」自治研究87巻5号（2011年）3頁、同「権利放棄議決有効最高裁判決の検証と敗訴弁護士の弁明（1）～（3・完）」自治研究89巻4号3頁、5号3頁、6号3頁（2013年）＝阿部・前掲注38）『住民訴訟の理論と実践、改革の提案』所収。

233

第3部　自治制度の抜本的改革

議決をしてもらうことも起きないとは言えない。予想できる紛争を防止できる条文をあえて作らない国会には立法者の資格がない。[40)]

Ⅶ　おわりに

本稿は、「Ⅰ　はじめに」で述べたように、国と地方の間の治外法権状態を解消し、自治体で住民の意向を踏まえて議会が適切に判断し、それを司法がチェックするシステム、また、国の関与や自治体自身の違法行為を防止する法治国家的法システムを探求したものである。

---

40)　阿部泰隆「住民訴訟改革のあり方―地方制度調査会答申、懇談会、法案の問題点」自治総研43巻4号（2017年）70頁以下。
　　筆者は、2017年5月30日参議院総務委員会で、民進党の推薦により参考人として出席し、熱弁を振るったが、結果は、完全に無視された。狐とたぬきが棲む永田村の茶番劇民主主義であった。

第2章　地方議会の構成の抜本的改革試論

碓井　光明

I　はじめに

日本国憲法は、国の統治組織に関しては、立法、行政、司法の三権の根本事項を定めているのに対して、地方公共団体の仕組みに関しては、その「組織及び運営に関する事項」についての法律主義（92条）、「議事機関」としての議会の設置（93条1項）、長、議員等の住民による直接選挙（93条2項）を定めるにとどまり、議会制度についても、その具体化は法律の定めに委ねている。もちろん、議会制度の構築に当たって、「地方自治の本旨」に基づかなければならないことはいうまでもない。

このような憲法構造において、地方議会に関しては、憲法改正の要否を議論することなく、「地方自治の本旨」を損なわない限り、あるべき制度を論ずることが可能となる。[1]その意味において、議論をするに当たっての制約は少ないといえる。そうした状況において、長と議会の議員とを並列させて住民による直接選挙制が定められていることから、いわゆる二元代表制が憲法上の仕組みであることがわかる。その結果であろうか、これまでの地方議会をめぐる議論は、二元代表制の枠内における議会と長との関係に重点が置かれる傾向にあったように思われる。本稿は、地方議会の存在意義や果たすべき機能に着目しつつ、地方議会の制度のあり方を問うものである。

1）　駒林良則『地方議会の法構造』（成文堂・2006年）173頁は、現行憲法の下において、地方議会は、「第一義的立法機関」として位置づけられるとしている。もちろん、一定の地方議会の制度あるいは制度の基本原則を憲法上の制度として新たに位置づけようとする議論も可能である。

第3部　自治制度の抜本的改革

II　地方議会の存在意義・機能

1　地方議会の存在意義と機能

　地方議会は、前述のように憲法上、「議事機関」として位置づけられている。憲法自体が「地方公共団体の長」の存在とその直接選挙制を定めているのであるから、地方議会は、第一義的には執行機関として存在するものではない。「議事機関」ということは、基本的に地方公共団体の意思決定機関であることを意味するが、何をもって「議事」とすべきかを憲法から直ちに導くことはできない。意思決定すべき事項に関しては、議会に委ねる事項と長等の執行機関に委ねる事項とがありうる。現行地方自治法について見ると、条例の制定・改廃をはじめとする96条1項の定める議決事件を中心にしつつ、同条2項により条例で定める事件のほか、個別の規定による同意、承認などもある。これらの議事、議決を通じて、執行機関との関わりをもち、中には執行の協働者となっている場合があるとしても、地方議会は、基本的には議事機関である。

　そこで、議事機関たる地方議会の存在意義ないし機能を確認することがまず必要である。[2]

　地方議会は、議員が住民の信託を受けて、真摯に審議（熟議）することにより、納得のいく政策決定を行うという存在意義を有する（「政策形成機能」）。そして、議会は、住民と政策決定とを結びつける役割を担っている。それは、住民意思吸収・代表機能といってよい。政策決定に関する熟議を通じた政策形成機能と住民意思吸収・代表機能の発揮とが地方議会に求められる基本的な役割及び機能である。そして、社会経済状況の複雑化に伴い、政策形成機能の発揮には議員に相当程度の専門性が求められるようになっていることにも注目する必要がある。

2）　学説の概観として、末井誠史「地方議会に係る制度改革」レファレンス2009年12月号27、32頁以下。都道府県議会制度研究会『今こそ地方議会の改革を―都道府県議会制度研究会中間報告』（2005年3月）は、地方議会の役割として、①多様な民意を顕在化させるというフォーラムとしての機能、②地域社会にまとまりと方向性を与えるという民意調整の機能（コーデイネーターとしての機能）、③執行機関牽制の機能、を担っていることを挙げている（5頁）。

第 2 章　地方議会の構成の抜本的改革試論

　もちろん、議事機関たる議会には、「執行機関に対する統制・監視機能」の発揮が期待されていることはいうまでもない[3]。これまでは、政策形成機能に比べて統制・監視機能が重視されてきた故なのか、地方議会は、長の提案に対する賛否の決定に終始してきたという印象を拭うことができない。それは、どちらかといえば、長の提案を踏まえて意思を示すという受け身の姿勢であるといってよい（受動的議会[4]）。この点、国政においては、議院内閣制の下で与党・政権党が予め内閣の法案作成に先立って事実上政策形成に関与しているが故に、与党・政権党が国会において内閣提出議案に対峙する場面が少なくなることは理解できるが、二元代表制の下における地方議会は、国政における国会とは異なる意味の積極性が期待されるはずである。自らが、当該地方公共団体の政策課題や政策のあり方を提示するという「積極的議会」が要請されるといわなければならない。その提示を受けて長が議会に提案するという政策形成面の相互作用が重要と思われる。それは、一面において連携とか協働であるが、同時に「政策形成をめぐる緊張感のある競争」の意味もある。これまでも、水面下において、議会と長との間の政策形成をめぐる相互の働きかけや調整がなされてきたのであるが、これを表に出すことが重要である。そのことにより、住民も意思を表明しやすくなるであろう。

　政策形成機能に加えて、地方議会は、「執行機関に対する統制・監視機能」を期待されている。「受け身の議会」であっても、統制・監視機能に関する限り、現状においてもある程度の実効性が認められるといってよい。

2　地方議会の機能発揮を妨げる事情

　地方議会には、以上のような機能が期待され、そこに存在意義があると思わ

3）　人見剛「住民自治の現代的課題―地方議会・住民参加・住民投票」公法研究62号（2000年）190、193頁（同『分権改革と自治体法理』（敬文堂・2005年）187頁所収191〜192頁）は、諸機能を挙げたうえ、「議会＝政策形成機関」モデルと「議会＝行政コントロール機関」モデルがあるとし、統制・監視機能にあっては、政策形成機能に比べて専門性が要求されないとしている。筆者の提案も、この発想に負っている部分がある。ただし、統制・監視機能を十分に発揮するには、やはり専門性が求められる場面が増えるものと思われる。

4）　もちろん、全員協議会をはじめとして、事前に議会会派の了承を取り付ける過程において会派が政策形成に貢献してきたという評価も可能である。しかし、受動的議会であることには変わりがないといえる。

237

第3部　自治制度の抜本的改革

れるが、その機能の発揮を妨げる事情がある。

第1に、雇用社会の進展に対応できない事情である。

日本は、日本国憲法下において、その社会経済状況に大きな変化が見られた。その1つは、雇用社会への移行と進展である。雇用社会において、地方議会が抱えている問題を無視することができない。議員が議会で他の議員並みにその職務を果たすためには、相当程度の時間を議会活動に充てなければならない。通常の被用者が、雇用状態を継続しつつ議員となって、議員の職務を誠実に遂行することは困難である。

その結果、被用者が大多数を占める大都市において、議員は、専業的議員又は会社経営者などの限られた層の人々に偏らざるをえない。会社経営者や一部の自由業者を除いて、専業的議員に限られる傾向があるといってよい。専業的議員が増えるということは、その生活を保障するだけの議員報酬も必要とされることを意味する。農山村部においては、専業的議員は少ないかもしれないが、兼業農家等が増加した結果、実際は、自営業者や会社経営者などに限られる傾向がある。

以上のような状況は、被用者のまま議員となる途を閉ざし、結果的に被用者の代表といえる議員が少なくなり、住民意思吸収・代表機能を十分に発揮できないこととなる。

この点について、第29次地方制度調査会の「今後の基礎的自治体及び監査・議会制度のあり方に関する答申」は、強い関心を示して、「勤労者等の立候補や議員活動を容易にするための環境整備」なる見出しの下に、次のように述べた。

① 平日の朝から夕方にかけて仕事に従事している勤労者が議員として活動することを容易にするため、例えば、夜間休日等に議会を開催するなどの運用上の工夫をすることが考えられる。

② 勤労者について、立候補を容易にするため、これに伴う休暇を保障する制度や、議員活動を行うための休暇制度、議員の任期満了後の復職制度等を導入することなどが考えられる。この点については、我が国における労働法制のあり方やその背景となる勤労者の意識、勤務実態等にも関わる課題であることから、まずは、議会の活動を社会全体で支えるべきであるという意識の醸成に努めつつ検討していくべきである。

第2章　地方議会の構成の抜本的改革試論

　第2に、総合行政を担う地方公共団体の施策の量的拡大と質的高度化がもたらす問題点がある。

　地方公共団体は、国の省庁の所管する行政施策を執行すると同時に、自らの独自の施策を展開する必要がある。その施策は、量的広がりのみならず、質的な高度化を伴っている。このような施策の量的拡大と質的高度化に対応するために議員が熟議するのに必要な条件整備が不十分なことが問題である。

　地方議会は、長をはじめとする執行機関と並んで、政策課題を的確に捉えて、いかなる対応をすべきかについて、主体的に関与することを求められている。「主体的関与の増大」は、よく語られる「地方議会の活性化」を伴うはずである。政策課題に対する主体的関与のためには、それを可能にする条件が整備されていなければならない。議会ないし議員の政策形成活動を支える人的体制も必要とされる。また、理念的には、議会又は議員の政策形成活動を支える経費の確保も条件整備の1つであろう。今日、問題視されることの多い政務活動費も、会派又は議員が、政策課題への対応に必要な費用に充てることができるのであるから、その意義が認められることはいうまでもない。しかしながら、議員個人に即していえば、議員の個人的経費（personal expense）と政策形成活動に真に必要な経費（necessary expense）との区別が極めて難しいといわなければならない。全く意味のない遊興的費用に充てることなどは論外として、後者の経費の外観を伴う費用であっても、実際には議員個人の人的資本（human capital）の形成のための費用に充てられることも少なくないのである。かくて、政務活動費に関しては、その制度のあり方及び運用の両面にわたり慎重でなければならない。

Ⅲ　抜本的改革の視点と提案

1　抜本的改革の視点

(1) 地方議会をめぐる議論の状況　　近年は、地方議会のあり方をめぐる議論が活発である。とりわけ江藤俊昭教授は、多数の書物において自説を展開している。たとえば、2004年の著書において「協働型議会」の構想を示した。それは、次のようなものである。

239

第3部　自治制度の抜本的改革

　まず、議会改革の方向として、「二元代表制および一院制の特徴から、首長
に対する監視機能、政策形成機能を高めた議会」（＝監視型議会）に向かう改革
と、「一院制や直接民主制の重視からは、議会への住民の直接的な参加を組み
込んだ議会」（＝アクティブ型議会）への改革があるとする。そして、この両者
の機能をあわせもった議会（監視型議会を含み込んだアクティブ型議会）をもっ
て、「協働型議会」と呼んでいる。監視型議会は、住民から直接選挙された首
長とチェック・アンド・バランスを行うという意味で住民と協働し、アクティ
ブ型議会は、住民が直接議会に参加するという意味で住民と協働しているとい
う。

　この基本的視点に立って、地方議会に想定されている機能[6]ごとに、現状と、
協働型議会における活動とを一覧にして示している。文章形式に引き直すと、
大要は次のようになる。

① 　政治的争点の集約機能（インプット機能）に関して、現状は、狭域的な利害を表
　　明して地区代表として機能することが多いのに対し、協働型議会にあっては、議会
　　自体に住民参加を導入し、その提案を尊重する。
② 　討論による政策決定の機能に関して、現状は一般的に討論はほとんどないとこ
　　ろ、協働型議会にあっては積極的な討論に基づき、議会は地域デザイン構想者の役
　　割に変わる。
③ 　二元代表制の下における首長との公的意思の形成の機能に関して、現状は、首長
　　からの提案を追認する場となっているが、協働型議会にあっては、「新しい政策サ
　　イクル」を導入し、首長サイドの提案の方向づけを行う。
④ 　執行機関に対する監視機能に関して、現状は、議員の質問事項についての追跡調
　　査もなく、監視は個別的散発的であるが、協働型議会にあっては、「新しい政策サ
　　イクル」に基づき監視を行い、それを参考に地域の課題を探りだし政治的争点の集
　　約機能へ繋げる。

5）　江藤俊昭『協働型議会の構想』（信山社・2004年）37〜38頁。
6）　そこに掲げる機能は、阿部齊＝新藤宗幸『概説　日本の地方自治』（東京大学出版会・1997年）
　　48頁（新藤宗幸＝阿部齊『概説　日本の地方自治〔第2版〕』（東京大学出版会・2006年）47頁も
　　同じ）の挙げる、①地域社会における多種多様な争点を政治過程にのせること、②審議を通じて
　　争点に政策としての優先順位を与え市民に示すこと、③首長との競争と緊張関係を保ちつつ自治
　　体の公的意思を形成すること、④行政執行の適正さや有効性を評価し統制していくこと、に対応
　　させているものである。

240

「協働型議会」という位置づけには、筆者も同調したいところである。しかし、この構想には、「新しい政策サイクル」などの重要な手法が見られるものの、住民参加の点を除けば、総じて制度的担保が弱く、結局は、議会に対する「希望」にすぎなくなる恐れがあるように思えてならない。筆者は、より明確な「制度的担保を伴う改革」が必要であると考える。

(2) 抜本的改革の視点　　前述した地方議会の意義及び果たすべき機能との関係において、以下のような視点から地方議会の抜本的改革が必要とされると思われる。

第1に、地方議会には、首長と並ぶ地方公共団体の政策形成を担うために、政策形成の専門家としての議員とそれを可能にする体制整備を欠かすことができない（政策形成の専門家からなる議会）。ただし、この「専門家」の意味は、各事務に精通した専門家とか法制事務の専門家ということではない。「政策形成のプロ」という意味である。

第2に、地方議会の制度そのものが、多様な住民の意思を政策形成に反映させる意義を有するのであるから、住民各層の多様な意思を反映させることのできる仕組みが必要とされる（多様な意思を反映する議会）。

第3に、地方議会の機能を発揮できる体制を整備する必要があるとしても、そのコストについては慎重な検討が必要である（コストの視点）。議会ないし議員を維持していくには、議員に対して、そのフルな活動を期待するとともに、議員には、その活動に見合った報酬が支払われるべきである。地方議会の維持に関しても、VFM（value for money）の視点が必要である。水漏れの生ずるような仕組みであってはならない（今日の議会において、政務活動費の使用に関し露見しているように、水漏れ現象があることは否めない）。

7）　牛山久仁彦＝廣瀬和彦編『自治体議会の課題と争点』（芦書房・2012年）176頁以下〔清水孝治〕も、住民参加型議会の構築を主張している。

8）　江藤俊昭・前掲注5）の第6章（158頁以下）においては、中央集権型議会、地方分権型議会、シティズン・ガバナンス型議会という議会の役割の変化を掲げて、とりわけ議会活性化の具体的提言を行っている。それらは、重要な提言であるが、決定打になってはいないというのが筆者の印象である。

241

第3部　自治制度の抜本的改革

2　具体的な提案

(1)　常勤議員と非常勤議員
との二重構成の議会制度

このような視点から、以下のような提案を行いたい。

　まず、筆者の提案の核心は、議会の構成について「常勤議員」と「非常勤議員」との二重構成とすることである（二重構成議会方式）。前述の視点のうちの第1点と第2点とをどのように実現するかが課題となる。先行する研究者も、地方議会の議員に政策形成の専門家であることを求めるのか（専門性の重視）、多様な視点からの市民的感覚を備えた者を求めるのか（市民性の重視＝ボランティア）という対立軸を示してきた。[9]しかし、これら2つのうちのいずれかにのみ軸足を置く議会を構想することは妥当ではない。

　その場合に、それぞれの議員に、両方を期待する見解も見られる。たとえば、江藤俊昭教授は、次のように述べている。

　　新しい議会を担う議員は、住民の提言を政策化する調整と提案の能力、地域デザイン構想者としての提案と討議の能力、監視の能力をそれぞれ有して活動する。これらの一連の過程には、市民的感覚という市民性とともに専門的能力を持つ専門性が必要となる。そもそも新しい議会は、住民と協働しながら政策立案し、首長に対して監視や提言を行う。そうだとすれば、議員は住民と協働する市民的感覚と、執行機関と対等にわたりあえる専門的能力を必要とする。（中略）

　　このように考えれば、議員は市民感覚や専門的能力という点では特別な人としては描けず、ただ公的活動に議員として積極的にかかわる意欲、および選挙で当選できるネットワークの獲得可能性からだけで一般の住民と区別されるべきである。むしろ多様な専門性を市民感覚で調整できる住民こそ、議員として登場することが期待されている。市民性と専門性をあわせ持った議員である。ただし、議員は代表民主制の一機関である議会を担うのであるから、国政の政治家とは異なるとはいえ、地方の政治家である。地方という特性を持った政治家の資質が問われることになる。[10]

---

9)　宮崎伸光編『議会改革とアカウンタビリティ』（東京法令出版・2000年）10〜11頁〔宮崎伸光〕。
10)　江藤俊昭『地方議会改革　自治を進化させる新たな動き』（学陽書房・2011年）158〜159頁。江藤俊昭『自治体議会学』（ぎょうせい・2012年）79〜80頁も、「新しい議員は、多様な視点から地域デザインを構想できる市民感覚と、専門的な視点から地域デザインを構想できるジェネラリストとしての専門能力の両者を兼ね備える必要がある」とし、「専門性を有し、市民感覚で多様な意見を調整・統合できる住民こそ議員として登場することが期待される。市民性と専門性をあわせ持った議員である」と述べている。

第2章　地方議会の構成の抜本的改革試論

　江藤教授の議論は、次いで「議員の資質論」に踏み込むのであるが、資質を議論するのみでは、実際には何の変化も起きないようにも思われる。なぜなら、市民性と専門性とを併せもつ者を確保することは相当に難しいといわなければならないからである。

　そこで、議会の議員について、政策形成の専門家グループに属する者と幅広い分野・市民層の意見を吸収できる市民性を備えたグループとに二分して議会を構成することが考えられる。そのため、常勤議員と非常勤議員との二重構成とすることを提案するものである。

(2)　常勤議員　　「常勤議員」をもって、言葉の厳格な意味における「常勤」とするのか、常勤に近い「常勤的議員」とするのかについては、詰めが残される。しかし、以下においては、この点を詰めることなく、便宜上「常勤議員」の言葉を充てることにしたい。

　常勤議員は、議会に属しつつ、地方公共団体の政策形成のために日常的に活動をすることが求められる。結果的には、ほとんどの場合に、任期中は「専業的議員」となろう。そして、専業的議員であるからには、それ相応の報酬が支払われる必要がある。ただし、コストによる制約を考えるならば、常勤議員の数は、相当程度絞ることが必要である。

　そして、重要なことは、常勤議員は、現在の標準的な地方議会の議員に比較して、主体的に、かつ、政策形成に貢献できるように身を粉にして職務に励むことが当然の前提とされることである。執行機関に対する単なる批判者ないし監視者にとどまるわけにはいかない。常勤議員同士の熟議により政策の発信をしなければならない。常勤議員により構成される議会（この意味については後述）が長と併存して政策形成に携わる以上は、常勤議員ないし議会には、それに相応しい内容の仕事を行うことが期待されるのである。本稿の基本的出発点の1つは、まさに「地方議会の専業的議員にもっと働いてもらうシステムづくり」にある。

　ところで、アングロサクソン系の国の地方公共団体においては、councilorと呼ばれる者が住民による選挙で選出されて、議決機関としての活動と執行機関としての活動とが結合されていることが多い。地方議会の制度を論ずるときには、必ずといってよいほど二元代表制の是非も語られることが多いが、日本

243

第3部　自治制度の抜本的改革

国憲法が二元代表制を採用し、議会と長との間の分立を想定しているとするならば、日本において議事機関たる議会に執行機関の役割を求めることはできない[11]。そして、「パラダイム転換」という以上は、現行憲法の構造にとらわれるべきではないという主張も考えられる。しかし、筆者は、公選首長と公選議員からなる議会との併存方式にメリットもあると考えている。そして強化される議会も、議事機関であることには変わりないので、憲法93条1項に抵触するものではない。

(3)　非常勤議員　　非常勤議員は、他の職との兼職等も事実上可能なようにして、とりわけ被用者や育児中の女性も議員となることを容易にする趣旨で、議員の職務に従事する時間は比較的少なくすることとする。そして、非常勤議員の役割は、当該地方公共団体の執行機関に対する監視にウエイトを置きつつ、常勤議員の政策形成に対する住民意思の情報提供などを基本とすることで足りるというべきである。もちろん、常勤議員に対する監視の役割も担うであろう。

(4)　二重構成の仕組み　　常勤議員と非常勤議員との間においては、議員の職務の度合いに差を設けることに応じて、議会は、その呼び方はともかく、「二重構成の議会」となるであろう。

では、二重構成の議会は、二院制とならざるをえないのであろうか。連邦制の国の州において二院制がしばしば見られるところであるが、コストによる制約を考慮するならば、地方公共団体において、二院制を採用することは困難である。「議決」のみに着目するならば、案件の種類に応じて議会の会議の構成メンバーを変えることが考えられる。便宜上、全議員が加わる議会を「合同会」とし、常勤議員のみが参加する議会を「常勤議員会」と呼んでおこう。

合同会は、被用者たる議員の存在を意識して、夜間や休日における開催も考えることになる。夜間や休日の開催は、執行機関を含む事務職員の人件費等の増大を招く可能性があるが、理論上は、勤務時間帯の移動により相当程度解決できるであろう。これに対して、常勤議員会は、合同会の開催中を除き、年間

---

11)　もっとも、「議事機関」や「執行」の意味が必ずしも明確でないことについて、渋谷秀樹「地方公共団体の組織と憲法」立教法学70号（2006年）215頁、217頁、同「長と議会の関係のあり方——律二元代表制を憲法は要請しているか」都市とガバナンス14号（2010年）22、23頁を参照。

を通じて恒常的に活動することが求められる。「閉会中審査」と呼ばれるような運営が、日常的になされることになる。後述の横浜市の特別委員会の調査検討などは、この常勤議員会により行われる。

(5) 委員会中心主義との関係　　さて、以上のような提案についての最大の検討課題は、日本において定着している「委員会中心主義」の議会運営との関係である。本会議において議会の最終的意思決定がなされることを考えると、非常勤議員も本会議に加わる必要がある。最終的な意思決定の意味を強調するならば、合同会は本会議についてのみ認めるという考え方が登場するかもしれない。

　委員会中心主義は、本会議の前に、密度の濃い審議を行う方式であって、議員の委員会分属制を前提にするものである。委員会のうち常任委員会は、行政分野ごとに設置され、議員も得意分野が形成されやすいので、現状の仕組みを維持するとすれば、非常勤議員は常任委員会所属に適していないように見える[13]。

　しかし、委員会制度を維持しつつ、非常勤議員が本会議のみの出席にとどまるならば、非常勤議員の重みは事実上弱いものになってしまうであろう。非常勤議員の重みをもたせるには、本会議の審議を現状よりも充実させることが大前提とされなければならないところ、他方、それは、非常勤議員の負担を重くしないという非常勤議員制度と矛盾することになる。しかも、以上の考え方にあっては、委員会は常勤議員のみにより構成されることになるが、後述するように、筆者の提案する常勤議員の定数はごく少数を予定しているので、常勤議員全員ですべての常任委員会をこなすようになり、議題こそ異なるにしても、実質的には、各常任委員会の構成員が常勤議員全員とならざるをえない可能性

---

12) 駒林良則・前掲注1）は、現行地方自治法は、議会活動を非恒常的なものと判断していると認識しつつ、昨今の分権改革の動きを「議会活動を恒常化することで長との政治的対等化を図ろうとするもの」と理解している（274〜275頁）。そして、議会活動の恒常化は、地方議会の本来的立法機関性の確立の意義をもつとしている（282頁）。

13) 竹下譲『地方議会　その現実と「改革」の方向』（イマジン出版・2010年）172頁は、「議員が特定の行政に精通する必要があるのか」という問題意識から、「議員は、普通の住民の発想で、あるいは住民の常識で、住民の目線で、議案をチェックすることこそ重要なのである」とし、「住民の目線で審議する場として、常任委員会が相応しいか否かを再検討する必要がある」としている。

245

第3部　自治制度の抜本的改革

がある。そして、非常勤議員が委員会審議に全く加わらないとするならば、非常勤議員は、住民意思を広く吸収し議会の審議に反映させるという役割を果たせなくなると言っても過言ではない。

　議会の審議の早い段階から住民の意思を広く吸収することが望ましいという考え方に立つならば、委員会には非常勤の議員も加わるべきである。とするならば、委員会審議に関しても合同会の仕組みを設けるべきである。しかし、同時に非常勤議員の負担を重くすることは、非常勤議員制度の趣旨からいって避けることが望ましい。かくて、委員会段階の合同会の開催日数、開催時間については、十分な配慮を要する。委員会のうちでも、決算審査を行う場合などは、常勤議員会においてじっくりと精査することを軸とした方式として運用することが実際的なように思われる。

　筆者は、本会議も委員会も、基本的に合同会と常勤議員会の二本立てとすることが理想と考えるものであるが、本会議に関しては、合同会議事件を限定して常勤議員会のみで議決する事件を認め、また、委員会審議に関しては、一部の委員会を合同会で残りを常勤議員会によることが現実的かもしれない。いずれにせよ、常勤議員は、複数の委員会に分属しつつ、それぞれの委員会（合同会）をリードする役割を担うことが期待される。

　委員会中心主義の下において常勤議員に常勤者たるに相応しい仕事を期待する場合に、その意味するところは、常勤議員は、委員会の構成員として「恒常的な政策形成業務」に従事してもらうことである。その際に、議員に対して個人として業務に専念するよう求めても、それは精神論にすぎず、結果的には、研究を怠る大学教員のような、怠惰な議員を生んでしまうおそれがある。そこで、特定の課題を抱えた委員会が恒常的に検討作業をすることとし、各委員会は、その検討結果を本会議に報告する義務を負うこととすべきである。結論の報告ではなく、検討経緯の報告である。

　このような動きは、委員会の「政策立案機能の強化」などとして、実際にも次第に広まりつつある動きでもある。たとえば、栃木県議会においては、常任委員会が、所管事項の中から、今日的テーマをそれぞれに選んで初期の常任委員会で決定し、その調査研究の結果は、本会議に委員長報告として報告しているという。[14]

246

横浜市議会も、各年度に特定テーマの課題を検討する特別委員会を設置して、特別委員会による詳細な報告を行っている。2011（平成23）年度に各特別委員会が設定した調査・研究テーマは、以下のとおりである。大都市行財政制度特別委員会：「新たな大都市制度における都市内分権について」、基地対策特別委員会：「市内米軍施設の状況と返還及び跡地利用について」、安全安心都市特別委員会：「横浜市の総合的な震災対策について」、横浜経済活性化特別委員会：「震災後の横浜経済活性化施策について」、国際文化都市特別委員会：「横浜市の多文化共生のあり方について」、横浜まちづくり特別委員会：「人と人のつながりが実感できる横浜のまちづくりについて」。

　また、2013（平成25）年度には、以下の特別委員会が設置され、それぞれ以下の付議事項の設定又は調査・研究テーマの設定がなされた。（　）によるものは付議事項、「　」によるものは、調査・研究テーマである。それらのうち、新市庁舎に関する調査特別委員会のみが「報告書」を、それ以外の特別委員会は「中間報告書」を、提出している。大都市行財政制度特別委員会：「新たな大都市制度における権限移譲と市及び区のあり方について」、基地対策特別委員会：（米軍施設の跡地利用及び早期全面返還の促進等を図ること）、新市庁舎に関する調査特別委員会：（関内・関外地区の活性化及び議会機能を含む新市庁舎の整備に係る諸問題の調査・検討を行うこと）、減災対策推進特別委員会：「自助・共助を進める公助の取り組みについて」、孤立を防ぐ地域づくり特別委員会：「地域のつながりを支える取り組みについて」、観光・創造都市・国際戦略特別委員会：「横浜市の発展に寄与する MICE 戦略について」。

　特別委員会は、1つの付議事項について、継続的に調査・研究を行うことが常態となっており、2016（平成28）年度においても、2013（平成25）年度に設置されていた特別委員会のうち、「新市庁舎に関する調査特別委員会」がなくなって「健康づくり・スポーツ推進特別委員会」が設置されているほかは、継続して設置されている。

　たとえば、「身近なつながりや支え合いにより社会的孤立を防ぐ地域づくりの推進に関すること」を付議されている「孤立を防ぐ地域づくり特別委員会」

---

14)　http://www.pref.tochigi.lg.jp/p01/kengikai/documents/pamphlet3.pdf

第3部　自治制度の抜本的改革

は、2012（平成24）年度は「現代の社会的孤立の背景について」、2013（平成25）年度は前述の「地域のつながりを支える取り組みについて」、2014（平成26）年度は「若者の社会的孤立に係る支援施策について」、2015（平成27）年度は「横浜市における子供の貧困の予防・解決に向けた取り組みの方向性について」、2016（平成28）年度は「横浜市における障害者を孤立させない地域生活を支える取り組みについて」を、それぞれ調査・研究テーマとしている。

このような特別委員会の設置による調査・研究の実際をいかに評価するかは、その調査研究の密度も含めて末永く検証していく必要があるにせよ、議会活性化の1つの途を示していることは疑いない。そして、栃木県議会のような常任委員会方式¹⁵⁾も含めて、より一層充実した調査研究を行うと仮定するならば、これらの調査研究を恒常的にリードできるのは、時間的にみて常勤議員とならざるをえないといえよう。

常勤議員は、複数の常任委員会に属して日常的に活動するほか、特別の課題をもたないで政策課題を議論するために活動する場も必要であろう。それは、「会期」の縛りを受けるべきものではない。このような場面の活動は、これまでの議会用語である「審査」には必ずしもなじまないものである。なぜなら、「審査」の語は、執行機関の提案を前提にした審査の場面を想定しているように見えるからである。このような活動により、常勤議員は、執行機関に対して常時政策を発信すると同時に、非常勤議員や住民に対しても情報発信をする役割を果たすことが期待される。政策の発信ないし情報発信は、当然のことながら、それに対する執行機関や非常勤議員及び住民からの反応を誘発するものである。このような方法により、議会が長と対等に競い合うという機関競争主義の実質を備えることができる¹⁶⁾。

筆者の提案は、英国のイングランドの地方制度の改革からヒントを得ることのできる仕組みでもある。すなわち、Local Government Act 2000のPart 2の採用した執行部制度（executive arrangement）において、議員のうちの一部の議員が執行部を構成し、その執行部が意思決定し、他の議員がそれを監視する仕組みである¹⁷⁾。これは、同法が執行部制度の選択肢の1つとして示したもの

---

15)　さいたま市や松本市も、常任委員会における特定テーマの調査研究を実施しているようである。

248

で、「リーダー・内閣型執行部（a leader and cabinet executive）」と呼ばれている（Sec. 11(3)）。議員でありながら、政策決定者たる執行部に属する者とその監視者とに分割されているのである。あるいは、議員のうちにおいて、執行的役割を担う者と代表機能を担う者との分離である[18]。筆者の提案する常勤議員会は、もちろん執行機関ではない。あくまで議事機関としての議会内の機関として機能する。したがって、英国の前記の制度における執行部とは異なるものである。しかしながら、政策形成者と監視者という役割分担においては共通するところがある。監視者たる非常勤議員は、執行機関を監視するのみならず、常勤議員をも監視するのである。

3　予算審議・決算審査との関係

(1)　予算審議

予算審議及び決算審査は、地方議会の議事のなかでも、とりわけ重要なものである。これまで、これらの委員会審議は、特別委員会付託方式又は常任委員会付託方式のいずれかによることとし、特別委員会付託方式にあっても、議長、副議長を除く全員方式とか、議員の半数を所属させる方式（かつ半数の交代制）などが主流であったようである。常任委員会付託方式においても、予算決算常任委員会方式[19]と、予算常任委員会・決算常任委員会二本立て方式[20]とがある。近年は、特別委員会方式に代えて常任委員会方式が増えているが、これは、平成18年の地方自治法改正前は、議員は、それ

---

16)　江藤俊昭『自治体議会学』前掲注10）9頁は、議会と首長とが、それぞれ異なった特性を持ちながらも、「住民意思の『代表機能』と『統合機能』を期待され、どちらが住民意思を的確に反映しているかを『競い合う関係』」をもって、「機関競争主義」と呼んでいる。しかし、この「どちらが住民意思を的確に反映しているか」を競い合うことに限定して捉えるべきではないと思われる。なお、江藤俊昭『地方議会改革　自治を進化させる新たな動き』前掲注10）45頁によれば、機関競争主義の原理は、①議会と首長は正統性では対等であり、両者の特性（議会＝合議制、首長＝独任制）を活かして切磋琢磨すること、②両者の権限は政策過程全般にわたって分有されており、一方的な優位はありえず相互作用があること、③住民は主権者であり、対等な正統性を有する両機関を監視するとともに、両者に参加すること、であるという。

17)　Cross on Local Government Law（loose leaves）（Sweet & Maxwell）, pp. 4-10. 日本における文献として、牧原出「自治体改革の国際動向―イングランドを素材に」都市とガバナンス14号（2010年）38頁がある。

18)　この法律の基礎になった白書 Modern Local Government: In Touch with the People, Cm. 4014, 1998を引用して説明する文献として、Andrew Arden QC et al., Local Government Constitutional and Administrative Law,（Thomson/Sweet & Maxwell, 2008）, pp. 14-16がある。

第3部　自治制度の抜本的改革

ぞれ1個の常任委員会のみに属するとされて、複数の常任委員会に所属できないとされていたところ、同改正により、この所属制限が撤廃されたことを受けたものである。現行制度下における運用のあり方についても別途論ずべき点があるが、本稿の提案との関係に限って触れることとしたい。

　基本は、非常勤議員が、予算審議及び決算審査に加わることを可能にする仕組みを用意することである。

　予算審議に関しては、多段階審査方式を提案したい。少なくとも、長が「予算編成の基本方針」を示して議会がそれを承認する第1段階と、その「基本方針に基づく予算案」を審議する第2段階に分けることが考えられる。第2段階の審議には、相当長期にわたる期間が充てられる。これらの審議は、委員会審議と本会議との往復を認めるべきである。「すんなり予算を仕上げる」ことをよしとすべきではない。ただし、委員会審議及び本会議審議において、それぞれの合同会が常勤議員会に対して一定の事項の調査を求めることを躊躇すべきではない。これまでの予算審議において、もっぱら執行機関に対して資料の提出要求をするなどの傾向があったが、本稿の提案する議会にあっては、予算審議に際しても議会内の常勤議員会の活動を大いに活用することが想定されている。なお、これまで多く見られた個別行政分野の常任委員会への分割付託方式は、当該分野の予算の拡充に熱心になりやすく、地方公共団体予算の全体としてのあり方を決めるのに相応しくないので、採用すべきではない。

(2)　決算審査　　決算についても、審査の密度を高める必要がある。おそらく、全員参加型の審査のみでは審査の密度が薄くなりやすいと思われる。まず、常勤議員会が密度の濃い審査を行い、次いで、その「充実した審査報告」を前提に合同会の本会議審査を行うことが考えられる。常勤議

---

19)　三重県のそれは、議長を除く全議員が委員となっている（三重県議会委員会条例2条2項・3項による）。横須賀市は、全員が同常任委員会に所属する原則の下に、議長は、同常任委員会の委員とならないことができるとしている（横須賀市議会委員会条例1条1項）。三重県にあっては、同常任委員会に6個の分科会を設けて（予算決算常任委員会運営要領2）、委員会における総括質疑を省略できるとされているので（同5、7）、結果的には、本会議と分野別常任委員会への分割付託に似たものになっている。奈良市、山陽小野田市、鹿嶋市など、分科会を分野別常任委員会と一致させているところが多数見られる。

20)　四日市市は、予算常任委員会は、議長を除く全員を委員とし、決算常任委員会は、議長および議会選出監査委員を除く全員をもって委員としている。

員会は、議会に設置された「監査委員会」のような役割を果たすのである。[21] これまでの決算審査において、委員会に審査を委ねた場合に、本会議への委員会報告は、「認定」、「認定せず」の結論のみを示すことが一般的であったようである。これに対して、常勤議員会による充実した審査報告書の提出は、住民の批判可能性を担保することになろう。[22] 報告を受けた本会議（合同会）が常勤議員会に審査の差戻しをするような場面も想定すべきであろう。

4 常勤議員・非常勤議員の定数・待遇等

(1) 議員定数　議員定数をどのように設定するかが問題であるが、当然、常勤議員と非常勤議員とに区分して定めることになる。

　これまでは、議員の区分をすることなく議員定数問題が論じられてきたといってよい。たとえば、江藤俊昭教授は、定数を定める基準に関し、「議会の存在意義を基準とすれば、首長サイドのパワーセンターと並ぶもう一つのパワーセンターを成立させるための討議ができる人数となる。討議できる人数とはどのくらいか。それこそ自治体のポリシーに基づくものである」と述べている。[23] ポリシーということは、決め手がないことでもある。しかし、二重構成議会制を採用する場合には、常勤議員と非常勤議員との間には大きな違いを認めるべきことがクリアーになろう。地方公共団体の規模にもよるが、常勤議員はごく少数とすべきである。少数であるからといって、パワーが小さくなるわけではない。これに対して、非常勤議員は、広く住民意思を吸収するために、相当程度の多数とすべきであろう。

---

21) この仕組みとの関係において、監査委員制度のあり方が問題となるが、ここにおいてはこれ以上立ち入らない。

22) 生活保護費不適正支出に関して、河内長野市議会が「生活保護費不適正支出に関する河内長野市議会特別委員会」を設置して、『中間報告書（平成25年10月〜平成26年3月）』を公表していることが参考になろう。なお、同市は、弁護士等の外部有識者から構成される河内長野市生活保護費不正支出事件外部調査委員会を設置して、同委員会の答申「生活保護費の不正支出事件について」が2014年6月に提出されている。外部調査委員会方式は、地方公共団体の不正経理事件に際して頻繁に用いられる手法である。碓井光明『政府経費法精義』（信山社・2008年）76頁以下を参照。

23) 江藤俊昭『自治体議会学』前掲注10) 131頁。

第3部　自治制度の抜本的改革

(2) 議員の待遇等　議員の待遇等についても簡単に触れておきたい。

　これまで、都道府県議会や大都市の議会にあっては、職務遂行の実態は非常勤に近いにもかかわらず、議員報酬に関しては、常勤であるかのような高額の待遇を受けていることが多かったと思われる。しかも、費用弁償や政務活動費の面においては、非常勤としての旨味を享受してきたといってもよい。

　本稿の提案に係る常勤議員は、常勤者としての待遇を受けるべきである。議員の職務遂行に対する報酬は、歳費としてよい。それに対応して、議員個人の政務活動のために議会の活動を離れる日ないし時間は、所定の手続を要することとすべきである。その結果、おそらく「政治プロ」は、常勤議員となることが難しくなるかもしれない。

　非常勤議員を別に設けるのは、民間企業等に雇用された状態を継続したい者、家事や介護に従事している者などが、議員の職と両立できるようにするためである。いわば、「住民代表機能の拡大と強化」を狙うのが非常勤議員の容認である。非常勤議員も、議会審議を通じて政策形成に貢献する。しかし、常勤議員との比較においては、非常勤議員には、第一次的に監視機能が期待されるというべきである。執行機関に対する監視のみならず、常勤議員に対する監視の機能も期待できる点に意味がある。こうした非常勤議員の機能は重要であるが、フルに地方公共団体の議会業務に打ち込むことを期待するものではなく、兼業等が可能であることを想定するものである。したがって、生活給の支給を要しない[24]。その報酬は歳費ではなく、非常勤の報酬が支給されることで足りる。もっとも時間給や日当に相当する報酬方式がよいのか、固定給に相当する額を加算すべきかについては検討を要する。また、必要最小限度において費用弁償や調査費が支給されてよい。

---

24)　江藤俊昭『自治体議会学』前掲注10) 108頁は、「現行での議員報酬の削減は、機関競争主義の作動に影を落とすとともに多様な人材を議会に送り出すことにも逆行する」とし、「生活給はベストとはいえないが現時点で採用できるベターな方策である」と述べているが、筆者の提案する二重構成議会の非常勤議員には当てはまらない。

第2章 地方議会の構成の抜本的改革試論

Ⅳ 改革案の具体化に当たっての留意点

以上述べた改革案を具体化しようとする場合には、いくつかの留意すべき点がある。とくに、コストの点は、随所において留意しなければならない。

1 二重構成議会方式の適用範囲等

(1) 適用範囲

まず第1に、常勤議員と非常勤議員との二重構成議会方式は、すべての地方公共団体に妥当するものなのかという点を検討する必要がある。小規模町村で議員定数の少ない場合においてまで二重構成議会方式を採用する合理性があるのかという疑問が出されるであろう。現段階において迷いがあるが、筆者は、理念的にはすべての地方公共団体において妥当することであると考えている。もっとも、小規模地方公共団体にあっては、議長と副議長をもって常勤職とし、それ以外の常勤議員はごく少数とする対応も考えられる。もっとも、町村総会制度（自治94）の採用さえも検討されているような地方公共団体の場合の解決策になるかは別問題である。

(2) 選択制の検討

次に、前述の点に関係して、筆者の提案する議会制度の採用を、対象地方公共団体のすべてに義務づけるのか、それとも個別の地方公共団体の自主的決定に委ねるかどうかが問題となる。議会を含めて各地方公共団体の自主組織権を認めるべきであるという主張は、それなりに合理性があることは否定できない。英国が2000年の法律によりイングランドに関して採用した執行部制度はメニュー方式であったが、その窮屈さに対する反発等から、2011年の地方主義法（Localism Act 2011）において、メニュー以外の方式も採用できるように弾力化されたことも参考になろう（21条に基づく附属書第2[25]）。ちなみに、イングランドについてのリーダー・内閣型執行部制度は依然として存続している（同法によりLocal Government Act 2000附属書第1の前に挿入された附属書A1の2条）。

---

25) 2000年法から2011年法に至る動きとその内容について、内貴滋「英国住民投票による直接公選首長制度の拒絶と今後の展望（1）―英国レファレンダムが我が国に示唆するもの」自治研究90巻7号（2014年）40頁を参照。

253

第3部　自治制度の抜本的改革

　現行地方自治法においても、議会制度に関して、各地方公共団体の自主的決定に委ねている事柄がある。議員定数（90条1項、91条1項）、議決事件の追加（96条2項）、政務活動費の交付（100条14項）、定例会の回数（102条2項）、通年会期制の採用（102条の2第1項）、委員会の設置（109条1項）、市町村議会の事務局設置（138条2項）などがある。これらと横並びの選択制もありえよう。

　しかし、問題は、議会の制定する条例による自主決定に委ねることでよいのかという点である。常勤・非常勤併用の二重構成議会という、議会組織の極めて基本的な仕組みに関して、現職の議員により構成される議会自体が条例によって自主決定できるとすることには素朴な疑問がないわけではない。一般的に言って、現職議員は、自らに不利益を生ずるような改正を阻止しようとするものである。非常勤の建前でありながら常勤職に相当する程度の報酬を受けている議員が、ごく少数の常勤議員と多数の非常勤議員とに区分する改正に容易に賛成するとは思われない。各地方公共団体の自主決定に委ねるにしても、議会のみで決定できるのではなく、住民投票など、住民の意思を吸収するシステムと重ね合わせる必要があると思われる[26]。英国が、2011年地方主義法がレファレンダムについて定めていること（同法附属書第2によりLocal Government Act 2000に挿入された9M条以下）も参考となろう。

　法律に二重構成議会制度を定めて、住民投票等の意見吸収システムを採用する場合に、その仕組みをいかなる立場から構築するかが問題である。住民投票についていえば、住民投票制度を一般的なものとして採用するかどうかを条例の定めに委ねることこそ地方自治の本旨であると考えるならば、住民投票条例を制定できずに、結果的に住民投票を実施できないことも起こりうる[27]。

　そこで、一般的な住民投票条例ではなしに、特別の住民投票制度を創設する場合において、原則として二重構成議会を推進すべきであるという立場からは、住民投票の実施を義務づけて、住民投票において「否とする投票」が過半

26）地方自治法における自主組織権のあり方と別に、憲法との関係における自主組織権の許容性の問題がある。さしあたり、大津浩「地方自治―自治体政府形態選択権と国民主権原理の関係から」辻村みよ子・長谷部恭男編『憲法理論の再創造』（日本評論社・2011年）209頁を参照。

27）たとえば、松戸市の住民投票条例案は、2013（平成25）年9月定例会に提出されたが、継続審議とされた後に、同年12月定例会において否決された。同条例案には、後掲注28）の川崎市住民投票条例におけるのと同様の住民投票の請求および発議に関する定めが置かれていた。

数を占めた場合に限り、二重構成議会方式によらないことができるとする案が考えられる。他方、なるべく現行の仕組みを尊重すべきであって、二重構成議会は例外として位置づけられるべきであるという立場からは、議会が二重構成議会方式を採用することを議決したときに限り住民投票に付し、その住民投票において「是とする投票」が過半数を占めなければならないとする案が考えられる。この場合には、議会の議決が先行しなければならないので議会が事実上拒否権を有することになろう。現に存在する議会に新たな制度の採用に関する拒否権限を認める制度は望ましくないと思われる。そう考えるならば、住民投票の発案権者は、議会以外に、長のほか住民にも与えること（住民発案）が検討されてよい。[28]

2　選挙制度との関係

選挙制度をどのようにするかは、この制度の構築をめぐる重要な論点である。

その議論の前提として、選挙において常勤議員と非常勤議員との区分をせずに選出した上で、当選した全議員の選挙により常勤議員を選任するという方法、すなわち間接選挙方式で常勤議員を選出する方法の当否を検討する必要がある。しかし、この方法によったのでは、所定の数の常勤議員を確保できるとは限らないであろう。したがって、常勤議員と非常勤議員とは区分して住民が直接選挙により選出すべきである。

この前提に立って、まず、常勤議員の数が極めて限定されるとするならば、常勤議員は、当該地方公共団体の区域の全域を通じて選挙することが望ましいように思われる。常勤議員は、特定の政策を掲げる会派・政党に属する議員であることよりも、専門性を備えた政策形成能力のある者であることが重視され

---

28) たとえば、川崎市住民投票条例は、議会による住民投票の発議と実施の請求（4条2項）、市長による発議（4条3項）のほか、投票資格者は、その総数の10分の1以上の連署をもって、住民投票を発議し、その代表者から、市長に対しその実施を請求することができるとしている（4条1項）。投票資格者による発議と実施の請求を冒頭に掲げていることに注目すべきである。もっとも住民投票にもメリット・デメリットがあることについては、内貴滋「英国住民投票による直接公選首長制度の拒絶と今後の展望（3・完）─英国レファレンダムが我が国に示唆するもの」自治研究90巻9号（2014年）26頁を参照。

第3部　自治制度の抜本的改革

るべきであると考えるからである。

　非常勤議員については、複数の選挙区に分けて選挙することも認められるべきである。住民との対話も重要と思われるからである。現行地方自治法において、都道府県議会の議員の選挙区については複数選挙区が予定され（15条1項）、また、指定都市にあっては区の区域をもって選挙区とされている（15条6項ただし書）。少なくとも、都道府県及び指定都市の非常勤議員選挙に関しては、これに倣うか参考にすることが考えられる。なお、現行法において、指定市を除く市町村の議会議員選挙に関しては「特に必要があるがあるとき」は、選挙区を設けることができるとされているところ（15条6項本文）、新たな非常勤議員についても、これと同様に選挙区を設ける途を開いておくことが望ましいといえよう。

　もっとも、選挙区を設ける意味について確認しておく必要がある。選挙区の代表たる意味、当該地域の利害を代表する意味を強調することには慎重でありたい。選挙区を設けるのは、住民の意思を吸収しやすくするためなのである。もっとも、指定都市等においては、住民の意思を吸収するための住民との対話が成り立つかどうかについて不安があることは否定できない。他方、選挙区制の延長上には、非常勤議員の選挙において小選挙区制を採用して政党化を促進すべきであるという考え方もありうる。当然のことながら、政党化の促進を望ましいと考えるか否かについての見解の対立があろう。選挙区制が極めて重要なことは承知しているが、現在の筆者の能力を超えているので、結論は留保しておきたい。

3　議員および議会を支える仕組み

　地方議会の議員、とりわけ常勤議員に十分に働いてもらうことを可能にするには、それを支える人的・物的両面の体制が必要である。これは、これまで議会活性化策として、議会事務局体制の充実、附属機関設置の積極的許容、専門委員制度などの課題として論じられてきたことに関係している。

(1)　事務局体制　　　まず、小規模地方公共団体が個々に充実した議会事務局をもつことは実際上困難である。また、個々の議員が公費負担による専門的な能力を備えた議員秘書（政策秘書）をもつことを可能にする

第2章　地方議会の構成の抜本的改革試論

予算措置を講ずることも難しい。小規模地方公共団体にあっては、長等の執行機関も専門的職員を維持することは困難であるとされているので、執行機関の職員の協力を得ることも難しい。これに対する対応として、2011（平成23）年地方自治法改正により認められることになった議会事務局の共同設置（自治252条の7）によることが考えられる。そのこと自体は、一面の改善策である。しかし、共同設置の事務局では、個別の議会ないし個別議員[29]の積極的政策形成に対応するには限界があるようにも思われる[30]。

　これを解決するには、2つの対応が考えられる。

　対応策の1つは、共同の事務局の観念を超えた地方公共団体の政策形成に貢献できるシンクタンクの共同設置である。現在、都道府県の区域単位で設けられている市議会議長会、町村議会議長会にそのような役割を求めることも考えられる。あるいは、それよりも狭い単位の圏域で設けることも考えられる。もっとも、シンクタンク方式にもコストを要するので、各地方公共団体がそのコストを分担しなければならないとすれば、簡単ではない。

　そこで、組織としてのシンクタンクではなく、課題領域ごとに人材をプールしておいて、必要なときに必要な人数を活用する方式（人材プール方式）が考えられる。人材プール方式は、コストを節減できるメリットがある。人材プール方式は、現行の地方自治法100条の2の「議案の審査又は当該普通地方公共団体の事務に関する調査のために必要な専門的事項に係る調査」を「学識経験を有する者等」に求める方法の一環として可能であるともいえよう。あるいは、

---

29)　田口一博「第29次地方制度調査会の答申について（3）」自治総研371号（2009年）28、42頁は、「政策形成や監視の機能を議会として果たしていくためには、まず個々の議員がそれらの機能を十分に果たすことができることが前提」であるとして、表題の答申が「議会の担う機能を補佐・支援」と述べていることを批判している。

30)　ちなみに、事務局の業務に関して、2006（平成18）年の地方自治法改正により、従前の「庶務」から「議会に関する事務」とされて、拡大された。これは、第28次地方制度調査会「地方の自主性・自律性の拡大及び地方議会のあり方に関する答申」が「議会事務局の補佐機能や専門性の充実を図るべき」であるとしたのを受けたものである。東京都の議会局は、管理部、議事部および調査部から成っている。そのうちの調査部調査情報課の分掌事務には、都政その他の政策等の調査に関すること、議案その他の専門的調査に関すること、外国の制度および都市事情の調査に関すること、特命事項の調査に関することが含まれている。また、議事部議案法制課の分掌事務には、議員提出議案の立案および審査に関すること、議案の法的および制度的検討に関することが含まれている（以上、東京都議会議会局組織規程13条）。

257

第3部　自治制度の抜本的改革

非常勤職員として課題に応じた専門家（弁護士、公認会計士等）を雇う方式も検討に値する。これらは、現行法の枠内における運用の問題といってもよい。

なお、前記の「学識経験を有する者等」の活用の延長として、議会が特定事項に関する諮問機関を設けることも可能とされなければならない。

(2)　議会の予算編成権・予算執行権　二重構成議会制度においては、議会に係る予算編成及び予算執行権の問題が、現在以上に顕在化すると思われる。なぜならば、二重構成議会制は、議会活性化の方策でもあって、議会の自主的活動が重視されなければならないからである。まず、恒常的な政策形成に関与する常勤議員の活動にどれだけの経費をかけることが適当と考えるかについては、議会の判断による予算請求からスタートするのが自然である。この点は、国の「二重予算制度」を参考にして制度を構築する必要がある。現在においても実質的には、事務局を通じて議会の予算請求に準じたことが非公式に行われているかもしれない。そうである以上、予算請求権などを取り上げることは無意味のようにも見える。しかし、議会予算の必要性をめぐる真摯な予算折衝の「見える化」を図ることには大いに意味がある。

また、予見できない事態に備えた「予備費」は、議会の予備費として計上することが望ましいと思われる[31]。国にあっては、国会予備金や裁判所予備金がある[32]。地方公共団体においても、「議会予備費」が必要と思われる。とりわけ、執行機関を監視・統制するために特別の経費を要する事態[33]に適時に対応するには、議会予備費が不可欠である。そして、予算執行に関しても、自主的な議会の活動を保障するには、長の予算執行権の下にあるという仕組みを改めて、議長の下において予算執行をする仕組みとすべきであろう。

以上のような議論を展開してみて、政務活動費を使い切るのが当然と考える

---

31)　現在の予算編成において、議会費のなかに予備費を設ける扱いはなされていない。その結果、予備費の使用の必要が生じたときは、議会は、長の予算執行の一環として予備費の使用を求めるにとどまっている。この方式にあっては、たとえば、議会が長の属する執行機関の不当な執行行為を批判するために経費を要するような場合であっても、長の系列に専属する予算執行の仕組みにより、予備費使用を拒絶されることも起こりやすい。

32)　国会法32条2項・国会予備金に関する法律、裁判所法83条2項・裁判所予備金に関する法律。

33)　深刻な不適正支出について議会自体が解明に乗り出す場合などが考えられる（河内長野市の例を参照）。

258

議員が多いと報じられる現状において、議会の自主性を強調するならば、ますます放漫な議会経費の使用を招くのではないかとする懸念を覚えることも否定できない。この点をチェックするのは、第一次的には非常勤議員である。

V　おわりに

　本稿は、政策形成の専門家としての議員を比較的少数の常勤議員とし、それに多様な住民意思を反映させるために非常勤議員を加え、かつ、一院制の議会を構成することを提案したものである。常勤議員には、積極的政策形成者として専業的に働いてもらうものである。これに対して、非常勤議員は、他の職業等を兼ねることができるように配慮して、幅広く立候補できることを期待するものである。[34] これは、人見剛教授の挙げる「議会＝政策形成機関」モデルと「議会＝行政コントロール機関モデル」[35] の両方を併せて取り入れた提案である。

　これまでの議会改革の議論は、どちらかといえば精神論に終始し、あるいは比較的細かな改革論に終わる傾向があったように思われる。それに対して、本稿は、それらの議論において浮かび上がった事柄を「包括的に受け止めることのできる制度」を提案したつもりである。しかし、二重構成の議会を構想する際には、種々の問題に遭遇するのであって、本稿においては、想定される問題のうちのごく一部についての処方箋を論じたにすぎない。残された課題はあまりにも多い。この程度の議論では、「抜本的改革」といえるほどの内容ではないとか、逆に空理空論であるなどの批判も予想される。各方面からの批判を受けながら、いつの日にか、再度、考察を加えたいと思う。

---

34)　1935（昭和10）年の地方制度から日本の市制に市会と並んで市参事会が設けられたが、本稿の提唱する議会制度は、それとはまったく異なる。市参事会は、議長たる市長および市会の議員中より選挙される名誉職参事会員により構成され（市制64条、65条）、いちいち市会を開催することを回避するために、市会の権限に属する事件について委任を受けたとき、市会の閉会中に軽易な事項につき市会に代わり議決することなど（市制67条1項）の職務権限を有していた。府県参事会も、同様の機関として位置づけられていた（府県制65条、66条、68条）。市会（府県会）と参事会とは、全体会（「大議会」）とその構成員中の一部の者により構成される「小議会」という意味において、似ていることは否定できないが、小議会は、もっぱら便宜のための機関であったというべきであろう。

35)　前掲注3）。

第**3**章　自治体の財源保障と抜本的な地方財政制度の改正

井川　博

I　はじめに──自治体の財源保障

　日本の地方自治体は、教育、福祉、保健など様々な行政分野において、住民の生活に不可欠な多くの公共サービスを提供しており、2014年度の自治体の最終支出ベースでの歳出規模は、97.8兆円、国の歳出規模の1.4倍にも上る[1]。こうした自治体の公共サービスの提供に必要な財源の確保は重要であり、毎年度の地方財政計画の策定を通じて、自治体の事務事業の実施に必要な財源の確保が行われている。

　地方交付税法（交付税法）は、その7条において、地方財政計画（翌年度の地方団体の歳入歳出総額の見込額に関する書類）の策定について規定するとともに、6条の3第2項において、地方財源の著しい不足が引き続く場合には、地方行財政制度の改正又は交付税率の変更を行なう旨を規定している[2]。

　地方財政は、1975年の年度途中に大幅な財源不足が発生して以来、ほぼ毎年のように財源不足を生じている。そうした中で、毎年度の地方財政計画の策定過程において、交付税総額の増加等の地方財政対策を行い、歳入、歳出の均衡を図ってきた。しかし、自治体の財源不足を抜本的に解消するような地方行財政制度の改正、交付税率の変更（引上げ）は、必ずしも実施されておらず、1996年度以降は、交付税法6条の3第2項に規定する財源不足に該当する状態

---

1) 　国、自治体を合わせた公的歳出（最終支出ベース）167.8兆円のうち、自治体による歳出は、その58.3%を占め、国による歳出（70兆円、41.7%）の1.4倍の規模である。総務省『地方財政の状況　平成28年3月』（2016年）3、4頁を参照。
2) 　交付税率とは、交付税法6条1項で規定される、地方交付税の総額算定の基礎となる所得税等の国税の一定割合のことである。

第 3 章　自治体の財源保障と抜本的な地方財政制度の改正

図表 3 - 1　　地方財源不足額、交付税総額等の推移

(単位：兆円、％)

年度	2006	2007	2008	2009	2010	2011	2012	2013	2014	2015	2016	平均(2007〜2016)
地方財源不足額	8.7	4.4	5.2	10.5	18.2	14.2	13.7	13.3	10.6	7.8	5.6	10.4
うち交付税の増額による補てん	2.9	0.0	0.7	4.0	9.4	7.1	6.7	6.3	4.2	2.5	1.0	4.1
うち地方債の増発による補てん	5.0	4.2	4.4	6.4	8.8	7.1	7.0	7.0	6.4	5.3	4.6	6.1
交付税総額　　①	15.9	15.2	15.4	15.8	16.9	17.4	17.5	17.1	16.9	16.8	16.7	16.6
うち法定率分　②	12.5	14.6	14.5	11.8	9.5	10.5	10.7	10.8	11.9	13.8	15.0	12.3
②／①	78.6	96.1	94.2	74.7	56.2	60.3	61.1	63.2	70.4	82.1	89.8	74.8

(注)　地方財源不足額、交付税総額等は当初の額である
出所：地方交付税制度研究会編『平成28年度　地方交付税のあらまし』（地方財務協会・2016年）95、106頁
　および各年度の『地方交付税のあらまし』を基に筆者作成

が続いている[3]。

　例えば、2016年度の場合には、図表 3 - 1 に示すように、地方交付税の増額と地方債の増発により、5.6兆円の財源不足額を補てんした[4]。また、2007年度から2016年度までの各年度においても、6 条の 3 第 2 項の規定に該当する巨額の財源不足が発生しており、その平均額（10年度間）は10.4兆円にも上っている。そうした中で、各年度の地方財政計画の策定過程において、6 条の 3 第 2 項に規定する制度改正が行われ、地方交付税の増額（平均4.1兆円）、地方債の増発（平均6.1兆円）等により財源不足の補てんを行っている。

　このように巨額な自治体の財源不足が、6 条の 3 第 2 項の規定にもかかわらず、毎年度発生する状況をどう考えたら良いのか。また、こうした自治体の財源不足を解消する抜本的な地方財政制度改正の可能性はないのか。

　本稿では、こうした疑問に答えるため、①地方財政計画と自治体の財源保障との関係、② 6 条の 3 第 2 項の解釈・運用の問題、③自治体の財源不足を解消する抜本的な地方財政制度改正の可能性について検討することとしたい。

---

3)　1995年度以前では、1982年度（当初）を除く1977年度から1984年度までの各年度において、交付税法 6 条の 3 第 2 項に規定する財源不足に該当する状態にあった。石原信雄『新地方財政調整論』（ぎょうせい・2000年）106、110、144〜194頁を参照。
4)　「平成28年度の地方財政の見通し・予算編成上の留意事項等について」（総務省自治財政局財政課・2016年） 5 〜 7 頁を参照。

261

第3部　自治制度の抜本的改革

　本稿では、まず、地方財政計画策定による自治体の財源保障、及びそうした仕組みが採用される理由について考察し、自治体の財源保障の歴史、地方財源確保の方法などについて検討する。

　次に、交付税法6条の3第2項の規定について、これまでの解釈・運用の内容、及びその理由について分析するとともに、そうした解釈・運用への疑問、新たな解釈の可能性について検討する。

　そして最後に、地方共有税の提案について考察した上で、自治体の財源不足を恒久的に解消する制度改正の課題を明らかにし、抜本的な地方財政制度改正の可能性について考えてみたい。

Ⅱ　地方財政計画と自治体の財源保障

1　地方財政計画の策定を通じた地方財源の保障

　まず、地方財政計画の策定を通じて、どのように自治体の財源が保障されるのか、について見ておきたい。

　交付税法7条は、「内閣は、毎年度左に掲げる事項を記載した翌年度の地方団体の歳入歳出総額の見込額に関する書類を作成し、これを国会に提出するとともに、一般に公表しなければならない。」と規定している。この内閣が毎年度作成する「翌年度の地方団体の歳入歳出総額の見込額に関する書類」が地方財政計画である。「左に掲げる事項」については、同条の「一」において、自治体の歳入総額の見込額と、①各税目ごとの課税標準額、税率、調定見込額及び徴収見込額、②使用料及び手数料、③起債額、④国庫支出金、⑤雑収入について、その内訳を記載する旨が規定されている。また、同条の「二」においては、自治体の歳出総額の見込額と、①歳出の種類ごとの総額及び前年度に対する増減額、②国庫支出金に基く経費の総額、③地方債の利子及び元金償還金について、その内訳を記載することとされている。

　地方財源の保障（確保）は、自治体の財政運営の指針、国家財政等との整合性の確保とともに、この地方財政計画の重要な役割の1つである。[5]

---

5)　石原・前掲注3）217、218頁、地方交付税制度研究会編『平成28年度　地方交付税のあらまし』（地方財務協会・2016年）7頁などを参照。

262

第3章　自治体の財源保障と抜本的な地方財政制度の改正

　前述のように、地方財政計画の策定過程において、歳入歳出の不均衡を解消すべく地方財政対策が行われ、マクロベースでの地方財源の保障（確保）が行われる。国の翌年度の予算編成作業と並行して、地方財政計画の歳入、歳出の積算作業が進められるが、その積算過程において、**図表3‑1**に示すように、毎年度、巨額の地方財源不足が生じている。これらの財源不足については、地方交付税の増額、臨時財政対策債の発行等により歳入の増額を行い、その解消が図られている。

　例えば、2016年度の場合には、地方交付税の増額と地方債の増発を行い、5.6兆円の財源不足額を補てんしている。地方交付税については、①既往法定分等の加算措置（5536億円）、②地方公共団体金融機構の公庫債権金利変動準備金の活用（2000億円）、及び③臨時財政対策特例加算（2747億円）により、1兆283億円の増額が行われている。また、地方債については、財源対策債を7900億円発行するとともに、臨時財政対策債を3兆7880億円発行することにより、4兆5780億円の地方債の増発を図っている[6]。なお、財源対策債は、通常の充当率の引上げにより地方債の増発を図る建設地方債であるのに対し、臨時財政対策債は、地方財源不足を補てんするために地方財政法5条の特例として特別に発行を許可された赤字地方債である。また、これらの増額措置のうち、地方交付税の臨時財政対策特例加算及び臨時財政対策債のうちの2747億円は、国と地方の折半対象財源不足に係るものである[7]。

2　各年度の自治体財源を保障する理由

　地方財政計画の策定過程において、歳出に対して歳入が不足する場合には、地方財政対策により地方交付税の増額等を行い、歳入、歳出を一致させた上で地方財政計画を策定している。

　なぜ、こうした地方財政対策により、自治体財源を保障（確保）するための

---

6)　総務省・前掲注4）5〜7頁を参照。
7)　折半対象財源不足とは、①国の一般会計による地方交付税への特例加算、および②自治体による臨時財政対策債の発行の対象となる財源不足であり、国と地方との折半ルールに基づき、当該財源不足の半分を国と地方がそれぞれ負担することにより、財源不足を解消しようとするものである。

263

第３部　自治制度の抜本的改革

措置がとられてきたか？　　石原信雄は、その理由について、「地方財政計画は、毎年度分の地方交付税の総額の決定に直接的な関連を法形式上はもたないが、現実問題として、内閣として収支不足の状態のままで地方財政計画を国会に提出して理解を得ることは不可能であり、毎年度の地方財政計画の策定を通して地方交付税の所用額を確保した上で、地方財政計画は国会に提出されている」と指摘している。[8]

　また、矢野浩一郎は、地方財源の保障を「地方財政計画の最も中心的・本来的な役割である」と述べた上で、「地方財政計画は、地方団体の翌年度の財政収支を総体としてとらえるものであるから、もしその作成の過程において収支に構造的な不足が生じるという見通しが明らかな場合には、これに対して、何らかの制度的な財源措置を講じることが必要であり、そのような措置を講じたうえで最終的に収支の均衡が維持された地方財政計画が作成されることが当然である」と説明している。[9]

　地方財政における財源不足に対する解消措置を講じないまま、地方財政計画を策定するという考え方もないわけではない。しかし、地方財政の収支不足のままでは国会等の理解が得られず、また、地方財政計画の役割である地方財源の保障の点からも、歳入、歳出が均衡した地方財政計画を策定する必要があるとされてきたと考えられる。

3　地方交付税の総額

　このように、地方財政計画の策定過程において、自治体の財源保障がなされ、地方交付税の総額についても、必要な額が確保される。

　地方交付税の総額について、交付税法 6 条 1 項では、「所得税及び法人税の収入額のそれぞれ100分の33.1、酒税の収入額の100分の50、消費税の収入額の100分の22.3並びに地方法人税の収入額をもって交付税とする。」と規定している。

　また、同条 2 項は、「毎年度分として交付すべき交付税の総額は、当該年度における所得税及び法人税の収入額見込額のそれぞれ100分の33.1、酒税の収

8）　石原・前掲注 3 ）217頁を参照。
9）　矢野浩一郎『地方税財政制度〔第 8 次改訂版〕』（学陽書房・2007年）30頁を参照。

入額見込額の100分の50、消費税の収入額見込額の100分の22.3並びに地方法人税の収入額見込に相当する額の合算額に当該年度の前年度以前の年度における交付税で、まだ交付していない額を加算し、又は当該前年度以前の年度において交付すべきであつた額を超えて交付した額を当該合算額から減額した額とする。」と規定している。

　しかし、**図表 3 - 1** に示すように、各年度において実際に交付される交付税の総額は、交付税法 6 条に規定する所得税等の国税 5 税による交付税の額（以下「法定率分」という）と大きく異なっており、その額を大幅に上回っている。特に2010年度には、法定率分が9.5兆円に過ぎないのに対し、一般会計の特別加算等により大幅な増額が行われ、交付税の総額は16.9兆円に達している。その結果、同年度の交付税の総額に法定率分が占める割合（以下「法定率分の割合」という）は、わずか56.2％であった。その後、法定率分の割合は、増加傾向にあるが、2016年度においても、89.8％であり90％に達していない。なお、2016年度においては、法定率分（15.0兆円）に加えて、前述の財源不足補てんのための交付税の増額（ 1 兆円）のほか、前年度からの繰越金（1.3兆円）の加算、交付税及び譲与税配付金特別会計（以下「交付税特別会計」という）における借入金の償還額（0.4兆円）の減算などが行われ、交付税の総額は16.7兆円となっている。

4　自治体の財源保障の歴史

(1)　地方交付税制度の創設前　　自治体の財源保障、財政調整の歴史は、第 2 次世界大戦以前にまでさかのぼることができる。1929年の世界恐慌の発生等により日本経済が大きな打撃を受ける中で、1936年度限りの措置として、財政が窮乏している町村に対して総額2000万円の臨時町村財政補給金が交付された。翌1937年度には、臨時地方財政補給金制度が創設され、その総額が 1 億円に拡大されるとともに、町村のほか、新たに市及び府

---

10)　なお、2014年度には、所得税、法人税、酒税、消費税、地方法人税のほか、たばこ税の一定割合とされていた（**図表 3 - 2** を参照）。

11)　総務省・前掲注 4 ）資料 6 を参照。

12)　矢野・前掲注 9 ）143～145頁を参照。

265

第3部　自治制度の抜本的改革

県を対象に加えて、自治体の課税力等を基準にして補給金が交付された。

　1940年になると、還付税と配付税からなる地方分与税制度が創設された。そのうち還付税は、課税技術上の理由から国税として徴収した地租、家屋税等を、全額徴収地の自治体に還付するものである。これに対して、配付税は、所得税、法人税、入湯税、遊興飲食税の一定割合を、各自治体間の財政力の均衡を図るため、その2分の1を自治体の課税力に逆比例して、残りの2分の1を各自治体の財政需要を示す割増人口によって交付するものである。配付税は、財政力の弱い団体に相対的に多く配布され、また、その総額が国税の一定割合であり、使途が特定されないなど、現在の地方交付税に通じる特徴を有している。配付税の自治体歳入に占める割合は、1940年度の7.3%（2.8億円）から1949年度には16.1%（666.9億円）に増加しており[13]、配付税の地方財政における役割には大きなものがあった。

　しかし、1949年のシャウプ勧告は、配付税について、①国税の一定割合とされており、地方財源を全体として保障していない、②各自治体への配分が必ずしもその財政力及び財政需要を的確に反映していない、との問題点を指摘した。翌1950年には、こうした課題を克服するため、地方財政平衡交付金制度が創設され、交付金の総額は、国税の一定割合でなく、各自治体の財源不足額の合算額を基礎として定めることとなった。また、各自治体の交付金額の決定についても、配付税の課税力や割増人口による方式を改めて、各自治体の基準財政収入額が基準財政需要額に不足する額を交付することとされた。地方財政平衡交付金制度は、自治体の所要財源の不足を完全に補てんするという考え方に基づく、初めての本格的な地方財源保障制度であるといえる。

(2)　地方交付税制度の
　　創設とその後の改正

　地方財政平衡交付金制度は、理論的には優れた制度であったが、実際には必要な総額が十分に確保できず、自治体財政は厳しい状況となった。また、いわゆる積み上げ方式による総額の決定が建前とされていたため、自治体の依頼心を助長するという問題も生じた[14]。地方財政平衡交付金制度に対する国、自治体双方の信頼が失われる中

---

13)　石原・前掲注3）40頁および地方自治百年史編集委員会編『地方自治百年史　第三巻』（地方自
　　治法施行四十周年・自治制公布百年記念会・1993年）「資料編」76頁の資料に基づき筆者が計算。
　　なお、配付税の額は、戦後の急激な物価上昇のためこのような大きな伸びを示している。

第 3 章　自治体の財源保障と抜本的な地方財政制度の改正

図表 3 - 2　　地方交付税総額の改正

(単位：％)

年度	所得税	法人税	酒税	消費税	たばこ税	地方法人税
1954	19.874	19.874	20			
1955	22	22	22			
1956	25	25	25			
1957	26	26	26			
1958	27.5	27.5	27.5			
1959	28.5	28.5	28.5			
1960・1961	28.5+0.3	28.5+0.3	28.5+0.3			
1962〜1964	28.9	28.9	28.9			
1965	29.5	29.5	29.5			
1966〜1988	32	32	32			
1989〜1996	↓	↓	↓	24	25	
1997・1998				29.5		
1999		32.5				
2000〜2006		35.8				
2007〜2013		34		↓		
2014	↓	↓	↓	22.3	↓	全額
2015	33.1	33.1	50		除外	
2016	↓	↓	↓	↓		↓

(注 1)　1960・1961年度の「＋0.3％」は、臨時地方特別交付金である
(注 2)　1989〜1996年度の消費税の「24％」の率は、消費譲与税に係るものを除いた消費税に係る率である
(注 3)　2004年度から2006年度までの所得税に係る「32％」の率は、所得譲与税に係るものを除いた所得税に係る率である
出所：地方交付税制度研究会編『平成28年度　地方交付税のあらまし』（地方財務協会・2016年）11頁を基に筆者作成

　で、自治体の独立財源としての性格を強化し、単年度の財源保障機能を長期的なものへと転換するため、1954年に地方交付税制度が創設された。地方交付税の総額は国税である所得税、法人税、酒税の一定割合とされる一方、各自治体の交付額の算定方法については、地方財政平衡交付金制度の方式をほぼ踏襲することとされた。
　創設当時の地方交付税の総額は、所得税の19.874％、法人税の19.874％及び酒税の20％であったが、その後1966年度までの間は、ほぼ毎年度のように引上げが行われた（図表 3 - 2 を参照）。なお、これらは、所得税等の国税 3 税の減税に伴う地方交付税の減収補てん等に対応するものであり、交付税法 6 条の 3 第

---

14)　石原・前掲注 3 ）65頁を参照。

第3部　自治制度の抜本的改革

2項に該当することを理由にするものではなかった。[15]

　その後、永らく交付税率の変更はなかったが、1989年度に税制の抜本改革、国庫補助負担率の見直し等を契機に、消費税及びたばこ税が対象税目に追加された。1997年度には、所得税、個人住民税の減税に伴う地方交付税の減収等に対応して消費税の交付税率が引上げられた。また、1999年度から当分の間、1999年度の恒久的減税による地方財源の減収を補てんするため法人税の交付税率を引上げることとしたが、2006年度の税制改正（税源移譲改革）の実施に伴い、2007年度に法人税の交付税率は恒久化され34％となった。[16]

　2014年度には、社会保障と税の一体改革に伴い、社会保障給付における国と地方の役割分担等を勘案して、消費税の交付税率を変更するとともに、地域間の税源の偏在性を是正するため、その全額を地方交付税として交付する地方法人税が創設された。また、2015年度には、交付税原資の安定性の向上、充実を図る観点から、所得税、法人税及び酒税の交付税率の見直しが行われるとともに、たばこ税が対象税目から除外された。[17]

5　地方財源の確保の方法

(1)　地方交付税の増額による財源確保

　以上のように、地方交付税制度は、自治体の独立財源としての性格を強化し、長期的な財源保障を図るために創設され、減税などの国の税財政制度の改正を踏まえて、交付税率の引上げや対象税目の変更等の見直しを行ってきている。

　しかし、こうした制度改正のほかにも、①臨時地方特例交付金、臨時財政対策特例加算等による一般会計からの特例加算（繰入れ）、②交付税特別会計による借入れ、③前年度からの繰越金の活用など、様々な形で地方交付税の増額が図られている。また、地方債についても、財源対策債、臨時財政対策債等の発行により増額を行い、自治体が必要とする財源の確保を行ってきた。[18]

───────────────

15)　石原・前掲注3）106頁を参照。

16)　矢野・前掲注9）146頁を参照。

17)　地方交付税制度研究会・前掲注5）11頁を参照。

18)　なお、こうした自治体の財源確保の措置が実施される一方、地方交付税の総額に余裕があるような場合には、翌年度への繰越、交付税総額の減額、交付税特別会計借入金の繰上げ償還等の措置（年度間調整）も行われている。

268

第3章　自治体の財源保障と抜本的な地方財政制度の改正

　地方交付税の総額を増加させるための特例措置の中では、一般会計からの特例加算と交付税特別会計による借入れ（以下「特会借入れ」という）が重要である。臨時地方財政特別交付金等の加算金の制度は、1950年代から見られたが、特に、2003年度に特会借入れが原則廃止されてからは、一般会計からの特例加算が、地方交付税の増額において大きな地位を占めている。その中でも、折半対象財源不足に係る臨時財政対策特例加算よる一般会計からの繰り入れは重要であり、巨額の財政赤字が発生した2010年度には、この特例加算により5.4兆円の地方交付税の増額が行われている。

　特会借入れは、1960年代に開始されたが、1975年度に大幅な地方財源不足が発生してからは、地方財源の確保において、その役割を増大させてきた。初めて交付税法6条の3第2項に該当することとなった1977年度（当初）においては、2.1兆円の財源不足を0.9兆円の特会借入れと、1兆円の地方債の増額等で補てんしている[19]。なお、0.9兆円の借入れの返済については、「2分の1負担ルール」に基づいて、国と地方がそれぞれ負担することが法定化された。

　その後も、特会借入れは、大きな役割を果たしていたが、1984年度（当初）に、特会借入れを原則として廃止し、地方債の増額や一般会計からの特例加算等で対応することとされた。しかし、1994年度（当初）からは、再び財政状況が厳しさを増す中で、特会借入れによる地方交付税の増額が復活した[20]。13.4兆円という巨額の財源不足が見込まれた2000年度（当初）においては、交付税特別会計で8.1兆円の新規の借入れを行い、大幅な交付税総額の増加を図っている[21]。なお、6条の3第2項に該当することとなった1996年度から2002年度までの特会借入れについても、国と地方との2分の1負担の考え方が基本的に踏襲されていた。

(2)　地方債の増額と財源確保の考え方

　地方債の増額については、地方交付税の増額以上に重要な役割を果たしてい

---

19)　自治省財政課編『地方財政要覧―昭和60年12月』（地方財務協会・1985年）64、65頁を参照。

20)　地方財政制度研究会編『地方財政要覧―平成27年12月』（地方財務協会・2015年）130〜138頁、石原・前掲注3）163、188、189頁を参照。なお、1986年度、1992年度、1993年度の補正においては、特会借入れを行っている。

21)　地方交付税制度研究会編『平成12年度　地方交付税のあらまし―地方特例交付金を含む』（地方財務協会・2000年）80〜83頁を参照。

269

第3部　自治制度の抜本的改革

る（**図表3‐1参照**）。特に、2003年度に特会借入れが廃止されてからは、赤字地方債である臨時財政対策債が中心的な役割を占めている。例えば、巨額の財源不足が発生した2010年度には、1.1兆円の財源対策債に対して、7.8兆円の臨時財政対策債の発行が計画された。1990年代後半には建設地方債である臨時公共事業債、財源対策債も大きな地位を占めていたが、投資的経費が減少するとともに、臨時財政対策債が増加する中で、その役割を減少させている。こうした中で、臨時財政対策債の増加による借入金残高の増大が自治体財政の課題となってきている。

　なお、臨時財政対策債や財源対策債は、自治体に本来交付されるべき地方交付税に代えて発行されていることから、その元利償還金については、普通交付税の基準財政需要額に算入することとしている。

　地方財政の負担を考えると、これら3つの財源確保の方法のうちでは、一般会計による特例加算が一番望ましく、次いで、特会借入れ、地方債の増額という順になる。しかし、国の財政負担の観点からは、順序はその逆になる。また、財政状況の厳しさを、自治体が「意識する（感じる）」という観点からは、地方債の増額による財源確保の方が、一般会計による特例加算や特会借入れによる財源確保より勝っている。しかし、自治体を含めた国全体の財政負担という観点からは、特例加算や特会借入れによる財源確保の方が地方債の増額より優れているといえる。[22]

　このように地方財源の確保の方法について、様々な考慮すべき要素がある中で、国と地方とが2分の1を負担するという考え方を基本に、各年度の地方財政計画の策定過程において、自治体財源の確保が行われてきた。しかし、長期的な財源保障を図るために創設された地方交付税制度の目的を考えると、自治体の財源不足を恒久的に解消するような抜本的な地方財政制度の改正について、改めてその必要性、実現可能性を検討してみる必要がある。

---

22)　地方債の増額に伴う利子負担の増は、一般会計よる特例加算や特会借入れに伴う利子負担の増より大きいと考えられる。

第3章　自治体の財源保障と抜本的な地方財政制度の改正

Ⅲ　交付税法6条の3第2項の解釈と運用

1　自治体の財源保障に関する規定

　交付税法6条の3第2項は、「毎年度分として交付すべき普通交付税の総額が引き続き第10条第2項本文の規定によって各地方団体について算定した額の合算額と著しく異なることとなった場合においては、地方財政若しくは地方行政に係る制度の改正又は第6条第1項に定める率の変更を行うものとする。」と規定し、構造的な地方財源に不足がある場合には、地方行財政度の改正又は交付税率の引上げ（以下「地方行財政制度の改正等」という）を行うこととしている。地方財政平衡交付金制度では、前述のように、いわゆる積み上げ方式によりその総額が決定され、理論的には地方財政平衡交付金の必要額とその総額が一致しないという問題はなかった。しかし、地方交付税制度においては、その総額が国税の一定割合であるのに対して、各自治体の財源不足額は、自治体ごとに基準財政需要額と基準財政収入額を計算して算出されることから、その合算額と普通交付税の総額が一致するという保証はない。そこで、1954年に地方交付税制度が創設された際に、両者の不一致を調整する6条の3第2項の規定が設けられることとなった。[23]

2　地方行財政制度の改正等が必要な場合

　地方行財政制度の改正等が必要とされる場合について、交付税法6条の3第2項は、「毎年度分として交付すべき普通交付税の総額が引き続き第10条第2項本文の規定[24]によって各地方団体について算定した額の合算額と著しく異なることとなった場合」と規定している。

　このうち「引き続き」については、交付税総額に恒常的な過不足が生じる場合に制度改正を行うものであるという6条の3第2項の趣旨から、2年連続

---

23)　石原信雄＝今井実『地方交付税法逐条解説』（ぎょうせい・1977年）80〜82頁を参照。

24)　交付税法10条2項本文は、「各地方団体に対して交付すべき普通交付税の額は、当該地方団体の基準財政需要額が基準財政収入額をこえる額（以下本項中「財源不足額」という。）とする。」と規定している。

271

第 3 部　自治制度の抜本的改革

し、3 年度以降も続くと見込まれる場合を指すと解されている。

　また、「毎年度分として交付すべき普通交付税の総額が（中略）第10条第 2 項本文の規定によって各地方団体について算定した額の合算額と著しく異なる」については、地方財政対策による特例措置を講じる前の地方財政計画上の一般財源不足額が、特例措置を含まない普通交付税の総額の概ね 1 割程度以上になる場合であると解釈されている。[25]

　この解釈の理由について、石原信雄＝今井実は、6 条の 3 第 2 項は、長期にわたる普通交付税の過不足の調整についての規定であることから、「「普通交付税の総額」は第 6 条第 2 項及び第 6 条の 2 第 2 項の規定によって算定される額と解すべきであり、各種特例措置による普通交付税の増減分を含まないと解すべきである」と述べている。[26]

　すなわち、各年度の地方財政対策による特例措置の結果、地方財政計画上の収支（歳入と歳出）が均衡することから、特例措置により増額された普通交付税の総額と、交付税法10条 2 項本文の規定によって各地方団体について実際に算定した額（各自治体の財源不足額）の合算額との間に、通常、大きな乖離を生じることはない。

　したがって、6 条の 3 第 2 項の「普通交付税の総額」が「各種特定措置を講じた後の普通交付税の総額」であるとの解釈を行うと、6 条の 3 第 2 項が規定する「著しく異なる」事態が発生しないこととなり、同項の趣旨が達成できないことになる。石原＝今井は、こうしたことから「第 2 項の規定を各年度の普通交付税の決定結果に基づいて形式的に解釈すると意味をなさない」と指摘しており、「特例措置を講じる前の財源不足額」により「著しく異なる」事態に該当するかを判断することが妥当であるとしている。

3　地方行財政制度の改正等の内容

　交付税法 6 条の 3 第 2 項では、「地方財政若しくは地方行政に係る制度の改

---

25)　これらの解釈については、石原＝今井・前掲注23) 83、84頁、石原・前掲注 3) 104、105頁を参照。なお、これらの解釈については、塚田十一郎国務大臣により参議院地方行政委員会において概ね同趣旨の国会答弁がなされている。

26)　石原＝今井・前掲注23) 82、83頁を参照。

第3章　自治体の財源保障と抜本的な地方財政制度の改正

正又は第6条第1項に定める率の変更を行うものとする。」と規定している。しかし、財源不足額を将来にわたって解消するような地方行財政制度の改正、交付税率の変更（引上げ）は、必ずしも実施されてきていない。

　例えば、6条の3第2項の規定に該当し、18.2兆円にも上る巨額の財源不足が見られた2010年度においても、一般会計による臨時財政対策加算、国税決算精算分の先送り等による交付税総額の増加、財源対策債、臨時財政対策債の発行による地方債の増発により地方財源の不足の解消を行ったが、地方財源の不足を恒久的に解消するような地方行財政制度の改正や交付税率の引上げは実施されていない。

　また、初めて6条の3第2項の規定に該当した1977年度においては、当該年度の交付税特別会計における借入金の返還額の2分の1相当額を将来一般会計から繰り入れることを法定し、これにより同条2項の規定する地方財政制度の改正であるとの説明を行った。この説明に対しては、6条の3第2項の地方行財政度の改正は、恒久的なものをいうのであり、単年度の特例措置は同条2項の制度改正に当たらないのではないか、との批判も強くなされた。

　しかし、内閣法制局は、1977年2月に「地方行財政制度の改正とは、いわゆる恒久的な制度の改正を予想しているようにも考えられるが、同項の規定のしぶりからも窺われるように、いかなる内容の地方行財政制度の改正を行うべきかについては、法律は広い選択を許しているのであって、例えば経済情勢が変動期にあるため将来に向かっての的確な財政の見通しが予測し難い状況にあるような場合には、さしあたり当該年度の地方交付税の総額を増額する特例措置を講ずることもまた、ここにいう地方行財政制度の改正に該当するものと解される」との見解を示した。

　翌1978年度においても、6条の3第2項に該当する事態となったが、財源不足額を完全に解消するような恒久的な地方行財政制度の改正、交付税率の変更（引上げ）は行われず、「当分の間」の制度として、交付税特別会計借入金の2分の1を国庫が負担する制度を法定化し、これを同項が規定する制度改正であると説明した。[27]

----

27)　石原・前掲注3）106～108頁を参照。

第3部　自治制度の抜本的改革

　その後の実務の運用も、「Ⅱ-5　地方財源の確保の方法」で見たように、各年度における地方財源の不足には、特会借入れほか、国の一般会計による特例加算、地方債（財源対策債、臨時財政対策債等）の増発などで対応しており、上記の見解に従ったものとなっている。

　こうした解釈がとられた背景には、厳しい財政状況の中で、地方の財源不足を全て解消するような制度改正が、国にとって大きな負担であったことが指摘できる。石原も、1978年度の制度改正に関して「国の財政は、地方財政に劣らず苦しい状況にあったので、地方交付税率の引上げについては、建前としては要求しても、実現の可能性はほとんどなかった」と指摘している。[28]

4　交付税法6条の3第2項の解釈・運用に対する疑問

　このような交付税法6条の3第2項に関する解釈・運用は、一定の合理性があり、現実的ではあるが、疑問がないわけではない。[29]

　第1に、地方行財政制度の改正等が必要な場合の解釈について、石原＝今井は、6条の3第2項の趣旨から、①「毎年度分として交付すべき普通交付税の総額」を各年度の特例措置による増減を加味した実際の普通交付税の総額ではなく、「特例措置を含まない普通交付税の総額」と解している。また、②「第10条第2項本文の規定によって各地方団体について算定した額の合算額」（財源不足額の合算額）については、財源補てんために交付税の起債振替措置が講じられた場合には「財源不足額の合算額」に「起債振替えに係る額」を加える必要があると述べている。[30]この石原＝今井の解釈は、地方財政対策による各種の特例措置を含まないベースで、①の「普通交付税の総額」及び②の「財源不足額の合算額」を積算すべきであるとの考えに基づいている。[31]その上で、両者

---

28)　石原・前掲注3）108頁を参照。

29)　井川博「地方財源の保障（確保）と地方行財政制度の改正―地方交付税法第6条の3第2項の解釈と運用」公営企業43巻12号（2012年）6頁を参照。

30)　石原＝今井・前掲注23）83、84頁を参照。

31)　なお、交付税法10条2項本文の規定により各地方団体について算定された実際の「財源不足額の合算額」に「起債振替えに係る額」を加えることにより得られる額は、起債振替えがないことを前提に算定される「財源不足額の合算額」に原則として一致する（起債振替えがない部分（額）だけ、財源不足額の合算額が増加する）。

（①と②）の差は、現実には、③「特例措置を講ずる前の地方財政計画上の一般財源不足額」と一致し、③の財源不足額が①の「特例措置を含まない普通交付税の総額」と比較して「引き続き」「著しく異なる」場合には、6条の3第2項に該当すると解釈している。

しかし、「毎年度分として交付すべき普通交付税の総額」を「特例措置を含まない普通交付税の総額」と解釈するのは、その文言に則したものとはいえないように思われる。また、交付税法6条の3第1項に規定する「毎年度分として交付すべき普通交付税の総額」は、「特例措置を講じた後の普通交付税の総額」と解されており、同条2項の「毎年度分として交付すべき普通交付税の総額」について、2項の趣旨を理由に、同条1項の解釈と異なった解釈を行うことが妥当であるか、という問題もある。[32]

さらに、「第10条第2項本文の規定によって各地方団体について算定した額の合算額」の解釈についても、実際に算定された各自治体の「財源不足額の合算額」でなく、「財源不足額の合算額」に「起債振替えに係る額」を加えた額と解することは、6条の3第2項の規定の文言からすれば必ずしも容易であるとはいえない。

第2に、6条の3第2項に規定する「地方財政若しくは地方行政に係る制度の改正」の内容について、立法当時においては、「引き続き、著しくなっている財源不足の状況、すなわち構造的に生じている地方財源不足額について、これを恒久的に解消し得るような税政改正、国庫補助負担制度の改正、あるいは地方行政需要の削減につながる地方行政制度の改正を想定していた」とされる。[33]

また、「将来に向かっての的確な財政の見通しが予測し難い状況にあるような場合には、さしあたり当該年度の（中略）特例措置を講ずることもまた、ここにいう地方行財政制度の改正に該当するものと解される」との見解を示して、1977年に内閣法制局が恒久的でない制度改正を含め幅広い選択を認めてから、既に約40年が経過している。2016年度においても、1996年度から21年度連続で6条の3第2項の規定に該当しており、長期的な観点から地方交付税の総

---

32) 石原＝今井・前掲注23）82頁を参照。

33) 石原・前掲注3）106頁を参照。

275

第3部　自治制度の抜本的改革

額の調整を目指した6条の3第2項の目的を十分に達しえない状態が続いている。こうした状況を踏まえると、恒久的に財源不足の解消が図れないような「当分の間」の改正が長期にわたり継続して良いのか、考えてみる必要がある。

5　交付税法6条の3第2項の新たな解釈

　以上のような疑問がある中で、これまでの解釈とは異なった交付税法6条の3第2項の解釈の可能性がないのか、検討してみたい[34]。

(1) 地方行財政制度の改正等が必要な場合について　まず、地方行財政制度の改正等が必要な場合について、考えてみたい。

　交付税法6条の3第2項の「毎年度分として交付すべき普通交付税の総額が（中略）第10条第2項本文の規定によって各地方団体について算定した額の合算額と著しく異なる」を、これまでのように解釈するのではなく、「特例措置を講じた後の普通交付税の総額が10条2項本文の規定によって各地方団体について実際に算定した額（各自治体の財源不足額）の合算額と異なる」と解することが可能であるか。

　この解釈の場合には、「毎年度分として交付すべき普通交付税の総額」の解釈が、交付税法6条の3第1項の解釈と一致し、より理解しやすいものとなる。また、「第10条第2項本文の規定によって各地方団体について算定した額の合算額」についても、実際に算定した各自治体の財源不足額の合算額とすることから、より文言に則した解釈が可能となるという長所がある。

　しかし、この解釈では、各年度の地方財政対策により財源不足が解消されれば、「毎年度分として交付すべき普通交付税の総額」と「第10条第2項本文の規定によって各地方団体について算定した額の合算額」とが原則一致することとなり、6条の3第2項に該当する事態が発生しないという問題が生じる。

　そこで、この新たな解釈を採用する場合には、これまでの地方財政対策の考え方を改め、毎年度の地方財政対策を行わないことを検討してみる必要がある。地方財政対策を行わないことにより、各年度の地方財政計画における歳入と歳出の差が解消されず、地方財源が不足する中で、「毎年度分として交付す

---

34)　交付税法6条の3第2項の新たな解釈については、井川・前掲注29)　6～8頁を参照。

276

第3章　自治体の財源保障と抜本的な地方財政制度の改正

べき普通交付税の総額」と「第10条第2項本文の規定によって各地方団体について算定した額の合算額」との間に差が生じることとなる。

　一方、各年度に生じる地方財源の不足については、従来の地方財政対策ではなく、自治体側において、地方債の増発等により対応し、解消していく必要がある。こうした各自治体等の対応により、自治体の財源不足の解消が可能であるかが、大きな問題となるが、これについては、「Ⅳ　抜本的な地方財政制度改正の可能性」で検討することとしたい。

　この新たな解釈は、6条の3第2項の文言に則した解釈であると同時に、長期的な観点から自治体財源の保障を目的とした同条2項の規定の趣旨にも、より整合的な解釈である。この点に関して、石原は、地方交付税制度は、「地方交付税の独立性と安定性を確保する見地から地方交付税額の法定額と地方財源不足額との間に少々の乖離があっても交付税率は変更しないこととしている」と述べている。[35] 6条の3第2項の規定は、構造的な地方財源の不足を恒久的に解消する制度改正や交付税率の変更が実施されるまでの間は、基本的には各自治体等において必要な財源確保を行うことを想定しており、従来のような地方財政対策の実施を必ずしも予定していないとの理解が可能である。[36]

　なお、6条の3第2項の「引き続き」、「著しく異なる」の解釈については、基本的には従来の解釈の考え方を維持して良いと考えるが、さらに検討を行う必要がある。[37]

　(2)　地方行財政制度の　　　　　次に、「地方財政若しくは地方行政に係る制度の改正
　　　改正等の内容について　　　又は第6条第1項に定める率の変更を行う」の解釈について検討してみたい。

　交付税法6条の3第2項で規定される地方行財政制度の改正等については、

---

35)　石原・前掲注3）104頁を参照。

36)　なお、石原＝今井・前掲注23）81、82頁では、交付税法6条の3第2項の立法過程に関して、「交付税の地方固有財源としての性格にかんがみ、単年度ごとに多少のずれが生ずるのはやむを得ないことであり、交付税総額とその所要額との差が引き続き著しく大きくなった場合のみ、制度改正又は率の変更を行うこととし、小範囲の年度間調整は地方団体自身の手によって行うことが適当であるとの考え方が採られたのである」と述べている。

37)　「2年連続し、3年度以降も続く」を延長する可能性がないのか、「概ね1割程度以上」という解釈でよいのか、などについて、自治体の財政運営の実態等を踏まえて、再度検討してみる必要がある。

277

第 3 部　自治制度の抜本的改革

1977年度に実施された特会借入れの 2 分の 1 国庫負担の法定化など、単年度の財源不足の解消にその効果が限定されるような制度改正も該当すると解釈され、必ずしも恒久的に地方財源不足の全額を解消するような地方行財政制度の改正や交付税率の変更に限られないと解されてきた。その結果、ある年度に 6 条の 3 第 2 項の規定に該当するため同項に規定に従った制度改正が実施されても、翌年度に再び 6 条の 3 第 2 項の規定に該当する事態となり、同項の立法趣旨が十分に達成できない状況が続いている。

　こうした状況を打開するためには、「交付税法 6 条の 3 第 2 項に該当する場合には、自治体の財源不足の全てを恒久的に解消するための地方行財政制度の改正又は交付税率の変更を行う」との解釈が必要となるように思われる。

　こうした解釈に基づき地方行財政制度の改正等が行われれば、地方財源不足の抜本的な解決が図られ、 6 条の 3 第 2 項の立法趣旨に沿った解釈と運用が実現することになる。また、交付税率の引上げなど地方税財源の充実が図られれば、財政面における地方分権が進展することになる。さらに、毎年度の地方財政対策に影響されない自治体の財政運営が可能となり、自治体の行財政運営の自主性や安定性・計画性の向上にも資する可能性がある。

　このように、地方行財政制度の改正等に関する新たな解釈は、合理的であり、多くの長所を有している。しかし、国の財政状況が、地方の財政以上に厳しい状況にあり、新たな解釈に基づいて、抜本的な地方行財政制度の改正等を実現することは必ずしも容易でない。こうした中で、抜本的な地方行財政制度の改正が妥当であるか、また、実現可能であるか、について検討を進める必要がある。

IV　抜本的な地方財政制度改正の可能性

1　「地方共有税」の提案

　自治体の財源保障制度については、全国知事会等の地方六団体による「新地方分権構想検討委員会」(神野直彦委員長) の「中間報告」(2006年 5 月) において「地方共有税」が提案されている。[38] 中間報告では、①現在の財源不足 (2006年度8.7兆円) を解消するため、地方共有税 (地方交付税) の法定率の引上げを行

第3章　自治体の財源保障と抜本的な地方財政制度の改正

うとともに、必要に応じて地方税法に定める税率の変更も行う、②3年から5年に一度、地方共有税（地方交付税）の法定率の変更を行うとともに、必要に応じて地方税法に定める税率の変更も行う、③その他の年度は、財源不足があれば地方債又は「地方共有税及び譲与税特別会計」内に新たに設置する基金により調整する、④特例加算や特別会計による借入れは行わない、が提案されている。

　これらの提案のうち、①は自治体の財源不足の恒久的な解消を目指す提案であり、②は法定率等の見直しを一定の期間ごとに実施しようとするものである。これらの考え方は、交付税法6条の3第2項の新たな解釈で示された「自治体の財源不足の全てを恒久的に解消するための制度改正を行う」という考え方に近い。また、③、④は、3年から5年に一度の見直し年度以外には、地方財源不足が生じても従来のような地方財政対策による地方交付税の特例加算や交付税特別会計による借入れは行わない（地方債と特別会計の基金で対応する）ということであり、新たな解釈で示された「地方財政対策を実施しない」と同様な考え方である。

　このほか、中間報告では、⑤名称を、国民から国の特別会計に入るまでは「地方共有税」、国の特別会計を出て自治体に入るまでは「地方共有税調整金」に変更する、⑥国の一般会計を通さずに、「地方共有税及び譲与税特別会計」に直接繰り入れる、⑦減税により地方の財源不足が生じる場合には、地方共有税（地方交付税）の法定率を引上げる、との提案を行っている。

　このように、「新地方分権構想検討委員会」の「地方共有税」の提案では、6条の3第2項に関する新たな解釈に類似した考え方が示されているが、この提案においても、6条の3第2項に関する新たな解釈と同様、①地方財政対策の実施に代えて各自治体による財源不足への対応が可能であるか、②財政状況が厳しい中で国に大きな負担となる抜本的な地方財政制度の改正が妥当であるか、また可能であるかが、大きな論点となる。

---

38)　新地方分権構想検討委員会『豊かな自治と新しい国のかたちを求めて〜「このまちに住んでよかった」と思えるように〜』（2006年）16〜21頁を参照。

第3部　自治制度の抜本的改革

2　各自治体による財源不足への対応

　交付税法6条の3第2項の新たな解釈や地方共有税の考え方に基づいて抜本的な地方財政制度改正を行うには、地方財政対策により財源不足の解消を行わない場合に、各自治体において、地方債の増発や基金の活用などにより財源不足への対応が可能であるか、どうかが大きな問題となる。

　2014年度の地方債の発行額（決算）は、11.5兆円であり、このうち臨時財政対策債が5.5兆円、財源対策債は0.1兆円である。一方、地方債の増発による財源不足の補てん額については、2007年度から2016年度の平均が6.1兆円であり、最大は2010年度の8.8兆円である（図表3‐1参照）。また、2014年度決算における積立金（基金）残高は、財政調整基金が7.2兆円、減債基金が2.6兆円、その他特定目的基金が12.9兆円であり、合計で22.6兆円となっている[39]。こうした状況の中で、自治体による地方債の増発と基金の活用のみで、平均10兆円を超える各年度の財源不足に対処することは容易でない。

　しかし、新たな解釈に基づき一定の期間ごとに抜本的な財政制度の改正が実施されれば、各年度の巨額の財政赤字は発生しない。例えば、仮に2010年度において、同年度の18.2兆円の財源不足の全てを恒久的に解消しうるように交付税率が引上げられれば、その後の年度において地方財源不足が発生することはない（図表3‐3参照）。

　また、「新地方分権構想検討委員会」が提案するように、2006年度に8.7兆円の財源不足を恒久的に解消するような制度改正を実施していたと仮定した場合にも、図表3‐3で示すように、地方財源不足額は大幅に減少することになる。このケースでは、2009年度から2014年度において財源不足が発生するが、2011年度には、再び6条の3第2項の財源不足の「引き続き」「著しく異なる」事態に該当することとなり、再度、2011年度に5.5兆円の財源不足を追加して解消できれば、その後の年度において、財源不足額が発生することはない。

　そこで、こうした制度改正が実施されれば、従来のように各年度の地方財政対策が実施されなくても、基本的には、各自治体での対応が可能となる。ただし、2006年度に8.7兆円の財源不足額を解消した場合においても、2010年度、

---

39)　総務省・前掲注1）資42（第26表）、資108（第102表）を参照。

第 3 章　自治体の財源保障と抜本的な地方財政制度の改正

図表 3-3　地方財政制度改革後の地方財源不足額

(単位：兆円)

年度	2006	2007	2008	2009	2010	2011	2012	2013	2014	2015	2016	平均(2007～2016)
地方財源不足額(当初予算時)	8.7	4.4	5.2	10.5	18.2	14.2	13.7	13.3	10.6	7.8	5.6	10.4
18.2兆円の改革実施後	△9.5	△13.8	△13.0	△7.7	0.0	△4.0	△4.5	△4.9	△7.6	△10.4	△12.6	△7.8
11.3兆円の改革実施後	△2.6	△6.9	△6.1	△0.8	6.9	2.9	2.4	2.0	△0.7	△3.5	△5.7	△0.9
9.4兆円の改革実施後	△0.7	△5.0	△4.2	1.1	8.8	4.8	4.3	3.9	1.2	△1.6	△3.8	1.0
8.7兆円の改革実施後	0.0	△4.3	△3.5	1.8	9.5	5.5	5.0	4.6	1.9	△0.9	△3.1	1.7
5.6兆円の改革実施後	3.1	△1.2	△0.4	4.9	12.6	8.6	8.1	7.7	5.0	2.2	0.0	4.8

(注)　△は、財源余剰額である
出所：図表 3-1 を基に筆者作成

2011年度には、9.5兆円、5.5兆円という巨額の財源不足が見込まれており、各自治体の個別の対応により、こうした巨額の財源不足を補てんするのは困難であると思われる。したがって、これらの年度においては、国は、赤字地方債の発行を認めるなど、自治体の財源確保のための特別措置の実施を検討する必要がある。[40] どの程度の財源不足が生じた場合に、特例措置を講ずるかについては、6条の3第2項の財源不足に対する従来の考え方を踏まえると、普通交付税の総額の概ね1割という案が考えられる。しかし、厳しい自治体の財政状況を考慮すると、1割（1.5兆円～1.7兆円）は巨額に過ぎるようにも思われる。[41]

　また、国の危機的な財政状況等を理由に、2011年度に5.5兆円の追加の財源不足の解消を実施しない場合には、その後の年度にも大きな財源不足が発生することとなる。

---

40)　特別措置としては、地方債の増額のほか、基金の活用が考えられるが、各自治体における基金の活用による巨額の財源不足の解消には限界がある。また、地方債の増額による財源不足の解消の問題については、本稿「Ⅳ-4(2)　財源不足の全額を解消できない場合の特例措置」を参照されたい。

41)　交付税法6条の3第2項の「著しく」の解釈のほか、当初算定において交付税法10条2項ただし書きにより調整された額（2015年度、469億円（地方財政制度研究会・前掲注20）164頁を参照）なども考慮に入れて検討する必要がある。

第3部　自治制度の抜本的改革

　以上のように、新たな6条の3第2項の解釈などに基づいて、地方財源不足の恒久的な解消を図る制度改正が行われれば、従来のように地方財政対策による地方交付税の増額等の特例措置を毎年度、実施する必要はない。しかし、2010年度、2011年度のように巨額の財源不足が発生する特別の年度においては、自治体の財源確保のため地方債の増発等の特別措置を検討する必要がある。

3　抜本的な地方財政制度改正の必要性

　危機的な財政状況の中で、交付税率の引上げ等の抜本的な地方財政制度改正について、どう考えたらよいか。

　現在、国の長期債務残高は866兆円であり、地方の長期債務残高196兆円の4倍を超える。国の長期債務残高は国の税収の約15倍であるのに対して、地方の債務残高は地方税収の約5倍となっている[42]。また、国の2016年度当初予算における国債発行額は34.4兆円と、国税収入の57.6兆円の約60％の水準にある[43]。さらに、2016年度の基礎的財政収支（復旧・復興対策の経費及び財源を含んだケース）は、国がマイナス18.7兆円であるのに対して、地方はプラス2.7兆円となっている[44]。

　こうした中で、自治体の財源不足を恒久的に解消するために抜本的な制度改正を行えば、国の債務残高は更に拡大することとなる。そこで、厳しい財政状況の中では、自治体の財源不足を恒久的に解消する抜本的な財政制度の改正は困難であり、自治体も財源不足解消の責任を分担しても良いではないか、との主張が生まれてくる。

　しかし、Ⅲ-5での議論を踏まえれば、交付税率の引上げ等による抜本的な地方財政制度の改正は、①6条の3第2項の趣旨に沿う改正となる、②財政面

---

42)　長期債務残高の税収に対する割合は、筆者の計算による。国の数字は2016年度当初予算、地方の数字は、2016年度地財計画の数字を用いている（なお、2014年度決算ベースでの地方税収に対する地方の長期債務残高の割合は、約5.5倍である）。

43)　国の当初予算等の数字は、財務省『日本の財政関係資料』（財務省・2016年）による。

44)　総務省「平成28年度地方団体の歳入歳出総額の見込額—平成28年度地方財政計画」（総務省・2016年）92頁。また、国の財政状況は、交付税法6条の3第2項に初めて該当することとなった1977年度と比較してもはるかに厳しいといえる。

282

第3章　自治体の財源保障と抜本的な地方財政制度の改正

における地方分権が進展する、③自治体の財政運営の自主性や安定性・計画性の向上に資する、などの理由から実施すべきであると考える。

　また、自治体の財源確保に対する国の責任の観点からも、国は、抜本的な地方財政制度の改正を行う必要がある。すなわち、「ナショナル・ミニマム」を確保するための自治体の事務のみならず、国が確保すべきであると考える「国民（住民）の通常の生活水準」を達成するために必要な自治体の事務に対しても国は責任を有している。自治体間に大きな財政力格差がある中で、国は、地方交付税など自治体の財源保障の仕組みを整備し、こうした事務の実施に自治体が必要とする財源を確保する必要がある[45]。憲法に定める諸原則に基づき、国が、国民（住民）の福祉向上に対して責任を負う以上、実際に多くの行政サービスの提供を行う自治体に対して、通常レベルでの行政水準を維持するために必要な財源の保障を行うのは、ある意味で当然であり、構造的な自治体の財源不足を恒久的に解消するため、国は、抜本的な制度改正を行う責任がある。

　さらに、日本の自治体の債務残高は、国の債務残高の23％であり、イギリスの９％、フランスの11％、イタリアの８％と比較しても、高い水準にある[46]。自治体が、金融、経済、税制等に関する政策の決定、実施において、国とは異なり十分な権限を有していないことを考慮すれば、日本の構造的な財源不足の解消は、基本的に国の責任において行われるべきである。このように考えれば、国の財政状況が厳しい中にあっても、抜本的な地方財政制度の改革を行うべきであり、何時までも地方財源不足の恒久的な解消が見込まれないような「当分の間」の措置が続くべきでないと考えられる[47]。

---

45)　井川博「自治体施策に対する国の責任と財源保障（上）（下）——ナショナル・ミニマム、「通常の生活水準」の確保と地方交付税」自治研究82巻10、11号（2006年）を参照。

46)　総務省ホームページの資料「国・地方の債務残高（GDP比）の国際比較【2014】」に基づき筆者が計算した。http://www.soumu.go.jp/main_content/000399806.pdf（2016年9月25日入手）。なお、日本の自治体の歳出規模は、諸外国に比べ大きく、このため地方の債務残高のウェートが高くなることに留意する必要がある。

47)　なお、交付税法附則３条は、「当分の間」の「交付税の総額についての特例措置」について定めている。

283

第3部　自治制度の抜本的改革

4　巨額の財源不足の発生に対する対応

(1) 財源不足の一部
を解消する制度改正

以上の議論からすれば、国は地方財源不足の恒久的な
解消を行う責任がある。また、2016年度の地方財源不
足額（5.6兆円）であれば、地方交付税の増額による過去10年間の財源不足の補
てん額（0兆円～9.4兆円、平均4.1兆円）から見て、その解消が必ずしも不可能
な額ではない（**図表3-1参照**）。

　しかし、国が多額の赤字国債を発行する中で、2010年度の18.2兆円のような
巨額の地方財源不足の全てを解消するような制度改正を実施するのは、必ずし
も現実的であるとは考えられない。また、巨額の財源不足の解消を図った場合
には、後年度において自治体財源の余剰を生じる可能性も高い。例えば、**図表
3-3**に見るように、2010年度に18.2兆円の地方財源の充実を図った場合には、
再び制度改正が行われない限り、2016年度に12.6兆円の財源余剰が生ずるとい
う問題もある[48]。

　こうした点を考慮すれば、巨額の財源不足が発生する場合には、全額でな
く、その一部分を解消するような恒久的な制度改正も許容されると考えられ
る。例えば、2010年度を例にとれば、過去3年度間の財源不足の平均額（11.3
兆円）、あるいは過去5年度間の財源不足額の平均額（9.4兆円）の解消を図る
という方法が考えられる。解消すべき地方財源不足の額をどのように決定する
かは、困難な問題である。決定の際の基準としては、過去の財源不足額のほ
か、将来の国及び自治体の財源不足の見込みなどが考えられるが、さらに検討
していく必要がある。

(2) 財源不足の全額を解消
できない場合の特例措置

このように、恒久的な制度改正による財源不足の
解消が一部に留まる場合には、以下に示すような
地方債の増額等の特別措置をとることにより、地方財源不足の解消を図る必要
がある[49]。

　①　特別の地方債（財源対策債、臨時財政対策債等）の発行により、さらに必要とさ

---

48)　なお、2013年度および2016年度において、交付税法6条の3第2項に該当することから、必要
　　な制度改正を行えば、2016年度の自治体財源の余剰は、零となる。しかし、その場合においても、
　　2011年度に4.0兆円、2012年度に4.5兆円、2014年度に2.7兆円、2015年度に5.5兆円の余剰が発生
　　し、2011年度から2015年度の間の合計では、16.7兆円の自治体財源の余剰が発生する。

284

れる財源不足額の補てんを行う。

② 特別の地方債の元利償還金については、後年度の普通交付税の基準財政重要額に算入する（現在の算定方法と同様である）。

③ 当該年度の普通交付税については、特別の地方債の発行がないものとして、基準財政需要額の算定を行う（基準財政需要額が地方債の発行額だけ減少する現在の算定方法を変更する[50]）。

巨額の財源不足の解消がその一部に留まる場合には、翌年度も交付税法6条の3第2項の規定する「著しく異なる」事態となる可能性が高い。例えば、2010年度に9.4兆の財源不足の解消が行われたとした場合、2011年度の財源不足額は、4.8兆円となり、同項の規定する「著しく異なる」事態に該当することとなる（**図表3-3参照**）。このような場合に、6条の3第2項の規定からは、再度、恒久的な制度改正を行う必要が生じるが、一部に留まるにせよ2010年度において恒久的な制度改正が行われたことを考慮すれば、2010年度の制度改正に関する法律において、一定の期間、同項の適用を除外する旨の特例規定を設けることの検討も必要になる[51]。

また、恒久的な制度改正による財源不足の解消額が少ない場合には、前述の特例措置を必要とする年度が増加することとなる。例えば、2010年度に11.3兆円の財源不足の解消が行われ、その後財源不足を解消する新たな制度改正が実施されなかったと仮定した場合には、2010年度から2013年度の4年度において、財源不足が発生し、前述の特例措置の検討が必要である。これに対して、解消額が5.6兆円に留まる場合には、2010年度から2015年度の6年度において、こうした特例措置の検討が必要となる（**図表3-3参照**）。

---

49) このほか地方財源不足の解消方法としては、「地方共有税」の提案で示されたような交付税特別会計における基金の活用がある。また、交付税特別会計における借入れにより財源不足を解消するという方法も考えられる。これらの方法については、①巨額の財源不足の発生が続く中で、交付税特別会計での基金の積み立ては容易でない、②借入れによる方法は、地方債の増額に比べ各自治体に財政状況の厳しさが伝わりにくい、といった問題が指摘されるが、こうした地方債の増額以外の方法についてもさらに検討する必要がある。

50) 前述（「Ⅳ-2　各自治体による財源不足への対応」を参照）の巨額の財源不足が発生する特別の年度において地方債の増発により財源不足額を解消する場合についても、ここで述べた特例措置のあり方を基本に検討がなされるべきである。

51) 例えば、「3年度間は、財源不足額が著しく変化しない限り、第6条の3第2項の規定を適用しない」といった特例規定を交付税法に規定することが考えられる。

第3部　自治制度の抜本的改革

　なお、このような特例措置をとった場合、6条の3第2項の新たな解釈によっても、前述の③で示した普通交付税の算定方法をとることにより、同項に規定する「著しく異なる」事態が生じることとなる。すなわち、交付税法10条2項に規定する財源不足額の合算額は、現在の算定方法による財源不足額の合算額より、特別の地方債の発行額だけ大きくなる。このため、普通交付税の総額と同項に規定する財源不足額の合算額の差が拡大し、「著しく異なる」事態が生じることとなる。また、10条2項ただし書の規定により「調整すべき額」が増大することとなるが、特別の地方債の発行は、この「調整すべき額」の著しい増加に着目して認められたものとの理解が可能である。

V　おわりに——地方財政制度改正のあり方

　以上、これまでの自治体の財源保障の状況、交付税法6条の3第2項の解釈の課題などを考察し、自治体の財源不足を抜本的に解消する地方財政制度の改正の可能性について検討してきた。

　抜本的な地方財政制度の改正には、6条の3第2項の文言に則した解釈や長期的な観点からの自治体の財源保障が可能となるなど、多くの利点がある。

　しかし、厳しい国の財政状況の下で、自治体の財源不足を完全に解消するような抜本的な地方財政制度の改正を行うことは、必ずしも容易ではなく、極めて巨額の財源不足が発生する年度においては、その相当部分（一部）を解消するという恒久的な地方財政制度の改正でもやむをえない。

　そのような改正が行われた場合、巨額の財源不足が発生する年度には、地方債の増発などの特例措置が必要となり、これまでの地方財政対策による各年度の特例措置と類似した点がある。特に、恒久的な制度改正による財源不足の解消が少額に留まる場合には、特例措置を必要とする年度が増加し、これまでの状況と似た面が生じる。

　しかし、全額でないにせよ恒久的な財源不足の解消が実施されれば、6条の3第2項の新たな解釈に基づいて、同項の文言に即した解釈が可能となるとともに、永らく継続されてきた「当分の間」の対応を見直すことができる。また、不十分ながらも6条の3第2項の立法趣旨を踏まえた長期的な観点からの

第3章　自治体の財源保障と抜本的な地方財政制度の改正

自治体の財源保障が実現して、少しでも毎年度の地方財政対策に依存しない自主的で安定的・計画的な財政運営が可能となり、財政面における地方分権の推進にも資することとになる。

　以上のことからすれば、恒久的な財源不足の完全な解消が困難であり、地方債の増発等の特例措置を必要とする年度が残るにせよ、新たな考え方に立った抜本的な制度改正をできる限り実施すべきである。

　こうした恒久的な制度改正は、交付税法6条の3第2項の新たな解釈に基づいても実現が可能である。しかし、自治体の財政自主権を確立する観点から、新地方分権構想検討委員会の中間報告が提案する「地方共有税」のような新しい制度創設の検討をさらに進めることも重要である。

　国、地方を通ずる困難な財政状況の中で、税制改革、経済成長等による歳入増が達成され、日本の危機的な財政状況が回復するまでの「当分の間」の対応として、国と自治体が財源不足を負担しあう制度が許されるとの考えもある。

　しかし、余りにも長く「当分の間」の対応が継続している。危機的な財政状況の基本的な原因は、国、地方における歳出、歳出の大幅なギャップにあり、そうした異常な状況を永らく解決できないところにある。その責任の一部は、自治体にもあるとはいえ、その責任の大半は、国が負うべきである。

　国には、自治体の構造的な財政不足を解消する基本的な責任があり、抜本的な地方財政制度の改正を早期に行うことにより、少しでも合理的な地方財政制度の構築を目指すべきである。そのためには、危機的な財政状況からの脱却が極めて重要であるが、国は、国民に負担を求める政策が不可避となる中で、厳しい財政運営に対する国民の理解を十分に得て、歳入改革、歳出改革を今まで以上に進める必要がある。

　また、自治体においても、住民の福祉向上のために必要な事務を適切に実施するとともに、自治体の厳しい財政状況、行財政運営の実情を住民に示して、その理解を得ることが大切である。

287

第**4**章　自治体職員の働き方改革と自治体行政システムのあり方
——分権改革論議で見落とされてきたもの

嶋田　暁文

　……地方公共団体関係者の意識改革を徹底して、第1次分権改革の成果を最大限に活用し、地方公共団体の自治能力を実証してみせてほしい。特に、これまでの通達等は、かつては訓令であったものも含めてすべて、その性格を『技術的な助言』に一変させられているのであるから、この機会にこれまで通達等に専ら依存してきた事務事業の執行方法や執行体制をすべての分野にわたって総点検し、これらを地域社会の諸条件によりよく適合し、地域住民に対する行政サービスの質を向上させ得るような別途の執行方法や執行体制に改める余地がないものかどうか、真剣に再検討してほしい（地方分権推進委員会『最終報告』（2001年））

I　3つの仮説——分権改革を経ても自治体現場はなぜ変わらないのか？

　わが国では、1995年の地方分権推進法制定を1つの画期として、その後、機関委任事務制度の廃止を主な成果とする「第1次分権改革」、義務付け・枠付けの見直しなどを内容とする「第2次分権改革」など、分権改革の取り組みが継続して行われてきた。分権改革を通じて、「自治体による地域の実情に合ったルール・基準作りや行政運営」を可能にするというのがその眼目である。しかしながら、全体としてみれば、そうした狙いは実現しておらず、「自治体現場は分権改革前とほとんど変わっていない」というのが、自治体関係者・研究者のほぼ共通した認識のように思われる。

　なぜ自治体現場の変化は乏しいのであろうか。それを説明する仮説としては、大きく分けて、以下の3つのものが考えられる。

---

1)　本稿でいう「働き方改革」とは、「こなす仕事」の仕方等を変え、分権改革の成果を活かし、「地域の実情に合ったルール・基準等の設定や行政運営」を実現することを指しており、現在、安倍政権で進められている「働き方改革」（長時間労働の抑止方策等）とは意味合いをまったく異にしていることを予めお断りしておきたい。

第 4 章　自治体職員の働き方改革と自治体行政システムのあり方

　第 1 に、「未完の分権改革」仮説である。"分権改革は行われてきたものの不十分であり、国のコントロールが未だに強力であるがために、自治体は地域の実情に合った対応を行うことができない"というのがそれに基づく説明となる。

　第 2 に、「自治体職員の認識・意識・力量不足」仮説である。これは「自治体職員の働き方」に「変化の乏しさ」の原因を求めるものである。たとえば、「ほとんどの自治体職員は分権改革の内容・意義を理解できていない」とか「前例踏襲主義に慣れきっており、変革の必要性を認識できていない」とか「分権改革の成果を活かすには法令を自主解釈できる力量が必要だが、ほとんどの職員はそうした力量を有していない」といった見解が示されることがあるが、これらは当該仮説の部分的言説として位置づけることができる。

　第 3 に、「自治体行政システムによる変革抑制・阻害」仮説である。この仮説に基づけば、"自治体行政システムの諸特徴が自治体職員による変革行動を抑制・阻害しているために自治体現場は変わっていない"ということになる。

　さて、以上の 3 つのうち、いずれの仮説が実態をより良く説明するのであろうか。

　この点、従前、自治体関係者の多くは（そして、地方自治研究者の多くも）、"「未完の分権改革」仮説が最も説明力が高い"という暗黙の前提に立ってきたように思われる。地方六団体が「第 1 次分権改革」以降も分権改革を継続的に求めてきたのはその証左である。

---

2 ）　たとえば、第 1 次分権改革の前後での変化がほとんどみられないことを明らかにした文献として、北村喜宣編著『ポスト分権改革の条例法務』（ぎょうせい・2003 年）、大森彌「第 1 次分権改革の効果」レヴァイアサン 33 号（2003 年）、日本都市センター『地方分権改革が都市自治体に与えた影響等に関する調査研究報告書』（2005 年）などがある（ただし、教育行政分野では、分権改革のインパクトは大きいとの評価がなされている。参照、青木栄一「教育行政への地方分権改革のインパクト」嶋田暁文＝木佐茂男編著『分権危惧論の検証』（公人の友社・2015 年））。
　　また、「地域の自主性及び自立性を高めるための改革の推進を図るための関係法律の整備に関する法律」（第 1 次一括法等）に基づいて進められてきた第 2 次分権改革における「義務付け・枠付けの見直し」をめぐる自治体の条例制定の内実についても、「形式的に自己決定したものの、真の意味での自己決定には程遠い状況」（参照、北村喜宣「二つの一括法による作業の意義と今後の方向性」自治総研 2013 年 3 月号、55 頁）や「良くも悪くも大きな変化は生じなかった」（参照、嶋田暁文「第 2 次分権改革の中間的総括と自治体に求められる工夫」季刊行政管理研究 142 号（2013 年）、32 頁）などと評されている。

289

第3部　自治制度の抜本的改革

図表4-1　3つの仮説の位置づけ

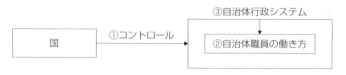

①に「自治体現場が変わらない」原因を見出すのが、「未完の分権改革」仮説
②に「自治体現場が変わらない」原因を見出すのが、「自治体職員の認識・意識・力量不足」仮説
③に「自治体現場が変わらない」原因を見出すのが、「自治体行政システムによる変革抑制・阻害」仮説
出所：筆者作成

　確かに、たとえば、財政面を中心とした国のコントロールの緩和には意義があるだろうし、地方税財源の充実も重要な課題であろう。しかしながら、仮に今後そうした改革が進んだとしても、その成果を活かし、地域の実情に合った行政運営を実現できるかどうかは、それを担う自治体職員の働き方次第であり、また、そうした働き方ができるかどうかは、自治体行政システムのあり方次第である。筆者はむしろ、「自治体職員の認識・意識・力量不足」仮説や「自治体行政システムによる変革抑制・阻害」仮説の方が、実態をより良く説明すると考えている。

　従前の分権改革論議は明らかにバランスを欠いていたように思う。いつまでも自治体の外側に改革の矛先を向け、「未完の分権改革」を追い続けるのではなく、自治体職員の働き方、そしてそれを規定する自治体行政システムにもっと目を向け、そのあり方を変えていくべきなのではないだろうか。

　以上の問題意識に基づき、以下では、「自治体職員の認識・意識・力量不足」仮説と「自治体行政システムによる変革抑制・阻害」仮説の検討を行い、その妥当性の高さを確認した上で、対応方策を論じる。最後に、若干のコメントを付すことにしたい。

Ⅱ　「自治体職員の認識・意識・力量不足」仮説の検討

1　自治体職員の認識不足

　「自治体職員の認識・意識・力量不足」仮説に関連して、まず指摘すべきは、

第4章　自治体職員の働き方改革と自治体行政システムのあり方

「改革の成果」の内実自体を自治体職員が知らないケースがあまりに多いという点である。特に、「機関委任事務制度の廃止」に伴う自治事務と法定受託事務との識別は、国からの「通知」が「技術的助言」なのか「処理基準」なのかによって法令解釈の幅（＝裁量の幅）が大きく異なってくることから、自治体職員にとって極めて重要であると思われるが、「自らの行っている業務が自治事務なのか、法定受託事務なのか」を意識して仕事をしている職員は、ほぼ皆無といってよい。「分権改革」が継続的に行われているという程度は知っているが、その中身は知らず、「自分とは関係ない」と思い込んでいる自治体職員がすこぶる多いのである。そもそも、現在の40歳以下の自治体職員のほとんどは、地方分権一括法施行（2000年4月1日）以降に自治体職員となっており、「その前」を知らないため、分権改革の必要性・意義自体を実感できていない者が多いのが実情である。

　「改革の成果」の内実を知らなければ、それを活かす必要性の認識も生まれてくるはずがない。その意味で、自治体職員の認識不足こそが「自治体現場の変化の乏しさ」の主要因であるようにも思われる。しかしながら、2000年前後を振り返ってみると、「その前」を知る自治体職員たちによってそれなりの熱狂を持って分権改革が語られたのであり、機関委任事務制度の廃止への意識も今よりは高かったはずである。にもかかわらず、当時も自治体現場の変化は乏しかった。とすれば、自治体職員の認識不足も一因ではあろうが、そこにすべ

3）　筆者は、いくつかの自治体で職員研修や講演の講師を務めてきた。以下の評価は、そこでの経験がベースになっている。特定の自治体の職員を対象にした考察であるが、おそらく全国の自治体職員に共通した傾向なのではないかと考えている。

4）　2016年8月16日に日田市で開催された自治体学会・第2分科会「かつてこんな魅力的な職員がいた！」において、元・埼玉県職員であった加藤ひとみ氏が、「当時（2000年頃）は、今と違い、制度改革が自分たちの仕事に跳ね返ってくるということを実感できた時代だった」と述べたのは、その一例である。ちなみに彼女は、2000年4月1日に国から送られてきた通知文に「本通知は、地方自治法（昭和22年法律第67号）第245条の4第1項の規定に基づく技術的助言であることを申し添えます」とあるのをみて、うれしくて思わずコピーをとったのだという。こうした職員は当時も全体からみれば一部であったであろうが、そうした職員が一部にいることで、自治体職員全体の分権改革への関心もそれなりに高まっていたと思われる。ある出版社の方によれば、「当時は、『分権改革』と名のつく本が実によく売れた。今から考えると信じられないほどであった」という。このことは当時、それなりに分権改革の内実への社会的関心が高かったことを示唆している。

5）　北村編・前掲注2）などを参照。

第3部　自治制度の抜本的改革

ての原因を帰するわけにはいかない。

　なお、2000年前後の「変化の乏しさ」については、「第1次分権改革の実を
あげるいとまもなく、市町村は合併するか、しないかの選択を迫られ、そのた
めに精力を割かざるを得なくなったため、仕事の内容と手法を点検し自己決定
の幅を広げていくどころでないのかもしれない[6]」といった指摘がなされてきた
ところである。しかしながら、市町村合併の実務に携わった職員は全体からみ
れば一部であること、市町村合併が本格化する前から変化が乏しかったことに
鑑みれば、「市町村合併に伴う労力」の影響を過大評価すべきではないだろう。

2　自治体職員の意識・発想の問題点

　むしろ、「自治体現場の変化が乏しい」原因としては職員の意識・発想の問
題が大きいのではないかと筆者は考えている。

　第1に、そもそも自治体職員に"変える"という発想自体が欠落している
こと"が少なくない。一般的に、政策実施機能を担っている組織では、業務の
執行に精一杯であることが多く、「ルールや基準を見直す」という意識そのも
のが欠落する傾向にある[7]。加えて、規制担当課の場合には、「ルール・基準の
合理性（正しさ）」を前提にしてその遵守を規制対象に求めるのが通常であるこ
とから、「ルールや基準を見直す」という発想が一層欠落しやすい[8]。

　第2に、"「変える」必要性を認識できていないこと"も少なくない。「特に
問題が生じているわけではないので」というのがその際の常套文句である。も
ちろん、実際に問題が生じていないのであれば、それでよい。しかしながら、
本当は問題があるのに、認識できていないケース、あるいは、「そんなものだ」

---

6)　大森・前掲注2）16〜17頁。

7)　ジェームス・マーチとハーバート・サイモンは、こうした「日常のルーティンがプランニング
　　（＊ここでは、ルールの見直しや新たなルール化を指すものとしてご理解いただきたい──引用者
　　注）を押しのける」という現象を「計画のグレシャムの法則」と呼んでいる。彼らは、これに対
　　して、一定時間経過後の見直しを予めプログラムの中に定めておくといった「革新の制度化」や、
　　プログラム形成を専門的な業務とする部門を設けるといった方法を提案している。参照、J. G.
　　マーチ＝H. A. サイモン（土屋守章訳）『オーガニゼーションズ』（ダイヤモンド社・1977年）
　　283、265、281〜282、285〜286頁。

8)　日野稔邦「佐賀県における一括法対応とそこから見えたもの」自治総研2013年5月号、42〜43
　　頁。

第4章　自治体職員の働き方改革と自治体行政システムのあり方

と考え、問題視していないケースも少なからずあるように思われる。[9]

そうした「問題認識の欠如」が生じてしまう原因の1つは、「仕事をこなす」という姿勢にある。「仕事をこなす」姿勢とは、形式的手続きに従って目の前の「与えられた仕事」をクリアすることに終始するような仕事の仕方のことである。「仕事をこなす」職員は、必ずしもやる気がないわけではなく、むしろ、日々の仕事に追われる中で、自然とそうした姿勢になっていることが多い。彼（女）らにとっては、「予定どおりの回数の説明会を開催した」というような「仕事をしている」という事実を外形的に確保することこそが大事であり、その仕事が住民や地域にとって役立っているかどうかはあまり意識化されない。そこには、「その仕事を通じて実現すべきことは何なのか」「何のためにその仕事があるのか」といった目的意識が欠落している。

また、「仕事をこなす」ことは、「与えられた仕事の枠の中だけで物事を考える」という「局所的思考」と「視野の狭隘さ」にもつながり、それが問題認識の感度を鈍くさせてしまっている面もある。

第3に、問題が認識されても、"手間や負担を回避したいという発想が先立つこと"で、新たな取り組みにつながらないことも多い。

ルール・基準等を変更しようとすれば、まずは、自治体行政内外の関係者に対し、説明し、合意を得る必要がある。「関係課の負担が増えて文句が出る」、「超勤が増える」、「過去の誤りを認めることになる」、「そんなことを始めたら市民からの意見が噴出して業務に混乱が生じる」、「もしも問題が生じたらどうするのか。責任がとれるのか」などと所属課の同僚や他の課の人々から異論が出されるかもしれない。場合によっては、市民から「これまで言ってきたことと違うじゃないか」といった批判を招き、事態の収拾に追われることになるこ

9）　たとえば、ルール・基準を守らない規制対象者に対し、「是正すべし」と行政指導を繰り返しながら、「規制対象者の遵法意識の低さ」を嘆くことに終始するというのは、問題認識ができていない典型例である。この場合、規制対象者が違反しているのは、①「そのルール・基準を遵守することにどのような意味があるのか」がわかっていないためかもしれないし、②遵守の必要性は認識できていても、どのようにすれば遵守できるのかがわからないためかもしれない。前者の場合には、納得してもらえるようなわかりやすい説明が必要であろうし、後者の場合には、どのようにすれば遵守できるかを伝えるべきであろう。従前通り指導を繰り返すのではなく、執行方法を変える必要があるのである。

293

第3部　自治制度の抜本的改革

ともあるだろう。そうしたことを事前に考慮する結果、「今までのやり方を変えようとすると、そのほうが時間かかったりするから。取り敢えず今回は、って流しちゃう[10]」ということが、多々生じることになるのである。

　ちなみに、ハーバート・サイモンは、こうした合意形成などにかかる手間や負担のことを「準備完了」費用と呼んでいる[11]。「準備完了」費用を考えると、「従前通り」を選択することが有利になってしまうのである。日本の自治体のように、3年程度で異動するような人事異動スパンを前提とすれば、なおさら、「異動するまで我慢すれば……」などとなりがちになる。

　こうした事前の手間・負担に加えて、ルール・基準の変更後に業務量（手間・負担を含む。以下同じ）の増大が予想される場合には、その変更は一層困難になる。一般に自治体現場が権限移譲を嫌がるのは、多くの場合、業務量の増大が予想されるからである。たとえば、事務処理特例制度（地方自治法252条の17の2）に基づき、都道府県知事が持つ市街化調整区域における開発許可権限が市町村に移譲されれば、市町村の判断で、地域の農林水産業や観光などの振興に寄与するレストラン・カフェ・直売所等の立地が可能になったり、定住促進策の一環として、既存の戸建て専用住宅を賃貸住宅へ用途変更することなどもできるようになる（都市計画法34条）。ところが、筆者は、ある自治体の担当者から、「実際、過去に住民からの要望もあったし、権限移譲を受ければ、確かに住民ニーズに対応できてよいと思う。しかし、課内の会議で消極的な意見が多数を占めている以上、それに対して異論を呈して権限移譲を推進することはできない」というコメントを聞いたことがある。「課内」の人々の多くは、"権限移譲を受けると、多様な要望が噴出して、その対応に追われてしまう"という懸念をしているのだろう。彼（女）らは、半ば無自覚的に住民の利益よりも自分たちの利益を優先させてしまっている。

　手間や負担を回避するために用いられるのが、「できない理由」や「しなくてよい理由」の列挙である。曰く、「それはウチの所管ではない」、「これ以上仕事を増やしてどうするのか」、「そんなことをして『もしも』のことがあった

10）　有川浩『県庁おもてなし課』（角川書店・2011年）326頁。
11）　ハーバート・A・サイモン（二村敏子ほか訳）『〔新版〕経営行動』（ダイヤモンド社・2009年〔原著第4版の訳書〕）163頁。

らどうするのか」、「法律上そのようなことを行う義務はない」等々。こうした「もっともらしい理屈」が幅を利かせてしまえば、自治体現場はいつまで経っても変わらないであろう。

3　自治体職員の「力量」不足

　分権改革の成果を活かし、問題解決のための政策を立案したり、ルール・基準・手続きなどを見直して地域の実情に合った行政運営を実現したりする「力量」が自治体職員に不足しているという点もしばしば指摘されてきたところである。情報収集力、分析能力、政策立案能力、政策法務能力などが、ここでいう「力量」の内実である。

　この点、確かにそうした「力量」を備えた自治体職員は決して多くないように思われる。たとえば、改革案の裏付けとして、統計データの活用ができるかどうかは、その案の説得力を大きく左右するだろう。しかしながら、通常、日常業務を遂行する中では、統計データを活用する機会などほとんどないため、「そもそもどういった統計データがあるのか、どうすればそれを入手できるのかを知らない」というのが多くの自治体職員の実情だと思われる（＝情報収集力の不足）。

　分析能力、政策立案能力、政策法務能力などについても、同様である。たとえば、筆者が行ってきたいくつかの自治体での長期政策立案研修には各課から将来を嘱望されている若手・中堅職員が派遣されるケースが多いが、彼（女）らでさえも、そうした能力は概して乏しいのが実情である（ただし、それは長期研修が始まった時点での話であり、長期研修を終える頃には、ある程度それらの能力が身に着くことになる）。

　「力量」不足は、必ずしも自治体職員が「無能」であることを意味しない。（行政・民間を問わず）日本の組織では、そこに所属する者は、OJTを通じて多くを学び、能力を身に着けていく。この点、従前、業務を遂行する上で上記の「力量」が必ずしも必要でなかったために、自治体職員はそれを身に着けてこなかったのであろう。

295

第3部　自治制度の抜本的改革

4　小括

以上みてきたように、「自治体職員の認識・意識・力量不足」仮説はかなり高い説明力を有していると言わざるをえない。

しかしながら、「自治体職員の認識・意識・力量不足」を必ずしも個々の職員の問題にのみ還元することはできない。自治体行政システムが、「自治体職員の認識・意識・力量不足」を惹起している面もあるからである。また、自治体行政システムが働き方の変革を抑制・阻害している面もある。そこで次に、「自治体行政システムによる変革抑制・阻害」仮説の検討を行うことにしたい。

Ⅲ　「自治体行政システムによる変革抑制・阻害」仮説の検討

1　「がんばらなくてもよい・がんばらない方がいい」システム

自治体行政システムが、「自治体職員の認識・意識・力量不足」を惹起している面があることは、これまでもしばしば指摘されてきた。それを揶揄する格言が「遅れず、休まず、働かず」である。成果を上げてもさほど評価されないわりに、何か問題を起こすと大きなマイナス評価となる（＝減点主義）。そのため、ひたすら問題を起こさないように公務員人生を全うすることが重要となる。これが公務員の世界に対する世間の認識であり[12]、実際、筆者自身、退職時に、「大過なく無事定年まで働くことができましたのも、皆様のおかげです」などと挨拶し、若手職員からひんしゅくを買った職員の話を聞いたこともある。

以前はともかく、近年は、成果を上げている職員に対してそれ相応の評価がなされるようになってきているというのが、筆者の認識であるが、上記のような認識は大筋では現在も妥当すると考えている。

こうしたシステムの下では、「自治体職員の認識・意識・力量不足」を改善・解消していくことは困難である。それどころか、やる気のある職員にとってはモティベーションを維持することすら困難になってしまう。次の若手職員

---

12)　こうした認識を示すものは枚挙にいとまがないが、たとえば、加谷珪一「公務員に学ぶ究極のサラリーマン学」（2012年11月30日）（HP『なぜあなたは出世できないのか？—出世の教科書』）（http://shusse.kyokasho.biz/archives/1158）がある。

296

第4章　自治体職員の働き方改革と自治体行政システムのあり方

の文章はそのことを如実に示しているため、少々長いが引用することにしたい。[13]

　私は、社会人になって現在3年目です。市役所の仕事にもだいぶ慣れてきて、自分の仕事や職場環境を客観視できるようになってきました。今の私の思うところを下記に記したいと思います。

　私は担当によって仕事量が違いすぎることに疑問を感じます。仕事の量は、課によっても違いますし、グループ内でも違います。同じグループなのに、片や残業40時間、片や残業0ということもあります。事務と技師という違いもありますが、それでもこの差はどうかと思います。正直、私のグループに事務は3人も必要ないと思いますが、上の方は一時期の忙しい時期があるため、人員を削減をする考えはありません。また、グループ内で仕事量に差があっても、できる人ができる仕事をやればいいと考えており、仕事の割り振りを変えることもありません。

　これは、職員の職務意識にも関係してきます。仕事ができない人には仕事が回ってこないため、あえて頑張らない人がでてきます。定年間際の主査の方に、「もうすぐ定年だからこれ以上仕事を覚えたくないんだわ」と言われたときは、私自身のやる気も削がれました。上の方にそのことを相談しても、特に何かしてくれるわけではなく、「あの人はしょうがない」と言われておしまいでした。そのようなことを言われると、私はさらにやる気がなくなり、私自身も頑張らなくていいのではないかと思ってしまいます。30年以上働いていて、私の倍以上も賃金をもらっている人より、まだ3年目の私の方が何倍も仕事をしていると考えると馬鹿らしくなってしまいます。

　今の管理職の人は、いかに仕事を効率化するか、いかにミスを少なくするかに重点を置いていて、職員間の仕事量の差をあまり問題視していないように思います。業績によって賃金という見返りのある民間企業ならいいですが、公務員はどれだけ頑張ってもあまり見返りはありません。頑張っている人も頑張っていない人も同じ賃金です。管理職の人には、業績だけではなく部下のやる気の面にも目を向けてもらい、一人ひとりが高いモティベーションの中で働けるような環境を作っていただきたいです。

　私は、職員のモティベーション向上のためには、民間企業のように業績によって賃金に差をつけるのもありだと思います。市役所の仕事内容が、民間企業のように数字に表れるわけではないので、実際には難しいとは思いますが。

　いかがであろうか。こうした状況を放置したまま、意識の向上等を個々の自治体職員に一方的に求めるのは酷であろう。

───────────────
13)　大森彌『自治体職員再論』（ぎょうせい・2015年）139〜140頁。

第3部　自治制度の抜本的改革

2　現状変更が難しいシステム

　次に、仮に何らかの問題が認識され、問題解決のためにルール・基準の変更・新設や運用の変更をしようと思っても、自治体行政システムがそれを抑制・阻害してしまうという面に目を向けることにしたい。

(1)「リスク回避」志向　　まず踏まえるべきは、行政は、外部環境からのさまざまな圧力（問題提起や要請）を受け、それに対して応答しなければならないという立場にあり、非難も受けやすいという点である。自治体行政の場合には、住民等との距離が近いがゆえに、圧力や非難にさらされる度合いがより一層高くなる。圧力や非難に対し、企業では特定の窓口を設けることによって対応するのが一般的であるのと比べて、自治体行政の場合、第一義的には、各担当部局（課）が直接応答するという点も特徴的である[14]。

　その結果、各担当部局は、住民、関係団体、首長、議員、国、他自治体から生じうる圧力や非難に対して敏感にならざるをえない。何か行動を起こす場合には、それが各方面の利害にどのような影響を及ぼすのかという点に十分な配慮が求められる。配慮が不十分だと、非難が発生し、それを収拾するために膨大な手間がかかってしまう。

　こうした構造下で自治体行政システムに生じてしまうのが「リスク回避」志向である。

　「リスク回避」の観点からみれば、現行のルールや基準などを変更することは、関係者の利害のバランスを崩す可能性があるし、行政に求められる「一貫性」の要請に反し[15]、過去の誤りを認めることになったりするため、好ましくないことになる。また、他の自治体とは異なる独自の対応をすることも、「他の

---

14)　村松岐夫「行政組織と環境」法学論叢113巻3号（1983年）19頁。村松氏は、こうした個別担当部局（課）が感じる圧力を「責任圧力（pressure of responsiveness）」と呼んでいる（8、19頁）。このように個別単位が直接応答することになるのは、行政の組織目的が不明確ないし多元的であることから、分権的構造となるためである（3～4頁、20頁）。なお、田尾雅夫『行政サービスの組織と管理』（木鐸社・1990年）23～26頁、122、273頁もこれに関連した議論を展開しており、参考になる。

15)　Carpenter, D. P.=Krause, G. K. "Reputation and Public Administration," *Public Administration Review*, 72(1), 2012, p. 29. 砂原庸介『地方政府の民主主義』（有斐閣・2011年）52～54頁も参照。

298

自治体では認められているのに、どうしてうちの自治体では認められないのか」といった批判を招きやすく、やはり好ましくない。

結局のところ、「リスク回避」志向からすれば、何もしないか、画一的もしくは横並び的な対応をした方が「賢い」ようにみえてしまうのである[16]。先に言及した「減点主義」や「それはウチの所管ではない」といった「消極的セクショナリズム」は、こうした「リスク回避」志向に基づく発想の産物にはかならない。

「リスク回避」志向が強い中で、問題解決のためにルール・基準の変更・新設や運用の変更を行うことは著しく困難である。

(2) 異動スパンの短さ　　また、一般に自治体行政システムにおいては3年程度での人事ローテーションがなされることが多いが、これも変革を抑制・阻害する方向に作用しているものと思われる。

それは第1に、自治体職員が「力量」を発揮し、政策を立案したり、ルール・基準・運用を見直すには、担当業務についてある程度熟知していることが前提になるからである。異動スパンの短さは、熟知を困難にさせる。

第2に、仮に熟知が進み3年目で改革に着手しようとしても、4年目で異動になる可能性が高ければ、改革の着手に消極的になるだろう。それは、II-2で触れた「異動するまで我慢すれば……」という発想や、「改革した本人が異動になってしまうと、無責任になってしまうから」といった発想が働いてしまうからである。

このように"異動スパンの短さ"は変革を抑制・阻害する方向で作用するが、他方で、"異動スパンの長さ"が逆機能することもあるので要注意である。「連作障害」という現象がそれである[17]。ここで「連作障害」とは、同じ場所に何年もいると、そこでの仕事について「事情通」の「実力者」になってしま

---

16) これはあくまで「一見、そのようにみえる」という話である。実際には、非難リスクを考慮してある行動を採らなかったとしても、「その行動を採れば回避できたはずの問題」が生じてしまえば、やはり非難にさらされることになる。したがって、「ある行動を採った場合の非難リスク」と「採らなかった場合の非難リスク」とを比較考量し、最適点を見出すというのが、真の「賢い」選択の仕方ということになる（See, Hood, C. *The Blame Game : Spin, Bureaucracy, and Self-Preservation in Government*, Princeton University Press, 2010, pp. 102-105)。

17) 大森彌『自治体職員論』（良書普及会・1994年）131頁。

第3部　自治制度の抜本的改革

い、変に職場を取り仕切ってしまうことを指す。この「実力者」が現状維持的な立場をとると、変革は逆に抑制・阻害されてしまう。異動スパンの長さが必然的に「連作障害」を引き起こすわけではないが、その発生可能性を高めることは間違いないのであり、人事ローテーションに際しては十分に留意する必要がある。

(3)　業務量の増加に伴う多忙さ　　1人当たり業務量の増加に伴う多忙さが、「仕事をこなす」ことを惹起し、変革を抑制・阻害してしまっている点も見逃せない。これは、第1に、近年、財政的厳しさから人員削減が進んでいるためであり、[18]第2に、情報公開制度、パブリックコメント制度、行政評価制度などの導入や住民参加・協働の推進など、所管を超えた共通制度等に基づく業務が、“本来”業務に加わり、業務量自体が増えたためである。[19]

　多忙さは変革の最大の敵であると言ってよい。財政逼迫という構造的な問題が引き起こしている面が強く、そのため抜本的な解決は難しいかもしれないが、これを緩和することは現場変革の必要条件であろう。

3　小括

　以上みてきたように、「自治体行政システムによる変革抑制・阻害」仮説についてもまた高い説明力を有しているように思われる。したがって、「自治体職員の働き方改革」を通じて、「地域の実情に合ったルール・基準等の設定や行政運営」を実現するためには、「自治体職員の認識・意識・力量不足」への対応だけでなく、「自治体行政システムによる変革抑制・阻害」への対応も不可欠だと考えられる。節を改め、それぞれの対応方策を論じていくことにしたい。

---

18)　地方公務員数（正規公務員数）は、1994年の約328万2000人をピークに減り続け、2016年4月1日現在、約273万7000人となっている。ただし、この減少分が単純に1人当たり業務量の増加につながるわけではないことには留意が必要である。①非正規公務員が増加していること（2016年4月1日現在、その数は64万人を超える）、②アウトソーシング等が進んでいることがその理由である。

19)　大杉覚「人口減少時代の自治体職員に求められる姿勢・能力と人事管理のあり方」地方公務員月報2014年12月号、13頁。

300

IV 対応方策

1 「自治体職員の認識・意識・力量不足」への対応方策

(1) 要としての人材育成基本方針

まずは、「自治体職員の認識・意識・力量不足」への対応方策を考えてみよう。これについては、各自治体が策定している人材育成基本方針がその要となる。その内容・表現には自治体ごとにそれなりの違いがあるが、①冒頭で「地方分権」への言及がなされている点、②「目指すべき職員像」の記述の中に「住民の想いやニーズに応えるべく、自ら考え、行動する職員」といった内容が含まれている点、③「職員に求められる能力や役割」の記述の中に「政策立案能力」「変革力」などが挙げられている点は、多くの自治体で共通している。ここには明らかに、既述してきた「自治体職員の認識・意識・力量不足」の実態に対する反省的姿勢を見出すことができる。

しかし、人材育成方針を作成しただけでは「絵に描いた餅」にとどまる。その内実を自治体職員に浸透させていくためには、少なくとも、次にみる研修の実践のほか、首長の強いメッセージが必要不可欠である。そして、後述する人事評価の項目に人材育成方針の内実を反映する[20]などして、そのメッセージが建前でないことを示す必要がある。

(2) 研修の重要性と研修のあり方

人材育成方針の内実を自治体職員に浸透させるための主要な手段は研修である。①意識改革や発想転換の必要性は日々の業務遂行の中ではなかなか意識化されにくいこと、②すでに述べたように、変革に必要な「力量」はOJTを通じて身に着けるのは難しいことから、"Off The Job Training" としての研修は、「自治体職員の認識・意識・力量不足」への対応方策として不可欠なのである。この点、厳しい財政事情の中で研修事業を真っ先に予算カットの対象にする自治体が少なくないが、それは自殺的行為といっても過言ではない。

---

20) たとえば、「現行制度の問題点を列挙できること」「次々とアイデアを提案しうること」「企画書が書けること」などを評価項目に入れ込むことが考えられる（参照、西尾隆「公務員制度改革と自治体職員イメージの転換」マッセOsaka研究紀要8号（2005年）38頁）。

第 3 部　自治制度の抜本的改革

　ただし、研修については改めてその中身の検討が必要である。現在の働き方を改革していくためには、研修は、(A)「住民を幸せにしたい」とか「地域を良くしたい」といった自治体職員を目指した当初に多くの職員が抱いていたであろう思い（＝PSM: Public Service Motivation[21]）を呼び覚ますとともに、(B)あるべき将来の姿を描き、そこを起点に現在を振り返って、「今、何をすべきか」を考える「バックキャスト思考（Backcasting）」を定着させるものである必要がある。また、(C)分権改革の成果の内実を共有したり、(D)OJTでは獲得が難しい政策立案能力などの「力量[22]」獲得につながったりするものである必要もある。

　加えて、(E)「分権改革の成果を活かして、住民の想いやニーズに応えるべく、自ら考え、行動する」ということの「具体例」の共有につながるような内容のものである必要がある。人材育成基本方針は、「基本方針」という性格上、抽象的・一般的な記述にとどまるのが通常であるため、「具体的に何をどうすればよいのかが分からない」と感じる職員も少なくないと思われるからである。「具体例[23]」を知ることで、分権時代における働き方改革の具体的なイメージを描くことができるはずである。

　なお、1日もしくは数日程度の研修では、一時的に認識や意識が高まっても、時が経てば元通りになり、効果が薄い。そのため、半年から1年程度の長期研修が有効である。経費や職場の人的余裕のなさからそこまでできない場合

---

21)　See, Perry, James L.=Wise, Lois Recascino, "The Motivational Bases of Public Service," *Public Administration Review*, 50(3), 1990, Perry, James L. "Bringing Society: In Toward a Theory of Public-Service Motivation," *Journal of Public Administration Research and Theory*, 10(2), 2000.

22)　ただし、実際には、こうした「力量」をすべての人が身に着ける必要は必ずしもない。それを身につけている人の力を借りるという方法もあるからである。この点でとても大事になるのが、「誰を知っており、知っている人を知っているか」ということであり（参照、岡義達『政治』（岩波書店・1971年）160頁）、「ネットワーク力」の有無がその鍵を握る（嶋田暁文『みんなが幸せになるための公務員の働き方』（学芸出版社・2014年）127～129頁）。

23)　そうした具体例として、筆者がしばしば職員研修等の場で言及するのが、農泊（農村民泊、農家民泊）をめぐる関係法令についての大分県の独自解釈の例である。この事例は、機関委任事務制度が廃止され、自治体による法令自主解釈の幅が広がったからこそ生み出されたものであり、また、まさに「住民の想いやニーズに応えるべく、自ら考え、行動した」好例である。この事例について詳細に論じた、嶋田暁文「制度化の政治学」自治総研2009年1月号を是非参照願いたい。

でも、研修で学んだことを所属課内で発表する場を設けるなどして「聞いただけ」で終わらせないようにしたり、数か月後に「振り返り」の機会を設けたりするなどの工夫が必要である。

(3) 市民・NPO 等との相互作用を
通じた意識改革・問題認識の促進

人材育成方針の内実を浸透させる手段は、研修に限定されない。日常業務の遂行の中で意識改革のきっかけとなるような機会を設けたり、問題の認識をうながすような仕組みを構築することも重要である。

たとえば、「協働」を推進し、がんばっている市民や NPO の人々と接する機会を増やし、行政とは異なる発想と行動、そして彼（女）らの思いに触れてもらうことは、自治体職員の意識改革、発想転換のきっかけになりうる。

また、首長自ら「現場主義」を掲げ、自治体職員に対し、地域に足を運び、地域の人々の話に耳を傾け、その悩みをともに考えるような仕事の仕方を推奨することも 1 つであろう。[24] 先に「半ば無自覚的に住民の利益よりも自分たちの利益を優先させてしまっている」職員の例に言及したが、これを克服するには、地域の人々の悩み・苦しみを知ることが一番有効なのではないかと筆者は考えている。

2 「自治体行政システムによる変革抑制・阻害」への対応方策

(1) 「がんばらなくてもよい・がんばらない方がいい」システムをどう変えるか？

次に、「自治体行政システムによる変革抑制・阻害」への対応方策について考えてみよう。まずは、「がんばらなくてもよい・がんばらない方がいい」システムをどう変えていくかである。

この点に関連して、最初に検討すべきは、2014年の地方公務員法改正によって2016年度から全国の自治体に導入されることとなった「人事評価制度」（地公法 6 条）である。これは、大きく分けて、①能力評価（＝職員の職務上の行動等を通じて顕在化した能力を把握するもの）と②業績評価（＝職員が果たすべき職務

---

24) たとえば、佐賀県の古川康・前知事は、就任翌年の2004年、職場や家庭のほかに何か一つ社会的役割を持とうという趣旨の「プラスワン」運動を呼び掛けた。「行政を外からみる貴重な機会」を持つことがそのねらいであった（参照、吉木正彦「『プラスワン運動』 地域に飛び出せ公務員」佐賀新聞2013年 9 月 1 日）。

303

第3部　自治制度の抜本的改革

をどの程度達成したかを把握するもの）からなるが、評価の具体的な方法やその活用のあり方などの制度設計については、各自治体の判断に委ねられている。

　大まかに言えば、人事評価のタイプは、「処遇管理型人事評価」と「人材育成型人事評価」という2つのタイプに分けることができる。[25]前者は、「アメとムチ」こそが職員の士気を左右すると考え、評価結果を金銭的報酬に直結させるものであり、給料・手当の査定手段として人事評価が位置づけられる。それに対し、後者は、職員自身が自発的、主体的に学び、成長していくことこそが大事だと考え、人事評価はそれを促すためのものにとどまるべきであり、評価は金銭的報酬と直結させるべきではないという考えに基づく人事評価である。[26]

　「処遇管理型人事評価」と「人材育成型人事評価」のどちらでいくかは、「人間はいかなる場合に動機づけられ、成長するのか」という点をめぐる見方、ひいては「前提となる人間観」によって左右される。外発的動機づけを重視する立場を端的に示しているのが、行政学者の辻琢也氏による「達成することに伴う経済的インセンティブが小さいために、敢えてリスクをかけて、高い目標を掲げない傾向がある。今後具体的な目標と明確な達成基準の設定を誘導するためにも、徐々に査定昇給や勤勉手当の支給額の差を拡大していくことが、一つの方策と考えられる[27]」という主張である。これに対し、内発的動機づけ・承認欲求を重視する立場を端的に示しているのが、岸和田市で人事評価制度の設計に携わった小堀喜康氏の「21世紀の現代では精神的な欲求（仕事の面白さ・やりがい・達成感・成長実感などを得ること）に注目した『内発的動機づけ』でないと働くモティベーションの向上につながらない」、「今後は、『内発的な動機づけ』『コミュニケーション（評価・承認）報酬』を活用したモチベーション・アップの取り組みを考える必要がある」というコメントである。[28]いずれの立場を採用すべきであろうか。

---

25)　小堀喜康『自治体の人事評価がよくわかる本』（公人の友社・2015年）。

26)　ただし、短期的に給料や手当に直結させるべきではないという考えであり、複数年度の評価結果を昇任（昇格）決定の参考とする形で、間接的かつ中期的に金銭的な要素と結びつけることは可とされる。参照、小堀・前掲注25）112頁。

27)　辻琢也「自治体における目標管理型人事評価の制度と運用」地方公務員月報2013年10月号、31～32頁。

28)　小堀・前掲注25）46～47頁。

第4章　自治体職員の働き方改革と自治体行政システムのあり方

　筆者自身は、「前提となる人間観」に鑑みると、あくまで後者の内発的動機づけ・承認欲求を重視する「人材育成型人事評価」が基本であるべきだと考えているが、Ⅲ−1で引用した若手職員の文章が示すような現状を踏まえるならば、「処遇管理型人事評価」の必要性も認めざるをえないと考えている。問題は、両者のバランスをどのようにとるかである。

　この点を考える上でヒントになるのが、「実は、エース級の社員と辞めてもらいたい社員はわざわざ人事評価システムに乗せて評価しなくても判別できるのです。問題は大多数のグレーゾーンの社員に人事評価制度を適用した場合に、どういう副作用が職場と仕事に現れるかです。……（中略）……『並はずれて良く出来る』人はあえて評価しなくても職場では分かっています。『並はずれて出来の悪い』人も分かっています[29]」という指摘である。

　これを踏まえるならば、次のように考えるのが良いというのが、現時点における筆者の考えである。第1に、全体の6割程度を占める「並み」の職員には、「人材育成型人事評価」に基づき、「成果主義」[30]ではなく「実感主義」[31]に立って、職員個人の成長を促すことを目的とする。「処遇」との連動は、行うとしても、短期的には勤勉手当に、中長期的に昇任に反映させる程度にとどめる。第2に、残りの「並はずれて良く出来る」人と「並はずれて出来の悪い」人については、「処遇管理型人事評価」に基づき、「処遇」との直接的かつ短中期的な連動を行う。具体的には、「並はずれて良く出来る」人については、実績を客観的に明らかにした上で、その評価結果を短期的に勤勉手当に反映させるだけでなく、短中期的に昇任に反映させる。一方、「並はずれて出来の悪い」

---

29)　大森・前掲注13) 197〜198頁。

30)　処遇管理型人事評価の母国・アメリカでは、"どうせ「並み」が過半数を占めるのであれば、わざわざ全員に評価を付けることをせず、ハイパフォーマーとローパフォーマーのみを識別すればよいのではないか"という考えになってきているのだという。その結果、年次ごとの詳細なランク付けを伴う人事評価自体をやめ、内発的動機づけを優先する方向にシフトする企業が続出しているという（参照、松丘啓司『人事評価はもういらない』（ファーストプレス・2016年）40、9、20頁）。

31)　「実感主義」とは、①ある業務目標を成し遂げたという「達成感」、②その業務を遂行したことから得られる「充実感」、③その業務を成し遂げたことで同僚や利害関係者、そして住民から得寄せられる「共感」の3つを重視する考え方である（参照、大杉覚「人事評価制度とその課題」都市問題2016年2月号、75頁）。

305

第3部　自治制度の抜本的改革

人については、その働き方の問題点をできる限り客観的に記録した上で、その評価結果に基づき、勤勉手当は一切出さないこととし、指導や訓練を繰り返した上で、それでも改善されない場合には、中期的に給与（本給）カットや分限（免職も含む）と結び付ける。

こうした制度設計に対しては、「手ぬるい」という批判がなされるかもしれない。しかし、「処遇管理型人事評価」の全面的な展開は、手間がかかる割には、（外発的動機づけよりも内発的動機づけを重視する人々が多い公務員の世界においては）効果が薄いばかりか、むしろ、仕事そのものから生じる内発的モティベーションをかえって低下させる「アンダーマイニング効果」などの副作用が生じる可能性が高い。[32]上記制度設計でも、「がんばらなくてもよい・がんばらない方がいい」システムの改善はできるのであり、公平性、透明性、納得性を確保しつつ、毅然とした運用ができるかどうかがより重要であろう。

【補論：公務員の身分保障について】　なお、"公務員の身分保障を剥奪するのが手っ取り早いのではないか"との見解もあるかもしれない。確かに、公務員は、身分保障が与えられているため、よほどのことでない限りは分限処分を受けることもなく、定年まで勤めあげることができる。しかし、本来、身分保障とは、「安心」して「挑戦」するために与えられているはずである。にもかかわらず、「安心」が「安住」に変質しまっているのであれば、本末転倒と言わざるをえない。

そうした認識に基づけば、「身分保障の見直し論」が出てきて当然である。たとえば、元・自治官僚の猪野積氏は、「どのような事務や事業に従事している公務員であれ労働基本権に一定の制限はあるもののすべて強固な身分保障の下で原則として法定の勤務条件を享受するという画一的取扱いが、果たして能率的な行政執行という観点から妥当であるのか、そのような画一的な公務員制度ではなく、より弾力的な対応が可能な仕組みに改めるべきでないか」[33]と述べ、身分保障の対象を公務員全体ではなく、一部の公務員に限定すべきと主張している。この主張には一定の説得力がある。果たしてどのように考えるべきなのであろうか。

---

32)　太田肇「公務員の人事管理制度」日本労働研究雑誌637号（2013年）54頁。
33)　猪野積『地方公務員制度講義〔第5版〕』（第一法規・2016年）255〜256頁。

第4章　自治体職員の働き方改革と自治体行政システムのあり方

　この点、筆者は、もし「時計の針」を戦後直後にまで戻すことができるなら、猪野氏の提案内容は選択肢に十分なりうると考える。しかしながら、すでに現行制度下で採用されている自治体職員が存在している以上、今から身分保障を外すことは困難であるし、仮に実現できたとしても、マイナス面の方が大きいと考えている。身分保障を前提にして公務員の職を選んだ人々から身分保障を剝奪した場合、彼（女）らは、不安に陥り、今以上に消極的になり、無難に仕事をこなす傾向に陥ると予想できるからである。身分保障は維持しつつ、「並はずれて出来の悪い」人に対して臆することなく分限処分で臨む、という戦略がベターなのではないかというのが、筆者の考えである。

　(2)　「リスク回避」傾向
　　　への3つの対応の仕方
　「リスク回避」傾向に対しては、少なくとも、①「非難を受けることのリスクよりもチャレンジすることによる便益の方が高くなるような仕組みづくり」を通じて、「リスク回避」傾向を弱めるという対応方策と、②「責任の他者負担・共有」によって非難の回避を容易にするという対応方策と、③「リスク回避」傾向を前提にした上で、押し付け合いに終始しないよう、「トップの判断で任務を割り当てる」という対応方策の3つが考えられる。

　第1に、「非難を受けることのリスクよりもチャレンジすることによる便益の方が高くなるような仕組みづくり」の例としては、チャレンジ行動を高く評価するような人事制度（人事評価制度も含む）を挙げることができるだろう。

　第2に、「責任の他者負担・共有」とは、たとえば、首長が自ら明確な方向性を指示し、責任を負うことを明言することである。そうなれば、自治体職員は、"基本的に"安心して変革を進めることができる[34]。

　また、学識経験者を中心とした審議会や市民参加の場で審議してもらうというのも、「責任の他者負担・共有」の方法である。自治体レベルでのルール・基準設定が難しいのは、それを自治体職員だけで作ろうとするからである[35]。

---

34)　"基本的に"と述べたのは、首長には「任期」があるため、先行きの不透明さがつきまとい、職員にとっては、「この首長のことを信じて変革を進めていったとして、将来も本当に大丈夫だろうか？」という一抹の不安がぬぐえないからである。ただ、職員としては、いかなる首長の下でもベストを尽くすというのが大事であり、逆にそうした姿勢を貫くことが、自らの身を守ることにもつながるのではないだろうか。

35)　嶋田暁文「地方分権と現場変革」北村・前掲注2）所収、101頁。

第3部　自治制度の抜本的改革

第3に、「トップの判断で任務を割り当てる」とは、たとえば、各所管にまたがった問題案件に対し各部局の対応が消極的な場合に、いずれかの部局の任務として明確に判断する、もしくは、横断的なプロジェクトチームを作らせ、そこに対応方策を考えさせるといったことである。各部局の分業境界をまたがる領域では、コンフリクトが生じやすく、それが何らかの提案活動につながることも多い[36]。しかし、「リスク回避」傾向に起因する押し付け合いによってその芽がつぶされることも多いため、手立てを講じる必要があるのである。

(3) 人事ローテーションをどうするか？

人事ローテーションについては、少なくとも異動3か所目以降は、もっと異動スパンを長くすべきである。「同じ仕事をしていると飽きるため、3年程度で異動するのはモティベーションの維持に資する」との見解があるが、「同じ仕事」をしているからこそ「飽きる」のであって、熟練した段階で「ルール・基準、運用の見直し」を業務の一環に組み込み、人事評価でその成果を正面から評価するなら、そうはならないであろう。

しかし、以上は一般論であって、税務や法務のように専門的知識を必要とする部局の場合と汚職につながりやすい契約等を扱う部局の場合とでは、異動スパンは当然異なるべきである。また、同じ職場であっても、各職員の働きぶりをみながら、より長く居続けさせることのメリットとデメリット（特に「連作障害」の可能性）を比較考量しながら、個別に異動スパンを判断すべきである。

(4) 1人当たり業務量を減らすための諸方策

1人当たり業務量の増加への最も素直な対応は、人員を増やすことである。しかし、財政的にみてそれが事実上できないということであれば、業務量を減らすしかない。そこで求められるのが、"「余分な仕事」はしない"、"会議のやり方を改善する"、"問題の発生を抑止する"といった諸方策である。

詳しくは、拙著[37]に委ねるが、"「余分な仕事」はしない"というのは、"完璧を目指せば目指すほど収穫逓減となるため、あえて80点にとどめるような仕事の仕方をする"ということを意味する。主として、説明のための資料作りの場面を念頭においている。もちろん行政には、100点満点が求められる仕事もた

---

36) 田尾雅夫「地方公務員の提案行動」都市問題研究1978年4月号、83頁。

37) 嶋田・前掲注22) 76～82頁。

第4章　自治体職員の働き方改革と自治体行政システムのあり方

くさんある。大事なのは、対象となる業務に応じて、仕事の仕方を意識的に選び取ることである。

　"会議のやり方を改善する"というのは、①議論する課題の明確化、②基本的な方針の設定、③その日の到達の目標（何をどこまで決めるのか）およびそのためのタイムスケジュールの設定、④ファシリテーション技術の活用（議論の進め方＋整理手法）、⑤「結論に基づき、いつまでに、誰が、どのような行動をとるのかといった点をはっきりさせる」というルールの設定などを通じて、会議の生産性を高めることを指す。生産性の低い会議がやたらと多く、そのために時間が浪費されている現状に鑑みた方策である。

　"問題の発生を抑止する"とは、「発生し続ける問題への対応」を行うタイプの仕事につき、その問題の発生原因に着目して策を講じることで、問題発生を抑制し、結果として仕事量を減らすことを指す。

3　小括

　以上、「自治体職員の認識・意識・力量不足」および「自治体行政システムによる変革抑制・阻害」への対応方策を論じた。これらの対応方策を論じない限り、どんなに分権改革を進めても、改革の成果を活かした取り組みはほとんどなされず、自治体現場はほとんど変わらないままであろう。冒頭でも述べたように、「未完の分権改革」を追い続けるのではなく、自治体職員の働き方、そしてそれを規定する自治体行政システムにもっと目を向け、ボトムアップ的に改革を積み上げるべきなのである。

Ⅴ　若干のコメント──制度論の視点から

　最後に、本稿の意義を明確にするため、執筆に際して筆者が常に念頭においていた近年の制度論（比較制度分析）の視点に基づき、若干のコメントをしておきたい。その視点に基づけば、次のように整理することができる。

　第1に、"分権改革の成果を活かし、「地域の実情に合ったルール・基準等の設定や行政運営」を実現するためには、自治体職員の働き方が変わる必要があるにもかかわらず、それが変わらないのはなぜなのか"という疑問への回答

309

第3部　自治制度の抜本的改革

は、"自治体職員の働き方を規定する「制度」が変わっていないから"ということになる。

　ここで「制度」とは、「社会的ゲームにおいて回帰的に（recursively）生じ、またこれからも生じるであろうと互いに期待（予想）されているような、プレーの状態の際立ったパターン（salient patterns[38]）」を指す。

　本稿の内容に即して言えば、「減点主義」という際立ったパターンが「制度」の典型例である。すなわち、"当該組織は「減点主義」に基づいて運営されている"という職員たちの認識が消極的行動につながり、それが彼（女）らに期待通りの「オトクな結果」をもたらしたならば、「減点主義」は回帰的に強化され、安定化することになるのである。

　このような「制度」理解に基づけば、"法制度が変わっても、「制度」が変わるとは限らない"ということになる。なぜなら、「制度」は、各プレイヤーの予想やそれに基づく行動選択を通じて構築されているからである。

　「制度」が変わるには、一定の閾値以上の数のプレイヤーが予想を変え、行動選択を変更する必要がある[39]。そうしたプレイヤーの予想、行動選択の変更は、①環境変化によって、従前の行動選択が必ずしも有利ではないという状況が生み出される場合や、②公的言説（例：「チャレンジ精神こそが大事であり、チャレンジしない職員はいらない」）が顕著に妥当性の高い言説とみなされるようになったり、その内容が実定法として定立されたり、それを肯定する判例が蓄積されたりする場合などに生じる[40]。

　以上を踏まえるならば、たとえば、人事評価制度の導入が自治体職員の働き方を規定する「制度」の改革につながるかどうかは、一定割合の職員たちの予想がそれによって変わるかどうかにかかっている。毅然とした運用ができなければ、「結局何も変わらない」と多くの職員たちに認知されることで、「制度」は変わらないことになるだろう。

---

38)　青木昌彦『青木昌彦の経済学入門』（筑摩書房・2014年）197頁。なお、曽我謙悟「ゲーム理論から見た制度とガバナンス」年報行政研究39号（2004年）も参考にした。

39)　Granovetter, M. "Threshold Models of Collective Behavior," *The American Journal of Sociology*, 83(6), 1978.

40)　青木・前掲注38) 84〜85頁、203〜204頁。

第4章　自治体職員の働き方改革と自治体行政システムのあり方

　第2に、分権改革が当初期待された結果につながっていない理由は、「モメンタム定理」によって説明することができる。

　「モメンタム定理」とは、制度論の代表的概念である「制度的補完性」（＝あるドメインに成立する制度が相互に補強関係にあること）を拡張したものであり、"補完する「制度」がすでにある場合、新たな政策や制度改革によるインパクトは増幅する"というものである。[41]

　この定理に基づけば、"自治体行政システムの「制度」が分権改革と相互補完的でないため、分権改革によるインパクトが逆に縮減してしまっている"と整理することができるだろう。[42] 自治体行政システムを構成する「制度」を分権改革の趣旨・内実に沿ったものに変えていかない限り、分権改革のインパクトは乏しいままである。

　「制度」を変えていくには、それを生み出しそれによって規定されている自治体職員と、「制度」の集合体ともいえる自治体行政システムの双方に焦点を当て、職員の予想と行動選択を変える努力をしていかなければならない。

　本稿で「自治体職員の認識・意識・力量不足」および「自治体行政システムによる変革抑制・阻害」の内実とそれへの対応方策を論じた意義はまさにここにあるのである。

---

41)　青木・前掲注38）87〜88頁。

42)　分権改革のインパクトが縮減されているにとどまらず、分権改革が進む中、中央集権を前提に構築されてきた自治体行政システムの下で、自治体職員たちにとって、以前よりも仕事をしにくくなっている面もある。この点については、嶋田・前掲注35）を参照願いたい。

おわりに

　本書が編まれるそもそもの発端となったのは、日本学術振興会の科学研究費補助金（基盤研究(A)）を得て、2011年度から2014年度にかけて実施された『地方自治法制のパラダイム転換』（課題番号：23243006／研究代表者：木佐茂男）と題する共同研究である。

　1990年代半ば以降継続的に実施されている一連の自治制度改革は、暗黙のうちに特定のものの見方や考え方を前提としており、そうした制度改革の語られざる前提として機能しているパラダイムが、改革のオプションを不当に狭めるとともに、より必要度の高い改革が実施される可能性を閉ざしているのではないであろうか。それゆえに、そうした地方自治法制の現行パラダイムを可視化し、別のパラダイムを提示し得たならば、自治制度改革は、より望ましい方向へと進展していくのではないであろうか。『地方自治法制のパラダイム転換』という研究課題名には、そうした意図が込められていた。

　この共同研究を提唱し、国内外の多数の研究者に、そしてさらには、それぞれの立場から一連の自治制度改革に関わってきた自治体職員、新聞記者、雑誌編集者等にも参加を呼びかけたのは、当時、九州大学法学研究院教授を務めていた木佐茂男先生であった。木佐先生の呼びかけに多くの者が共感し、また、幸いにして科学研究費補助金が交付されることとなり、木佐先生を研究代表者とした、16名の研究分担者に加えて、多くの連携研究者や研究協力者が参画する、大規模な共同研究が始動することになった。

　4年間にわたる共同研究は、たいへんに刺激的なものであった。研究分担者の専攻は、行政法学、憲法学、行政学、および法社会学と多岐にわたるが、各自が、自らの専攻に拘泥することなく、日本の地方自治法制の現状やあるべき改革の方向性を見定めるべく、真摯な議論を繰り広げた。また、研究協力者として参加した自治体職員の方々等も、研究者と対等な立場で議論に参加し、研究者はともすれば見落としがちな、重要な問題を提示してくれた。同じく研究協力者として参加した海外の研究者との議論も、日本の自治制度を相対化して

捉えるうえで、たいへんに有益であった。ゲスト・スピーカーとして研究会に招いた方々の報告からも、多くのことを学ぶことができた。

　こうした充実した共同研究がなければ、本書が編まれることはあり得なかった。そのことをここに明記するとともに、この共同研究を組織し、4年間にわたって研究代表者として尽力された木佐先生に、本書の執筆者全員を代表して、心からの感謝の意を表したい。

　実は、研究成果を論文集として残しておくべきであるという認識は、共同研究の終盤には、参加者の多くに共有されたものとなっていた。ところが、現在の日本の地方自治法制の前提となっているパラダイムはいかなるものなのかについて、参加者相互間で十分な共通認識が得られないままに、科学研究費補助金を得て共同研究を遂行できる4年の期間が終了してしまった。また、木佐先生が九州大学を定年で退職することとなり、共同研究のベースが消滅してしまった。そうしたことから、一時は、出版計画が頓挫しかかった。

　しかし、貴重な共同研究であり、成果をきちんと残しておきたいという意識を参加者の多くが抱き続けた。そして、このたび、日本学術振興会科学研究費補助金の研究成果公開促進費（課題番号：17HP5133／代表者：阿部昌樹）の交付を得て、こうして成果の一部を論文集のかたちで刊行する運びとなった。

　なお、改めて付言するまでもないことであるが、本書は、共同研究の成果の一部に過ぎない。また、現時点においても、現在の日本の地方自治法制の前提となっているパラダイムを十分に解明できたとは言い難く、そうした意味で、共同研究は未完である。それゆえ、木佐先生が先鞭をつけた取り組みを、今後いかに継承し、発展させていくかが、本書の執筆者を含む共同研究の参加者全員に、重要な課題として残されている。

　最後になるが、本書の刊行にあたっては、法律文化社の元編集者であり、現在は研究者を志望して博士論文の執筆に専念している掛川直之氏と、掛川氏の仕事を引き継いだ同社の現編集者である上田哲平氏に多大な力添えをいただいた。心より感謝したい。

　　2017年10月

　　　　　　　　　　編者　阿部昌樹・田中孝男・嶋田暁文

索　引

あ

アクティブ型議会 ･･････････････････････ 240
委員会中心主義 ････････････････････････ 245
「一貫性」の要請 ･･･････････････････････ 298
一般の市町村 ･･････････････････････････ 98
一般補完事務 ･･････････････････････････ 34
委任事務 ･･････････ 164, 165, 166, 167, 168
宇久町 ･････････････････････････････････ 11
受け皿論 ･････････････････････････････ 18
大阪都構想 ･･･････････････････････････ 45
岡山県苫田ダム ･･････････････････････ 220
小値賀町 ･････････････････････････････ 11

か

外発的動機づけ ･･････････････････････ 304
合併関連三法 ････････････････････ 15, 107
合併特例区 ･･････････････････････ 16, 107
監視型議会 ･･････････････････････････ 240
官庁セクショナリズム ･･･････････････ 18
監督訴訟 ･･･････････････････････････ 145
議員定数 ･･･････････････････････････ 251
議会のあり方 ･･･････････････････････ 222
議会の予算編成権・予算執行権 ･････ 258
議会予備費 ･････････････････････････ 258
機関委任事務 ･･････････163, 164, 170, 174
議事機関 ･･･････････････････････････ 236
技術的助言 ･････････････････････････ 291
機能分担論 ･･････････････176, 177, 178, 181
給付の「処分性」逃れを防止せよ ････ 231
行政区 ･･････････････････････････････ 60
行政的関与 ･････････････････････････ 158
行政の法適合性の確保 ･･･････････････ 141
行政法各論 ･････････････････････････ 183
協働（行政と住民との協働）････････ 119
協働型議会 ･････････････････････････ 240
区長公選制（行政区の区長公選制）･･････ 60

国・地方間の係争処理のあり方に関する研究会
　･･･････････････････････････････････ 140
国からの不作為の違法確認訴訟 ･･･ 140, 206, 208
国地方係争処理委員会
　･････････････ 143, 180, 181, 206, 207, 208
国地方係争処理制度 ･････････････････ 142
国に対する自治体の関与 ･･･････････ 140
決算審査 ･･･････････････････････････ 250
権限移譲 ･･･････････････････････････ 74
減点主義 ･･･････････････････････････ 296
故意の情報非公開・情報廃棄の処罰 ･･････ 230
広域機能（都道府県の）･････････････ 24
広域事務（都道府県の）･････････････ 30
合同会（常勤議員と非常勤議員の全議員が加わ
　る議会）･･････････････････････････ 244
高度補完事務 ･･････････････････････ 34
交付税特別会計 ･･････････････････････ 265
交付税率 ･･･････････････････････････ 260
国家の後見的支援体制の問題 ･･････････ 218
国庫支出金 ･････････････････････････ 208
子ども手当 ･････････････････････････ 221
固有事務 ･････････ 164, 165, 166, 167, 169
固有の資格 ･･････････････ 205, 209, 214
固有の地位 ･････････････････････････ 204

さ

財源対策債 ･････････････････････････ 263
三位一体改革 ･･･････････････････････ 220
参照領域理論 ･･･････････････････････ 184
自治会による自治 ･･･････････････････ 127
自治会パラダイム ･･･････････････････ 129
自治権 ･････････････････････････････ 158
自治事務 ･･･････････････････････････ 291
自治事務に対する是正の要求 ･･･････ 144
自治体公企業 ･･･････････････････････ 182
自治体に対する国の関与 ･････････････ 140
自治体による自治 ･･･････････････････ 126

315

自治体の財源保障 ·············· 260
自治体の自己責任 ·············· 226
自治体パラダイム ·············· 128
自治紛争処理 ················· 208
自治紛争処理委員 ······ 206, 207, 208
市町村の概念 ················· 102
市の基準 ···················· 16
司法的関与 ··················· 158
事務 ···················· 172, 173
事務局体制（議会）············ 256
事務処理特例（条例）制度····· 43, 73
事務の帰属················· 173, 174
事務の代替執行制度············· 65
シャウプ勧告 ················· 266
収穫逓減 ···················· 308
集中改革プラン ················ 19
住民意思吸収・代表機能 ········· 236
住民自治 ·················· 121, 198
住民訴訟 ·················· 232, 233
住民投票 ···················· 55, 254
住民との関係で法治国家になるような法システ
　ムへの転換 ················· 229
受動的議会 ··················· 237
準自治体公企業 ················ 196
「準備完了」費用 ··············· 294
常勤議員 ···················· 242
常勤議員会 ··················· 244
条例違法審査制度 ············· 159
条例制定権の（対象）範囲······· 164, 166, 174
諸外国の動向（国と地方公共団体間の訴訟に関
　する）···················· 211
処遇管理型人事評価 ············ 304
職権による授益的行為を申請によるものに
　························· 230
処理基準 ···················· 291
人材育成型人事評価 ············ 304
人事評価制度 ················· 303
新地方分権構想検討委員会 ······· 278
垂直的権力分立 ················ 28
垂直連絡調整事務 ··············· 38
水平連絡調整事務 ··············· 38

生活保護の処理基準にみる杜撰さ ······· 227
政策形成機能（地方議会の）············ 236
政策評価の基準 ················ 223
制度的補完性 ················· 311
政令指定都市 ·················· 45
責任圧力 ···················· 298
是正の指示（法定受託事務に対する）····· 144
積極的議会··················· 237
専業的議員··················· 238
選挙制度（地方議会議員の）··········· 255
選択と集中··················· 13
専門監督（合目的性監督）············· 147
総合区 ····················· 60
相当の期間（国による不作為の違法確認訴訟に
　係る）···················· 151

た

対等な法治国家へ（の）転換············ 205
大都市制度 ··················· 45
大都市地域特別区設置法 ··············· 53
宝塚パチンコ条例事件··············· 205
多段階審査方式（予算審議の）·········· 250
団体自治 ···················· 198
地域協議会··················· 109
地域自主戦略交付金 ··············· 220
地域自治区··················· 107
地域自治組織·················· 8
地域審議会··················· 107
地方が自主的に政策を考える地方創生システム
　を······················ 219
地方議会の活性化 ··············· 239
地方行財政制度の改正·············· 260
地方共有税··················· 262
地方交付税················· 208, 261
地方交付税法６条の３第２項（交付税率の変
　更）··················· 260, 271
地方財政計画 ················· 260
地方財政対策 ················· 260
地方財政平衡交付金·············· 266
地方自治の本旨··············· 159, 198
地方自治法各論 ················ 182

316

索　引

地方自治法245条柱書き‥‥‥‥‥‥‥‥ 210
地方消滅対策‥‥‥‥‥‥‥‥‥‥‥‥‥ 221
地方制度調査会‥‥‥‥‥‥‥‥ 45, 50, 120
地方中枢拠点都市‥‥‥‥‥‥‥‥‥‥‥ 63
中域事務‥‥‥‥‥‥‥‥‥‥‥‥‥‥‥ 30
中核市‥‥‥‥‥‥‥‥‥‥‥‥‥‥‥‥ 46
適法性監督‥‥‥‥‥‥‥‥‥‥‥‥‥‥ 147
手続的保障（論）‥‥‥‥‥‥‥‥ 179, 180
当事者連絡調整事務‥‥‥‥‥‥‥‥‥‥ 38
統制・監視機能（地方議会の）‥‥‥‥‥ 237
統制条例‥‥‥‥‥‥‥‥‥‥‥‥‥‥‥ 91
特会借入れ‥‥‥‥‥‥‥‥‥‥‥‥‥‥ 269
特別市制度‥‥‥‥‥‥‥‥‥‥‥‥‥‥ 49
特別自治市構想‥‥‥‥‥‥‥‥‥‥‥‥ 58
特例市‥‥‥‥‥‥‥‥‥‥‥‥‥‥‥‥ 46
都市内分権‥‥‥‥‥‥‥‥‥‥‥‥‥‥ 59
都道府県と市町村の関係‥‥‥‥‥‥‥‥ 74

な

内発的動機づけ‥‥‥‥‥‥‥‥‥‥‥‥ 304
二元代表制‥‥‥‥‥‥‥‥‥‥‥‥‥‥ 244
西尾私案‥‥‥‥‥‥‥‥‥‥‥‥‥‥‥ 17
二重行政‥‥‥‥‥‥‥‥‥‥‥‥‥‥‥ 59
二重構成の議会（常勤議員と非常勤議員の）
‥‥‥‥‥‥‥‥‥‥‥‥‥‥‥ 242, 244
二重予算制度‥‥‥‥‥‥‥‥‥‥‥‥‥ 258
2分の1負担ルール‥‥‥‥‥‥‥‥‥‥‥ 269

は

配付税‥‥‥‥‥‥‥‥‥‥‥‥‥‥‥‥ 266
馬券税‥‥‥‥‥‥‥‥‥‥‥‥‥‥‥‥ 207
バックキャスト思考‥‥‥‥‥‥‥‥‥‥ 302
浜松市‥‥‥‥‥‥‥‥‥‥‥‥‥‥‥‥ 9
菱形築山プラン‥‥‥‥‥‥‥‥‥‥‥‥ 221
非常勤議員‥‥‥‥‥‥‥‥‥‥‥‥‥‥ 242
不作為の違法の意義‥‥‥‥‥‥‥‥‥‥ 152
藤田＝塩野論争‥‥‥‥‥‥‥‥‥‥‥‥ 213

普通交付税‥‥‥‥‥‥‥‥‥‥‥‥‥‥ 271
普天間基地‥‥‥‥‥‥‥‥‥‥‥‥ 207, 216
不透明な国家関与の禁止‥‥‥‥‥‥‥‥ 226
ふるさと創生1億円基金‥‥‥‥‥‥‥‥ 222
平成の大合併‥‥‥‥‥‥‥‥‥‥‥ 2, 108
辺野古争訟‥‥‥‥‥‥‥‥‥‥‥‥‥‥ 150
放置国家から法治国家へのパラダイムの転換
‥‥‥‥‥‥‥‥‥‥‥‥‥‥‥‥‥ 204
法定受託事務‥‥‥‥‥‥‥‥‥‥‥‥‥ 291
法律上の争訟‥‥‥‥‥‥‥‥ 204, 205, 214, 215
法律に基づかず、実際上地方公共団体に義務付
　ける制度の禁止‥‥‥‥‥‥‥‥‥‥ 228
ホームページによる公表のために生ずる権利侵
　害対策‥‥‥‥‥‥‥‥‥‥‥‥‥‥ 231
補完機能（都道府県の）‥‥‥‥‥‥‥‥ 24
補完性原理‥‥‥‥‥‥‥‥‥‥‥‥‥‥ 29
補助金システムの問題点‥‥‥‥‥‥‥‥ 217
補助金適正化法25条（不服の申出）‥‥ 209, 210
補助金の法治国家的運用の法システム‥‥‥ 224

ま

未完の分権改革‥‥‥‥‥‥‥‥‥‥‥‥ 289
水俣病被害者の救済及び水俣病問題の解決に関
　する特別措置法（水俣新法）‥‥‥‥‥ 228
身分保障‥‥‥‥‥‥‥‥‥‥‥‥‥‥‥ 306
モメンタム定理‥‥‥‥‥‥‥‥‥‥‥‥ 311

や

予算審議‥‥‥‥‥‥‥‥‥‥‥‥‥‥‥ 249
予算措置‥‥‥‥‥‥‥‥‥‥‥‥‥‥‥ 231

ら・わ

リスク回避‥‥‥‥‥‥‥‥‥‥‥‥‥‥ 298
臨時財政対策債‥‥‥‥‥‥‥‥‥‥‥‥ 263
連携協約‥‥‥‥‥‥‥‥‥‥‥‥‥‥‥ 64
連携中枢都市圏‥‥‥‥‥‥‥‥‥‥‥‥ 14
連絡調整機能（都道府県の）‥‥‥‥‥‥ 25

317

【執筆者紹介】（執筆順、＊は編者）

島田　恵司	大東文化大学環境創造学部教授		第1部第1章
澤　俊晴	広島県庁		第1部第2章
岩﨑　忠	高崎経済大学地域政策学部准教授		第1部第3章
三野　靖	香川大学法学部教授		第1部第4章
＊阿部　昌樹	大阪市立大学大学院法学研究科教授		第1部第5章
白藤　博行	専修大学法学部教授		第2部第1章
原島　良成	熊本大学法科大学院准教授		第2部第2章
＊田中　孝男	九州大学法学研究院教授		第2部第3章
阿部　泰隆	弁護士、神戸大学名誉教授		第3部第1章
碓井　光明	東京大学名誉教授		第3部第2章
井川　博	帝京大学法学部教授		第3部第3章
＊嶋田　暁文	九州大学法学研究院准教授		第3部第4章

Horitsu Bunka Sha

自治制度の抜本的改革
——分権改革の成果を踏まえて

2017年11月1日　初版第1刷発行

編　者　阿部昌樹・田中孝男
　　　　嶋田暁文

発行者　田靡純子

発行所　株式会社 法律文化社

〒603-8053
京都市北区上賀茂岩ヶ垣内町71
電話 075(791)7131　FAX 075(721)8400
http://www.hou-bun.com/

＊乱丁など不良本がありましたら、ご連絡ください。
　お取り替えいたします。

印刷：共同印刷工業㈱／製本：㈱藤沢製本
装幀：前田俊平

ISBN 978-4-589-03874-6

© 2017 M. Abe, T. Tanaka, A. Shimada　Printed in Japan

JCOPY　〈(社)出版者著作権管理機構　委託出版物〉

本書の無断複写は著作権法上での例外を除き禁じられています。複写される
場合は、そのつど事前に、(社)出版者著作権管理機構（電話 03-3513-6969、
FAX 03-3513-6979, e-mail: info@jcopy.or.jp）の許諾を得てください。

南川諦弘著 「地方自治の本旨」と条例制定権 A5判・384頁・7400円	条例制定権の範囲と限界を様々な判例を手がかりに明らかにする。国の法令との関係に注目し特別意義論を提唱し、自治権としての同権の実質的な保障と地方自治制度の確立、地方自治行政における法治主義の徹底を図る。
市川喜崇著 日本の中央 - 地方関係 —現代型集権体制の起源と福祉国家— A5判・278頁・5400円	明治以来の集権体制は、いつ、いかなる要因で、現代福祉国家型の集権体制に変容したのか。その形成時期と形成要因を緻密に探り、いまにつながる日本の中央 - 地方関係を包括的に解釈し直す。〔日本公共政策学会2013年度著作賞受賞〕
紙野健二・白藤博行・本多滝夫編 行政法の原理と展開 —室井力先生追悼論文集— A5判・390頁・8200円	行政領域論、公共性論などの提唱により戦後第二世代の行政法学をリードしてきた故室井力先生の学問的薫陶をうけた18名の研究者による追悼論文集。公法学において室井先生が提起された学問的遺産の継承・発展をめざす。
西田英一・山本顯治編 振舞いとしての法 —知と臨床の法社会学— A5判・320頁・6000円	メタ理論（解釈法社会学）、臨床（ナラティブとケア）、紛争・交渉の3つのグループに分け、法の社会臨床学の新領域を切り拓く和田仁孝教授の還暦を記念した論文集。論文12本、コメント6本で構成。
和田仁孝・樫村志郎・阿部昌樹・船越資晶編 法　　　の　　　観　　　察 —法と社会の批判的再構築に向けて— A5判・376頁・7000円	法社会学の戦後第2世代を牽引してきた棚瀬孝雄先生の古稀記念論集。幅広い分野の研究者らによる法社会学へのアフェクション。第1部「社会のなかの法」、第2部「紛争と紛争処理」、第3部「法専門職の変容」の3部、16論文からなる。
和田仁孝・樫村志郎・阿部昌樹編 法社会学の可能性 A5判・370頁・5800円	緻密・繊細な思考で法社会学界をリードしてこられた棚瀬孝雄教授の還暦を記念した企画。「法の理論と法主体」「法意識と法行動」など全5部17論文より構成。法社会学の多彩な発展の可能性を追求。

————————————————————————— 法律文化社 —————————————————————————

表示価格は本体（税別）価格です